DES

SECTIONS DE COMMUNE

ET

DES BIENS COMMUNAUX

QUI LEUR APPARTIENNENT

CLICHY. — Impr. de Maurice Loignon et C^{le}, rue du Bac-d'Asnières,

DES
SECTIONS DE COMMUNE

ET

DES BIENS COMMUNAUX

QUI LEUR APPARTIENNENT

DE L'ORIGINE, DE LA CONSTITUTION,

DES DROITS, DES CHARGES, DES RESSOURCES PROPRES DES SECTIONS,

DE LA GESTION, DE L'ALIÉNATION, DU PARTAGE DE LEURS BIENS

ET DE LA REPRÉSENTATION DE LEURS INTÉRÊTS

PAR

LÉON AUCOC

MAÎTRE DES REQUÊTES AU CONSEIL D'ÉTAT

DEUXIÈME ÉDITION

REFONDUE ET CONSIDÉRABLEMENT AUGMENTÉE

OMNIA LABORE

PARIS

LIBRAIRIE ADMINISTRATIVE DE PAUL DUPONT

45, RUE DE GRENELLE-SAINT-HONORÉ

1864
1863

TABLE DES CHAPITRES

INTRODUCTION.

CHAPITRE PREMIER.

DE L'ORIGINE DES SECTIONS AVANT ET APRÈS 1789.

I. Origine des sections de commune avant 1789.

§ 1er. NAISSANCE ET CONSTITUTION DES COMMUNAUTÉS D'HABITANTS
DE LA CAMPAGNE.

§ 2. ORIGINE DES BIENS COMMUNAUX.

§ 3. ATTRIBUTION DE DROITS EXCLUSIFS D'USAGE ET DE PROPRIÉTÉ A DES FRACTIONS DE COMMUNAUTÉS D'HABITANTS.

II. Origine des sections de commune après 1789.

CHAPITRE DEUXIÈME.

DE LA CONSTITUTION DES SECTIONS ET DES MOYENS DE RECONNAÎTRE LEUR EXISTENCE.

—

CHAPITRE TROISIÈME.

ESSAI DE STATISTIQUE DES SECTIONS DE COMMUNE.

—

CHAPITRE QUATRIÈME.

REPRÉSENTATION DES INTÉRÊTS DES SECTIONS.

—

§ 1er. CAS DANS LESQUELS LES SECTIONS ONT UNE REPRÉSENTATION
SPÉCIALE.

§ 2. CAS DANS LESQUELS LES SECTIONS SONT REPRÉSENTÉES PAR LE MAIRE ET LE CONSEIL MUNICIPAL.

CHAPITRE CINQUIÈME.

DROITS DES SECTIONS.

—

§ 3. DES BIENS QUE LES SECTIONS POSSÈDENT PAR INDIVIS, ET DU PARTAGE DE CES BIENS.

I. — *Cas dans lesquels les sections ont des droits dans l'indivision.*

118. Les sections peuvent posséder des biens par indivis avec d'autres sections ou des communes. — 119. Des portions de commune, qui n'avaient pas d'existence distincte au sein de la commune dont elles sont séparées, peuvent constituer des sections par suite de cette séparation, et posséder des biens dans l'indivision. — 120. Reconnaissance de ce principe par la jurisprudence antérieure à la loi de 1837. La section ou la portion de commune détachée de la commune dont elle dépendait conserve

II. — *Règles du partage des biens indivis appartenant aux sections.*

§ 4. QUESTIONS DE COMPÉTENCE RELATIVES AUX DROITS, A L'EXISTENCE ET AUX LIMITES DES SECTIONS.

I. — *Questions de compétence relatives aux droits des sections.*

Contestations relatives à la reconnaissance des droits de propriété, de jouissance et d'usage : — 136. En règle générale, l'autorité judiciaire est compétente pour prononcer sur les litiges relatifs à la reconnaissance des droits de propriété des sections. Jurisprudence du Conseil d'Etat et de la Cour de cassation. — 137. Jurisprudence qui établit la compétence de la même autorité pour reconnaître les droits de jouissance ou d'usage contestés entre une section et une commune ou des tiers. — 138. La compétence de l'autorité judiciaire ne cesserait pas, lors même qu'il s'agirait de statuer sur les effets des lois ou décrets qui modifient la circonscription des communes relativement aux droits des sections. Jurisprudence de la Cour de cassation et du Conseil d'Etat. — 139. Compétence de l'autorité judiciaire pour statuer sur l'aptitude personnelle des habitants des sections à la jouissance des biens communaux. Ancienne et nouvelle jurisprudence du Conseil d'Etat à ce sujet.— Compétence de l'autorité administrative pour reconnaître d'une manière générale le mode de jouissance des biens communaux. Jurisprudence du Conseil d'Etat.. 320

CHAPITRE SIXIÈME.

DES CHARGES ET DES RESSOURCES DES SECTIONS.

—

I. Charges des sections.

§ 1er. CHARGES PARTICULIÈRES AUX SECTIONS ET RÉSULTANT DE LEURS DROITS EXCLUSIFS.

153. Les sections ont des charges et des ressources propres. — 154. Division des charges des sections. — 155. Contributions directes assises sur les biens des sections et taxe des biens de mainmorte. — Application de la loi du 26 germinal an XI pour l'acquittement de l'impôt foncier assis sur ces biens. — Jurisprudence du ministère de l'intérieur. — Jurisprudence du Conseil d'Etat. — 156. Frais d'administration des biens. — 157. Ces charges ne pèsent sur la section seule que dans le cas où elle a seule la jouissance des biens, à l'exclusion des autres parties de la commune. — 158. Dettes résultant d'un changement de circonscription territoriale. — Jurisprudence du ministère de l'intérieur. — Décision du Conseil d'Etat contraire à cette jurisprudence. — 159. Les indemnités qui peuvent être dues à des communes, par suite de changements de circonscription, à raison de la perte d'édifices affectés à un usage public, ne sont pas à la charge des sections. — 160. Frais des plans produits à l'appui des demandes de modification de territoires. — 161. Frais de procès. — Quelles sont les dépenses qui peuvent être imposées aux sections à ce titre. — 162. Responsabilité pour les

CHAPITRE SEPTIÈME

DE L'ADMINISTRATION, DE L'ALIÉNATION ET DU PARTAGE DES BIENS DES SECTIONS.

§ 1er. OBJET SPÉCIAL DE CE CHAPITRE.

§ 2. LÉGISLATION ANTÉRIEURE A 1789.

CHAPITRE HUITIÈME.

DES PROCÈS OU LES SECTIONS DE COMMUNE SONT INTÉRESSÉES.

—

§ 1er. REPRÉSENTATION DE LA SECTION.

I. — *Historique de la législation.*

§ 2. EXERCICE DES ACTIONS.

I. — *Nécessité de la délibération du conseil municipal ou de la commission syndicale.*

247. C'est au maire ou au syndic à représenter la section : mais il ne peut agir sans l'autorisation du conseil municipal ou de la

IV. — *Formalités imposées au demandeur adversaire d'une section.*

V. — *Frais des procès.*

VI. — *Actions exercées par les habitants ut singuli.*

VII. TRANSACTIONS, DÉSISTEMENTS ET ACQUIESCEMENTS.

APPENDICE.

AVANT-PROPOS

Lorsque l'on considère la multiplicité des communes entre lesquelles le territoire de la France est divisé depuis la loi du 22 décembre 1789 ; quand on voit qu'il a été créé, à cette époque, 44,000 municipalités et qu'il en subsiste encore près de 37,000, on est porté à croire que le principe de l'unité communale a dû présider, d'une manière absolue, à la constitution de ces petites sociétés déjà si nombreuses.

Mais le respect dû aux droits acquis et la force des choses n'ont pas permis de réaliser complétement l'unité communale. Parmi les villages et hameaux qui sont groupés ensemble pour former des communes, il en est un grand nombre qui ont une existence distincte, à certains égards, de celle des communes dont ils font partie.

Cette existence distincte, que le législateur a voulu maintenir, ne laisse pas que d'être la source de fréquentes difficultés. Les conseils municipaux tendent souvent à méconnaître ou à sacrifier les droits ou les intérêts de ces sections de commune, et, de leur côté, les sections sont portées à s'exagérer l'étendue de leurs droits exclusifs de propriété.

C'est une matière généralement peu connue. Elle n'a pas encore fait l'objet d'un travail d'ensemble ; et, le plus souvent, les auteurs qui, en traitant de différents points de l'administration des communes, ont touché aux droits et aux intérêts des sections, y consacrent à peine quelques pages. Il faut dire aussi que les lois n'ont posé à ce sujet qu'un très petit nombre de règles, et ont laissé beaucoup à faire à la jurisprudence de l'autorité administrative et de l'autorité judiciaire. Une étude spéciale et approfondie nous a paru utile pour préciser les conditions de la vie propre des sections de commune. C'est ce but que nous avons essayé d'atteindre dans notre travail, dont les principaux éléments ont déjà été publiés par l'*École des Communes* en 1852, 1853, 1856 et 1857.

Nous ne pouvons parler de ce recueil, dans lequel nous écrivons depuis plusieurs années, sous la direction de MM. Boulatignier et Alfred Blanche, conseillers d'État, sans dire combien nous sommes redevable à nos savants maîtres. Depuis notre passage à l'École d'administration en 1848, ils n'ont cessé de nous honorer de leurs conseils et de leurs encouragements. Nous sommes heureux de saisir cette première occasion de leur offrir l'hommage public de notre vive gratitude.

Août 1858.

En publiant une nouvelle édition de ce livre, nous n'avons pas élargi le cadre que nous avions cherché à remplir; mais nous avons profondément remanié notre travail.

Nous ne nous sommes pas borné à le revoir et à le retoucher pour le rendre plus exact et le mettre au courant de la législation et de la jurisprudence, notamment pour y faire entrer les dispositions de la loi du 28 juillet 1860, sur la mise en valeur des marais et des terres incultes appartenant aux communes et aux sections de commune.

Nous avons été amené, par l'étude de livres récemment publiés, à refondre complétement et à développer d'une manière notable certaines parties de notre ouvrage, de façon à donner plus de place aux questions historiques et surtout aux questions de droit civil que soulève la propriété des biens communaux. On le verra dans les chapitres relatifs à l'origine des sections et aux moyens de reconnaître leur existence. Nous avons aussi profité de documents statistiques nouvellement recueillis pour mettre en lumière le nombre des sections de commune et l'étendue de leurs biens propres. Enfin, le chapitre relatif à l'administration, à l'aliénation et au partage des biens des sections, où nous examinons les mesures spéciales proposées par les conseils généraux de plusieurs départements du centre de la France, est complétement nouveau.

Peut-être, ce livre, ainsi remanié, répondra-t-il mieux aux besoins de la pratique et sera-t-il plus digne de l'accueil bienveillant dont il a été l'objet.

. . . Juillet 1863.

Conformément à l'usage généralement adopté, nous avons désigné sous le nom d'*Arrêts du conseil* (en abrégé, *Arr. cons.*) les ordonnances et décrets rendus au contentieux sur l'avis du Conseil d'État. Ces décisions sont rapportées dans leur ordre chronologique, depuis l'an VIII (1800) par le *Recueil des arrêts du Conseil d'État* et par le *Journal du Palais (jurisprudence administrative.)*

Les ordonnances et décrets rendus en matière d'autorisation de plaider se trouvent aussi rapportés dans le même ordre par le *Recueil des arrêts du Conseil d'État*. Depuis 1840, ils occupent une partie spéciale du volume de chaque année.

Nous avons cité plusieurs avis donnés par le Conseil d'État en assemblée générale administrative et par le comité ou la section de l'intérieur de ce conseil. Ces avis se trouvent aux archives du Conseil d'État.

Pour les arrêts de la Cour de cassation et des cours impériales, nous renvoyons, soit au *Répertoire méthodique et alphabétique de législation et de jurisprudence* de MM. Dalloz, dont les tomes IX et X sont presque entièrement consacrés aux communes, soit au *Recueil périodique de jurisprudence* des mêmes auteurs. (Dalloz, 1844, 1, 28 signifie : Dalloz, *Recueil périodique*, année 1844, première partie, page 28.)

INTRODUCTION

___

1. La commune a, dans notre législation actuelle, trois caractères bien distincts. Elle forme la dernière des circonscriptions administratives entre lesquelles est partagé le territoire de l'empire. C'est aussi une sorte de société politique qui, dans certaines limites, prélève des impôts sur ses membres ; qui a son gouvernement, sa police et sa législation. Enfin, c'est un

être moral qui a des biens et des droits communs aux citoyens qui la composent. La constitution des 3-14 septembre 1791, titre II, art. 8 et 9, et la loi du 10 juin 1793, titre Ier, art. 2, résument ces divers caractères, peut-être d'une manière insuffisante, en définissant la commune « une société de citoyens unis par des relations locales. »

En tant qu'être moral, la commune peut se subdiviser en sections, c'est-à-dire qu'il peut exister des villages, des hameaux qui, faisant partie de la circonscription d'une commune et régis par les mêmes magistrats municipaux, possèdent des biens et des droits exclusivement communs à leurs habitants. Cet état de choses se rencontre assez fréquemment.

Mais les mots *section de commune* ne désignent pas seulement les portions de commune qui ont des biens, des droits distincts de ceux de la commune dont elles dépendent. Ils ont encore d'autres acceptions que nous devons indiquer pour préciser l'objet de notre travail.

2. Ainsi, la loi du 18 juillet 1837 qui porte, dans son article 6 : « La section de commune érigée en commune séparée, ou réunie à une autre commune, emportera la propriété des biens qui lui appartenaient exclusivement », et qui emploie ici ces mots dans l'acception que nous venons de faire connaître, leur donne un sens plus étendu dans l'article 3. Cet article, relatif aux formalités à suivre pour l'instruction des projets de réunion, de division ou de formation de communes, est ainsi conçu : « Si le projet concerne une *section de commune*, il sera créé, pour cette

section, une commission syndicale. Un arrêté du préfet déterminera le nombre des membres de la commission. Ils seront élus par les électeurs municipaux domiciliés dans la section, et, si le nombre des électeurs n'est pas double de celui des membres à élire, la commission sera composée des plus imposés de la section..... » Or, d'après les explications qu'a données, dans son rapport (déposé le 26 avril 1836), M. Vivien, organe de la commission de la Chambre des députés chargée d'examiner le projet de loi adopté en 1837, il faut entendre ici par section de commune « toute portion habitée du territoire communal, qu'elle ait ou non des droits, des propriétés spéciales, ou une origine distincte. » On peut se demander s'il n'eût pas été préférable, pour éviter toute équivoque, de ne pas donner au mot section de commune ce nouveau sens, et si la pensée du législateur n'aurait pas été plus clairement exprimée par d'autres termes qui n'auraient pas eu besoin de commentaire. Mais, en regrettant ce fait, nous devons le constater.

3. En troisième lieu, plusieurs lois ont divisé ou autorisé l'administration à diviser les communes en sections, en vue des opérations électorales. Cette mesure avait été appliquée aux élections municipales par la loi du 14 décembre 1789 sur la constitution des municipalités (art. 6 à 11, et 18 à 20), et par la loi des 21 mai 27 juin 1790 sur l'organisation de la municipalité de Paris (articles 6, 7, 8 et suivants). Mais les sections avaient en même temps, surtout dans les villes, le caractère de circonscriptions poli-

tiques. On connaît l'histoire des sections de la commune de Paris (1).

La loi du 21 mars 1831 (art. 44 à 47) a remis en vigueur cette disposition, abandonnée pendant longtemps, qui a été reproduite dans la loi du 7 juillet 1852 (art. 3), et dans celle du 5 mai 1855 (art. 7). « Le préfet peut, porte ce dernier article, par un arrêté pris en conseil de préfecture, diviser les communes en sections électorales. — Il peut, par le même arrêté, répartir entre les sections le nombre des conseillers à élire, en tenant compte du nombre des électeurs inscrits. » Le décret organique du 2 février 1852 a étendu l'application de cette mesure aux élections des députés au Corps législatif (art. 3). Cette division des communes n'a d'effet qu'en ce qui concerne les opérations électorales ; elle peut être modifiée, selon les circonstances, par l'autorité qui l'a établie.

4. Dans les lois et règlements sur la contribution foncière et le cadastre, les mots section de commune désignent une division du territoire des communes qui a pour objet de faciliter la confection du plan cadastral et la répartition de la contribution foncière. L'article 38 de la loi du 3 frimaire an vii, renouvelant les prescriptions de l'article 1er du titre II du décret des 23 novembre-1er décembre 1790, porte: « Lorsqu'il s'agira de renouveler une matrice de rôle ou d'en former une dans des communes où il n'en existerait point, les répartiteurs feront un tableau in-

_____

(1) C'est de cette espèce de sections qu'il s'agit dans la loi des 18-22 mai 1791 et dans le décret du 17 novembre 1792.

dicatif du nom et des limites des différentes divisions
du territoire de la commune, s'il y en a de connues
qu'ils estiment devoir conserver, ou de celles qu'ils
croiront devoir déterminer eux-mêmes. Ces divisions
s'appelleront *sections*... » Le Recueil méthodique des
lois et règlements sur le cadastre, publié en 1811
par le ministère des finances, ajoute, dans son article
105 : « La division de la commune en sections n'intéressant en rien ni le droit de territoire ni la propriété, le géomètre (chargé de la délimitation) doit, de
l'avis du maire, s'attacher aux convenances, aux habitudes et surtout aux limites naturelles et invariables. »

5. Il y a plusieurs autres cas dans lesquels les communes peuvent être fractionnées et qu'il nous paraît
utile d'indiquer ici, parce que, dans la pratique, sinon
dans la législation, on emploie, pour désigner les fractions ainsi formées, les mots de section de commune.

En premier lieu, l'article 3 de la loi du 5 mai 1855,
qui reproduit, en y ajoutant une nouvelle disposition,
le § 2 de l'article 2 de la loi du 21 mars 1831, porte :
« Lorsque la mer ou quelque autre obstacle rend
difficiles, dangereuses ou momentanément impossibles
les communications entre le chef-lieu et une *fraction
de commune* (1), un adjoint spécial, pris parmi les
habitants de cette *fraction,* est nommé en sus du
nombre ordinaire ; cet adjoint spécial remplit les
fonctions d'officier de l'état civil et peut être chargé de
l'exécution des lois et règlements de police dans cette
partie de la commune. » Généralement, les décrets
rendus pour l'exécution de cette disposition de la loi,

_____

(1) La loi de 1832 disait une *portion* de commune.

et qui ne sont pas rares, désignent sous le nom de *section* le village pour lequel il est institué un adjoint spécial (1).

6. Il arrive plus fréquemment encore que les communes sont fractionnées pour le service du culte. La circonscription des paroisses est loin de correspondre exactement à celle des communes : souvent plusieurs communes sont réunies pour former une seule paroisse; souvent aussi, à l'inverse, il existe dans une seule commune plusieurs paroisses, ou une chapelle ayant son territoire propre à côté d'une cure ou succursale; quelquefois même une paroisse est composée de fractions de plusieurs communes.

Nous aurons à expliquer plus loin quels sont les cas dans lesquels ce fractionnement de la commune en plusieurs circonscriptions religieuses entraîne une distinction d'intérêts entre les diverses fractions, qu'on appelle aussi *sections*, à raison de cette seule distinction d'intérêts, lors même qu'elles n'auraient pas des biens et des droits particuliers.

7. Enfin il arrive, dans quelques cas assez rares, que, pour le service de la distribution des secours à domicile, le territoire d'une commune est fractionné d'une manière analogue, et qu'il existe un bureau de bienfaisance spécial pour une section.

Nous ne parlons pas ici de l'organisation des secours spéciale à la ville de Paris, ni de celle de plusieurs grandes villes, dans lesquelles l'administration

_____

(1) Cette mesure a été prise dans 40 communes, de 1830 à 1845. 28 décrets de la même nature ont été rendus de 1852 à 1860 (Voir les *Comptes rendus des travaux du Conseil d'État*, dressés en 1835, 1839, 1845 et 1862.

a organisé, à côté d'un bureau central qui a seul le pouvoir de gérer les biens des pauvres et de disposer des revenus, et qui est seul responsable de cette administration, des bureaux auxiliaires, qui ne sont que des agences d'exécution préposées à l'œuvre de la répartition des secours dans les divers quartiers de la ville (1). Nous faisons allusion à une organisation exceptionnelle, établie dans des communes rurales où il a été institué un bureau de bienfaisance pour chacune des sections de la commune, avec le pouvoir non-seulement de distribuer des secours, mais de gérer les biens donnés exclusivement aux pauvres de chaque section.

Nous pouvons citer quatre affaires de ce genre qui ont été soumises au Conseil d'État.

La première, qui a été examinée en 1835, se présentait dans les circonstances suivantes:

Le desservant de la succursale de Mousteiret, dont le territoire ne comprenait qu'une portion de la commune de Brusquet (Hautes-Alpes) avait fait une donation aux pauvres de sa paroisse. Le préfet avait créé dans la section de Mousteiret un bureau de bienfaisance pour accepter et administrer la donation (2). Ce bureau ayant demandé l'autorisation d'accepter la donation, autorisation qui, d'après la législation de cette époque, ne pouvait être accordée

(1) Voir la circulaire du ministre de l'intérieur du 8 février 1823, 3e partie, titre Ier, chap. 1er.

(2) A cette époque, l'administration centrale laissait aux préfets le soin de créer des bureaux de bienfaisance. Depuis le décret du 25 mars 1852, on est revenu aux vrais principes d'après lesquels nul établissement public ne peut être créé et recevoir la vie civile qu'en vertu d'un acte du chef de l'État.

que par le gouvernement (1), le ministre de l'intérieur, dans le rapport joint à un projet d'ordonnance
royale soumis à l'examen du comité de l'intérieur
du Conseil d'État, avait exprimé l'opinion qu'il était
contraire à la législation sur la matière de créer deux
bureaux de bienfaisance dans une même commune,
et qu'en conséquence c'était par le bureau institué
pour la commune de Brusquet que la donation faite
aux pauvres de la paroisse de Mousteiret devait être
acceptée et administrée. Mais le comité de l'intérieur a
émis, à la date du 25 août 1835, un avis en sens contraire, motivé ainsi qu'il suit :

« Considérant que rien n'indique, dans la loi du
7 frimaire an v, ni dans l'ordonnance royale du 31 décembre 1821, qu'il ne doive y avoir nécessairement qu'un seul bureau de bienfaisance par commune ; que si, en général, il est mieux de n'y en
établir qu'un seul, il est des circonstances où il y a
lieu de déroger à ce principe ;

« Considérant que, dans l'acte de donation, le donateur a formellement exprimé le désir qu'il soit établi
un bureau de bienfaisance dans la section de Mousteiret, et qu'il impose diverses charges aux administrateurs de cet établissement ;

« Que la donation faite à la section de Mousteiret
est assez importante pour que ses intentions soient
remplies ;

« Que les deux sections de cette commune sont
déjà séparées pour le culte, et que le donateur est

(1) On sait qu'il n'en est plus de même dans tous les cas, d'après
le décret du 25 mars 1852.

desservant de la succursale de Mousteiret; que, dès lors, rien ne paraît motiver le refus d'établir un bureau de bienfaisance pour la section de Mousteiret.»

Des exceptions semblables ont été récemment admises, conformément à l'avis du Conseil d'État en assemblée générale.

Un décret, en date du 25 janvier 1860, a autorisé la création d'un bureau de bienfaisance dans la commune de Mont-Saint-Éloy (Pas-de-Calais) pour la section d'Écoivres.

Il existait déjà deux bureaux de bienfaisance dans cette commune, formée par la réunion de trois anciennes communes, et ce qui a conduit à en créer un pour la section d'Écoivres, c'est, d'une part, qu'il avait été fait, en 1858, une donation d'immeubles aux pauvres de cette section, et, d'autre part, qu'il existait une distance assez considérable entre la section et le chef-lieu de la commune.

Un autre décret, du 14 décembre 1861, a autorisé, dans la commune de Longwy (Moselle) la création d'un bureau de bienfaisance pour la section de Longwy-Bas. Cette création a été motivée par une donation d'une rente de 500 francs qui avait été faite aux pauvres de cette section, pour le cas où il y serait institué un bureau de bienfaisance spécial.

Enfin, la même mesure a été prise dans des circonstances semblables, par un décret du 21 juillet 1862, pour la section d'Elbes, dépendant de la commune de Martial (Aveyron).

Tels sont les divers cas dans lesquels les communes sont fractionnées en *sections*.

8. Notre travail a pour objet exclusif d'exposer les règles relatives aux sections de commune qui possèdent des biens et des droits distincts. Nous traiterons successivement; 1° de l'origine des sections; 2° de leur constitution et des moyens de reconnaître leur existence; 3° de leur nombre et de l'étendue des biens qu'elles possèdent; 4° de la représentation de leurs intérêts; 5° des droits qui leur appartiennent; 6° de leurs charges et de leurs ressources; 7° de l'administration, de l'aliénation et du partage de leurs biens; 8° du mode de procéder à suivre dans les contestations où elles sont intéressées.

SECTIONS DE COMMUNE

CHAPITRE PREMIER

—

DE L'ORIGINE DES SECTIONS AVANT ET APRÈS 1789

I. — ORIGINE DES SECTIONS DE COMMUNE AVANT 1789

Sommaire

§ 1. *Naissance et constitution des communautés d'habitants de la campagne.*

§ 2. *Origine des biens communaux.*

§ 3. *Attribution de droits exclusifs d'usage et de propriété à des fractions de communautés d'habitants.*

---

§ 1. NAISSANCE ET CONSTITUTION DES COMMUNAUTÉS D'HABITANTS DE LA CAMPAGNE.

9. Intérêt des recherches sur l'origine des sections.— 10. Origines et constitution des municipalités urbaines. — 11. Origines et développements des municipalités rurales et des communautés d'habitants de la campagne. — Créations successives, à dater des premiers siècles du moyen âge, du plus grand nombre des villages qui existent aujourd'hui. — Organisation de l'administration dans ces villages. — 12. Assimilation du régime administratif des communes urbaines et des communes rurales. — 13. Circonscription des communautés d'habitants de la campagne. — Preuves qui tendent à établir que c'était celle des paroisses. — La même circonscription servait à l'assiette de l'impôt. — 14. Droit qui appartenait à l'autorité royale de modifier la circonscription des communautés. — 15. Fractionnement des paroisses en villages et hameaux séparés.

L'origine des sections remonte souvent à des temps fort reculés, et si nous nous appliquons à la rechercher, ce n'est pas seulement à raison de l'intérêt qui s'attache à toute étude historique, c'est principalement à raison des conséquences pratiques que nous devons tirer de cette étude. Les sections n'existent en effet que lorsqu'elles ont des droits propres; rechercher leur origine, c'est donc rechercher l'origine de leurs droits, et, en quelque sorte, leurs titres de propriété. Nous verrons en effet plus loin combien il importe, dans beaucoup de cas, pour une section qui se trouve en contestation avec la commune dont elle dépend au sujet des biens dont elle se prétend propriétaire à titre exclusif, de pouvoir prouver qu'elle avait, avant 1789, une existence distincte de celle de la commune.

C'est en étudiant la naissance et la constitution des communautés d'habitants qui existaient dans les campagnes avant 1789, et l'origine des biens communaux, que nous pourrons trouver les causes du fractionnement des communes en sections, et expliquer comment ces communautés comprenaient des portions de territoire dont les habitants avaient des droits collectifs, distincts de ceux des autres habitants.

10. On sait que toutes les communes urbaines n'avaient pas la même origine, ni le même caractère. Pour un certain nombre de vieilles cités, surtout celles du midi de la France, les traditions de la vie municipale remontaient à l'établissement des Romains dans les Gaules, et elles avaient persisté, avec des fortunes diverses et dans une mesure plus ou moins restreinte, malgré les invasions des Barbares et malgré la pression du pouvoir féodal. Le grand mouvement du XIIᵉ siècle, qui commença la réaction contre la féodalité, les restaura et les développa : brisant le joug de leurs seigneurs, ces cités se constituèrent en républiques indépendantes. Ce même mouvement fit surgir au nord de la France une autre forme d'association municipale, la commune jurée,

qui conquit le plus souvent son indépendance par l'insurrection des bourgeois contre les seigneurs, et l'obtint quelquefois par des transactions ou à prix d'argent.

Pour ces deux sortes de municipalités libres, le mouvement insurrectionnel ne consacra pas seulement d'une manière définitive, au profit de leurs habitants, la liberté civile, l'affranchissement des personnes et des biens, et le droit d'administrer leurs affaires communes par des mandataires de leur choix ; il leur fit obtenir des priviléges politiques, la souveraineté que les seigneurs exerçaient sur leurs domaines, et notamment la juridiction attachée à cette souveraineté.

Le plus grand nombre des villes, entre autres celles du centre de la France, tout en profitant dans une mesure assez large, en ce qui touche la liberté civile, du mouvement auquel on a peut-être trop exclusivement donné le nom d'*affranchissement des communes*, ne conquit pas la liberté politique. L'administration municipale plus ou moins libre, que ces villes conservèrent ou qu'elles obtinrent sous des formes très-diverses, n'étendit généralement pas ses pouvoirs en dehors de la gestion des intérêts communs et de la police locale. Encore la police resta le plus souvent entre les mains des seigneurs ou des officiers du roi. Quant à la juridiction, elle ne fut presque jamais attribuée, surtout dans sa plénitude, aux magistrats municipaux de ces villes.

Enfin les villes de *bourgeoisie*, telles que Lorris en Gâtinais, dont les coutumes ont été si célèbres, très-favorisées au point de vue de la liberté civile, n'eurent pas d'administration municipale (1).

_____

(1) M. Augustin Thierry a présenté, dans son *Essai sur l'histoire du Tiers État*, t. Ier, p. 20, un admirable résumé de cette vaste thèse historique, que ses travaux successifs ont tant contribué à éclaircir. — Il faut aussi consulter le *Tableau de l'ancienne*

11. Les communautés d'habitants de la campagne
retirèrent des avantages de la révolution municipale du
XIIᵉ siècle, bien qu'elles soient généralement restées
pendant plusieurs siècles dans les mains des seigneurs,
comme leurs habitants : *hommes de corps,* serfs, ou bien
hommes de poeste (*in potestate*), c'est-à-dire vilains
libres, mais sujets et contribuables (1).

France municipale, publié à la suite de cette histoire, t. II, p. 38.
M. Béchard vient de publier tout récemment un travail considérable sur le *Droit municipal au moyen âge,* où il met en lumière les variétés du régime municipal dans les diverses parties
de la France.

(1). Le régime des communautés d'habitants qui existaient dans
les campagnes avant 1789 n'est encore connu que d'une manière imparfaite. L'origine et les développements des municipalités
rurales en France ont fait l'objet d'un savant travail de M. Beugnot,
inséré dans la *Revue française* (août, septembre et octobre 1838),
et qui paraît malheureusement être resté inachevé. — Dans son
Histoire des biens communaux en France, depuis leur origine
jusqu'au XIIIᵉ siècle, ouvrage couronné par l'Académie des inscriptions et belles-lettres en 1855, M. Armand Rivière a consacré
de remarquables chapitres aux communautés d'habitants de la
campagne; mais ce travail, comme celui de M. Beugnot, s'arrête
au XIIIᵉ siècle.

M. Augustin Thierry a résumé en quelques mots l'histoire des
communes rurales dans son *Essai sur l'histoire du Tiers Etat*
(Ch. ɪ et ɪɪɪ. Edition in-18, t. Iᵉʳ, p. 12, 31 et 88).

Ce sujet a été également traité par M. Léopold Delisle dans ses
*Etudes sur la condition de la classe agricole en Normandie au
moyen âge,* ch. vɪ; et par M. Dareste de La Chavanne, dans son
Histoire des classes agricoles en France, 2ᵉ édition, p. 14, 50, 102,
et surtout p. 162 et p. 372. La première édition de cet ouvrage
était la reproduction d'un mémoire couronné par l'Académie des
sciences morales et politiques en 1853. L'auteur a donné de nouveaux et considérables développements à son travail dans la 2ᵉ édition. Nous pouvons encore citer l'*Histoire des classes rurales en
France,* par M. Doniol (p. 72 et 129).

Enfin M. Serrigny, professeur de droit administratif à la faculté
de Dijon, vient de publier un *Mémoire sur le régime municipal
en France dans les communautés villageoises depuis les Romains jusqu'à nos jours.* Ce mémoire forme un appendice de
l'ouvrage du même auteur sur le *droit public et administratif
romain.*

Mais ces études, d'ailleurs si approfondies, portent beaucoup plus
sur la création de ces communautés et sur la condition des personnes et des biens de ceux qui les composaient que sur leur ré-

Le plus souvent, d'ailleurs, c'était aux seigneurs qu'elles devaient leur existence.

Les immenses forêts dont le sol de notre pays était encore couvert sous la domination romaine ne laissaient pas de place pour un grand nombre de villages. Les agglomérations de cultivateurs, désignées sous les divers noms de *vici, villæ, castella, mansiones*, étaient éparses çà et là, et souvent à de grandes distances les unes des autres. D'autre part, dans les derniers temps de l'Empire romain, la fiscalité avait amené un effroyable dépeuplement des campagnes. C'était principalement dans les campagnes que s'étaient fait sentir les ravages causés par le brigandage des Bagaudes, qui dura cent cinquante ans. C'étaient encore les campagnes qui avaient le plus souffert des invasions des Barbares, au ve siècle, et, au ixe siècle, des incursions des Normands. Après chacune de ces crises, les paysans, violemment dispersés, ont dû se grouper autour de quelque chef, de quelque personnage puissant, pour fonder de nouveaux villages.

Tous les écrivains qui ont touché à l'histoire des communes indiquent la création relativement récente des villages établis dans les campagnes, et plus les anciens documents historiques sont étudiés, plus ce fait est mis en lumière. Il nous paraît utile d'emprunter quelques citations aux travaux qui résument sur ce point l'état de la science, parce qu'on doit en tirer des conclusions pour établir la véritable origine d'une grande partie des biens communaux, question dont nous aurons à nous occuper plus loin.

gime administratif On trouve quelques indications à cet égard dans le *Traité du gouvernement des biens des communautés d'habitants* par La Poix de Fréminville. Nous avons aussi consulté utilement l'*Histoire critique du pouvoir municipal* par M. Leber. (Voir notamment pages 328, 496 et 549.)

« Beaucoup de villages ou de bourgs de la France actuelle, dit M. Dareste dans son *Histoire des classes
agricoles en France* (1), datent des premiers siècles du
moyen âge. Les uns doivent leur origine à l'établissement d'un propriétaire germain, d'autres à la con-
truction d'une église, d'un monastère, d'une abbaye,
d'un moulin ou d'une grange seigneuriale. Ce fut surtout dans le nord, dans l'est et dans les parties montagneuses de la France que la création des monastères
de bénédictins, qui étaient autant de colonies agricoles, multiplia les centres de population. En suivant
l'histoire de ces fondations au viie siècle, dans la Flandre,
dans les Ardennes, dans la Lorraine, on peut, jusqu'à
un certain point, se rendre compte des progrès de la population et de ceux de la culture. » Plus loin, il ajoute
qu'à l'époque des courses des Normands, « la plupart
des anciens bourgs ouverts se transformèrent en châteaux, et les châteaux de récente construction devinrent
à leur tour le centre de bourgs et de villages nouveaux (2). »

M. Augustin Thierry, dans son *Essai sur l'histoire du
Tiers Etat*, constate, au ixe siècle, « l'accélération du
mouvement qui, depuis trois siècles, changeait la face
des campagnes par la formation de villages nouveaux,
l'agrandissement des anciens et l'érection d'églises paroissiales, centres de nouvelles circonscriptions à la fois
religieuses et politiques. Des causes extérieures et for-
tuites, ajoute-t-il, contribuèrent à ce progrès ; les dévas-
tations des Normands et la crainte qu'ils inspiraient
firent ceindre de murailles et de défenses les parties habitées des grands domaines ; d'un côté elles multiplièrent
les châteaux, de l'autre, elles accrurent beaucoup le nom-

(1) 2e édition, p. 163. — (2) *Ibid.*, p. 167.

bre des bourgs fortifiés. La population laborieuse et dépendante s'aggloméra dans ces lieux de refuge, dont les habitants passèrent de la vie rurale proprement dite à des commencements plus ou moins grossiers de vie urbaine (1). »

Plus loin, il indique que « le xiie siècle vit s'opérer un défrichement inouï jusque-là des forêts et des terres incultes (2). » C'était l'époque de l'affranchissement des communes qui amena encore la création de nouveaux villages. « Les barons et surtout les abbés, dit M. Rivière dans son *Histoire des biens communaux*, pour couvrir le déficit qu'occasionnait à leur détriment l'émancipation de leurs serfs et la diminution de leurs redevances, et pour pouvoir augmenter leurs revenus et rivaliser de puissance et de prospérité avec les nouvelles municipalités, appelèrent à eux les habitants de la campagne en leur offrant des terres et des priviléges. Partout les défrichements se multiplièrent et des villes neuves, des bourgs et des villages nombreux s'élevèrent d'un bout de la France à l'autre (3). »

Et ce mouvement se continua encore longtemps. Curasson, dans ses notes sur le *Traité des droits d'usage* de Proudhon, rapporte que « l'académie de Besançon ayant proposé d'indiquer les différents lieux du comté de Bourgogne dont l'existence, au xiiie siècle, était attestée par des monuments, l'auteur du mémoire qui a remporté le prix en 1789, l'abbé Baverel, homme très-versé dans les recherches historiques, démontre qu'au xiiie siècle il n'existait dans la province que 930 villes, bourgs et villages, dont la plupart devaient leur existence

(1) Chap. ier. Edition in-18, p. 18.
(2) Chap. ier, p. 36.
(3) *Histoire des biens communaux en France, depuis leur origine jusqu'à la fin du XIIIe siècle*, par M. Rivière, p. 290.—Voir aussi Béchard, *Droit municipal au moyen âge*, t. Ier, p. 262 et suiv.

à un château ou à un monastère, ce qui ne fait guère que le tiers des communes qui composent les trois départements de la Franche-Comté (1). »

Ces villages ainsi créés ne demeurèrent pas étrangers au mouvement des municipalités urbaines.

Dans quelques lieux du nord, on vit, au xiie siècle, la nouvelle constitution municipale, la commune jurée, s'appliquer tant bien que mal à de simples villages ou à des associations de plusieurs villages (2). On rencontre aussi dans le midi quelques associations de villages érigées en municipalités consulaires (3). Mais ce ne fut guère qu'une exception. Le plus souvent, les seigneurs ecclésiastiques ou laïques, inspirés par des sentiments chrétiens ou par une sage politique, et pour retenir leurs vassaux qui allaient chercher un asile dans les communes urbaines, prirent l'initiative, et, sans attendre les réclamations, leur donnèrent des chartes de commune ou de coutume.

Le principal objet de ces chartes, qui se multiplièrent surtout au xiiie siècle, fut de limiter et de fixer les redevances dues aux seigneurs. Les habitants des campagnes n'obtinrent pas et ne cherchaient pas à obtenir la liberté politique, ni même tout d'abord la liberté civile, le droit de disposer de leur personne et de leurs biens, la suppression de la *main morte* ou du *formariage*. C'est seulement vers le milieu du xiiie siècle que l'abolition du servage commença à faire des progrès sérieux, et ce n'est qu'au xive que le mouvement d'affranchissement des personnes, sinon d'affranchissement du travail, devint général. Mais, en réglant les rede-

(1) *Traité des droits d'usage*, no 747.

(2) Augustin Thierry, *Essai sur l'histoire du Tiers Etat*, t. Ier, p. 31.

(3) Beugnot, *De l'Origine et des Développements des municipalités rurales en France. — Revue française*, octobre 1838.

vances qui leur étaient dues, les seigneurs organisèrent l'administration des communautés rurales. Les chartes reconnaissent généralement un pouvoir qui représente l'ensemble des habitants vis-à-vis du seigneur, qui administre les biens collectifs et perçoit ou acquitte les redevances dues. Ces maires, consuls, jurés, échevins, prud'hommes, le plus souvent nommés par le seigneur, parfois élus par les habitants, sauf l'institution par le seigneur, joignaient souvent à leurs attributions administratives une juridiction civile et de police plus ou moins restreinte (1).

L'institution d'une sorte d'autorité municipale chargée de pourvoir à la gestion des intérêts collectifs des communautés rurales, et d'exécuter les décisions prises par l'assemblée des habitants sur les mesures les plus importantes, les aliénations, les emprunts, les procès, paraît s'être étendue peu à peu dans les campagnes, indépendamment des chartes. On pourrait du moins l'induire des dispositions des articles 6, 7 et 8 du titre II de la coutume d'Auvergne, rédigée en l'année 1510. Ces articles règlent les assemblées des habitants qui ne sont pas constitués en municipalité, « qui n'ont corps commun ne consulat, » et qui n'en nomment pas moins des *luminiers* ou *jurés* pour l'administration des affaires du village ou de la paroisse (2).

---

(1) Voir les chartes rapportées par M. Rivière, *Histoire des biens communaux*, p. 285 et suiv., et par M. Serrigny, *Mémoire sur le régime municipal*, etc., p. 469 et suiv. Consulter aussi M. Doniol, *Histoire des classes rurales*, p .130.

(2) Des dispositions aussi explicites que celles de la coutume d'Auvergne sont rares dans les anciennes coutumes; il est bon de les citer. L'on y remarque des règles différentes pour le haut pays et pour le bas pays.

T. II, art. 6. — « Les habitants d'aucune justice qui n'ont corps « commun, ne consulat ne se peuvent assembler pour leurs af- « faires communes sans demander licence à leur seigneur justicier « ou aux officiers du lieu dont ils sont subjects, sur peine d'a-

Néanmoins, jusqu'au xviiie siècle, il resta encore un assez grand nombre de communautés rurales qui n'avaient pas de représentants permanents et où les affaires se faisaient, sous la direction du seigneur ou de ses officiers, par l'assemblée des habitants (1).

A dater du xive siècle, les municipalités libres furent peu à peu dépouillées de leurs privilèges, de leur puissance militaire d'abord, puis successivement de leurs juridictions commerciale, criminelle et civile. Leur régime tendit alors de plus en plus à se rapprocher de celui des communautés de campagne qui avaient été organisées en municipalités.

Les mesures prises au xviie siècle, sous l'administration de Colbert, pour contrôler la gestion financière des communes, pour liquider leurs dettes, pour les faire rentrer en possession des biens qu'elles avaient été contraintes de vendre à vil prix, s'appliquaient aux communautés de la campagne aussi bien qu'à celles des villes. On peut voir les difficultés que les intendants rencontraient dans la liquidation des dettes des communautés *villageoises,* par quelques lettres de Colbert et des inten-

« mende qui doit estre arbitrée par le juge, selon l'exigence
« des cas.

« Art. 7. La licence par eux requise (en déclarant le cas pour
« lequel se veulent assembler), si leur est refusée, se pourront
« assembler nonobstant le refus, pourveu que, sous couleur de
« ladite assemblée, ils ne traitent chose qui ne soit licite et hon-
« neste.

« Art. 8. — Et quant au département des deniers royaux, en
« useront comme ils ont accoustumé; — et ont lieu lesdits deux ar-
« ticles précédents au bas pays d'Auvergne, car au hault, les
« habitants en iceluy se peuvent assembler sans auctorité de
« iustice pour faire luminiers ou iurez qui ont l'administration
« des affaires communes des lieux, villages ou paroisses dudit
« pays. »

(1) Voir notamment l'*Histoire critique du pouvoir municipal,* par M. Leber, p. 496.

dants rapportées au *Recueil de la correspondance administrative sous Louis XIV* (1).

Au commencement du xviiie siècle, lorsque les villes
avaient perdu, en vertu de l'édit d'août 1692, jusqu'à l'é-
lection de leurs officiers municipaux, un édit de mars
1702 établit, dans chaque paroisse où il n'y avait pas de
maire, un syndic perpétuel nommé par le roi pour avoir
le soin et l'administration des affaires des communautés.
Mais ces charges procuraient trop peu d'avantages pour
trouver des acquéreurs ; elles furent bientôt supprimées,
et les syndics continuèrent à être élus dans des assemblées générales d'habitants (2).

13. La circonscription de ces communautés d'habitants
de la campagne paraît avoir été généralement celle des
paroisses. Dans un grand nombre d'actes de l'autorité
royale qui datent des xvie, xviie et xviiie siècles, les
deux mots semblent employés indifféremment l'un pour
l'autre, et même le mot de paroisse est celui qui se rencontre le plus fréquemment (3).

(1) Ce recueil, mis en ordre par M. Depping, fait partie de la
Collection des documents inédits sur l'histoire de France,
publiée par les soins du ministre de l'instruction publique. —
Voir les lettres de l'intendant Bouchut à Colbert, datées de Dijon, le 20 novembre 1662 (t. III, p. 13) et le 17 février 1664
t. Ier, p. 667) ; celle de l'intendant d'Herbigny à Colbert, datée
de Bignicourt, près Vitry, le 2 septembre 1665 (t. Ier, p. 738);
la circulaire de Colbert aux commissaires, députés et intendants
des généralités et pays d'élections, en date du 12 décembre 1670
(t. III, p. 23); la lettre de Colbert à l'intendant Bouchut, en date
du 20 juin 1671 (t. III, p. 216).
(2) M. de Tocqueville, dans son livre sur *l'Ancien Régime et la
Révolution*, met en lumière l'état de l'administration des communes rurales au xviiie siècle, chap. iii, page 75 et suiv., et la
note p. 380 ; chap. xii, p. 185 et suiv.
(3) On le voit notamment dans l'édit du 27 avril 1567 et dans
celui de mars 1600, art. 37 ; — dans la déclaration du 22 juin 1659;
dans l'édit d'avril 1667, art. 1, 4 et 5 ; — dans l'ordonnance
d'avril 1669, t. XIX, art. 3, 4, 6, 13, et t. XXV, art. 1, 5, 8, 9,
16, 18 ; — dans l'ordonnance d'août 1681, liv. IV, t. VI, art. 1 et 5 ;

Il en est de même chez les auteurs. Guyot, dans son *Répertoire de jurisprudence*, v° *Communautés d'habitants*, s'exprime ainsi : « Quoiqu'il ne puisse s'établir dans le royaume aucune communauté sans lettres patentes, cependant les habitants de chaque ville, bourg ou *paroisse* forment entre eux une communauté, quand même ils n'auraient point de charte de commune (1). »

Dans la *Collection de décisions nouvelles*, etc., par Denisart (édition de 1786), il est dit: « On donne le nom de communauté d'habitants à l'universalité des personnes qui habitent, ou la même ville, ou le même bourg, ou la même *paroisse*. »

Aussi les marguilliers, préposés à l'administration de l'église de chaque paroisse sont quelquefois considérés par le législateur comme les représentants ou les chefs de la communauté, à défaut des syndics (2).

Ce qui confirme encore les inductions que nous tirons de la législation de cette époque, c'est que, dans les pro-

t. XI, art 1 et 2;— dans l'édit de mars 1702;— dans celui de mai 1771, art. 6 et 7, — et enfin dans l'ordonnance du grand maître des eaux et forêts de Paris sur l'administration des biens communs des paroisses, en date du 4 janvier 1747.

(Les édits, ordonnances et déclarations du roi se trouvent dans la collection des lois nouvelles et anciennes d'Isambert. L'ordonnance du grand maître des eaux et forêts a été rapportée par Baudrillart, dans son *Traité général des eaux et forêts*, tome Ier, p. 316.)

(1) Il ajoute : « L'objet de cette communauté consiste seulement à pouvoir s'assembler pour délibérer de leurs affaires communes et à avoir un lieu destiné à cet effet ; à nommer des maires et échevins, consuls et syndics ou autres officiers, suivant l'usage des lieux, pour administrer les affaires communes ; des assesseurs et collecteurs dans les lieux taillables pour l'assiette et le recouvrement de la taille ; des messiers et autres préposés pour la garde des moissons, des vignes et autres fruits. »

(2) Ordonnance d'août 1669, t. XXV, art. 8 ; — ordonnance d'août 1681, liv. IV, titre XI, art. 2 ;—édit d'avril 1683 ;— déclaration du 2 août 1687 ; — déclaration du 17 février 1688, art. 3 ; — déclaration du 30 mai 1731, titre II, art. 2 et 3.

jets et les essais de réforme des institutions provinciales et municipales qui se sont produits dans la seconde partie du xviiie siècle, à la veille de la révolution de 1789, dans le projet de Turgot, en 1776, dans le mémoire de Calonne, en 1787, enfin dans l'édit de juin 1787, on avait pris aussi les paroisses comme circonscriptions élémentaires pour les municipalités des campagnes. Le règlement fait pour l'exécution de l'édit de 1787 dans la province de Champagne, règlement qui fut reproduit à peu près exactement pour les autres provinces, portait que les municipalités alors existantes étaient provisoirement maintenues, et que les *paroisses* qui n'avaient pas d'assemblée en formeraient une qui serait composée du seigneur et du curé, membres de droit, et de trois, six ou neuf membres élus, suivant le nombre des feux ; qu'il y aurait, en outre, un syndic également élu qui serait chargé de l'exécution des résolutions de l'assemblée. Le droit électoral appartenait à tous ceux qui payaient, dans la paroisse, dix livres d'imposition foncière ou personnelle, de quelque état ou condition qu'ils fussent (1).

Les communautés ou paroisses n'étaient d'ailleurs pas seulement groupées en vue de la satisfaction des besoins collectifs de leurs habitants et de la police locale ; elles étaient aussi des circonscriptions administratives qui servaient pour l'assiette de l'impôt perçu au profit de l'État.

L'ordonnance du 21 novembre 1379 (art. 5) donne aux habitants des villes et *paroisses* assujettis à payer

(1) Les divers projets antérieurs à l'édit de 1787 ont été analysés dans le travail de M. le vicomte de Luçay, auditeur au Conseil d'Etat, sur les *Assemblées provinciales sous Louis XVI*, où il expose l'histoire des assemblées créées par les édits les 12 juillet 1778, 11 juillet 1779 et juin 1787.

l'impôt foncier (fouage) le droit d'élire les asséeurs ou collecteurs de l'impôt (1).

Il est inutile de relever les nombreux édits relatifs aux tailles et autres impôts directs, où les mêmes indications se retrouvent. Citons seulement l'édit de mai 1657. Le roi, voulant pourvoir « à ce que les tailles « soient assises dans les *paroisses* avec égalité et se- « lon les facultés d'un chacun, » décide qu'un habitant de chaque paroisse choisi par lui (moyennant finances) aura droit d'assister à l'assiette de l'impôt faite par le collecteur, et de veiller aux abus qui s'y commettent pour en donner avis aux substituts du procureur général en l'élection dans le ressort de laquelle sera située la paroisse.

Toutefois, dans les pays où, par exception, la taille était *réelle* et non *personnelle*, c'est-à-dire où elle s'imposait sur les biens-fonds exclusivement, sauf les terres nobles, mais sans qu'on eût égard à la qualité des possesseurs, la communauté ou *mandement taillable* ne correspondait pas à la paroisse; c'était une circonscription établie spécialement pour l'assiette de l'impôt et composée d'un certain nombre de feux (2).

(1) « Encore pour la pitié et cause devant dite, deffendons que « les eleuz ou autres des diz officiers ne s'entremettent de mettre « volluntairement ez villes et parroisses de plat païs, ordònnez « à payer foüages, asséeurs des diz fouages ou collecteurs ; mais « seront eleuz par les habitants mesmes des villes et parroisses « ou par la plus saine et greigneure partie, tels et tant comme « bon leur semblera en leurs périlz..... »

(2) Il en était ainsi dans les pays d'états, excepté en Bourgogne et dans quelques pays d'élections, à savoir: les généralités de Montauban, de Grenoble et d'Auch, et les élections d'Agen et de Condom, qui dépendaient de la généralité de Bordeaux. On peut voir cette différence dans l'*Etat de la France*, extrait des mémoires dressés par les intendants du royaume par ordre du roi Louis XIV, à la sollicitation du duc de Bourgogne, ouvrage publié par le comte de Boulainvilliers en 1728. On y

14. La circonscription des communautés pouvait d'ailleurs être modifiée par des actes du pouvoir royal. Nous en avons un témoignage dans une lettre du duc de Beaufort à Colbert, datée de Toulon le 1er juin 1669, par laquelle il transmet au ministre un placet des habitants de Saint-Nazaire, vulgairement nommé Sannary, en Provence, qui demandent « à se détacher de la communauté d'Ollioules, dont ils dépendent, pour faire corps à part, comme d'autres de leurs voisins ont faict, qui se sont accrus depuis peu d'années. » Ces habitants proposaient de se charger de la dépense nécessaire pour faire rétablir un port; mais ils avaient besoin, pour accomplir leur œuvre, d'une existence distincte; leur réunion à la communauté d'Ollioules était la cause de difficultés déjà anciennes (1).

15. On voit en outre par là que les communautés se fractionnaient intérieurement. En effet, les paroisses comprenaient souvent dans leur territoire plusieurs villages ou hameaux. Le *Nouveau Coutumier général* de Bourdot de Richebourg (1724) donne, à la suite des *Coutumes du bailliage de Troyes* (2), un état très-détaillé de tous les siéges royaux et autres juridictions ressortissant à ce bailliage et des villes, villages, paroisses, lieux et hameaux qui en dépendent; et si l'on y remarque que parfois une paroisse est érigée dans un hameau composé à peine de quelques maisons, on y voit plus souvent que quatre, cinq, six et jusqu'à dix villages faisaient partie d'une même paroisse.

Ces villages et hameaux avaient fréquemment des

trouve ordinairement la statistique des villes et paroisses de chaque généralité.

(1) *Correspondance administrative sous le règne de Louis XIV*, t. IV, p. 55.

(2) T. III, p. 298 à 309.

droits distincts. C'est un fait qui s'explique aisément, lorsqu'on se rend compte de l'origine des biens communaux.

§ 2. ORIGINE DES BIENS COMMUNAUX.

16. La question a été très-controversée avant comme après 1789. — Solution donnée à cette question par les jurisconsultes et par la législation avant 1789, pour les biens communaux et pour les terres vaines et vagues. — 17. Solution contraire qui sert de base à la législation révolutionnaire.— 18. Une solution nouvelle résulte de recherches récentes.— 19. Exploitation collective de la propriété dans les Gaules avant les Romains. — 20. Législation romaine sur les biens communaux.— 21. Résultats de l'invasion des Barbares. Partage d'une certaine étendue des biens communaux. Création de nouveaux biens communaux. Usages des tribus germaines. — 22. Absorption des biens communaux par le clergé, les monastères et les seigneurs du viie au xie siècle. — 23. Reconstitution des biens communaux à partir du xie siècle.— Concessions des seigneurs.— 24. Transformation en droits de propriété des droits d'usage concédés aux communautés rurales par les seigneurs. — 25. Communautés agricoles du moyen âge. — Conjectures sur la part que les propriétés indivises de ces associations ont pu avoir dans la constitution des biens communaux. — 26. Résumé de l'origine des biens communaux.

16. Cette question est une de celles qui ont le plus divisé les historiens et les jurisconsultes. Elle était discutée bien avant 1789, et elle avait alors un intérêt pratique immense, parce qu'on avait fondé sur la théorie qui avait prévalu toute une législation très-favorable aux seigneurs, très-préjudiciable aux communautés d'habitants.

La plupart des jurisconsultes soutenaient, soit en invoquant les traditions historiques, soit en droit et par application de la maxime : *Nulle terre sans seigneur*, qui était reçue dans un assez grand nombre de provinces, que toutes les propriétés communales avaient leur origine dans une concession des seigneurs (1). Mettant le poids de leur autorité du côté de cette théorie, les seigneurs en avaient profité pour faire reconnaître par la jurisprudence le droit qu'ils s'attribuaient de prélever à leur profit le tiers des biens communaux, du moins pour ceux qui auraient été concédés gratuitement, sauf à eux à renoncer à la part de jouissance qu'ils avaient conservée, malgré la concession, en leur qualité de premiers habitants de la communauté; c'est ce qu'on appelait le droit de *triage*. Cette prétention, dont on aperçoit facilement l'iniquité, puisque c'était à tout le moins une manière de reprendre en partie ce qui avait été donné aux communes, avait amené de tels abus, que l'ordonnance de 1667 abolit tous les triages opérés depuis 1630. Mais l'ordonnance du mois d'août 1669, dans ses articles 4 et 5, confirma et régularisa le droit de triage, en le subordonnant à certaines conditions.

Dans le système de cette ordonnance, il y avait présomption légale que les biens communaux, « bois, prés, marais, îles, pâtis, landes, bruyères et grasses pâtures, » provenaient de concessions des seigneurs et même de concessions gratuites. Et c'était aux habitants à détruire cette présomption et à prouver, soit que la concession n'était pas gratuite, soit que les biens avaient une autre origine.

Cette doctrine découlait d'ailleurs de la même source que celle qui attribuait aux seigneurs les terres vaines et vagues, les vacants situés dans l'étendue de leur jus-

---

(1) Dumoulin, sur l'article 67 de la *Coutume de Paris*, glose 2, n° 8. — D'Argentré, sur l'article 277 de la *Coutume de Bretagne*, somm. G. n° 4. — Guy Coquille, *Questions, réponses et méditations sur les articles des coutumes*, question 303. — La Poix de Fréminville, *Traité du gouvernement des biens et affaires des communautés d'habitants*, p. 3. — Guyot, *Répertoire de jurisprudence*, v° *Usage* (article de Merlin), etc.

tice et qui était consacrée par toutes les coutumes (1).
Seulement ici, comme le fait remarquer M. Henrion de
Pansey, dans son *Traité des biens communaux* (2), le
droit des seigneurs était justifié en équité par la charge
des frais de justice qui pesait sur eux, et par l'obligation
d'entretenir les enfants trouvés.

Cependant, plusieurs jurisconsultes protestaient contre
cette théorie. Ils soutenaient que les biens communaux
remontaient en général à une époque antérieure à la
constitution des seigneuries ; que « c'étaient des terrains
mis en commun par les habitants des villages pour la
nourriture des bestiaux (3) » que, « de toute ancienneté
et avant la création des rois, les forêts étaient publiques
et communes au peuple (4), » et ces auteurs invoquaient
le droit romain et l'autorité d'Isidore de Séville, qui enseigne dans ses *Etymologies*, sorte d'encyclopédie qui
résume l'état de la science au VIᵉ siècle, que ceux qui
ont procédé au partage des terres ont eu soin, le plus
souvent, de laisser des pâturages dans l'indivision (5).

C'est sur cette dernière opinion que se fonda la législation révolutionnaire qui réagit si violemment contre

(1) Toutefois la coutume d'Auvergne attribuait aux habitants
le droit de pâturage dans les vacants aussi bien que dans les
communaux (titre XXVIII, art. 3); mais, d'après quelques com-
mentateurs, le droit de propriété du seigneur n'en était pas moins
reconnu. (Chabrol, *Commentaire de la coutume d'Auvergne*, t. 3,
p. 556).

(2) Chap. ii.

(3) Basmaison, auteur d'une *paraphrase sur la Coutume d'Auvergne* publiée en 1608.

(4) Salvaing, *Traité de l'usage des fiefs*, chap. xcvi.
Legrand, — *Commentaire de la coutume de Troyes*, sur l'article 168, glose 2, n° 15.

(5) « Plerumque olim a divisoribus agrorum ager compascuus
relictus est ad pascendum communiter vicinis. » (Livre II,
chap. xiii.)
Loyseau, dans son *Traité des seigneuries*, chap. xii, n° 120, cite
également ce passage d'Isidore.

les doctrines et les lois féodales, et qui, pour punir des abus, commit elle-même des injustices.

D'abord la loi des 15 – 28 mars 1790 (art. 20 et 31) abolit pour l'avenir le droit de triage et, faisant remonter ses effets dans le passé, révoqua les triages opérés depuis trente ans en dehors des conditions de l'ordonnance de 1669.

Plus tard, la loi des 28 août 14- septembre 1792 prit une série de mesures pour réintégrer les communes dans les propriétés et droits dont elles avaient été dépouillées par l'effet de la puissance féodale. L'article 1er de cette loi, revenant sur les triages, prononce la révocation de tous ceux qui avaient été opérés depuis l'ordonnance de 1669, et cela même dans les cas autorisés par l'ordonnance.

L'article 6 permet aux tribunaux de réviser, casser, ou réformer tous les cantonnements et tous les arpentements et bornages exécutés entre les communautés et les seigneurs, et les arrêts du conseil, jugements et transactions qui, à ce sujet, auraient adjugé des revenants-bons aux seigneurs.

L'article 8 autorise les communes qui justifieraient avoir anciennement possédé des biens ou des droits d'usage quelconques, dont elles auraient été dépouillées en totalité ou en partie par des ci-devant seigneurs, à se faire réintégrer dans la propriété et la possession desdits biens et droits d'usage, à moins que les seigneurs ne représentent un acte authentique constatant qu'ils avaient légitimement acheté lesdits biens.

Ce ne fut pas tout. La loi des 13-20 avril 1791 (art. 7, 8 et 9) avait enlevé aux seigneurs pour l'avenir le droit de s'approprier les terres vaines et vagues ou gastes, landes, biens hermes ou vacants, garrigues, etc., par le motif que les seigneurs étaient, depuis le décret du 4 avril

3

1789, déchargés de l'entretien des enfants trouvés. Quant aux vacants que les seigneurs ne s'étaient pas encore appropriés, elle n'en avait pas disposé. Elle se bornait, par son article 19, à réserver les droits de propriété ou d'usage que les communautés d'habitants pouvaient avoir sur ces terrains, et chargeait les comités de constitution, des domaines et d'agriculture de lui présenter leurs vues sur la nature des preuves d'après lesquelles devaient être fixés ces droits.

Bientôt après, la loi des 28 avril - 14 septembre 1792 déclara, dans son article 9, que les terres vaines et vagues ou gastes, landes, hermes ou vacants, garrigues, dont les communautés ne pourraient pas justifier avoir été anciennement en possession, étaient censées leur appartenir et leur seraient adjugées par les tribunaux... « à moins que les ci-devants seigneurs ne prouvassent par titres ou par possession exclusive, continuée paisiblement et sans trouble pendant quarante ans, qu'ils en avaient la propriété. »

Enfin la loi du 10 juin 1793, allant jusqu'au bout dans cette voie de réaction, effaça toute distinction entre les terres vaines et vagues et les biens communaux. L'article 1er du titre IV de cette loi dispose que : « Tous les biens communaux en général, connus dans toute la république sous les divers noms de terres vaines et vagues, gastes, garrigues, landes, pacages, pâtis, ajoncs, bruyères, bois communs, hermes, vacants, palus, marais, marécages, montagnes et sous toute autre dénomination quelconque, *sont et appartiennent, de leur nature*, à la généralité des habitants ou membres des communes ou des sections de commune dans le territoire desquelles ces communaux sont situés, et que, comme tels, lesdites communes ou sections de commune sont fondées et autorisées à les revendiquer sous les restrictions et modifications portées par les articles suivants. »

Cette loi contient le dernier mot de la législation révolutionnaire sur l'origine des biens communaux. L'ordonnance de 1669 était fondée sur la présomption qu'ils
provenaient des concessions des seigneurs. La loi
de 1793 affirme qu'ils appartenaient, de leur nature,
aux habitants des communes, et que les seigneurs les
ont usurpés.

18. Mais de quel côté est la vérité ? La théorie sur laquelle repose la législation révolutionnaire a été soutenue
avec force par Proudhon dans son *Traité des droits d'u-
sage* (1). Elle a été combattue par M. Henrion de Pansey dans son *Traité des biens communaux* (2) ; par
M. Curasson, le savant annotateur de l'ouvrage de Proudhon ; par M. Dalloz, dans son *Répertoire de législation
et de jurisprudence* (3) ; par M. Béchard, dans son ou
vrage sur le *Droit municipal au moyen âge* (4). Les
recherches récentes, provoquées par les concours que
l'Académie des inscriptions et belles-lettres et l'Académie
des sciences morales et politiques ont ouverts sur l'histoire des biens communaux et sur celle des classes rurales, recherches consignées dans les travaux déjà cités
de MM. Rivière, Dareste et Doniol, ont fourni de
nouveaux éléments à la solution de cette question (5).

En combinant les résultats de ces divers travaux, et
en y mêlant ceux de nos propres recherches, nous avons

(1) Chap. i, ii, vi.
(2) T. IV, chap. ii.
(3) Vᵒ *Commune*, nᵒ 10, p. 118.
(4) T. II, p. 446 et suiv.

(5) En mettant au concours, pour l'année 1855, la question de
l'histoire des biens communaux en France depuis leur origine
jusqu'à la fin du xiiiᵉ siècle, l'Académie des inscriptions et belles-
lettres avait demandé que la question fût étudiée à l'aide des
anciens diplômes et des premières coutumes, en dehors des systèmes et des lois modernes.

été amené à reconnaître que les biens communaux ont diverses origines, ce qui était déjà indiqué par les thèses contradictoires que nous avons résumées, et de plus que les biens communaux des communes rurales ont généralement une origine autre que les biens des communes urbaines.

19. Qu'il ait existé de tout temps des biens communaux, ou plutôt des biens communs, ce n'est pas douteux. Les nécessités de l'agriculture, surtout de celle des temps primitifs, où la vie pastorale dominait, en faisaient aux sociétés naissantes une loi impérieuse. Mais, quand on étudie une question de droit, il faut se garder des généralités ; et il faut tenir compte non-seulement des législations successives sur l'état des personnes et des propriétés, mais aussi de l'époque à laquelle les personnes morales, dont on veut constater les droits, ont pu naître et recevoir la capacité civile.

Ainsi, M. Dareste, qui, dans son *Histoire des classes agricoles*, a poussé les recherches plus avant que les écrivains que nous avons cités et qui est remonté jusqu'à l'état des Gaules avant les Romains, énonce que, dans le principe, la propriété a été collective pour les tribus et les familles. « Un territoire, dit-il, appartenait à une tribu, à un clan, à une famille, à une communauté. Généralement les pâturages, les eaux, les bois, restaient dans l'indivision. Une certaine étendue de champs faisait seule l'objet d'une répartition entre les familles ; et cette répartition avait lieu à des époques régulières, ordinairement tous les ans (1). » Faut-il voir dans ce fait, qui, selon l'auteur, a été général en Europe ; qui existe encore en Russie comme dans les tribus arabes de l'Algérie, et qui tient intimement à certaines conditions de

(1) 2e édition, p. 14.

l'économie sociale propres aux sociétés primitives ; faut-il y voir l'origine des biens communaux d'aujourd'hui ? Mais combien y a-t-il de communes d'aujourd'hui qui puissent se prétendre les successeurs en ligne directe des tribus et des clans d'alors ? On pourrait tout aussi bien en conclure que les propriétés privées de nos jours proviennent de concessions faites par les chefs des clans et des tribus gauloises.

Mais suivons les vicissitudes de ces biens communs.

Quand la propriété privée s'est peu à peu assise, les nécessités de l'agriculture ont fait maintenir à la collection des habitants la jouissance commune des bois et des pâturages.

20. L'établissement des Romains dans les Gaules n'a pas fait disparaître ces usages.

La législation romaine reconnaissait aux municipalités le caractère de personnes morales, capables d'être propriétaires, et les auteurs qui ont traité de l'agriculture parlent souvent de biens communaux, qu'ils désignent sous le nom de *communia* ou *communalia* (1). Or, le régime municipal n'était pas exclusivement propre aux villes. Le savant jurisconsulte Godefroy, dans son commentaire du Code Théodosien, indique que les bourgs et les villages avaient leur curie. M. Serrigny, dans son *Mémoire sur le régime municipal des communautés villageoises*, conclut des textes sur lesquels Godefroy fonde son opinion, que, au ve siècle, les villages d'une certaine importance avaient une municipalité propre, et que ceux d'une moindre importance étaient réunis sous une même municipalité, qui était celle du chef-lieu, appelée *metrocomia*. Et il compare la *metrocomia* soit à une agglomération de sections de commune, soit aux mu-

(1) M. Rivière, *Histoire des biens communaux*, p. 58 à 82. — M. Serrigny, *Droit public et administratif romain*, t. II, p. 61.

nicipalités de canton créées par la constitution du 22 fructidor an III, et qui ont disparu avec elle (1).

La fiscalité impériale accrut les propriétés des muni-
cipes en y joignant les terres abandonnées par les propriétaires qui, faute de bras, ne pouvaient plus les cultiver et payer l'impôt.

Ce n'était pas une reconnaissance du droit primitif des
communes sur ces terres, ni une concession gratuite :
l'Empereur n'attribuait la terre à la municipalité que pour
avoir un contribuable sur qui le Trésor pût exercer un
recours (2).

21. Mais les biens communaux des municipalités,
dont elles étaient d'ailleurs hors d'état de tirer parti à
cause de leur immense étendue et de la dépopulation
des campagnes, furent notablement diminués lors de
l'invasion des Barbares. Les rois barbares s'attribuèrent
les domaines du fisc romain et se réservèrent les forêts
et les terres incultes ; les terres communales servirent
souvent à doter leurs guerriers (3).

Il est vrai que le partage des terres entre les Germains
amena la création de nouvelles propriétés communales.
D'après M. Dareste, les Germains laissaient dans l'indivision une partie du territoire, qui comprenait non-seulement les bois, les pâturages, les eaux et les chemins,
mais même les terres arables dont la jouissance était
commune et réglée par l'autorité publique, c'est-à-dire
par le conseil des habitants de la communauté (4).

(1) Voici le passage de Godefroy, rapporté par M. Serrigny
dans son mémoire précité, p. 454. « Civitates, seu urbes, oppida,
« municipia, quin et vici, mansiones etiam quædam, item cas-
« tella, non solum plebem habuere (cui decuriones opponuntur),
« verum etiam suum quemdam senatum habuere, qui curia di-
« cebatur. » (ad. Cod. Theodos. tit. de Decurionibus.)
(2) M. Rivière, *Histoire des biens communaux*, p. 86 et suiv.
(3) M. Dareste, *Histoire des classes agricoles*, p. 87. — M. Rivière, p. 203.
(4) 2e édition, p. 89.

Les lois des Barbares renferment, sur la jouissance et le partage des communaux, de nombreuses dispositions (1).

22. Mais, dès le vııe siècle, la propriété communale commença à se fondre dans la propriété ecclésiastique, par suite de l'influence qu'exerçaient sur les municipalités les évêques, qui en étaient devenus, presque partout, les magistrats suprêmes et les protecteurs (2).

L'établissement de la féodalité, qui modifia si profondément les conditions des diverses classes de la société, et qui plaça dans les mains des seigneurs laïques et ecclésiastiques non-seulement l'autorité et la juridiction, mais même la propriété, le *dominium directum,* fit disparaître la majeure partie des biens communaux et enleva aux communes la propriété de ceux dont les seigneurs leur laissaient encore l'usage.

Ce n'étaient d'ailleurs pas seulement les principes du droit féodal qui favorisaient cette absorption des biens des communes; les lois barbares attribuaient au gouvernement, au pouvoir souverain, un droit de protection à l'égard des biens communaux. Peu à peu, le gouvernement transforma ce droit de protection en un droit de disposition, de propriété, et, quand les seigneuries se formèrent, elles héritèrent des pouvoirs et des droits du gouvernement royal (3). On avait trouvé naturel, dit M. Dareste, de rattacher cette propriété publique à la puissance publique, et cette idée fut d'autant plus facilement acceptée que les villages conservaient souvent la

(1) *Ibid.,* p. 113. — Consulter aussi M. Rivière, p. 202.
(2) M. Rivière a donné sur ce fait et sur l'administration des biens ecclésiastiques par l'évêque, de concert avec les chefs des municipalités, des détails nouveaux et remarquables, p. 207 à 212 et 220 à 242.
(3) M. Dareste, p. 157.

faculté de se servir des bois, des eaux et des pâturages communs (1).

Enfin les biens vacants avaient été donnés par les rois ou furent donnés par les seigneurs aux moines, qui les ont défrichés, et, comme le dit M. Rivière, jamais occupation, jamais appropriation ne fut plus légitime que celles de ces pionniers de l'agriculture et de la civilisation, qui ont créé des bourgs et des villages innombrables, dans lesquels on jouissait de plus de bien-être et de liberté que partout ailleurs (2).

En somme, c'est à peine s'il restait, au xiᵉ siècle, quelques débris des biens communaux que les municipalités de la Gaule avaient possédés à l'époque romaine, et dont la propriété s'était maintenue sous la domination franque. Encore les communes avaient-elles été assujetties à payer, pour en jouir, des droits, des cens, des corvées ou des services personnels en reconnaissance de la souveraineté de leur seigneur.

23. Mais à partir de cette époque commence le travail de reconstitution des biens communaux. Les anciennes municipalités romaines, en devenant des communes libres, reconquirent la propriété pleine et entière des communaux dont elles avaient conservé la jouissance (3).

Quant aux villes et aux villages d'origine nouvelle, et nous avons vu que, pour les villages, le plus grand nombre date au plus tôt des premiers siècles du moyen âge, d'où leur seraient venus leurs biens, si ce n'est des seigneurs, qui avaient absorbé les propriétés communes, ou des moines, qui avaient défriché les terres incultes

(1) *Id.*, p. 372.
(2) Ouvrage précité, p. 242.
(3) M. Rivière, p. 334 et suiv.

que les rois ou les seigneurs leur concédaient et qui s'efforçaient d'attirer des habitants sur leurs terres?

Aussi les chartes de communes ou de coutumes contiennent-elles toujours des concessions de pâturages, et si beaucoup d'entre elles indiquent qu'elles ne font que consacrer un état de choses antérieur, il ne s'ensuit pas que l'usage de ces biens ne provînt pas de la concession des seigneurs ; cela prouve seulement que la concession remontait à une époque antérieure à la constitution de la municipalité ou de la communauté rurale.

C'est la conclusion qu'on peut tirer des faits mis en lumière par M. Rivière. Seulement, selon lui, il y avait entre les communes jurées, constituées à l'état de municipalité, et les communautés de campagne qui n'étaient pas, comme les premières, composées d'hommes libres, mais dont les habitants étaient tenanciers des seigneurs, *hommes de poeste*, incapables de posséder en pleine propriété, cette différence considérable que, pour les communautés de campagne, les concessions n'avaient consisté ordinairement qu'en droits d'usage (1). Ce fait nous paraît solidement établi par les chartes qu'a citées M. Rivière.

24. Mais il indique, en outre, que cette distinction, qui existait au XIIIᵉ siècle, se serait maintenue dans les siècles suivants jusqu'à la révolution de 1789 (2). Nous doutons beaucoup que si l'auteur, qui n'avait à étudier l'histoire des biens communaux que jusqu'au XIIIᵉ siècle, et qui, dans ces limites, l'a approfondie avec tant de soin, eût suivi avec la même sagacité et la même patience cette histoire jusqu'à la révolution de 1789, il eût maintenu son assertion, du moins d'une manière aussi générale.

En effet, à partir de la réformation des coutumes

(1) P. 380 et suiv., et p. 391.
(2) *Ibid.*, p. 393.

au xvie siècle, les rapports des seigneurs et de leurs tenanciers sont profondément modifiés. On peut dire que, dans cette nouvelle législation, il n'y a plus de fiefs, qu'il n'y a que des patrimoines; que ce qui subsiste de la seigneurie, la *directe*, n'est plus qu'un titre de redevance sur les territoires et les habitants vilains; que le vilain n'est plus *homme de poeste* et qu'il peut devenir propriétaire (1). Et, dès lors, quelle est la raison qui s'oppose à ce que les communautés, composées désormais de gens capables d'être propriétaires, deviennent, elles aussi, propriétaires de leurs biens communaux? M. Rivière indique lui-même que, dans de nombreuses occasions, les seigneurs ont, par des cantonnements, soustrait aux droits d'usage des communautés une partie des territoires grevés de ces droits, en abandonnant la propriété pleine et entière du surplus. Et, en effet, dans le Languedoc, le droit de propriété des paroisses sur les biens communaux paraît avoir été tout à fait reconnu aux xive et xve siècles (2)..

Voici, d'autre part, en quels termes s'explique Legrand, dans son *Commentaire de la coutume de Troyes*, publié en 1661 (art. 168, glose 2) : « Il n'y a quasi point de village, en France, qui n'ait des *usages* appelés communes, pasquages et communaux.... Ces usages appartiennent *ut singuli* à chaque habitant en particulier, pour en jouir sans que la communauté puisse les vendre, bailler à ferme ou louage.... En ce faisant, chaque particulier serait frustré de son droit d'usage. »

Il s'agit bien là de propriétés communales; le mot d'*usages* employé par l'auteur ne doit pas faire prendre le change : il est suffisamment expliqué par les développe-

(1) M. Henry Doniol, dans son *Histoire des classes rurales*, fait un remarquable exposé de la condition des serfs, des vilains et de leurs transformations successives.
(2) M. Dareste, *Histoire des classes agricoles*, p. 374.

ments qui suivent (1). L'on en trouve encore une preuve
manifeste dans la déclaration du roi du 22 juin 1659,
qui, en autorisant les communautés d'habitants de la
Champagne à rentrer en possession des biens communaux dont elles ont été dépouillées, sous forme de
ventes, dans des temps de détresse, constate « que la
plupart des communautés et *villages* d'icelle (province)
ont été portées à vendre et aliéner à des personnes puis-
santes, comme seigneurs des lieux, juges et magistrats
ou principaux habitants des villes, leurs *biens, usages,
bois et communaux*, et les ont vendus sans cause légitime et à des sommes très-modiques.... »

On pourrait ajouter, s'il en était besoin, que l'ordonnance du mois d'août 1669 sur les eaux et forêts contient un titre spécial, titre **XXV**, relatif aux « bois, prés,
marais, landes, pâtis et autres biens *appartenant* aux
communautés et habitants des paroisses. »

Ce qui était vrai au xiiie siècle ne l'était donc plus
au xviie. Les communautés rurales avaient, à cette dernière
époque, outre leurs droits d'usage, des biens communaux
en toute propriété. Et ces biens provenaient fréquemment
des concessions des seigneurs.

Ira-t-on maintenant rechercher à travers les siècles si,
à sa naissance, la propriété des seigneurs était exempte
de violence ou de fraude ? Autant vaudrait discuter la légitimité de la conquête des Gaules par les Francs, et du
partage des terres entre les guerriers germains. Est-ce
d'ailleurs aux communes gratifiées par les concessions
des seigneurs ou des moines, et qui, le plus souvent,
n'existaient pas avant ces concessions, à examiner d'où
viennent les biens qui leur ont été donnés ? En somme,

---

(1) Voir, sur le sens du mot *usages communaux* dans l'ancienne législation, les observations de Proudhon, *Traité des
droits d'usage*, tit. IV, chap. v.

le fait des concessions des seigneurs laïques et ecclésias
tiques est établi d'une manière incontestable.

25. Mais ne peut-on pas assigner encore une autre
origine aux biens communaux ? Basmaison, qui commen-
tait la Coutume d'Auvergne en 1608, pense, nous l'avons
dit plus haut, que c'étaient des terres laissées en commun
par les habitants pour la nourriture des bestiaux. Ne
serait-on pas fondé à soutenir que ce fait, qui s'est
produit dans les sociétés primitives, s'est produit de
nouveau sur une large échelle au moyen âge ?

On sait, en effet, qu'à cette époque les paysans avaient
souvent cherché dans l'association un adoucissement du
servage, le moyen d'échapper aux charges principales de
la mainmorte, en même temps que la sécurité et les
ressources nécessaires pour l'exploitation des terres qu'ils
cultivaient. A côté des sociétés serviles, il existait aussi
des sociétés d'hommes libres, soumises à un régime
analogue (1).

D'après M. Dareste et M. Doniol, qui, dans les travaux
que nous avons déjà mentionnés, mettent en relief
l'influence de ces communautés sur la condition des
classes agricoles, il faut voir dans cette exploitation collective des terres la renaissance ou le maintien des
usages des tribus gauloises et des communes germaines
que nous avons indiqués plus haut. Les communautés,
dit M. Dareste, étaient avantageuses tout à la fois pour
les seigneurs et pour les paysans. Les premiers aimaient
mieux faire des concessions de terre à des associations
qu'à des individus, parce qu'ils avaient recours contre
l'association entière pour le payement de leurs rede-

---

(1) Ces communautés ont fait l'objet de travaux considérables
des anciens jurisconsultes.

M. Troplong a exposé le régime de ces associations dans la
préface de son commentaire du *Contrat de société*.

vances. D'un autre côté, les *parsonniers* ou associés, quand ils étaient mainmortables, y trouvaient l'avantage de s'assurer, indirectement du moins, des droits de successibilité que les coutumes leur refusaient autrement. En effet, les mainmortables qui vivaient en commun pouvaient tester et se succéder les uns aux autres (1). Quant aux hommes libres, ils furent conduits à cette organisation du travail par les difficultés que rencontraient les entreprises individuelles, en raison des troubles de ce temps et de la lenteur des progrès de l'agriculture. Et ce ne fut pas une institution éphémère ni particulière à quelques contrées de la France. « Dans la Picardie, la Normandie et la Bretagne ; dans la Bourgogne, le Dauphiné, la Champagne, le Nivernais, le Berri, la Marche, le Bourbonnais, l'Auvergne, la Guienne, au nord, au centre et au midi, les textes attestent son existence bien avant le xiiie siècle et bien après (2). »

Ces communautés, dont les inconvénients, et le plus saillant de tous était l'absence d'intérêt individuel, devenaient plus sensibles à mesure que les classes rurales obtenaient plus de sécurité, plus de liberté et se créaient plus de ressources, ont généralement disparu vers le xviiie siècle, mais non sans laisser des traces profondes de leur existence (3). « Jusque dans le xviiie siècle, dit M. Doniol, les titres s'occupent fréquemment des communautés agricoles ; les terriers et les

---

(1) *Histoire des classes agricoles*, p. 235.

(2) M. Doniol, *Histoire des classes rurales*, p. 81.

(3) M. Dupin aîné, dans sa notice sur le Morvan, fait connaître qu'en 1840 il existait encore une communauté de cette nature fondée au xve siècle, la communauté des Jault. M. Leplay, dans son ouvrage sur *les ouvriers européens* (XXXI, note B, p. 247), a donné de nombreux détails sur cette communauté, qui a été dissoute en 1846.

partages de cens mentionnent un grand nombre de *consorts* et *communs en biens*. A d'autres indications encore, il est facile d'y reconnaître les traces d'indivisions anciennes récemment rompues. La majeure partie des villages, mas, hameaux, beaucoup de ténements même, désignés sur les cartes ou dans les usages locaux par des noms précédés de l'article *les,* quand ces noms ne rappellent pas uniquement un accident particulier du sol, représentent dans nos campagnes ces associations disparues (1). »

Or, n'est-il pas vraisemblable que ces associations, qui possédaient et exploitaient en commun des terres, ont dû, pour le besoin de leurs exploitations, constituer des pâturages communs, en outre des droits d'usage qui pouvaient leur avoir été concédés, et n'est-il pas probable que, lorsque, après avoir duré plusieurs siècles, ces associations se sont peu à peu dissoutes et que les associés se sont transformés en voisins, habitant le même village, l'usage commun des pâturages s'est maintenu pour les habitants, sans qu'on recherchât quels étaient ceux dont les auteurs avaient primitivement fait partie de la communauté? Nous trouvons cette opinion indiquée dans un remarquable rapport, présenté en 1843 au conseil général du Bas-Rhin, au nom d'une commission chargée de proposer un vœu sur la législation relative aux biens communaux. En repoussant l'idée du partage des communaux, par le motif que, dans notre législation actuelle, la commune est une personne morale constituée en vue de la satisfaction de besoins publics et non dans l'intérêt privé de ceux qui la composent, la commission reconnaît cependant qu'il n'en a pas toujours été ainsi : « Beaucoup de communes, dit-elle, n'étaient, dans l'origine,

(1) *Histoire des classes rurales en France,* p. 151.

qu'une association privée, et le patrimoine communal n'était qu'une copropriété indivise entre les familles qui avaient originairement formé cette association. » Puis la commission rappelle qu'on trouve encore aujourd'hui, dans certains départements, des associations de cette nature qui ont conservé un caractère entièrement privé, et elle mentionne les renseignements donnés par M. Dupin aîné, sur la communauté des Jault, qui existait à cette époque dans le Morvan (1). On retrouvera plus loin quelques autres documents qui nous paraissent confirmer notre pensée sur ce point.

Telles sont donc les diverses origines des biens communaux avant 1789 : la répartition primitive du sol au temps où dominait la vie pastorale ; l'attribution des terres vacantes faite aux municipalités romaines par les empereurs ; mais surtout, et à peu près exclusivement pour les communautés rurales, les concessions à titre gratuit ou à titre onéreux des seigneurs ecclésiastiques et laïques, et les débris des propriétés indivises des communautés agricoles du moyen âge.

§ 3 ATTRIBUTION DE DROITS EXCLUSIFS D'USAGE ET DE PROPRIÉTÉ
A DES FRACTIONS DE COMMUNAUTÉS D'HABITANTS.

27. Présomptions qui font supposer l'attribution de droits distincts au profit de fractions de communautés. — 28. Preuves tirées des dispositions de l'ordonnance d'août 1669, sur les droits d'usage dans les forêts. — 29. Preuves tirées des anciennes coutumes, notamment des dispositions de celles de la Marche et de l'Auvergne, relatives à la propriété et à la jouissance des pâturages. — 30. Discussion de l'opinion de M. Caffin sur la portée de ces dispositions des coutumes. — 31. Confirmation de ces preuves par l'opinion généralement reçue encore aujourd'hui dans les pays du centre de la France, et qui est constatée par des délibérations de plusieurs conseils généraux. — 32. Preuves

(1) *Recueil des vœux des conseils généraux au sujet de la législation sur les biens communaux* (imprimé en 1848), p. 151.

tirées de l'existence des *communs-consorts*. — 33. Résumé de l'origine et de l'état des sections de commune avant 1789.

27. Les concessions faites par les seigneurs s'étaient-elles adressées ordinairement à la généralité des habitants de toute une paroisse, qui souvent comprenait, comme nous l'avons vu, plusieurs villages distincts ? Nous ne le pensons pas. La nature des choses devait conduire et conduisit, en effet, les seigneurs à attribuer plus souvent leurs concessions à un groupe d'habitants isolé, qu'ils voulaient créer ou développer. L'individualité de la commune rurale n'était pas constituée, surtout au moyen âge, comme celle des communes urbaines, et quand il s'agissait de procurer aux habitants des campagnes des avantages personnels, des moyens de bâtir leurs maisons, de se chauffer, de faire pacager leurs bestiaux, chaque village qui obtenait une concession, et l'acquérait parfois à titre onéreux, agissait à son profit exclusif. C'est surtout dans les pays montagneux, où les villages étaient très-disséminés, que les choses devaient se passer ainsi. Et, d'autre part, quand les habitants d'un village mettaient dans l'indivision une partie des terrains dont ils disposaient ou laissaient subsister la jouissance commune sur des pâturages indivis, après la dissolution d'une communauté, n'était-ce pas au profit de leur village seulement plutôt qu'au profit de la paroisse tout entière qu'ils se dépouillaient ?

28. Nous trouvons, dans l'ordonnance royale d'août 1669 sur les eaux et forêts, la preuve qu'il existait, au sein des communautés d'habitants, des communautés plus petites qui avaient, à certains égards, une existence distincte. On y voit que des paroisses, des villages, des hameaux peuvent avoir des droits d'usage propres à chacun d'eux, et il s'agit si bien de droits distincts que chacun a sa représentation spéciale : les paroisses sont

représentées par des procureurs d'office ou leurs syndics ;
les villages et les hameaux, par leurs principaux habitants.

L'article 3 du titre XIX de cette ordonnance porte :
« Les officiers assigneront à chacune *paroisse, hameau,
village ou communauté usagère,* une contrée particulière, la plus commode qu'il se pourra, en laquelle, ès
lieux défensables seulement, les bestiaux puissent être
menés et gardés séparément sans mélange de troupeau
d'autres lieux.

« Art. 6. Tous les bestiaux appartenant aux usagers
d'une même *paroisse ou hameau* ayant droit d'usage,
seront marqués d'une même marque, dont l'empreinte
sera mise au greffe avant que de pouvoir les envoyer
au pâturage, et chacun jour assemblés en un lieu qui
sera destiné pour chacun *bourg, village ou hameau,*
en un seul troupeau, et conduit par un seul chemin....

« Art. 9. Les pâtres et gardes seront choisis et nommés annuellement à la diligence des procureurs d'office
ou syndics de chacune *paroisse,* ou principaux habitants
des *hameaux* et *villages,* par les habitants assemblés,
en présence du juge des lieux qui en délivrera acte. »

Et, pour confirmer le caractère que nous attribuons à
la distinction faite entre les droits des paroisses et ceux
des hameaux et villages, il faut dire que ces dispositions
de l'ordonnance de 1669, sauf celle de l'article 9, ont été
presque textuellement reproduites dans les articles 72,
73 et 74 du Code forestier, qui substituent seulement les
mots de communes et *sections de commune* à ceux de
paroisses, hameaux, villages et communautés.

29. Ce qui est vrai des droits d'usage l'était-il des
droits de propriété ? Les coutumes de plusieurs pays permettent de l'affirmer.

C'est un fait singulier que beaucoup des anciennes
coutumes de France ne parlent pas des biens communaux,

quoiqu'il en existât dans toutes les provinces une étendue considérable (1). Presque toutes règlent les droits de vaine pâture et de parcours ; mais quant aux vives et grasses pâtures, aux communaux, il en est rarement question. La plupart même de celles qui touchent à cette matière se bornent à quelques mots. Ainsi, la coutume d'Orléans, rédigée en 1583, ne contient que la disposition suivante dans l'article 149 du chapitre v : « Es prairies, pastis, pasturages et buissons appartenans à une communauté ou estans au public, l'usage sera libre à un chacun pour y mener pasturer son bestial. » De plus, les coutumes se servent ordinairement de termes fort vagues pour désigner ceux qui ont le droit d'en jouir, c'est tantôt « un chacun » ou bien « les habitants et demeurants aux finages où elles sont assises, » ou encore « les habitants des lieux. »

Mais plusieurs coutumes emploient des termes plus précis, et nous trouvons, à côté de coutumes où les pâturages sont limités par paroisses, d'autres coutumes où ils se limitent par villages.

Ainsi, dans les coutumes de pays de La Bourt, dont Bayonne était le chef-lieu, nous trouvons, au titre III (articles 1 et 2), des dispositions ainsi conçues :

« 1. En la terre de La Bourt, chacune *paroisse* a et possède ses terres communes et voisines entre tous les paroissiens d'icelle par indivis, distinctes et séparées des autres paroisses ; comme appert par bornes et limites.

« 2. Chacun paroissien, ès terres communes de la paroisse d'où il est paroissien, peut indifféremment tenir et pasturer son bestail, gros et menu, de quelque

---

(1) Voir le *Traité politique et économique des communes*, publié en 1770, sans nom d'auteur, par le comte d'Essuiles.

quahté et nombre qu'il soit, en tout temps de jour et
de nuit. »

Au contraire, on voit dans les coutumes de la Marche
(chap. xxix, art. 359 et 360) que, « les champs communs, pasturages et marchages, tant de champs que de
bois, ès lieux où il y a bois communs ou vergiers destinés à pasturages, *se limitent par villages*.

« Et ne peuvent les habitants d'un village aller mener
paistre et pasturager leur bestail ès pasturages de
l'autre village, et si ledit bestail y est trouvé, eschet
meffaite coustumière ou dommage donné, sinon que
les habitants desdits villages ayent par commun entre
eux aucun droit de marchage (1). »

Les coutumes générales et locales d'Auvergne nous
offrent les dispositions les plus diverses, qui font ressortir encore mieux la distinction que nous venons
d'établir.

D'abord, les coutumes générales posent des règles différentes pour le haut pays et le bas pays.

Au titre XXVIII des Coutumes générales, il est dit :

« 1. Les pasturages sont limitez en la Limaigne et bas
pays d'Auvergne par justices, en manière qu'il n'est
leu ne permis à aucun pasturer en aultruy justice.....

« 3. Mais quant aux habitans d'une mesme justice, il
leur est leu et permis faire pasturer leur bestail quelconque ès pasturages communs et terres hermes et
vacquans, situez en ladite justice, en tout temps et saison
de l'an. »

(1) Ragueau, dans son *Glossaire du droit français* (t. II, p. 93),
définit le *marchage* « le droit qu'ont les habitants d'une justice,
d'un mas, gâtine, village, ténement ou paroisse, de faire marcher et paître leur bétail en une autre justice et village. » A cette
explication, Chabrol, dans son *Commentaire de la Coutume d'Auvergne* (t. III, p. 539), ajoute que ce droit ne pouvait s'acquérir
par prescription, qu'il n'existait qu'en vertu de titres spéciaux
et notamment des concessions des seigneurs.

Les justices avaient dans cette partie du pays des territoires fort restreints : le plus souvent, dit Chabrol, conseiller d'État, dans son *Commentaire sur la Coutume d'Auvergne,* elles ne comprenaient que *partie d'une paroisse,* tandis que, dans les montagnes, elles étaient d'une vaste étendue et renfermaient parfois un grand nombre de villages (1). Aussi, dans les montagnes, la division des pâturages n'était pas la même.

Voici, en effet, ce que porte l'article 5 du même titre :

« 5. Au haut pays d'Auvergne et ès montaignes du bas pays, lesdits pasturages se limitent par *mas et villages,* tellement qu'il n'est leu ne permis ès habitans en aucun village, jaçoit qu'il soit de même justice, faire pasturer leur bestail, quel qu'il soit, dans les appartenances d'aultruy village, sur peine d'amende pour chacune garde. »

Le mot de *mas,* dont la coutume se sert, n'est pas absolument synonyme de village : il désigne évidemment un hameau moins considérable. Telle est l'opinion de Chabrol, dans son Commentaire déjà cité (2).

Les coutumes locales du haut et du bas pays d'Auvergne semblent ajouter encore à ce fractionnement des communautés (3).

(1) T. III, p. 530.
(2) T. III, p. 584.
Le *mas, meix* ou *mex* « est le ténement et héritage mainmortable des personnes de servile condition et de main morte. » (*Glossaire du droit français,* par Ragueau, revu par de Laurière, vº *Meix*). C'est le *mansus* qui constitue la division fondamentale de la propriété au ixe siècle, ainsi que l'a expliqué M. Guérard, dans les savants prolégomènes dont il a fait précéder le *Polyptique de l'abbé Irminon,* p. 578 et suivantes.
(3) Dans le ressort des châtellenies de Combraille, de Menat et autres, « les pasturages se limitent par villages, mas et ténements. » Dans la châtellenie de Vodable, « les pasturages se li-

Dans certaines coutumes locales, nous trouvons les pâturages divisés par paroisses et subdivisés par villages. Ainsi, « les pasturages de la paroisse de Saint-Martin-des-Olmes se limitent par village, » et encore dans la châtellenie de Mozun, « les pasturages de ladite chastellenie se limitent par paroisses, et ceux de chacune paroisse se limitent par village, posé que soient de même justice..... »

30. Mais ces dispositions des coutumes de la Marche et des coutumes d'Auvergne avaient-elles pour objet de consacrer au profit des villages, des mas, non-seulement des droits de jouissance exclusive sur les pâturages, mais des droits de propriété ?

On l'a contesté récemment. Dans une brochure publiée en 1861, à l'appui d'un livre relatif aux *droits de propriété des communes et des sections de commune sur les biens communaux*, et qui porte le même titre que ce livre, M. Caffin, sous-préfet de l'arrondissement de Rochechouart, s'est efforcé d'atténuer la portée de ces dispositions des coutumes. Le livre de M. Caffin, qui contient une étude approfondie et très-instructive de l'état des biens communaux dans le département de la Haute-Vienne, et dont nous aurons plus tard à discuter les deux thèses principales, est inspiré, nous pouvons le dire immédiatement, par une préoccupation, à notre sens, un peu exclusive des inconvénients qu'entraîne, dans la

---

mitent en ladite chastellenie et villages d'icelle par *gastines*, en telle manière que le bétail d'une gastine ne peut pasturer dedans l'autre, sur peine de clame et droit de gastine, posé que soit de mesme justice. » Chabrol, dans son *Commentaire*, t. IV, p. 604, explique que le mot *gastine* vient de celui de *gastier*, et le gastier est la même chose que le messier, dont la dénomination dérive à son tour de *messis*. Ce sont, dit-il, des préposés d'une justice ou paroisse pour veiller et empêcher les dégâts dans les récoltes.

pratique de l'administration municipale, le respect des droits des sections. Pour faire disparaître ces inconvénients, l'auteur semble s'être attaché à faire disparaître, autant que possible, les droits mêmes des sections. Aussi, bien qu'il reconnaisse que, avant 1789, des concessions avaient été faites exclusivement dans diverses circonstances à des fractions de paroisse, n'a-t-il pu admettre volontiers que les articles des coutumes que nous venons de rapporter eussent constitué ou reconnu, d'une manière générale, dans le ressort où elles s'appliquent, des droits de propriété au profit des villages ou mas à qui la jouissance des pâturages est exclusivement attribuée.

« Ces dispositions, dit-il, ne formeraient, dans leur ensemble, suivant les explications de Chabrol, qui les a commentées, qu'un règlement général, comme on en fait de nos jours; elles établissaient une police, un ordre public dans l'usage des pâturages (1).

Pour le prouver, il fait d'abord remarquer qu'il y aurait une contradiction étrange entre les coutumes du haut et du bas pays d'Auvergne, puisque si, dans le haut pays, les pâturages se limitent par mas et villages, ils se limitent par justice dans le bas pays, et les justices, dit-il, embrassaient généralement une communauté et quelquefois plusieurs. Mais il y a là une confusion. Nous avons indiqué plus haut, d'après Chabrol, que, dans le bas pays d'Auvergne, les justices ne comprenaient généralement que *partie d'une paroisse;* et c'est, au contraire, dans la montagne qu'elles renfermaient parfois un grand nombre de villages. Par conséquent, limiter les pâturages par justices dans le bas pays et par villages dans le haut pays, c'était prescrire la même mesure sous deux formes différentes. D'ailleurs, la différence des coutumes

(1) *Des droits de propriété,* etc., brochure in-18, p. 10.

dans deux pays dont la configuration est essentiellement différente aurait pu, au besoin, être justifiée.

Un second motif, qui prouverait encore mieux, selon M. Caffin, qu'il ne s'agit que de régler l'usage des pâturages, c'est que la disposition déjà citée de la coutume locale de la châtellenie de Mozun, d'après laquelle les pâturages de cette châtellenie se limitent par paroisses, et ceux de chaque paroisse se limitent par villages, porte que cette limitation par paroisses et villages n'a lieu que depuis la fête de Notre-Dame de mars jusqu'à la fête de Saint-Martin d'hiver, et que, depuis la fête de Saint-Martin jusqu'à la Notre-Dame de mars, tous les pâturages de cette châtellenie sont communs. Mais cette disposition, qui, d'ailleurs, est à peu près isolée dans les coutumes locales d'Auvergne, n'a rien qui exclue les droits de propriété des villages sur les pâturages qui leur étaient assignés. Elle établit seulement sur ces mêmes terrains un droit d'usage au profit des habitants de toute la châtellenie pendant l'hiver, époque où l'on tire peu de profit des pâturages. C'est ce que l'on voit clairement dans une disposition analogue, mais formulée en d'autres termes, de la coutume de la châtellenie de Montmorin : « Chacun village, y est-il dit, a son pâturage séparé, qui est seulement défensable depuis la Notre-Dame de mars jusqu'à la Saint-Martin d'hiver. Mais après sont communs et peuvent marcher et pâturer l'un dans l'autre. »

Ainsi le pâturage de chaque village est *défensable* pendant le printemps et l'été comme les propriétés privées elles-mêmes, et soumis ensuite comme elles à la servitude de vaine pâture. Et cette même combinaison est prévue également dans l'article des coutumes de la Marche que nous avons cité précédemment.

Quant à l'opinion de Chabrol, que M. Caffin invoque, elle nous paraît loin de fournir un appui à son opinion.

Lorsqu'il dit que : « La coutume forme un règlement général, qu'elle établit une police, un ordre public dans l'usage des pacages, » est-ce pour nier les droits de propriété des villages ? Nullement. C'est pour établir que les habitants d'une justice ou d'un village ne peuvent acquérir, par la possession, le droit de faire pacager leurs bestiaux dans une autre justice ou un autre village. « La coutume, dit-il, en indiquant qu'il n'est loisible ni permis d'user du pacage dans le lieu qu'elle indique, contient une prohibition absolue, et l'on ne peut prescrire contre la prohibition de la loi. En défendant d'user du pacage, elle défend de le posséder, et l'on ne prescrit pas sans possession, et sans possession valable. » C'est dans cet ordre d'idées qu'il caractérise la coutume comme une règle d'ordre public et qu'il ajoute : « La nature d'une telle décision ne permet pas de la subordonner à des usages contraires; la loi réclame toujours; la possession n'en est que l'infraction (1). »

Mais il ne fait pas de doute que les communaux ne soient la propriété des villages qui en ont la jouissance exclusive. En effet, quelques pages plus loin, discutant la question de savoir si les communaux peuvent être « convertis à d'autres usages que le pâturage et si les habitants sont en droit de les partager, » il combat la jurisprudence établie en Auvergne qui interdit le partage et soutient « qu'un communal est un bien entièrement perdu pour l'État, presque inutile *aux habitants à qui il appartient* et souvent pernicieux pour eux; » qu'au contraire, l'intérêt public et les intérêts privés trouveraient une satisfaction considérable dans le partage des communaux; et il fait valoir, à titre de précédent, l'édit de juin 1769, qui autorise le partage des biens communaux

---

(1) *Commentaire de la Coutume d'Auvergne*, t. III, p. 531.

dans le pays des Trois-Évêchés (1). Or, en émettant ce vœu en faveur du partage des communaux entre les habitants à qui ils appartiennent, Chabrol n'eût-il pas indiqué qu'il s'agissait des habitants de toute la paroisse et non des habitants du village qui avaient la jouissance exclusive d'un communal, si telle eût été son opinion ? La question avait une trop grande importance pour qu'il eût omis de la résoudre si elle s'était soulevée. Son silence à cet égard indique évidemment qu'elle ne se soulevait pas, et que les habitants qui jouissaient des pâturages étaient aussi ceux qui auraient eu droit au partage (2).

31. Ce sont donc les droits de propriété exclusifs que les coutumes consacrent au profit des villages, mas et ténements compris dans la circonscription des paroisses.

C'est bien ainsi qu'on l'entend encore aujourd'hui dans les contrées montagneuses du centre de la France, dont plusieurs étaient régies par les coutumes que nous venons de rapporter, et nous pouvons assurément prendre comme témoignage de l'opinion commune à cet égard les vœux émis par les conseils généraux de ces départements.

Ainsi, dans sa session de 1837, le conseil général du département de la Creuse (ressort de l'ancienne coutume de la Marche), demandait qu'une loi autorisât le partage des biens communaux entre les habitants, et il disait, à l'appui de ce vœu : « Ce partage ne violerait pas le droit d'un

---

(1) *Commentaire de la Coutume d'Auvergne*, t. III, p. 553.

(2) Aussi, ce n'est pas sans intention, nous le croyons, que les édits ou lettres patentes de juin 1769, janvier 1774 et novembre 1779, qui autorisent le partage des communaux entre les habitants des communautés des provinces des Trois-Evêchés, de Bourgogne et d'Artois, disposent que le partage aura lieu entre les habitants domiciliés dans le *lieu*. On n'a pas employé le mot de *paroisse*, comme on le fait ordinairement dans les édits relatifs aux communes rurales, parce que la jouissance, et, par suite, le droit au partage des biens communaux pouvaient appartenir exclusivement à des fractions de paroisse.

être moral appelé commune, et ayant en commun des intérêts et des droits étrangers à la propriété communale ; car il est de fait que l'*ancien mas* ou *ténement*, qui est propriétaire des communaux, ne connaît de communauté que relativement à ces biens. » Et il ajoutait : « La propriété et la jouissance des communaux sont des sources intarissables de procès et de rixes. Les titres qui s'y rapportent s'anéantissent chaque jour ; les délimitations par *mas* et *ténement* disparaissent dans le souvenir et sous les nouvelles circonscriptions cadastrales. Il est déjà impossible en plusieurs cas de reconnaître ces anciennes délimitations, qui doivent décider du droit de propriété des communaux, soit entre les communautés d'habitants, soit entre ces communautés et les particuliers (1). »

En 1843, dans une discussion sur le même sujet au sein du conseil général du département du Puy-de-Dôme (formé d'une partie de l'ancienne province d'Auvergne), un membre de ce conseil énonçait, sans trouver de contradicteur, ce fait, que les communaux appartenant à des sections de commune étaient bien plus nombreux dans le département que ceux qui appartenaient à des communes entières, et le conseil général était partagé sur la question de savoir s'il convenait, en repoussant le principe du partage pour les biens appartenant à une commune, de l'admettre pour les biens appartenant à des sections (2).

Dans le département de la Haute-Vienne, nous voyons la même opinion professée au sein du conseil général. Voici les termes d'un rapport présenté, en 1857, à ce conseil, au nom d'une commission chargée de proposer

(1) *Recueil des vœux des conseils généraux de département au sujet de la législation relative aux biens communaux*, p. 36 et 37.

(2) Même recueil, p. 135.

un vœu sur la législation relative aux biens communaux:

« Dans les départements du nord, les communaux appartiennent tous à la commune, à l'agrégation entière. Dans les départements du centre, au contraire, ces biens appartiennent, non plus à la commune, mais à des *sections* ou dépendances de certains territoires appelés autrefois *mas* ou *ténements* (1). »

Nous retrouvons là, comme dans le vœu du conseil général du département de la Creuse, non-seulement les faits consacrés par les anciennes coutumes, mais en outre les mots mêmes qu'elles emploient.

Et dans un vœu émis antérieurement, en 1846, par le conseil général du département de la Haute-Vienne, cette même opinion était encore plus accentuée :

« En admettant, dit le conseil, ainsi que le prétendent certaines personnes, qu'il existe des propriétés affectées à toujours à certains corps moraux qu'on appelle communes, ces propriétés n'existent pas dans le département de la Haute-Vienne; celles qu'on y connaît sous le nom de communaux n'appartiennent nulle part à des communes entières, mais seulement à des villages qui les possèdent exclusivement et quelquefois promiscûment avec un ou deux villages voisins. »

Le conseil général va même, dans ce vœu, jusqu'à soutenir que ces communaux constituent des propriétés indivises; que cela ressort de ce qu'ils sont affectés spécialement à tels ou tels villages, à l'exclusion de toutes les autres parties de la commune, et il ajoute « qu'il serait facile de justifier, par des actes très-anciens, dont plusieurs ont été mis sous les yeux du conseil général, que tantôt ces propriétés ont été cédées nommément, à titre onéreux,

(1) Ce rapport a été inséré dans le procès-verbal des séances du conseil général pour l'année 1857.

à tous les individus qui habitaient alors les villages dont
elles dépendent aujourd'hui, ou seulement à quelques-
uns de ces habitants, et que tantôt elles sont restées dans
l'indivision à la suite de partages exécutés dans des familles qui possédaient, en tout ou en partie, la circonscription de ces villages... (1). »

Le dernier fait que signale le conseil général du département de la Haute-Vienne ne peut-il pas être invoqué à l'appui des conjectures que nous avons faites à
l'occasion des associations agricoles du moyen âge ? Ne
nous autorise-t-il pas à supposer qu'après la dissolution
le ces communautés, une partie de leurs propriétés indivises, notamment leurs pâturages, a pu rester dans l'indivision et se transformer en biens communaux ?

32. Nous inclinerions encore à trouver la preuve de
la constitution de droits de propriété au profit de fractions de communautés d'habitants dans un fait de la même
nature et qui pourrait recevoir la même explication, dans
l'existence des *consorts* ou *communs-consorts* auxquels La
Poix de Fréminville consacre le chapitre III de son *Traité
général du gouvernement des biens et affaires des
communautés d'habitants des villes, bourgs, villages et
paroisses du royaume.* Il désigne ainsi des places communes ou terrains communs, destinés au pacage des bestiaux, qui n'appartiennent pas, dit-il, « au général d'une
communauté, paroisse ou justice, » mais aux propriétaires de domaines voisins qui les ont formés aux dépens
de leurs héritages, et qui constituent, à cet égard, une
sorte de société, d'où le nom de *consorts.* Nous devons
reproduire ici ses savantes explications qui ont une auto-

(1) *Recueil précité des vœux des conseils généraux*, p. 190. —
Nous aurons à examiner plus loin l'appréciation du caractère
des sections que le conseil général de la Haute-Vienne a fondée
sur ces faits.

rité toute particulière, à raison des travaux considérables auxquels il s'était livré sur les droits seigneuriaux (1).

« Pour comprendre aisément ce que c'est qu'un *consort* et qu'il ne peut appartenir à la communauté des habitants, il faut remarquer que tous les pays ne se ressemblent pas, soit pour les situations, cultures et domiciles. Dans plusieurs provinces, par exemple, toute une petite ville, bourg ou paroisse, est rassemblée, même souvent entourée de murs, et il n'y a quelquefois ni domaine ni métairie séparés dans le reste de la paroisse et justice ; il y a d'autres pays où, indépendamment de la ville, bourg ou village, il y a des vingt, trente et quarante domaines, fermes ou métairies éparses à la campagne dans l'étendue de la justice, laquelle aura quelquefois deux lieues de diamètre de tous côtés ; or, il est certain que s'il y a des places communes aux extrémités des limites, ceux qui sont de l'autre côté n'iront pas à deux lieues, plus ou moins, y conduire leurs bestiaux pour les faire paître dans cette place ; l'on doit donc dire que cette place n'est destinée que pour les maisons et métairies voisines de ces places, lesquelles les ont formées de leurs propres héritages pour leur commodité ; et je connais un grand nombre de belles seigneuries qui ont des vingt et trente places communes qui ne servent que pour les bestiaux des maisons du voisinage et qu'on appelle les *communs-consorts*, parce qu'ils appartiennent en propriété aux propriétaires des domaines et métairies qui les entourent, et dans lesquelles le seigneur n'a pas droit d'y rien prétendre, parce que ces places n'appartiennent pas à toute

---

(1) Le même auteur a publié un traité en 4 volumes in-4°, intitulé : *la Pratique universelle sur la rénovation des terriers et des droits seigneuriaux*, qui a eu plusieurs éditions.
  Le *Traité général du gouvernement des biens et affaires des communautés d'habitants*, etc., a été publié en 1760.

la communauté des habitants, où il ne peut être regardé par conséquent comme y ayant droit.

« .... On doit donc regarder les *communs-consorts* comme un droit et une propriété réelle attachés à des domaines, métairies et villages de la campagne, aux propriétaires desquels il passe par acquisition et succession; nuls autres que ceux qui ont droit dans ces places ne peuvent en user, comme il est précisément porté en l'ordonnance de 1516, art. 47. »

Il ne faudrait pas conclure de ces derniers mots qu'il s'agit ici de propriétés purement privées, indivises entre plusieurs ayants-droit. Si Fréminville s'exprime ainsi, c'est pour repousser le droit de triage que le seigneur prétendait exercer sur ces terrains en vertu de l'ordonnance de 1669; mais il est loin de vouloir leur enlever le caractère de propriétés d'une communauté territoriale, car il invoque ensuite les dispositions de l'article 5 du titre XXVIII de la Coutume d'Auvergne, que nous avons cité : « au haut pays d'Auvergne et ès montagnes du bas pays, lesdits pasturages se limitent par *mas* et *villages*......... » pour établir que les consorts peuvent appartenir à plusieurs domaines ou villages. Après cette citation, il termine en disant : « Nous rapportons cet article seulement, y en ayant plusieurs autres qui déterminent également que les places communes qui ne sont en société que pour deux ou trois métairies ou villages ne sont que des consorts communs qui appartiennent à ces métairies ou villages et non au général de la communauté des habitants de la paroisse ou de la justice. »

33. Ainsi, nous voyons la législation antérieure à 1789 reconnaître à des fractions du territoire des communautés, à des villages dépendant d'une paroisse, non-seulement des droits d'usage, mais des droits à la propriété des pâturages dont les habitants de ces villages, mas ou

ténements, jouissent à l'exclusion des autres habitants de la paroisse. Et ces droits proviennent soit des concessions des seigneurs, soit du fait des habitants qui ont mis dans l'indivision des pâturages destinés à la nourriture de leurs bestiaux.

II. — ORIGINE DES SECTIONS DE COMMUNE APRÈS 1789.

sommaire

§ 1. *Effets des modifications de la circonscription des communes créées en* 1789.

§ 2. *Effets de la loi du* 10 *juin* 1793, *et libéralités faites à des fractions de commune.*

§ 3. *Consécration de l'existence des sections par une série de dispositions législatives depuis* 1793.

---

§ 1. EFFETS DES MODIFICATIONS DE LA CIRCONSCRIPTION DES COMMUNES CRÉÉES EN 1789.

34. Constitution des communes sur tout le territoire de la France en 1789. — Leur nombre. — 35. Tendance à la réunion des petites municipalités. — Motifs de cette tendance. — 36. Réduction du nombre des communes provenant des réunions prononcées par le pouvoir législatif et le gouvernement depuis 1789 jusqu'à 1860. — Histoire et statistique de ces réunions. — 37. Modifications des circonscriptions des communes provenant de distractions de hameaux transportés dans une autre commune et de délimitations. — 38. Réserve des droits des communes réunies ou des fractions de communes déplacées.

34. La principale cause qui, depuis 1789, a donné naissance à des sections de commune, c'est la modification de la circonscription territoriale des communes créées par la loi du 22 décembre 1789. Cette loi, qui établit les circonscriptions administratives de la France moderne, porte, dans son article 7 : « Il y aura une municipalité

dans chaque ville, bourg, paroisse ou communauté de campagne. » Sans avoir recherché si toutes les communautés d'habitants, existant sous des titres divers et avec des régimes différents, offraient les éléments d'une administration municipale, le législateur créait ainsi environ 44,000 municipalités (1).

(1) Le savant M Daunou, dans un discours prononcé en 1831 à la Chambre des députés, lors de la discussion de la loi sur l'organisation municipale, a donné le chiffre de 39,000. M. le baron Mounier, dans l'un de ses rapports à la Chambre des pairs, sur le projet de loi relatif aux attributions municipales, qui est devenu la loi du 18 juillet 1837 (rapport déposé à la séance du 19 mars 1835), a donné celui de 39,000. D'après M. Vivien (rapport à la Chambre des députés sur le même projet de loi, présenté dans la séance du 26 avril 1836), le nombre des communes créées par l'Assemblée constituante aurait été de 40,000. Nous croyons que le chiffre de 44,000 se rapproche plus de la vérité. Voici comment nous l'avons trouvé.

Quoiqu'un décret du 30 juin 1790 eût ordonné le recensement des communes, il n'en a pas été fait avant 1793. C'est seulement au mois de février de cette année que le ministre de l'intérieur demanda aux directoires de départements de lui adresser l'état de toutes les municipalités. Ce travail fut achevé et imprimé en l'an ii; mais le calcul du nombre des municipalités n'y a pas été fait.

Le chiffre de 44,000 est donné dans le rapport fait à la Convention, le 9 août 1793, au nom de la commission chargée de recueillir les procès-verbaux d'acceptation de l'acte constitutionnel du 24 juin 1793, soumis à la sanction du peuple. — C'est encore le chiffre que donne Boissy d'Anglas dans le discours préliminaire au projet de constitution (celle du 5 fructidor an iii) prononcé par lui dans la séance du 5 messidor an iii (Moniteur du 14 messidor p. 284). Il est vrai qu'on doit faire sur ce chiffre certaines réductions, parce que, de 1789 à 1793, les limites de la France s'étaient étendues. Ainsi, Avignon et le Comtat Venaissin, qui ont formé en grande partie le département de Vaucluse, n'ont été réunis à la France que le 14 septembre 1791. La Savoie, le pays de Porentruy (Suisse), le comté de Nice et la principauté de Monaco ont été réunis à la fin de 1792 et au commencement de 1793, sous les noms de départements du Mont-Blanc, du Mont-Terrible et des Alpes-Maritimes. Mais, d'après le relevé que nous avons fait sur l'état dressé en l'an ii par le ministre de l'intérieur, il n'y avait que 874 communes dans ces trois départements, et 154 dans le département de Vaucluse, dont 101 seulement provenaient des territoires annexés en 1791. Quant à la Belgique, elle ne figure pas dans ce recensement. Conquise

Il faut dire, à la vérité, qu'en érigeant en municipalités les paroisses de la campagne, on ne faisait que confirmer la règle posée par l'édit de juin 1787, dont nous avons indiqué plus haut les dispositions à cet égard. Il y avait là des liens formés depuis longtemps entre les habitants des localités. On trouvait naturel de les consacrer.

35. Mais on sentit promptement les inconvénients qui pouvaient résulter de la disposition précitée de la loi du 22 décembre 1789. Dans la séance du 7 janvier 1790, Target vint proposer, au nom du comité de constitution, une disposition ainsi conçue : « Les maisons, fermes, hameaux dépendant d'une paroisse ne formeront qu'une seule municipalité avec le chef-lieu, et tout village qui aura cinquante feux réunira les lieux qui en auront moins. »

Une discussion assez confuse s'éleva à ce sujet. Maury fit observer que les circonscriptions des paroisses étaient d'une étendue trop variée pour pouvoir servir de base à la constitution des municipalités. Il proposait de décider qu'une réunion d'au moins 250 habitants serait nécessaire pour former une municipalité. D'autres orateurs proposèrent de fixer le minimum à soixante, quarante ou même trente familles. Enfin, l'Assemblée décida « que les questions d'union et de division des municipalités, d'après les convenances locales et l'intérêt public, seraient renvoyées aux assemblées de département (1). » Aussi, dans la loi, en forme d'instruction, des 12-20 août 1790, où l'Assemblée constituante trace les devoirs des administrations de dé-

à la fin de l'année 1792, abandonnée en mars 1793, elle ne fut réunie définitivement à la France que par décret du 9 vendémiaire an IV.

En somme, si l'on tient compte des réunions de communes qui furent prononcées dès 1790, on voit que le nombre des municipalités créées par la loi du 22 décembre 1789 devait être à peu près égal à 44,000.

(1) *Moniteur* du 9 janvier 1790.

partement, elle prévoit déjà les réunions de communes et elle les encourage en ces termes (tit. I, § 3) : « Il peut être à la convenance de plusieurs communes de se réunir en une municipalité ; l'administration doit tendre à provoquer ces réunions et les multiplier par tous les moyens qui sont en son pouvoir. C'est par elles qu'un plus grand nombre de citoyens se trouvera lié sous le même régime ; que l'administration municipale prendra un caractère plus imposant, et qu'on obtiendra deux avantages toujours essentiels à acquérir : la simplicité et l'économie. »

Quelque respect que mérite l'individualité des anciennes communautés et quel que soit le goût (on peut dire souvent la passion) des habitants pour le maintien de cette individualité, on ne peut méconnaître, en effet, qu'il y aurait de grands avantages pour l'administration municipale à ce que les communes fussent moins multipliées. Dans une population restreinte, il est plus difficile de trouver des habitants qui soient à tous égards en état de se charger de la gestion des affaires communes et d'être les organes du pouvoir central pour l'exécution des lois de police et d'intérêt général ; d'autre part, les dépenses qu'exigent les services municipaux, par exemple, les frais de construction et d'entretien des mairies, des maisons d'école, des églises et des presbytères s'accroissent sans utilité en raison du nombre des communes, et les ressources qu'une petite commune peut se procurer par les contributions de ses habitants sont toujours insuffisantes pour assurer la marche des services les plus nécessaires.

36. L'Assemblée constituante, malgré la délégation qu'elle avait donnée aux administrations de département, prononça elle-même quelques réunions de communes sur les propositions que lui fit, dans des circonstances excep-

tionnelles et urgentes, le comité qu'elle avait chargé de la division du territoire (1).

Il semble même que la constitution des 3-14 septembre 1791 ait voulu réserver au pouvoir législatif le droit de prononcer sur les changements de circonscription des communes, et, à plus forte raison, sur leur suppression. L'article 8 de cette constitution porte : « Les citoyens français, considérés sous le rapport des relations qui naissent de leurs réunions dans les villes et dans de certains arrondissements du territoire des campagnes, forment les communes.

« Le pouvoir législatif pourra fixer l'étendue de l'arrondissement de chaque commune. »

C'est, du reste, en ce sens que cette disposition de la constitution a été interprétée par l'Assemblée législative dans une loi du 14 avril 1792, qui, faisant droit à une réclamation des habitants de la commune de Margency, annule un arrêté du directoire du département de Seine-et-Oise portant réunion de cette commune à la municipalité d'Andely. Cette loi, on pourrait dire cette décision, est fondée sur ce que la « constitution assure à toutes les communes le droit de former une municipalité, et que le directoire du département n'avait pas le droit de l'en priver. »

Mais l'Assemblée législative n'abandonna pas les traditions de l'Assemblée constituante relativement à la réunion des petites communes. Au contraire, elle les rappelait expressément dans une loi des 8-18 juillet 1792, relative aux communes de Saint-Jean-Auboin et de

(1) Lois des 4-9 septembre 1790, commune de Tonneins. — 13-19 octobre 1790, paroisses de Notre-Dame, Saint-Pierre, Saint-Léonard, Durtal et Couis. — 14-19 octobre 1790, municipalités de Fresnoy et de Irey-les-Prés. — 9-17 novembre 1790, paroisses de Bouillaysses, Rodilhou, Caissargues et Garoux. — 12-18 février 1791, bourg de La Guillotière.

La Rivière, qui est motivée dans les termes suivants :
« Considérant combien il est avantageux pour les habitants des petites paroisses de se réunir ; que, d'ailleurs, cette réunion a déjà été *fixée* (c'est-à-dire reconnue nécessaire) par le décret de l'Assemblée constituante du 12 août 1790 (1). »

On trouve aussi parmi les actes de la Convention quelques lois relatives à des réunions de communes (2).

Sous l'empire même de la constitution du 5 fructidor an III, qui n'établissait de municipalité qu'aux chefs-lieux de canton, et ne laissait dans les autres communes qu'un agent chargé de la police et un adjoint, une loi du 12 nivôse an VI disposa « que les administrations centrales étaient autorisées, pour ne pas multiplier inutilement les fonctionnaires, à réunir en une seule commune plusieurs bourgs, villages ou habitations, afin qu'il n'y eût que quatre ou cinq communes dans l'étendue d'un canton rural. »

La loi du 28 pluviôse an VIII rendit à toutes les communes leur individualité. Elle disposait (art. 12 et 15) que dans chaque ville, bourg ou autre lieu où il existait, sous le précédent régime, un agent municipal et un adjoint, il y aurait un maire, un adjoint et un conseil municipal. Mais le gouvernement ne tarda pas à se préoccuper de la réunion des petites communes où l'administration municipale ne pouvait que très-difficilement fonctionner.

(1) Voir aussi la loi des 24-30 novembre 1791, municipalité de la foraine de Saint-Flour, et la loi des 18-22 juillet 1792, paroisse et municipalité du Temple.

(2) 13 prairial an II, communes de Plainville et d'Armentières. — 28 prairial an II, art. 3, communes de Neuf-Saarverde et de Bouquenon. — 4 messidor an II, municipalités de Montleau et de Montcoupot. — 7 messidor an II, municipalités d'Ornolac, Quée, Arignac, Bonpas et Arnave. — 4 vendémiaire an III, commune de Dourier. — 29 vendémiaire an III, hameau de la Gravière et commune de Tagis.

C'est seulement à dater de 1830 que tous les actes du gouvernement, en pareille matière, ont été insérés au *Bulletin des lois*, et que nous pouvons en suivre la série complète et en constater les effets. Mais nous sommes autorisés à affirmer, d'après les indications partielles que nous avons rencontrées pour l'Empire et pour la Restauration, que les tendances du gouvernement ont constamment été les mêmes.

Ainsi, dans le département de la Moselle, de 1809 à 1814, il a été supprimé près de 300 communes qui avaient été rétablies par la loi du 28 pluviôse an VIII, et dont un certain nombre comptaient moins de 100 habitants, quelquefois même moins de 50 (1).

Dans le département du Gers, de 1821 à 1825, il n'y a pas eu moins de 144 communes supprimées (2).

Pendant les cinq dernières années de la Restauration, sur tout l'ensemble du territoire de la France, on compte 530 suppressions de communes (3).

Ce mouvement s'est continué de 1830 à 1848; il s'est sensiblement ralenti à partir de 1848 : le nombre des communes supprimées pendant la première de ces deux périodes est de 911; de 1848 à 1852, il a été seulement de 23; enfin, de 1852 à 1860, il ne s'élève pas à plus

---

(1) Dans une remarquable étude historique et statistique sur le département de la Moselle, publiée en 1860, par M. de Chastelux, conseiller de préfecture, on trouve l'énumération de ces communes avec la date de l'acte qui prononce la suppression.

(2) Voir dans l'*Annuaire du département du Gers*, pour l'année 1844, une notice sur les communes de ce département qui ont été supprimées de 1821 à 1844.

(3) M. le baron Mounier, dans l'un de ses rapports à la Chambre des pairs, sur le projet de loi relatif aux attributions municipales, indique, sans doute d'après les renseignements qui lui avaient été donnés au ministère de l'intérieur, que, de 1825 à 1835, 776 communes ont été supprimées. Or, il résulte des statistiques régulièrement dressées à partir de 1830 que, de 1830 à 1835, il y a eu 246 suppressions; il reste donc, pour les années 1825 à 1830, le chiffre de 530.

de 99 (1). Nous comptons au total, pour la période comprise entre 1,825 et 1860, 1563 suppressions de communes.

On a considéré, en règle générale, qu'il était désirable de faire disparaître, au moyen de réunions, les communes dont la population était inférieure à 300 habitants (2). C'est pour faciliter la suppression de ces petites communes que la loi du 18 juillet 1837, qui réserve, en général, au législateur le pouvoir de prononcer les réunions de communes, dans le cas où les conseils municipaux intéressés ne consentent pas à cette mesure, a décidé, dans son article 4, qu'une ordonnance royale (aujourd'hui un décret de l'Empereur) peut statuer sur la réunion des communes qui n'ont pas 300 habitants, lors même que les conseils municipaux refusent d'y consentir, si, d'autre part, le conseil général du département émet, à cet égard, un avis favorable.

Mais on est loin d'avoir supprimé toutes les communes qui ont moins de 300 habitants. Il faut même dire que les progrès qui avaient été faits dans cette voie depuis 1837 sont aujourd'hui réduits à néant, par suite du mouvement à peu près irrésistible qui porte les populations des campagnes vers les villes.

(1) Nous avons trouvé ces chiffres, soit en consultant le *Bulletin des lois*, soit en ayant recours aux archives du ministère de l'intérieur et du Conseil d'État et aux *Comptes-rendus des travaux du Conseil d'Etat*, publiés en 1835, 1839, 1845 et 1862.

(2) Voici, notamment à ce sujet, les termes de la circulaire du ministère de l'intérieur, en date du 29 août 1849 (*Bulletin officiel*, p.383).

« En principe, monsieur le préfet, vous devez rechercher l'occasion de provoquer la suppression des communes de moins de 300 habitants, et leur réunion aux communes voisines, quand la situation topographique des localités ne s'y oppose pas rigoureusement. Ces communes ne satisfont, en effet, que très-imparfaitement à leurs dépenses obligatoires et sont forcées de recourir à des impositions extraordinaires qui surchargent les contribuables. D'un autre côté, le petit nombre de leurs habitants ne permet que difficilement d'y trouver des administrateurs municipaux éclairés ou pouvant donner un temps suffisant aux travaux de la mairie. »

Ainsi, en 1838, sur 37,141 communes, il y en avait 7,565 qui avaient moins de 300 habitants. Ce total se subdivisait ainsi qu'il suit :

4,301 communes de 299 à 200 habitants.

1,601   —   de 199 à 150   —

1,132   —   de 149 à 100   —

470   —   de 99 à 50   —

61   —   au-dessous de 50 habitants.

Dans cette dernière catégorie, il y en avait plusieurs qui n'avaient que 14 et 12 habitants ; il en était même une qui ne contenait que 8 habitants (1).

En 1851, sur 36,835 communes, il n'y en avait plus que 7,150 dont la population fût inférieure à 300 habitants, ce qui donne une différence de 415 sur le nombre de ces petites communes.

4,157, au lieu de 4,301, avaient de 200 à 300 habitants,

2,560, au lieu de 2,733, en avaient de 100 à 200,

433, au lieu de 531, en avaient moins de 100 (2).

Mais, dans ces derniers temps, le mouvement de réunion des communes ayant diminué, tandis que le dépeuplement des campagnes allait toujours croissant, le chiffre des petites communes a tendu à s'accroître.

D'après les résultats du recensement de 1861, le nombre des communes dont la population n'atteint pas 300 habitants est de 7,887, qui se décompose ainsi :

4,512 ont de 201 à 300 habitants ;

2,864 en ont de 100 à 200 ;

511 en ont moins de 100 (3).

(1) Ces chiffres, extraits d'un relevé dressé au ministère de l'intérieur en 1838, ont été publiés pour la première fois dans l'*Ecole des Communes* 1838, p. 280.

(2) *Statistique de la France*, 2e série, t. II. Territoire et population.

(3) Il n'est pas inutile d'ajouter que le nombre des communes qui ont de 300 à 400 habitants, et dont la situation n'est pas très-différente de celles que nous venons d'énumérer est de 6634. Nous

Et il ne faut pas croire que les communes dont la population est inférieure à 300 habitants ne se rencontrent en grand nombre que dans les pays de montagnes où la configuration et la nature du sol expliquent la dispersion des habitations et ne permettent que difficilement de grouper les communes déjà très-fractionnées. — Parmi les départements traversés par de grandes chaînes de montagnes, il n'y en a que 10 qui renferment plus d'une centaine de ces petites communes. Ainsi l'on en compte 106 dans le département des Basses-Alpes, 102 dans celui de l'Ariège, 150 dans l'Aude, 348 dans le Doubs, 103 dans la Drôme, 162 dans la Haute-Garonne, 257 dans le Jura, 113 dans les Basses-Pyrénées, 207 dans les Hautes-Pyrénées, 161 dans les Vosges. Les autres départements montagneux n'en renferment qu'un petit nombre, et plusieurs figurent parmi ceux où il en existe le moins. Ainsi on en trouve encore 50 dans les Hautes-Alpes, 51 dans l'Isère, 69 dans les Pyrénées-Orientales, 66 dans la Haute-Saône. Mais l'Aveyron n'en compte que 3, le Cantal 20, la Corrèze 15, la Creuse, 14, la Haute-Loire 20, la Lozère 35, le Puy-de-Dôme 22, la Savoie 36, la Haute-Savoie 31, la Haute-Vienne 6.

La plus grande partie de ces petites communes se trouve, soit dans des pays dont le sol est plus ou moins accidenté, sans qu'il s'y rencontre à proprement parler des chaînes de montagnes, soit même dans des pays où les plaines dominent.

Voici la nomenclature des départements placés dans l'une de ces catégories qui en renferment plus de 100 : Aisne, 270 ; — Ardennes, 107 ; — Aube, 152 ; — Calvados, 276 ; — Côte-d'Or, 304 ; — Eure, 233 ; — Gers, 127 ; — Manche, 102 ; — Marne, 323 ; — Haute-

avons fait nous-même ces relevés sur les tableaux de recensement de la population.

Marne, 246; — Meurthe, 247; — Meuse, 205; — Moselle, 128;—Oise, 293;— Pas-de-Calais, 230;— Saône
et-Loire, 210; — Seine-Inférieure, 136; — Seine et
Oise, 209 ; — Somme, 229.

La tâche que l'administration s'était proposée avec
raison est donc loin d'être achevée. Néanmoins le résultat
de ses efforts paraît déjà considérable, si l'on compare
l'état des choses en 1789, à l'état actuel. Ainsi, au lieu
des 44,000 municipalités de 1789, il n'en existait plus, en
1861, que 37,510; et, si l'on déduit 721 communes nouvelles provenant de l'annexion de la Savoie et du comté de
Nice, on ne trouve, pour l'ancien territoire de la France
avant l'annexion, que 36,789 communes. Le nombre des
communes a donc diminué de plus de 7,000.

Encore ce chiffre ne donne pas une idée tout à fait
exacte du nombre des communes supprimées, parce que
diverses circonstances, notamment le développement de
la population sur certains points du territoire ou de
vives discordes entre les habitants des communes qui
avaient été réunies, ont conduit soit à créer de nouvelles
communes, soit à rendre à d'anciennes communes leur
individualité. C'est surtout depuis 1830 que ce mouvement est prononcé. De 1830 à 1860, il a été créé ou
rétabli 426 communes (1); et il est à remarquer que dans
la période comprise entre 1852 et 1860, le nombre des
créations de communes, qui est de 73, est presque
égal à celui des suppressions, qui est de 93.

(1) Ce chiffre se décompose ainsi : de 1830 à 1848, 310; de 1848
à 1852, 43; de 1852 à 1860, 73.
Par suite de ce double mouvement en sens inverse, depuis 1836
jusqu'à 1861 (en ne tenant compte que de l'ancien territoire de la
France), le nombre des communes n'a diminué que de 351. En
1836, il était de 37,140; en 1841, de 37,040; en 1846, de 36,819;
en 1851, de 36,835; en 1856, de 36,826; en 1861, de 36,789 (et
avec les communes provenant de l'annexion, il est, comme l'on a
vu, de 37,510).

37. La suppression de communes n'a pas été le seul mode de changement des circonscriptions communales. Dans de nombreuses occasions, et afin de faciliter les relations locales, qui constituent la vie communale, des hameaux ont été enlevés à la commune dont ils dépendaient, pour être réunis à une autre commune.

De plus les opérations du cadastre ont très-fréquemment amené la modification des limites des communes, qu'on sentait le besoin de régulariser, au moment où on les constatait officiellement, et les modifications de cette espèce n'ont pas toujours porté uniquement sur des terrains non habités ; elles ont eu souvent pour objet des hameaux tout entiers, qui se trouvaient ainsi transférés, avec leur population, d'une commune dans une autre.

38. Mais toutes ces modifications de territoire, faites uniquement en vue d'une meilleure organisation administrative, ne pouvaient sans injustice porter atteinte aux droits de propriété et de jouissance des habitants. Il a donc été admis que ces fractions de commune conserveraient leurs droits propres, et continueraient à avoir des intérêts distincts dans le sein de la commune dont elles devaient désormais faire partie.

Dans l'instruction donnée par l'Assemblée constituante pour l'application de la loi des 23 novembre-1er décembre 1790, sur la contribution foncière, il est dit, à l'occasion des changements de limites des communes, qui avaient été prononcés, ou qui pourraient l'être : « Les communautés n'ont rien à craindre de ces délimitations, puisqu'elles n'auront d'effet que pour la répartition de la contribution foncière..... Ces limites ne préjudicieront point aux droits de pâturage, parcours, usages, chaumage et glanage, qui appartiennent à chaque communauté et dont elles jouiront comme par le passé. »

Le même principe s'appliquait de plein droit aux

réunions de communes. Aussi l'on ne trouve pas dans les lois émanées de l'Assemblée constituante, de l'Assemblée législative, de la Convention, la réserve expresse des droits propres à chacune des communes réunies. Mais l'esprit de la législation de cette époque se révèle par les considérants d'un arrêté du directoire du département du Jura, en date du 4 octobre 1790, qui prononce la réunion des communes de Montliboz, Châtelet et les Granges-des-Prés-de-Crans à celle de Foncine et les Planches, à l'effet de ne former qu'une seule municipalité. Le directoire « invite les deux derniers villages à se prêter à cette réunion, avec déclaration, au surplus, que cette association n'emporte pas avec elle la confusion des bois et autres communaux particuliers à chacun des villages, mais que, au contraire, chacun d'eux les conservera en propre, et en jouira exclusivement aux autres, de la manière et ainsi qu'il en jouissait par le passé (1). »

Plus tard le gouvernement a cru bon de faire cette même réserve d'une manière expresse, et l'on trouve notamment dans divers décrets et ordonnances portant réunion de communes rendus à la date des 9 mai 1811, 29 juillet 1811, 5 avril 1813, 30 octobre 1815 et 1er septembre 1819, un article spécial qui est généralement ainsi conçu : « Lesdites communes continueront à jouir séparément des droits de propriété, usage et autres qui pourraient leur appartenir. » A partir de 1823, la formule employée soit dans les lois, soit dans les ordonnances ou décrets, s'est légèrement modifiée; le mot de propriété a disparu; on se borne à réserver les droits d'usage ou autres qui pourraient être respectivement acquis; mais nous verrons plus tard qu'il n'en faut tirer aucune conséquence.

(1) Cet arrêté se trouve dans les archives de la commune.

Enfin la loi du 18 juillet 1837, dans ses articles 5, 6 et 7, a consacré, d'une manière expresse, les droits propres des communes réunies et des sections de commune.

Nous reviendrons, dans le chapitre V, sur l'étendue des droits que ces dispositions assurent aux sections; nous devons nous borner ici à en indiquer l'origine.

§ 2. EFFETS DE LA LOI DU 10 JUIN 1793 ET LIBÉRALITÉS FAITES A DES FRACTIONS DE COMMUNE.

39. Dispositions de la loi des 28 août-14 septembre 1792, et de la loi du 10 juin 1793 sur les terres vaines et vagues. — 40. Portée de ces dispositions quant aux droits des sections dans le territoire desquelles se trouvent des terres vaines et vagues. — 41. Circonstances qui constituaient aux sections un territoire distinct. — Résultats de la différence existant entre la circonscription des seigneuries avant 1789 et celle des communes telle qu'elle était constituée en 1793. — Jurisprudence de la Cour de cassation. — 42. Transformation des droits d'usage dont jouissaient les sections avant 1789 en droits de propriété. — Opinion de M. Trolley à cet égard. — Jurisprudence de la cour de Caen. — Discussion d'un jugement du tribunal de Fontainebleau qui s'est prononcé en sens contraire. — 43. Libéralités faites, depuis 1789, à des fractions de commune. — 44. Evaluation présumée du nombre des sections créées, depuis 1789, par les diverses causes qui viennent d'être indiquées.

39. Ce ne sont pas seulement les modifications de circonscriptions territoriales des communes qui ont donné naissance, depuis 1789, à des sections de commune. Il y en a un certain nombre qui doivent leur origine aux dispositions de la loi du 10 juin 1793, que nous avons déjà mentionnées, et dont il est nécessaire d'approfondir la portée.

La loi du 10 juin 1793, comme celle du 28 août 1792, dont elle a étendu les effets, a créé une nouvelle catégorie de biens communaux, en atttribuant aux communes les terres vaines et vagues. Mais une partie de ces biens a été attribuée aux sections.

La loi des 28 août-14 septembre 1792, qui avait pour but, comme l'indique son titre, de rétablir les communes et les citoyens dans les propriétés et droits dont ils avaient été dépouillés par l'effet de la puissance féodale, dispose, dans son article 8, que « les terres vaines et vagues ou gastes, landes, biens hermes ou vacants, garrigues, dont les communautés ne pourraient pas justifier avoir été anciennement en possession, sont censées leur appartenir et leur seront adjugées par les tribunaux, si elles forment leur action dans l'espace de cinq ans, à moins que les ci-devant seigneurs ne prouvent, par titre ou par possession exclusive, continuée paisiblement et sans trouble pendant quarante ans, qu'ils en ont la propriété. »

La loi du 10 juin 1793, qui est principalement relative au partage des biens communaux, confirme, en les accentuant davantage, les droits des communes dans l'article 1er du titre IV, et elle nomme expressément les sections de commune, qui, d'ailleurs, étaient implicitement désignées, en même temps que les communes, par la loi du 28 avril 1792, sous le nom générique de communautés.

Elle consacre déjà l'existence des sections dans les articles 1er et 2 du titre Ier. L'article 1er du titre Ier porte : « Les biens communaux sont ceux sur la propriété ou le produit desquels tous les habitants d'une ou plusieurs communes ou d'une *section de commune* ont un droit commun ; » et l'article 2 : ... Si une municipalité est composée de plusieurs *sections* différentes et que chacune d'elles ait des biens communaux séparés, les habitants seuls de *la section* qui jouissait du bien communal auront droit au partage. »

Puis vient, dans l'article 1er du titre IV, la déclaration de l'étendue des droits des communes et des sections : « Tous les biens communaux en général, connus dans

toute la république sous les divers noms de terres vaines
et vagues, gastes, garrigues, landes, pacages, pâtis,
ajoncs, bruyères, bois communs, hermes, palus, marais,
marécages, montagnes, et sous toute autre dénomination
quelconque, sont et appartiennent, de leur nature, à la
généralité des habitants ou membres des communes ou
des sections de commune dans le territoire desquelles
ces communaux sont situés, et comme tels, lesdites communes et *sections de commune* sont fondées et au'o-
risées à les revendiquer, sous les restrictions et modifications portées dans les articles suivants. »

Il est bon d'ajouter que, aux termes de l'article 8 du
même titre, la possession de quarante ans exigée par la
loi du 28 août 1792 pour justifier la propriété des ci-
devant seigneurs sur les terres vaines et vagues ne peut,
en aucun cas, suppléer le titre légitime, et que le titre
légitime ne peut être celui qui émanerait de la puissance féodale, mais seulement un acte authentique qui
constate qu'ils ont légitimement acheté lesdits biens,
conformément à l'article 8 du décret du 28 avril 1792.

Le législateur ne commettait-il pas une erreur historique, une erreur de droit et une injustice en générali-
sant ainsi ce principe de la propriété des communes et
sections sur les terres vaines et vagues situées dans leur
territoire, et, après avoir puni les usurpations des seigneurs, n'allait-il pas à son tour jusqu'à commettre une
usurpation sur leurs droits légitimes? On a pu en juger
par l'exposé que nous avons fait de l'origine des biens
communaux.

Quant aux conditions mises par la loi à l'exercice du
droit de revendication des communes et sections, elles
n'ont plus aujourd'hui assez d'intérêt pratique pour qu'il
soit utile d'y insister (1).

(1) La principale de ces conditions, telle qu'elle a été formulée

Ce qu'il importe de rechercher, c'est le sens de la disposition de la loi de 1793 qui attribue aux communes et sections de commune les biens communaux, terres vaines et vagues, garrigues, etc., situés *dans leur territoire*.

40. Remarquons d'abord que le législateur de cette époque n'a pu vouloir rien changer aux droits antérieurement établis, soit au profit des communes entières, soit au profit de villages, sur les biens communaux proprement dits. Mettant à néant la distinction qui existait, dans la législation antérieure à 1789, entre les biens communaux sur lesquels les paroisses ou les villages avaient des droits de propriété, et les terres vaines et vagues qui étaient attribuées aux seigneurs en raison de leur justice, et sur lesquelles les communautés avaient souvent des droits d'usage, il déclare que les terres vaines et vagues, biens hermes et vacants, sont des communaux, par leur nature, au même titre que les pacages, pâtis, bois communs et marais; mais il ne fait, en ce qui touche les biens communaux d'ancienne origine, que consacrer les droits acquis.

C'est seulement à l'égard des terres vaines et vagues qu'il innove en donnant une certaine extension aux dispositions de l'article 8 de la loi du 28 août 1792, et en exigeant de nouvelles et plus rigoureuses justifications

par la jurisprudence, c'était que la demande de la commune ou section tendant à être mise en possession des terrains, fut formée dans le délai de cinq ans à dater de la promulgation de la loi, si la commune ou section n'était pas alors en possession, à titre de propriétaire, et dans le délai de cinq ans à dater du jour où elle a été dépossédée, si elle possédait, à titre de propriétaire, au moment de la promulgation de la loi (Voir de nombreux arrêts de la Cour de cassation rapportés dans le *Répertoire* de Dalloz, v° *Commune*, n° 2151)

On avait soutenu que la loi du 10 juin 1793, qui ne rappelle pas le délai de cinq ans exigé par la loi de 1792, supprimait cette condition; la Cour de cassation a repoussé cette prétention (Dalloz, *Répertoire*, v° *Commune*, n° 2147).

de la part des seigneurs qui se prétendraient légitimes propriétaires des terres vaines et vagues.

En attribuant la propriété de ces terrains aux communes et sections de commune dans le territoire desquelles ils seraient situés, a-t-il voulu que, dans toutes les communes où il existait plusieurs villages séparés, chaque village put s'approprier les terres vaines et vagues qui se trouvaient dans le voisinage des habitations? Évidemment non. Nous aurons dans un chapitre spécial à étudier d'une manière approfondie la constitution des sections de commune, leur caractère et leur territoire comparé à celui des communes; mais nous pouvons dire dès maintenant qu'un village ne peut être considéré comme une section de commune que lorsqu'il a des droits propres qui lui constituent une existence distincte de celle du reste de la commune dont il dépend, et qu'il n'a de territoire que lorsque des circonstances spéciales, se rattachant ordinairement à la création de ses droits propres, le lui ont formé.

Mais le territoire distinct des sections, au point de vue de l'application de la loi du 10 juin 1793, pouvait résulter de diverses circonstances, qui ont dû encore se rencontrer fréquemment.

Le législateur de 1792 et de 1793 avait la pensée de restituer aux communes les biens dont il présumait qu'elles avaient été dépouillées par les seigneurs. C'est donc, non pas au territoire des communes à l'époque de la promulgation de la loi de 1793, mais au ressort des seigneuries qu'il a fallu s'attacher pour reconnaître quelles étaient les communes qui profitaient des dispositions de la loi. Or, la circonscription des seigneuries ne concordait pas avec celle des communes, et les différences, sensibles déjà en 1789, devaient l'être davantage en 1793, après les modifications de circonscriptions territoriales provoquées par l'Assemblée constituante dans la loi, en forme d'instruction, des 12-20 août 1790. Une commune pouvait comprendre, en 1793, des villages qui avaient dépendu de différents fiefs, soit qu'un fief ne fût composé que d'une fraction de paroisse, soit que son territoire eût été divisé entre plusieurs communes. Chacun de ces villages avait, par conséquent, à ce point de vue, un territoire distinct et recueillait seul les terres vaines et vagues de la seigneurie dont il avait dépendu ou la part qui lui en était attribuée.

Cette manière d'entendre la loi a été consacrée par un arrêt de la Cour de cassation, en date du 25 juin 1838, rendu dans les circonstances suivantes :

La commune de Sceaux (Yonne) se prétendait seule propriétaire de terres vaines et vagues qui étaient exclusivement renfermées dans son territoire, et qui avaient appartenu à l'ancienne seigneurie de Sceaux.

Les hameaux de Trévilly la Boucherasse et de Montjallin, faisant partie des communes de Trévilly et de Sauvigny, et qui avaient dépendu de la seigneurie de Sceaux, prétendaient avoir droit à une partie de ces terres vaines et vagues, sur lesquelles ils avaient des droits d'usage, antérieurement à 1789, concurremment avec la paroisse de Sceaux.

Le tribunal d'Avallon et la cour de Paris ont repoussé la prétention de la commune de Sceaux, et maintenu le droit des sections de Trévilly et de Montjallin. Et la commune de Sceaux s'étant pourvue devant la Cour de cassation contre l'arrêt de la cour de Paris, son pourvoi a été rejeté par les motifs suivants :

« Attendu que la loi du 10 juin 1793, en prononçant que les terrains vains et vagues, connus sous le nom de vacants, etc., étaient la propriété des communes dans le territoire desquels ils étaient situés, eut pour but de dépouiller les seigneurs de la propriété de ces biens dont ils s'étaient emparés, par abus de la puissance féodale, au profit des communautés d'habitants sur lesquels ils étaient présumés avoir été usurpés ;

« Attendu que cette disposition de la loi, toute en opposition aux anciennes lois, arrêts et prétentions en faveur des anciens seigneurs, ne peut avoir pour résultat de conférer exclusivement aux habitants des seules communes dans lesquelles ils seraient situés la propriété de ces vacants, landes et communaux, au préjudice d'autres communes, sections de commune. ou communautés d'habitants faisant partie des anciennes seigneuries desquelles dépendaient ces communaux et qui en auraient eu l'usage promiscûment avec les habitants des municipalités dans le périmètre desquelles ils se trouvent renfermés aujourd'hui ;

« Attendu qu'il résultait des titres et des faits de la cause que le champ du Pommier qui fait l'objet du litige, quoique situé dans le périmètre actuel de la commune de Sceaux, dépendait de la seigneurie de ce nom, qui s'étendait sur les villages de Trévilly la Boucherasse et Montjallin, auxquels avait été concédé l'usage de ce champ du Pommier promiscûment avec les habitants de Sceaux... . ;

« Attendu qu'en jugeant que les hameaux de Trévilly la Boucherasse et Montjallin avaient un droit égal à celui de la commune de Sceaux au champ du Pommier, dont ils jouissaient en commun, et que la loi avait eu pour but de remettre aux communautés d'habitants la propriété des biens communaux dépendant des seigneuries dans lesquelles ils étaient situés, indépendamment des limites données au périmètre des communes ou municipalités créées par la loi d'avril 1790, l'arrêt dénoncé a fait une saine interprétation de l'article 1, section IV, de la loi du

10 juin 1793, et l'a justement appliqué à la cause actuelle... »

L'on voit comment, par suite de la différence du ressort des seigneuries et de la circonscription des communes en juin 1793, la loi de 1793 a dû faire naître un certain nombre de sections.

42. Cette même loi a de plus étendu les droits d'un grand nombre de sections qui existaient déjà. En effet, dans le ressort des seigneuries, des villages pouvaient avoir joui de droits exclusifs sur une partie des terres vaines et vagues appartenant à leurs seigneurs. C'était le cas notamment dans l'Auvergne, où nous avons vu que la coutume, par son article 3, attribuait aux habitants des justices dans le bas pays, et des villages ou mas dans le haut pays, le droit exclusif de faire paître leurs bestiaux non-seulement dans les communaux dépendant de leur justices ou village, mais aussi dans les vacants appartenant au seigneur. Or, nous ne doutons pas que cette possession exclusive n'ait été consacrée par la loi de 1793, et que le droit de jouissance ne se soit transformé au profit des villages en droit de propriété.

Cette opinion est également soutenue par M. Trolley, dans son *Traité de la hiérarchie administrative* (1).

« La loi de 1793, dit-il, n'attribue pas à la commune tout entière la propriété de la lande ou du marais dont un village jouissait exclusivement. Les possesseurs n'auraient pas pardonné à la Révolution de les dépouiller au nom d'un principe : pour les masses, le fait, c'est le droit. » Et il invoque en ce sens deux arrêts de la cour de Caen, en date des 8 juin 1836 et 14 août 1839.

Le tribunal de Fontainebleau s'est prononcé en sens contraire, dans un jugement en date du 22 février

(1) T. IV, p. 345.

1860 (1), qui décide que les villages ou sections ont
conservé, à la suite de la loi de 1793, les droits d'usage
dont ils jouissaient antérieurement sur des terres appartenant aux seigneurs ; mais que les droits d'usage ne
se sont pas transformés en droits de propriété, et que la
propriété a passé des seigneurs aux communes.

Voici comment s'était engagé le litige qui a donné lieu
à ce jugement. La commune de Souppes avait fait
abattre des arbres et fait pratiquer des fouilles dans des
pâturages et aulnaies, où les habitants des hameaux de
Varennes et de Mocpois, hameaux dépendant de cette
commune, envoyaient paître leurs bestiaux depuis un
temps immémorial. Les habitants des deux hameaux
revendiquèrent la propriété des pâturages et aulnaies et,
par suite, demandèrent que la commune fût condamnée
à leur rendre les arbres abattus avec dommages-intérêts,
et à combler les excavations qui nuisaient à l'exercice
de leurs droits de pâturage. Ils invoquaient, à l'appui de
leurs prétentions, une charte de 1276, divers documents
d'où résultait la reconnaissance constante de leurs droits
exclusifs, notamment une délibération du conseil municipal de la commune de Souppes, en date du 21 ventôse
an II, qui constatait qu'un jugement du tribunal du district
de Nemours, en date du 3 mai 1792, rendu entre ladite
commune et les habitants de Mocpois, avait confirmé les
droits de ces habitants à la possession des pâtures. Ils
justifiaient, en outre, qu'ils avaient continué à en jouir
conformément à leur titre et qu'ils payaient, à raison de
ces pâtures et aulnaies, l'impôt foncier et la taxe des biens
de mainmorte.

La commune se fondait exclusivement sur la loi du
10 juin 1793, pour contester à la section de Varennes et

(1) Ce jugement a été reproduit dans le journal *le Droit*, n° du
21 avril 1860.

Mocpois, non-seulement le droit à la propriété, mais même le droit à la jouissance exclusive des terrains litigieux. Elle prétendait que les terrains appartenant autrefois aux seigneurs, et compris dans son territoire, avaient été attribués par cette loi à la généralité de ses habitants.

Le tribunal, appréciant les titres produits par les habitants de la section de Varennes et Mocpois, n'y a pas trouvé la preuve que ces habitants fussent fondés à réclamer la pleine propriété des immeubles par eux revendiqués, mais il a décidé qu'ils établissaient d'une manière certaine qu'ils avaient le droit d'y faire pâturer leurs bestiaux. Et, quant à l'argument tiré par la commune de la loi de 1793, il y a fait droit en partie par les motifs suivants :

« Attendu que la commune de Souppes invoque vainement pour contester ce droit (le droit exclusif des habitants de la section à la jouissance des pâturages), l'article 1, section IV, de la loi du 10 juin 1793, qui déclare que tous les biens communaux en général, connus sous les divers noms de terres vaines et vagues, landes, pacages, pâtis, appartiennent, de leur nature, aux communes ou sections de commune dans le territoire desquelles ils sont situés ;

« Que cette disposition, introduite en haine du régime féodal, n'a pu avoir pour effet d'anéantir les droits conférés autrefois par les seigneurs à des tiers, et surtout aux communautés d'habitants ;

« Qu'on doit seulement induire de cette loi, que la commune de Souppes, dans le territoire de laquelle sont situées les pâtures, et non la section de Varennes, qui en dépend, laquelle ne justifie pas avoir, en dehors de ce hameau, de circonscription distincte de celle de la commune, étant substituée au seigneur d'Egreville, auteur de la concession de 1276, peut réclamer comme ce dernier, sur le domaine dont il s'agit, la propriété du fonds;

. . . .

« Attendu qu'il résulte du même titre que les habitants de Mocpois et de Varennes, n'ayant qu'un droit de pâture aux aulnaies dépendant de la concession, ne sauraient prétendre à la propriété des plantations, qui peuvent exister sur les dits terrains, lesquelles plantations doivent être déclarées appartenir à la commune;

« .... que, dans ces circonstances, c'est à bon droit que M. le maire de Souppes a disposé, au nom de celle-ci, des arbres plantés sur ces immeubles, et qu'il doit seulement faire combler les fouilles qu'il a fait pratiquer;

« Par ces motifs, dit, etc. ». . . . .

. . . .

Nous ne croyons pas que la loi du 10 juin 1793 puisse recevoir une semblable interprétation. Le législateur de 1793 pouvait-il avoir la pensée de donner aux communes la propriété de biens dont les sections avaient et devaient conserver la jouissance ? Evidemment non. Car dans le second article de cette loi, qui, il ne faut pas l'oublier, avait pour objet principal le partage des biens communaux, il établissait « que si une municipalité était composée de plusieurs sections différentes et si chacune d'elles avait des biens communaux séparés, les habitants seuls de la section qui *jouissait du bien communal* auraient droit au partage. » — Lors donc que, dans un article subséquent, il attribue les terres vaines et vagues aux communes et sections, dans le territoire desquelles elles sont situées, ne faut-il pas reconnaître qu'il a entendu consacrer d'une manière définitive les jouissances, les possessions antérieures; et peut-on dire, comme le fait le tribunal de Fontainebleau, qu'un

hameau qui justifie, par des titres, que ses habitants ont
des droits exclusifs à la jouissance de communaux, n'a
pas, dans le sens de la loi de 1793, un territoire distinct
de celui de la commune dont il dépend?...

Le véritable sens de la loi de 1793 est donc, selon
nous, celui qu'indique M. Trolley, et qu'a consacré la
jurisprudence de la cour de Caen ; les dispositions précitées de cette loi ont eu pour effet de transformer en droits
de propriété les droits d'usage concédés à un grand nombre de sections de commune.

43. Enfin, aux deux origines des sections de commune que nous venons d'exposer, il faut ajouter les libéralités, soit en meubles, soit en immeubles qui ont pu
être faites depuis 1789, à des fractions de commune.
Mais ce dernier cas doit avoir été assez rare.

44. En somme, les modifications apportées depuis
1789 au territoire des communes dont un certain nombre
pouvaient avoir des biens communaux, l'attribution des
terres vaines et vagues faite par la loi du 10 juin 1793
aux communes et sections de commune, et quelques
dons et legs ont dû amener la création de plusieurs
milliers de sections de commune. Mais quand on verra
plus tard quel en est le nombre total, on reconnaîtra aisément que l'existence de la plus grande partie des sections remonte à une époque antérieure à 1789.

§ 3. CONSÉCRATION DE L'EXISTENCE DES SECTIONS PAR UNE SÉRIE
DE DISPOSITIONS LÉGISLATIVES DEPUIS 1793.

45. Dispositions de la loi du 7 vendémiaire an IV, — du 3 frimaire an VII, — du 14 ventôse an VII, — de l'arrêté du 24 germinal an XI. — Silence du Code Napoléon. — Dispositions du
code forestier, — de la loi du 18 juillet 1837, — de la loi du
28 juillet 1860.

45. Cette existence distincte des sections a été d'ail-

leurs reconnue et consacrée, d'une manière générale, non-seulement par les dispositions de la loi du 10 juin 1793 que nous avons rapportées tout à l'heure, mais par une série de dispositions législatives postérieures.

Ainsi le décret du 7 vendémiaire an IV, sur l'exercice et la police extérieure des cultes, dispose dans son article 4 : « Les communes ou sections de commune ne pourront, en nom collectif, acquérir ni louer de local pour l'exercice des cultes. »

La loi du 3 frimaire an VII, sur la contribution foncière, porte dans son article 46 : « Les propriétés appartenant à des communes, *portions de commune*, à des hospices ou autres établissements publics, seront aussi désignées de la même manière (que celles des particuliers), et portées dans les états de sections au compte desdites communes, portions de commune, hospices ou autres établissements ; » et dans son article 109 : « La contribution due pour des terrains qui ne seraient communs qu'à certaine portion des habitants d'une commune sera acquittée par ces habitants. »

La loi du 14 ventôse an VII, sur les domaines engagés, rappelle encore les droits des sections dans son article 34 : « Il n'est, par la présente, porté aucune atteinte à l'exécution des lois des 28 août 1792, 10 juin 1793, et autres relatives aux biens appartenant aux communes ou *sections de commune*, et aux revendications de biens usurpés par la puissance féodale. »

L'arrêté consulaire du 24 germinal an XI règle le mode d'après lequel les contestations entre sections d'une même commune seront suivies devant les tribunaux.

On a remarqué que l'article 542 du Code Napoléon, en définissant les biens communaux dans les mêmes termes que l'article 1er de la loi de 1793, ne mentionne plus les sections de commune. Mais il est impossible de conclure de là que, par son silence, le législateur d'alors a entendu anéantir les droits des sections. C'est l'observation que font Merlin, au *Répertoire*, v° *Communaux*, § 1er, et Proudhon, *Traité des droits d'usage*, n° 725 (1).

Le Code forestier nomme d'ailleurs les sections comme propriétaires et usagères dans ses articles 1er, 72 et 73.

La loi du 18 juillet 1837 a consacré et développé les dispositions antérieures dans ses articles 5, 6 et 7, et 49 à 58, en donnant quelques garanties nouvelles aux droits des sections.

Enfin la loi récente du 23 juillet 1860 sur la mise en valeur des marais et des terres incultes appartenant aux communes et aux sections a encore rappelé leur existence et leurs droits. Nous devons même signaler à ce sujet un fait caractéristique. Dans le projet du gouvernement, il n'était question que des marais et des terres incultes appartenant aux communes; non pas qu'on eût l'intention d'excepter des mesures qui faisaient l'objet du projet de loi les biens des sections de commune; mais on avait cru désigner par là d'une manière suffisante tous les biens compris sous la dénomination générale de communaux. La commission du Corps législatif chargée de l'examen du projet de loi a cru nécessaire de rappeler les sections de commune à côté des communes dans l'article 1er du projet de loi, et le rapporteur, l'honorable M. Du Miral, en expliquant l'amendement qu'elle avait proposé dans ce but et qui avait été accepté par le Conseil d'État, fait ressortir son intention dans les termes

---

(1) Les auteurs du *Code civil sarde*, qui, sur beaucoup de points, ont reproduit les dispositions du *Code Napoléon*, n'ont pas laissé subsister la lacune que nous signalons ici. L'article 434 de ce code est ainsi conçu : « Les biens communaux sont ceux dont la propriété appartient à une ou plusieurs communes ou *à une section de commune*, et au produit et à l'utilité desquels ont droit les individus composant la commune ou *la section de commune*. »

suivants : « Il est donc nettement entendu que ce projet s'applique aux biens des sections comme à ceux des communes, et que, à l'exemple de toutes les législations antérieures, il maintient et confirme le droit exclusif des sections aux communaux dont elles jouissent. »

Nous verrons plus loin que la loi ne s'est pas bornée à consacrer les droits des sections, et qu'elle a pris des dispositions nouvelles en vue de les protéger.

CHAPITRE DEUXIÈME

DE LA CONSTITUTION DES SECTIONS ET DES MOYENS DE
RECONNAITRE LEUR EXISTENCE.

Sommaire

§ 1. *Caractères constitutifs de la section de commune.*

§ 2. *Des moyens de distinguer une section de commune d'une collection de propriétaires ayant des droits dans l'indivision.*

§ 3. *Des moyens de distinguer les droits d'une section de ceux de la commune dont elle dépend.*

§ 4. *De l'extinction des sections.*

§ 1. CARACTÈRES CONSTITUTIFS DE LA SECTION DE COMMUNE.

42. La section est une communauté territoriale et un être moral comme la commune. — 43. Différence entre la commune et la section, quant à la détermination de leur territoire. — 44. La section existe par la force des choses, indépendamment de tout acte administratif. — 45. Discussion du système de M. Fressinaud-Saint-Romain, qui soutient que la section n'est pas un être moral.

42. Quels sont les caractères constitutifs de la section de commune ? Quels sont les signes auxquels on reconnaît son existence ?

La section de commune n'ayant d'existence qu'à raison des biens dont ceux qui la composent ont le droit exclusif de jouir en commun, son caractère doit se déterminer par la nature des biens communaux. Or, il est de principe que c'est à l'habitation sur le territoire de la commune qu'est attaché et subordonné le droit à la jouissance de ces biens. Quand on ne réside pas sur ce territoire, fût-on propriétaire de la plus grande partie des terres qui la composent, on n'a aucun droit à cette jouissance ; quand, après y avoir participé, on transporte sa résidence ailleurs, on perd tous les droits qu'on avait acquis par cette résidence.

C'est ce qui résulte expressément de la définition que l'article 542 du Code Napoléon donne des biens communaux : « Les biens communaux sont ceux à la propriété ou au produit desquels *les habitants* d'une ou de plusieurs communes ont un droit acquis (1). » Et cette règle est trop universellement admise pour qu'il soit nécessaire d'y insister.

La législation a-t-elle assimilé, à cet égard, les sections et les communes ? On ne peut en douter. Les droits collectifs des habitants des sections ont été constitués dans les mêmes conditions que ceux des habitants des communes. La seule différence qui existe entre eux consiste dans la limitation du nombre des individus appelés à en jouir. C'est un village au lieu d'une commune tout entière. Mais c'est toujours à la collection des habitants actuels et futurs du village, comme à la collection des habitants actuels et futurs de la commune, que les biens sont attribués. Aussi, l'article 1er du titre Ier de la loi du 10 juin 1793, que nous avons déjà cité et qui donnait des biens communaux une définition qui diffère peu de celle du Code Napoléon, y avait nommé les sections de commune à côté des communes. « Les biens communaux, porte cet article, sont ceux sur la propriété ou le produit desquels tous les habitants d'une ou de plusieurs com-

(1) On a justement fait remarquer qu'il n'est pas exact de dire que les habitants aient droit à la propriété comme ils ont droit à la jouissance. La propriété est au corps moral, la jouissance seule aux habitants. A ce point de vue, la définition des biens communaux donnée par l'article 434 du Code civil sarde, que nous avons reproduit page 89, est plus satisfaisante que celle du Code Napoléon.

munes *ou d'une section de commune* ont un droit commun. » Et l'article 2 de la même loi, développant cette pensée, ajoute : « Une commune est une société de citoyens unis par des relations locales, soit qu'elle forme une municipalité particulière, soit qu'elle fasse partie d'une autre municipalité ; de manière que si une municipalité est composée de plusieurs *sections* différentes, et que chacune d'elles ait des biens communaux séparés, les habitants seuls de la *section* qui jouissait du bien communal auront droit au partage. »

Les articles 1 et 72 du Code forestier, qui rappellent les droits des sections de commune en même temps que ceux des communes, ne font entre elles aucune distinction.

La même assimilation se retrouve encore dans les dispositions de la loi du 18 juillet 1837 comme dans celles de la loi du 28 juillet 1860, que nous avons déjà mentionnées. Et c'est toujours en ce sens que se sont prononcées l'administration dans sa pratique, le Conseil d'Etat et la Cour de cassation dans leur jurisprudence, ainsi que nous le verrons dans toute la suite de ce livre.

La section de commune est donc, comme la commune, une communauté territoriale ; c'est à l'habitation sur le territoire de la section qu'est attaché le droit à la jouissance de ses biens, dont la propriété repose sur la tête de la collection des habitants formant un corps moral.

43. Seulement, il y a entre les communes et les sections cette différence que, pour les communes, leur territoire a une assiette certaine et officiellement déterminée, tandis que le plus souvent il n'en est pas de même pour les sections.

La circonscription des communes est ordinairement celle des anciennes villes, bourgs, paroisses ou communautés de campagne, qui ont été constituées en municipalités par la loi du 22 décembre 1789, sauf les accroissements qu'a pu entraîner l'article 2 du titre Ier de la loi des 26 février-4 mars 1790, qui dispose que les villes emportent le territoire soumis à l'administration directe de leurs municipalités et que les communautés de campagne comprennent de même tout le territoire, tous les hameaux, toutes les maisons isolées dont les habitants sont cotisés sur les rôles d'imposition du chef-lieu (1). Elle s'est trouvée constatée et consacrée par les opérations cadastrales. Les modifications qui y ont été apportées résultent, selon les temps et selon les cas, soit de lois spéciales, de décrets ou ordonnances, de décisions des administrations de département rendues entre l'année 1790 et l'année 1800, s'il s'agit de réunion ou de fractionnement de communes (2), soit de décisions des administrations de district et de décisions de préfets, s'il s'agit de simple rectification de limites (3).

Quant à la circonscription des sections, elle n'est fixée par des actes administratifs ou des lois spéciales que lorsqu'il s'agit de sections qui se sont trouvées constituées par les changements du territoire des communes opérés après 1789, et nous avons vu que c'est le plus petit nombre. Pour les sections dont l'origine est antérieure à 1789, leur circonscription ne résulte que d'anciens titres ou d'anciens usages. On a vu par la délibération du conseil

(1) Il faut ajouter que, aux termes du décret du 21 janvier 1790, dont l'application a dû être assez rare, les villes, villages, paroisses ou communautés qui avaient été jusqu'alors mi-partie entre différentes provinces, ont dû se réunir pour ne former qu'une seule et même municipalité, dont l'assemblée devait se tenir dans le lieu où était le clocher.

(2) Les administrations du département ont eu ce pouvoir pendant un certain temps, en vertu de la loi, en forme d'instruction, des 12-20 août 1790, et de la loi du 12 nivôse an VI. Nous l'avons indiqué plus haut p. 66 et 68.

(3) Aux termes de l'article 8 de la loi des 19-20 avril 1790, les limites contestées entre les communautés seront réglées par les administrations de district. Ce pouvoir est exercé actuellement par les préfets, en vertu de l'ordonnance du 3 octobre 1821 et des règlements du 10 octobre 1821 et du 15 mars 1827, sur le cadastre.

général de la Creuse, que nous avons citée précédemment (page 57) que ces anciennes délimitations ne laissent pas que d'être parfois assez difficiles à retrouver.

44. Il n'est donc pas nécessaire que l'autorité administrative intervienne pour donner le caractère de section à une portion du territoire d'une commune. La qualité de section appartient par la force des choses, et indépendamment des actes administratifs, à toute société d'habitants unis par des droits privatifs ; que l'origine de cette communauté soit ancienne ou récente et que les limites de son territoire aient ou n'aient pas été préalablement déterminées.

Aussi est-ce avec raison qu'il a été décidé qu'une commune serait mal fondée à opposer à un certain nombre de ses habitants qui prétendraient former une section, que le hameau auquel ils appartenaient n'avait jamais été érigé en section par aucun acte administratif, et que même il ne figurait pas sur l'état des sections dressé pour la répartition de la contribution foncière ; d'autant que cette division du territoire qui résulte des opérations cadastrales n'a d'autre but, ainsi que nous l'avons dit, que de faciliter la confection et l'usage du cadastre. (Arr. cour de Bourges, 19 décembre 1838. *Commune de Nansay c. hameau de Souesmes* (1).)

45. Nous avons dit que la section est une communauté territoriale et un être moral. Ce dernier point a été contesté dans un travail de M. Fressinaud-Saint-Romain, intitulé : *la Question des communaux discutée devant le conseil général de la Creuse*, travail qui a en effet été lu par son auteur, dans une séance du conseil général de ce département, dont il est membre, et qui tend à établir la légitimité du partage des biens des sections entre les habitants.

(1) Dalloz, *Répertoire*, v° *Commune*, t. X, p. 34.

L'auteur reconnaît que la section de commune est une communauté territoriale ; mais il insiste sur les différences qui existent entre la circonscription de la commune et celle de la section : il fait remarquer « que le territoire et la circonscription de la section n'étant que le rayon essentiellement variable de la propriété individuelle attachée par la culture à l'habitation de ses membres, et dépendant du fait de cette habitation, flottent au gré de la fortune qui étend ou restreint la propriété, des instabilités humaines qui transplantent les populations, et même de la main du temps ou des coups de vent qui anéantissent leurs demeures. »

Il ajoute que la section n'a pas, comme la commune, un domaine public à côté de son domaine privé, qu'elle n'est pas, comme la commune, constituée en vue de pourvoir à des services publics, qu'elle n'a pas de place dans l'organisation politique et administrative de l'empire, qu'elle n'existe qu'en raison des biens qu'elle possède et il conclut de toutes ces différences que si la commune, par sa raison d'être et par la destination de ses biens, comprend les populations à naître et les populations actuelles ; — au contraire, « la section de commune, indépendante de l'organisme social et périssable comme la famille, comme l'association particulière, comme le simple individu, sans qu'il y ait atteinte à cet organisme, gît tout entière dans le présent, n'a en elle même ni dans les biens qu'elle possède rien qui la rattache à l'avenir et qui doive l'obliger plus que l'individu, que l'association particulière, que la famille envers les générations qui doivent succéder à celle qui la constitue (1). »

Il s'efforce ensuite de tirer parti du silence que l'ar-

(1) P. 12.

ticle 542 du Code Napoléon, qui définit les biens communaux, garde sur les sections de commune, pour soutenir que les biens des sections ne sont pas des biens communaux proprement dits.

Enfin, s'appuyant sur les termes de l'article 1er du titre IV de la loi du 10 juin 1793, qui dispose que tous les biens communaux en général, connus sous les divers noms de terres vaines et vagues, etc., sont et appartiennent de leur nature à la généralité des habitants ou membres des communes ou des sections de commune dans le territoire desquels ces communaux sont situés, il soutient « que la propriété des communaux de simples sections de commune réside dans la main de leurs habitants, et que, par cela seul que ces biens leur appartiennent, ils ont le droit d'en disposer de la manière la plus absolue, conformément à l'article 537 du Code Napoléon, et ne peuvent être contraints ni à les laisser dans l'indivision, ni à les conserver pour les rendre à ceux qui viendront après eux (1). »

Toutefois il reconnaît que ce droit diffère de celui de chaque habitant sur ses biens ordinaires par des règles spéciales relatives à la manière de l'exercer. Il s'agit ici, d'une part, des règles prescrites par la loi du 10 juin 1793, que l'auteur considère comme étant toujours en vigueur, et d'autre part, de celles qu'établit la loi du 18 juillet 1837, notamment la nécessité d'une approbation de l'administration supérieure. Il reconnaît aussi qu'il en diffère par l'incertitude du *quantum* de la part afférente à chacun des ayants droit : la loi du 10 juin 1793 ayant ordonné le partage par *tête*, tandis que des avis du Conseil d'État approuvés par l'empereur le 20 juillet 1807 et le 26 avril 1808, disposent qu'il ne peut se faire que par

feux. Mais, dit-il, en terminant sur ce point : « La nature du droit de tous est indépendante de la quotité du droit de chacun ; et la manière de l'exercer, les formes et les règles suivant lesquelles il peut ou doit être exercé, ne changent rien à son caractère intrinsèque (1). »

Nous avouons qu'il nous est impossible de trouver une base solide dans notre législation pour ce système qui, tout en admettant que la section de commune n'est pas une simple association de particuliers tenant leurs biens dans l'indivision, ne veut pas la soumettre au régime des communautés territoriales dont les membres n'ont, par la force des choses, que la jouissance des biens appartenant au corps moral.

Si l'article 542 du Code Napoléon a omis de rappeler les droits des sections de commune, il n'a pas entendu les supprimer, ni changer le caractère des sections ; et cette omission est suffisamment réparée par les termes des lois qui ont précédé et suivi le Code Napoléon : la loi du 10 juin 1793, le Code forestier, la loi du 10 juillet 1837, qui ont, comme nous l'avons vu, assimilé les communes et les sections.

La loi du 10 juin 1793, sur laquelle se fonde l'auteur, parle des *communaux* qui appartiennent aux sections de commune. Les biens de sections sont donc de véritables biens communaux. Et si le droit à la jouissance de ces biens s'acquiert par le seul fait de l'habitation dans le village formant section de commune (M. Fressinaud-Saint-Romain le reconnaît formellement), nous ne voyons pas comment les habitants actuels auraient le droit de priver les habitants futurs de cette jouissance.

Ce n'est pas parce que la commune est une circonscription administrative et une société politique, que ceux

(1) P. 25.

de ses biens qui ne sont pas affectés à un service public
doivent se transmettre de génération en génération, ou
que le produit qu'on en retire par la location ou l'aliénation
doit entrer dans la caisse municipale; c'est parce que
c'est un être moral, et parce que les biens appartiennent
à l'être moral, à la collection des habitants présents et à
venir. Quand ces biens ont été concédés aux communes
aussi bien qu'aux sections, on ne songeait qu'aux besoins
de l'agriculture. C'est en invoquant cette destination des
biens communaux, en rappelant qu'ils avaient été concédés « pour demeurer inséparablement attachés aux
habitations des lieux, pour donner moyen aux habitants
de nourrir des bestiaux et de fertiliser leurs terres par
les engrais (1), » que des édits de Henri IV, de Louis XIII
et Louis XIV, rendus en 1600, 1629, 1659, 1667, auto-
risaient les communautés et paroisses à rentrer dans les
biens dont elles avaient été dépouillées violemment, et
qu'elles s'étaient vues contraintes d'abandonner à vil prix.
L'origine et la destination première des biens communaux
des communes ne différaient donc en rien de ceux des biens
des sections. Sans doute, depuis cette époque, les progrès de l'agriculture ont fait trouver plus d'inconvénients
que d'avantages dans les biens communaux; le développement des services publics dont la gestion est confiée aux
municipalités (service du culte, de l'instruction primaire,
de la voirie vicinale, etc.), a conduit fréquemment à
amodier et même à aliéner ces biens pour trouver les
ressources nécessaires à la satisfaction des besoins collectifs des habitants. Mais on ne voit pas pourquoi une
transformation semblable ne pourrait pas s'opérer, en cas
de besoin, dans les biens des sections, en respectant les
droits exclusifs de leurs habitants, et pourquoi la géné-

(1) Préambule de l'édit d'avril 1667.

ration actuelle voudrait disposer à son profit des biens qui ont servi aux générations passés et qui doivent servir, sous une forme ou sous une autre, aux générations futures (1).

Nous croyons donc que ce système n'est pas conforme à notre législation, et qu'il faut reconnaître que la section est une communauté territoriale et un être moral au même titre que la commune.

(1) Nous étudierons plus loin les difficultés auxquelles peut donner lieu l'emploi du produit de l'amodiation ou de l'aliénation des biens des sections. Mais il nous paraît à propos de constater ici que le système que nous venons de soutenir a été adopté formellement par le conseil général du département du Puy-de-Dôme, qui compte un très-grand nombre de sections.

Voici les termes du rapport présenté en 1846 à ce conseil par une commission chargée de préparer un vœu sur la législation relative aux biens communaux, rapport dont les conclusions ont été adoptées :

« Sur la question qui a divisé le conseil en 1843, savoir si le partage peut être admis pour les sections de commune, votre commission pense qu'il convient de l'examiner de nouveau.

« Dans notre opinion, il n'y a aucune distinction à faire entre les communaux appartenant à des communes entières, et ceux qui sont la propriété exclusive des sections. Il ne faut pas perdre de vue qu'il s'agit ici de biens possédés par les habitants *ut universi*. Comment pourrait-on admettre une règle, un droit différent, lorsque le groupe des ayants droit se nomme section au lieu de commune ? Ce qu'il faut considérer avant tout, c'est la nature et l'origine du communal. S'il est vrai que ce soit un terrain réservé, de temps immémorial, pour la jouissance en commun, serait-il possible, sans enlever son caractère essentiel à cette nature de propriété, de le livrer sans condition aux habitants actuels de la section, ce que vous avez voulu refuser à ceux de la commune ? Ne serait-ce pas une spoliation des générations futures ?...... » (*Recueil des vœux des conseils généraux sur la législation relative aux biens communaux*, p. 139.)

§ 2. DES MOYENS DE DISTINGUER UNE SECTION DE COMMUNE D'UNE
COLLECTION DE PROPRIÉTAIRES AYANT DES DROITS DANS L'INDI-
VISION.

46. Divers cas dans lesquels la question s'est élevée. — Actions
à intenter ou à soutenir *ut singuli* ou *ut universi*. — 47. Usurpations des biens communaux sous prétexte de partage. — 48.
Système soutenu par le conseil général du département de la
Haute-Vienne. — 49. Caractères qui distinguent une section
de commune d'une collection de propriétaires ayant des droits
dans l'indivision. — 50. Jurisprudence du Conseil d'Etat. —
51. Jurisprudence des tribunaux civils et de la Cour de cassation.

46. On a fréquemment confondu ou tenté de faire
confondre une section de commune avec une collection
de propriétaires ayant dans l'indivision des droits de
propriété ou d'usage.

Tantôt c'était une simple question de procédure. Il
s'agissait de savoir si des particuliers, qui avaient un intérêt commun à l'exercice de droits de propriété ou d'usage
devaient être actionnés, ou intenter une action *ut singuli*, individuellement, ou si, au contraire, ils devaient
être représentés soit par un syndic, soit par l'administration municipale de la commune dont ils dépendaient.

47. Dans d'autres cas, c'était le fond même du droit qui
était en discussion. Des habitants d'un village se présentaient devant les tribunaux civils, en se prétendant
propriétaires par indivis du bois ou du pâturage dont ils
jouissaient en commun; et, se fondant sur ce que, aux
termes de l'article 815 du Code Napoléon, nul n'est tenu
de demeurer dans l'indivision, ils demandaient que le
partage fût opéré entre eux. Ce dernier fait s'est
produit fréquemment, surtout dans les pays où les
sections de commune sont nombreuses. Une circulaire
du ministre de l'intérieur, en date du 10 octobre 1842,
provoquée par l'administration des forêts, signale ce mode

d'usurpation, comme pratiqué *dans plusieurs localités*.

Parmi les départements auxquels le ministre fait allusion, nous pouvons citer ceux du Cantal, de la Nièvre et du Jura. Ainsi, dans un vœu émis par le conseil général du département du Cantal pendant sa session de 1843, on trouve ce qui suit : « Les habitants des communes ou sections de commune s'entendent pour considérer les communaux comme des indivis ou propriétés particulières auxquelles ils ont tous un droit égal. Plusieurs d'entre eux, ayant parfois le maire en tête, demandent, contre les autres, le partage de ces prétendus indivis ; ceux-ci consentent au partage, un jugement passé d'expédient l'ordonne ; le partage est fait, et le corps moral de la commune (ou de la section) est ainsi dépouillé au profit des possesseurs actuels (1). »

Des manœuvres du même genre se sont pratiquées dans le département de la Nièvre. C'était particulièrement aux bois communaux que s'attaquaient les usurpateurs, et voici comment ils procédaient. Un petit nombre de propriétaires, parmi lesquels figurait quelquefois le maire ou plusieurs conseillers municipaux, se faisaient céder, à prix d'argent, par les autres habitants, leur droit à l'affouage, droit qui ne peut cependant être aliéné, puisqu'il est attaché exclusivement à la qualité d'habitant ; et quand ils avaient concentré dans leurs mains, en vertu d'actes qu'ils avaient soin de faire passer devant notaire, le droit à la jouissance du bois, ils s'en prétendaient propriétaires par indivis, à titre privé, et, produisant leurs actes d'acquisition, ils demandaient au tribunal de consacrer leur prétention. Le plus souvent la commune ou la section, dont plusieurs représentants étaient parties intéressées au procès, ne défendait pas à

_____

(1) *Recueil des vœux des conseils généraux sur la législation relative aux biens communaux*, p. 19.

cette action, et, faute de contradiction, le tribunal déclarait que le bois était la propriété privée des demandeurs. Une circulaire du préfet du département de la Nièvre, en date du 12 juin 1834, signala ces manœuvres à la vigilance des maires, et l'on voit, dans une autre circulaire du même préfet, en date du 28 juin 1859, que les communes et sections avaient obtenu gain de cause dans de nombreux procès intentés contre elles par les habitants qui voulaient s'approprier de cette manière les bois communaux.

Curasson, dans ses notes sur le *Traité des droits d'usage* de Proudhon, fait connaître des faits semblables qui avaient donné lieu à des procès dans le département du Jura. Il explique à ce sujet que, dans les communes qui sont composées de plusieurs sections ou hameaux réunis, il est d'autant plus facile de se méprendre sur la nature des biens communaux que souvent le hameau ne s'est formé que par l'établissement d'une seule famille (1).

48. Cette prétention, élevée le plus souvent de mauvaise foi et en vue d'usurper les biens communaux, a été soutenue en principe et érigée en théorie par le conseil général du département de la Haute-Vienne, dans un vœu que nous avons déjà cité en partie, lorsque nous avons traité de l'origine des sections, et qu'il est nécessaire de reproduire ici intégralement pour le discuter. Voulant justifier le vœu qu'il émet en faveur du partage des biens communaux entre les habitants, le conseil général s'exprime ainsi : « En admettant, ainsi que le prétendent quelques personnes, qu'il existe des propriétés affectées, à toujours, à certains corps moraux qu'on appelle *communes,* ces propriétés n'existent pas dans le

(1) Titre IV, chap. 1er, no 732.

département de la Haute-Vienne; celles qu'on y connait sous le nom de communaux n'appartiennent nulle part à des communes entières, mais seulement à des villages qui les possèdent exclusivement, et quelquefois promiscûment avec un ou deux villages voisins.

« Ces communaux, loin d'avoir le caractère de promiscuité perpétuelle, *ne sont autre chose que des propriétés indivises*, dont le droit commun suffirait à autoriser le partage, sur la demande des parties intéressées, si de fausses idées, nées de la confusion de choses qui devraient être soigneusement distinguées, ne prévalaient pas sur la vérité des faits, et sur les conséquences qu'ils devraient produire.

« Ce caractère de propriétés indivises ne ressort pas seulement de leur affectation spéciale à tels ou tels villages à l'exclusion de toutes les autres parties de la commune; elle résulte encore de ce que, dans quelques localités, à côté de communaux appartenant à la généralité des habitants, il en est d'autres qui n'appartiennent qu'à deux ou trois personnes; enfin, dans quelques villages, composés d'un certain nombre d'exploitations appartenant toutes à un même propriétaire, se trouvent des propriétés qui n'ont évidemment que le nom de propriétés communales, puisque, si elles sont jouies promiscûment par les divers colons du même maître, le droit qui réside tout entier dans les mains de ce dernier ne lui est commun avec personne.

« Indépendamment de ces raisons, tirées de la nature même des propriétés communales, il en est d'autres qui reposent sur des faits encore plus précis. Il serait facile de justifier par des actes très-anciens, dont plusieurs ont été mis sous les yeux du conseil général, que tantôt ces propriétés ont été cédées nommément, à titre onéreux, à tous les individus qui habitaient alors les villages dont ils

dépendent aujourd'hui, ou seulement à quelques-uns
de ces habitants, et que tantôt elles sont restées dans un
état d'indivision, à la suite de partages exécutés dans
des familles qui possédaient en tout ou en partie la circonscription de ces hameaux (1). »

Dans la session de 1857, le conseil général du département de la Haute-Vienne reproduisait encore le vœu
qu'il avait émis en 1846, et le rapporteur de la commission chargée de proposer ce vœu, opposant aux biens
des communes les *communaux de sections*, disait :
« *Ces biens ont un caractère privé*; il proviennent
même, pour la plupart, de démembrements récents
de propriétés particulières (2); ils sont affectés à des
intérêts et à des besoins individuels. Ils ne sont pas la
propriété de tous les membres de la famille communale ;
ils sont la propriété de quelques-uns, et appartiennent
aux seuls habitants des villages dans le territoire desquels ils sont compris, sans droit aucun pour la commune proprement dite (3).

Il y a entre les divers faits énoncés et mêlés dans le
vœu du conseil général du département de la Haute-
Vienne, des distinctions à établir, et ceci nous amène à
exposer les caractères qui permettent de reconnaître la
section de commune, et de ne pas la confondre avec une
société de propriétaires placés dans l'indivision.

49. Quand il existe des titres qui constatent que la
propriété a été acquise par une réunion de particuliers
stipulant chacun pour son compte, ou qu'elle a été

(1) *Recueil des vœux des conseils généraux sur la législation
relative aux biens communaux*, p. 190.
(2) Dans le vœu émis en 1846 il était dit seulement que plusieurs actes très-anciens établissaient ce fait. Mais on ne parlait
pas de démembrements *récents* de propriétés particulières, et on
ne disait pas que ce fait se présentât dans *la plupart* des cas.
(3) Procès-verbal des séances du conseil général du département de la Haute-Vienne pour l'année 1857.

mise dans l'indivision au même titre; quand on voit que les droits de propriété ou de jouissance se sont transmis par succession, donation, ou vente, sans qu'on eût à considérer si les nouveaux co-intéressés habitaient ou n'habitaient pas la commune ou le village formant section, on se trouve évidemment en face d'une propriété indivise, soumise au régime des propriétés privées.

Il n'y a pas de doute en sens contraire, si les titres constatent que les droits ont été constitués au profit de la collection des habitants présents et futurs du village.

En l'absence de titres qui indiquent la nature de la propriété, et les titres sont rares, si l'on voit que les droits à la jouissance des biens se sont acquis par le fait seul de l'habitation dans le village, si l'on voit, comme l'expose Proudhon dans son *Traité des droits d'usage* (n° 726) : « que, à mesure qu'il y a eu des mutations de domicile dans les hameaux, ceux qui ont cessé d'y résider ont cessé aussi de participer au produit de tels ou tels fonds, tandis que les particuliers qui sont, au contraire, venus établir leur résidence dans ce lieu ont été admis à en recueillir leur part, on doit dire que ces fonds sont de véritables communaux, puisque le seul incolat a été reconnu tout à la fois comme titre suffisant pour en partager la jouissance et comme titre nécessaire pour y conserver un droit de participation. »

Et, dans bien des cas, il faut combiner la possession et les divers signes qui la constatent, notamment le payement des impôts, avec les titres, parce que, ainsi que nous l'avons vu en traitant de l'origine des sections, il n'est pas rare que des propriétés privées indivises se soient transformées en communaux, et quand cette transformation a été consacrée par plusieurs siècles de possession, elle ne peut assurément plus être remise en question.

Ainsi donc, le fait de « l'affectation spéciale d'une pro-

priété à tels ou tels villages, à l'exclusion de toutes les
autres parties de la commune, » pour reprendre les termes
du vœu émis par le conseil général de la Haute-Vienne,
n'établit pas que le fonds dont il s'agit soit une propriété
privée indivise, si, d'ailleurs, pour en jouir, il est nécessaire et il suffit d'avoir la qualité d'habitant du village.
Quant aux biens pour lesquels on produirait des titres qui
prouveraient qu'ils ont été concédés nommément à tous
les individus qui habitaient alors le village ou à quelques-
uns d'entre eux, ou bien encore que la propriété a été
mise dans l'indivision à la suite d'un partage de famille,
on doit reconnaître, si la transmission de la propriété et la
possession sont conformes aux titres, que ce sont des propriétés indivises ; mais il est impossible de tirer de ces
faits spéciaux des conclusions générales sur la nature de
tous les biens qui appartiennent aux sections de commune.

Telle est la doctrine qui nous paraît consacrée par la
jurisprudence du Conseil d'État et par celle des tribunaux
civils et de la Cour de cassation.

50. La jurisprudence du Conseil d'État résulte de décisions prises sur des recours dirigés contre des arrêtés de
conseils de préfecture en matière d'autorisation de plaider.

La première concernait une réunion de particuliers qui
avaient des propriétés dans la commune de Vallenay, mais
dont plusieurs n'y habitaient pas, et qui soutenaient que le
droit de jouir en commun d'un bois était attaché à leurs propriétés et se transmettait à ceux qui, par succession ou
autrement, devenaient acquéreurs desdits fonds. Se considérant comme une section de la commune de Vallenay,
ils avaient demandé au conseil de préfecture du département du Cher l'autorisation d'actionner la commune
en dommages-intérêts, à raison du préjudice qu'elle leur
aurait causé, en vendant la totalité du quart en réserve
du bois, dont ils revendiquaient la jouissance exclusive-

Le conseil de préfecture avait accordé l'autorisation qui lui était demandée et désigné un des réclamants, le sieur Raviou, pour représenter la section. Puis, par un autre arrêté, il avait accordé à la commune l'autorisation de défendre à cette action, et désigné le maire pour représenter la commune. Devant le tribunal civil, on avait soutenu que le maire ne pouvait représenter la commune dans un procès engagé contre la section (nous ne voyons pas quel motif on avait pu invoquer, car le maire n'était pas au nombre des intéressés). Le tribunal avait sursis à statuer jusqu'à ce que la commune produisît une autorisation régulière. Le sieur Raviou avait saisi le conseil de préfecture, en lui demandant de désigner une autre personne que le maire pour représenter la commune, et le conseil de préfecture ayant écarté sa demande, en déclarant qu'il n'y avait lieu à statuer à cet égard, il avait déféré sa décision au Conseil d'État.

Devant le Conseil d'État, le ministre de l'intérieur, à qui le pourvoi avait été communiqué, avait exprimé l'avis que l'arrêté du conseil de préfecture, qui faisait l'objet du pourvoi, n'était susceptible d'aucune critique : que c'était bien au maire qu'il appartenait de défendre la commune. Mais il pensait qu'il y avait lieu d'annuler, dans l'intérêt des principes, le premier arrêté du conseil de préfecture, qui avait à tort considéré les réclamants comme formant une section de commune, et qui avait, en outre, désigné le sieur Raviou pour représenter la prétendue section, contrairement aux dispositions de l'arrêté du 24 germinal an XI, qui laisse à la commission syndicale, organe de la section, le soin de désigner le syndic. Il insistait particulièrement sur le premier motif d'annulation qu'il indiquait, et s'exprimait à cet égard en ces termes : « Il ne suffit pas, pour constituer une section, qu'une partie des individus qui composent la commune aient des droits à eux propres, indépendants de ceux du reste des habitants ; car, d'après ce système, des individus achetant ensemble une propriété dans l'indivision formeraient une section, ce qui est inadmissible ; il faut encore qu'ils possèdent sous le nom d'une communauté ou fraction de communauté distincte ayant un territoire déterminé ; il faut que leurs droits de propriété et de jouissance communale soient attachés à l'habitation, à la résidence sur ce territoire ; car tel est le caractère distinctif des propriétés communales : on en jouit par cela seul qu'on a son domicile dans la commune ; si on transporte son domicile ailleurs, on n'y a plus aucun droit. »

Le Conseil d'État a rejeté le recours formé par le sieur Raviou, et a annulé en même temps le premier arrêté du conseil de préfecture par les deux motifs indiqués dans l'avis du ministre de l'intérieur, et notamment par le motif « qu'il n'était pas établi que les habitants ci-dessus dénommés formassent section de commune. » (Ordonnance du 17 juin 1829, *Raviou.*)

Dans une autre affaire, il s'agissait d'un litige relatif à des droits d'usage, qui appartenaient exclusivement (il y avait à cet égard chose jugée) à ceux des habitants de la commune d'Houlbec-Cocherel, qui, à la date du 4 août 1789, avaient maison bâtie dans la commune de Cocherel, ou à leurs représentants et ayants cause. Le maire de la commune d'Houlbec-Cocherel avait demandé au conseil de préfecture du département de l'Eure l'autorisation d'intenter une action au nom de cette collection d'habitants, qu'il considérait comme une section de commune.

Le conseil de préfecture avait refusé cette autorisation. Le recours formé par le maire contre l'arrêté du conseil de préfecture a été rejeté par une ordonnance royale, en date du 18 janvier 1843, ainsi conçue : « Considérant qu'il résulte de l'instruction, et notamment des jugement et arrêt de 1835 et 1836, ci-dessus visés, que l'action que le maire d'Houlbec-Cocherel demande à intenter ne concerne pas une section de ladite commune, mais seulement un certain nombre de propriétaires de la section d'Houlbec, et que, dès lors, il n'y a pas lieu d'autoriser le maire à plaider pour ces propriétaires. »

51. C'est aussi dans ce sens que se prononce l'autorité judiciaire. Nous en pouvons citer d'assez nombreux exemples.

En voici d'abord deux qui sont rapportés par Curasson, dans ses notes sur le *Traité des droits d'usage*, de Proudhon (1).

La première de ces deux affaires n'était pas sans délicatesse, par suite des circonstances assez anormales dans lesquelles elle se présentait. « Les habitants du hameau de la Chapelle-Mijoux, faisant partie de la commune de la Cluze, arrondissement de Pontarlier, jouissaient en commun, de temps immémorial, de quelques propriétés qui n'avaient jamais été soumises au régime municipal, et d'une forêt assez considérable dont l'ancienne maîtrise et les agents forestiers n'avaient jamais eu l'administration. C'était un des particuliers du hameau qui administrait les biens communs et qui en rendait compte aux habitants assemblés. Ils avaient un marteau particulier déposé au greffe, lequel portait la lettre initiale du nom de la principale famille, et le bois, marqué et exploité comme celui de tout propriétaire, était néanmoins distribué annuellement aux résidants, moyennant une taxe destinée à supporter les charges communes, telles que les frais de desserte d'une annexe existant dans ce hameau.

« Par un premier arrêt, la cour de Besançon, sur la demande du plus grand nombre des habitants, avait or-

(1) Titre IV, chap. 1er, n° 732.

donné le partage de la forêt comme étant une propriété particulière.

« Mais sur la tierce opposition, formée au nom du hameau par le maire du chef-lieu, je faisais observer, dit M. Curasson, que l'administration particulière d'un bien communal, quelque longue qu'elle eût été, ne pouvait être d'aucune influence sur la nature d'une pareille propriété ; c'étaient les relations locales, le mode de participation aux fruits distribués exclusivement aux résidants et le défaut de transmission de la propriété par voie de succession ou de vente, qui devaient caractériser un bien communal et le distinguer d'une propriété possédée par indivis. Sur ces raisons, la cour, par arrêt du 27 février 1826, admettant la tierce opposition du maire, a débouté les particuliers de leur demande en partage de la forêt, laquelle a été considérée comme appartenant à la section ou hameau de la Chapelle-Mijoux. »

La seconde affaire, rapportée par le même auteur, offre aussi des circonstances singulières.

« La commune de P.-F., qui dépendait autrefois de deux seigneuries différentes, forme, en conséquence, deux sections, dont chacune a des bois particuliers et attachés à telles et telles habitations. Les habitants de cette commune, ayant trouvé bon de s'approprier les bois communaux, s'y sont pris de la manière suivante : sur le rapport fait contre quelques membres d'une section qui étaient allés couper du bois dans la forêt qui en dépend, ceux-ci ont élevé la question de propriété ; prenant pour trouble le procès-verbal de délit, ils ont assigné en complainte le maire, qui, loin de défendre la commune, est convenu de la propriété et possession ; et, maintenus en possession, ces particuliers ont assigné en partage de la forêt tous les habitants de la section, qui n'ont pas manqué de consentir à ce partage.

« Mais des difficultés se sont élevées sur l'exécution : les uns voulant que le partage fût fait par feux, et les autres qu'il fût fait en raison de la propriété des maisons. Une enquête ordonnée par le tribunal a éveillé l'attention ; on a vu par la déposition des témoins, et par certains actes, que les produits du bois dont il s'agit av ient toujours été distribués suivant les formes communales. Le magistrat qui remplissait les fonctions du ministère public crut devoir en conséquence requérir la mise en cause du maire, et avertir le préfet de la spoliation projetée contre la commune.

« Le conseil municipal, composé en grande partie d'habitants qui étaient parties au procès, déclara que la section n'avait pas à intervenir, parce que le bois était une propriété particulière... Mais le conseil de préfecture autorisa le maire à revendiquer, au nom de la section, la propriété de la forêt en litige. Je fus chargé, dit M. Curasson, de défendre, bon gré mal gré, l'administration municipale, et la propriété communale fut démontrée d'une manière si claire, que les particuliers qui demandaient le partage osèrent à peine y insister. Le tribunal les débouta de leur demande, en déclarant la section de commune propriétaire (1). »

Nous pouvons citer encore un arrêt de la cour de Nancy, (11 juin 1846, *Frégeville c. Bijeon*), rendu à propos d'une simple question de procédure, la question de la régularité d'une action introduite par plusieurs usagers pris individuellement, et qui rappelle très-nettement le caractère des biens communaux.

En vertu d'un acte de concession, remontant à l'année 1270, les habitants de la commune de Ruppel jouissaient de droits d'usage dans une forêt, à charge de prestations

(1) M. Curasson n'indique pas la date de ce jugement.

et redevances. Ces redevances n'étant pas régulièrement acquittées, le marquis de Frégeville, ayant cause du concessionnaire, fit assigner en payement quèlques-uns des usagers *ut singuli*. La commune intervint au procès ; elle prétendait qu'il s'agissait d'une redevance communale intéressant le corps de la commune et non les habitants privativement (1).

La cour de Nancy, devant qui l'affaire fut portée, décida que l'action devait être formée contre la commune et non contre les habitants individuellement, et voici quels étaient les motifs de son arrêt :

« Attendu que tout droit utile, dont la participation s'acquiert par le seul fait de l'habitation dans une commune, constitue par cela même un véritable lien communal, et que les charges et redevances auxquelles il est subordonné prennent nécessairement le même caractère, lorsqu'il suffit du même fait pour produire l'obligation de les payer ;

« Que la nature d'un tel droit et d'une telle charge, une fois fixée par cette condition fondamentale, ne peut changer ni s'altérer par l'effet des inégalités introduites dans la jouissance commune, ni par le mode convenu et adopté pour la répartition, entre les habitants, des redevances à payer ;

« Que, sous ce rapport, le plus ou moins de conformité entre ce qui a été convenu ou pratiqué dans les temps anciens et ce qui est réglé aujourd'hui par la législation sur les biens communaux, ne peut rien contre le fait essentiel d'où dérive la nature d'un bien communal ; qu'il importe aussi peu que la concession primitive d'un pareil

---

(1) Il s'agit ici d'une commune et non d'une section ; mais nous trouvons dans cette affaire ce que nous cherchons à établir : la différence entre une communauté d'habitants formant un corps moral et des propriétaires ou usagers placés dans l'indivision.

droit ait été faite à une simple agrégation d'individus avant son érection en commune, et sans qu'il apparaisse de l'accomplissement des formalités alors en usage ou introduites plus tard pour la régularité des transactions de cette espèce, puisque, d'une part, l'objet du procès actuel n'est pas de contester la validité de la concession faite en 1270 aux habitants de Ruppel par Ferry Duchâtelet, et que, d'autre part, l'acte qui, ultérieurement, aurait constitué en commune l'agrégation concessionnaire, n'aurait pu produire cette transformation quant aux individus, sans l'effectuer aussi quant à leurs biens communs, qui, dès lors, auraient dû devenir communaux, ainsi que les charges dont ils étaient grevés ;

« Attendu que, d'après les stipulations de l'acte primitif de concession de 1270 et de l'acte récognitif du 3 août 1538, et aussi d'après les aveux et déclarations de l'appelant à l'audience d'hier, les droits accordés par ces actes aux hommes, manants et habitants de la ville de Ruppel l'ont été non-seulement à tous ceux qui existaient alors, mais encore à tous ceux qui sont venus ou qui viendront s'y établir ultérieurement..... »

Un jugement du tribunal de Rodez, en date du 8 janvier 1850, rendu à l'occasion d'une demande en partage de terrains, qu'une section revendiquait comme biens communaux, a décidé que ces terrains devaient, au contraire, être considérés comme propriété indivise : d'abord, parce qu'ils avaient été concédés nommément à certains habitants du village à l'exclusion de certains autres ; en second lieu, parce que la jouissance avait été conforme à cette constitution de la propriété, et que les détenteurs avaient payé les impôts par portions inégales, sans aucun rapport avec la valeur de leurs autres propriétés.; enfin, parce que les immeubles litigieux avaient, à diverses reprises et dans tous les temps, été l'objet de ventes, d'échanges, de partages, de baux et de diverses transactions particulières (1).

(1) Les nombreux considérants de ce jugement, qui a été rapporté par M. Bost dans son *Code formulaire de la constitution des communes*, p. 87, nous paraissent trop instructifs pour que nous ne croyions pas nécessaire de les reproduire en entier.

« Attendu qu'il importe, avant tout, de se fixer sur la question de savoir si les immeubles dont le partage a été demandé dans l'ajournement du 14 avril 1843 forment une propriété privée et indivise ou une propriété communale, puisque, dans ce dernier cas, le tribunal serait incompétent pour en ordonner le partage ;

« Attendu, sur cette question, qu'il résulte des reconnaissances seigneuriales, en date du 5 juin 1385, 1534 et 4 mars 1736, que certains habitants d'Espinassettes et d'autres villages voisins reconnaissent tenir, d'abord du comte d'Armagnac, plus tard du roi de Navarre, devenu comte de Rodez, enfin du roi de France, après l'adjonction du comté à la couronne, l'entier *masage* d'Espinassettes, dépendant de la châtellenie de Camboulas, en emphytéose et perpétuelle pagésie, moyennant certaines redevances ; qu'il est même dit, dans le dernier de ces actes, que Laurent Coulanges et Marie Portal, quoique habitants dudit village d'Espinassettes, n'ont aucun droit sur les terres possédées en commun ; que cette exclusion n'aurait aucune cause et n'aurait pu être faite, s'il s'était agi de biens communaux ;

« Attendu que, dans une reconnaissance générale, faite à la même époque par les consuls de la châtellenie de Camboulas, ils déclarent n'avoir dans leur branche aucuns pacages, *fraus* ou pâtus communaux, mais seulement avoir dans quelques endroits desdits villages, parmi lesquels se trouve celui d'Espinassettes, des pâturages et pâtus communs, que lesdits manants et habitants, *chacun en droit soi et en particulier, déclarent tenir de Sa Majesté ;*

« Attendu qu'on doit induire de ces diverses reconnaissances que les terres d'Espinassettes ont été, dans le principe, baillées en emphytéose à divers individus, qui ont fait le partage de quelques-unes et qui en ont laissé d'autres en état d'indivision pour en jouir en commun ; que ce qui vient encore à l'appui de cette présomption sur l'origine de la propriété, c'est qu'on a toujours pris soin d'exclure de cette jouissance les habitants du village qui n'avaient pas droit et cause des emphytéotes ; qu'à la vérité les titres dont il vient d'être parlé ne sont pas produits en forme probante, mais que l'état matériel des cahiers dans lesquels ils se trouvent copiés ne permet pas d'élever des doutes sur leur existence et sur l'exactitude des copies ;

« Attendu que les demandeurs produisent le cadastre de 1494 ;

« Attendu que les ténements dont le partage est demandé y sont allivrés sous le nom de *fraus mégiès*, qu'on indique même

Deux arrêts récents de la Cour de cassation, tous deux émanés de la chambre civile, ont consacré les mêmes principes.

une inégalité dans les droits des divers cotenanciers sur les fraus dits *Tampestat* et *Repayro*; que, dans le langage du pays, la signification du mot mégiès, dérivant du mot latin *medius*, ne saurait s'appliquer à des propriétés communales ; que ce qui prouve que le rédacteur du cadastre a parfaitement compris la signification du mot, c'est qu'il l'a employé en opposition avec les mots *fraus communs* dont il s'est quelquefois servi, et que, dans le même article, il appelle *terro megiaro* une terre indivise entre plusieurs propriétaires ; que, sans doute, le cadastre ne peut pas servir à lui seul de titre de propriété, mais qu'il faut reconnaître que les énonciations qu'il renferme sont d'une haute portée, lorsque surtout, comme dans l'espèce, sa confection remonte à des temps fort reculés et que ces énonciations, d'ailleurs claires et non équivoques, se trouvent en harmonie complète avec les autres titres et documents anciens et avec la possession ;

« Attendu que s'il pouvait s'élever encore des doutes sur la nature des propriétés dont il s'agit, ils seraient levés par le mode de jouissance dont elles ont été l'objet ; qu'en effet, les impositions ont toujours été et sont encore payées en partie, par portions inégales, et sans rapport avec la valeur des propriétés des cotenanciers ; qu'il résulte des titres et documents produits par les demandeurs, et notamment des actes des 20 juillet 1544, 20 décembre 1630, 19 avril 1791, frimaire an VI, et d'un rapport d'experts du 11 mars 1744, que les droits aux immeubles dont il s'agit ont été, à diverses reprises et dans tous les temps, l'objet de ventes et d'échanges, de partages, de baux et de diverses transactions particulières ;

« Attendu que vainement, pour détruire les preuves irrésistibles qui résultent des documents ci-dessus rappelés, les défendeurs excipent du cadastre de 1669, d'un jugement du tribunal de district de Rodez du 4 août 1792, d'une sentence antérieure émanant du sénéchal ;

« Qu'en effet les énonciations du cadastre de 1669, portant que les habitants d'Espinassettes *tiennent en commun* les fraus dont il s'agit, impliquent tout aussi bien l'idée d'une propriété indivise que d'une propriété communale ;

« Que si l'on examine, soit la sentence du sénéchal, soit le jugement du tribunal de district, qui statuent dans deux espèces analogues, l'on voit qu'il s'agissait uniquement de décider la question de savoir si des étrangers au village d'Espinassettes pouvaient, par suite des ventes à eux consenties par des habitants dudit village, exercer sur les fraus un droit de dépaissance, ce qui était contesté par les habitants, qui prétendaient que, pour avoir ce droit, il fallait résider réellement dans le village ;

Le premier portait principalement sur la question de savoir si l'autorité judiciaire était compétente pour déclarer qu'un hameau formait ou ne formait pas une section de commune, et que, par suite, les actions intentées dans l'intérêt collectif des habitants de ce hameau étaient ou n'étaient pas assujetties aux formalités prescrites par les articles 56 et 57 de la loi du 18 juillet 1837. Mais à l'occasion de cette contestation sur la compétence, la Cour apprécie également le point de droit qui faisait le fond de l'affaire.

La Cour de cassation décide que la question de savoir si plusieurs habitants, introduisant une action en justice, agissent dans un intérêt collectif qui leur est propre, ou comme exerçant des droits appartenant à la commune ou section de commune, est une question de fait et de droit, que les tribunaux saisis de l'affaire sont compétents pour résoudre d'après les documents du procès et les circonstances de la cause; puis elle ajoute :

« Attendu que, s'agissant de savoir si les défendeurs à la cassation, habitants du hameau des Cueillis, avaient revendiqué la possession des cours, mares et placeaux situés au centre de ce hameau, comme formant une sec-

« Qu'en supposant même (ce qui n'est pas) que les auteurs des parties au procès eussent alors prétendu que les biens dont s'agit étaient communaux, l'on ne pourrait pas tirer argument de cette circonstance contre les demandeurs, puisqu'ils auraient eu, à cette époque, intérêt commun avec les défendeurs à proposer cette exception, pour faire rejeter les prétentions de Caubel et autres;

« Que les juges, se plaçant dans l'hypothèse la plus défavorable audit Caubel, l'ont maintenu dans son droit de dépaissance; que c'est là tout ce qu'on peut induire des jugements ; mais qu'on ne peut pas évidemment en déduire qu'il y a chose jugée sur la question qu'il s'agit d'apprécier en ce moment;

« Attendu qu'il résulte des diverses considérations ci-dessus développées que les immeubles confrontés dans la citation sont une propriété privée indivise, et que, dès lors, aux termes de l'article 815 du Code civil, le partage doit en être ordonné....... »

tion de commune et au profit de cette section, le tribunal
de première instance d'Auxerre a pu apprécier en fait,
d'une part, que, par leur exploit introductif d'instance,
ils avaient agi seulement comme propriétaires coïntéressés et en leurs noms ; d'autre part, qu'il n'existait aucun
titre, ni document, dont on pût inférer que le hameau des
Cueillis eût jamais constitué une section de commune ;
d'autre part, enfin, que chacun des habitants figurant dans
la cause avait personnellement récolté sa part des fruits
et produits des biens litigieux, et que, dans les actes de
transmission des habitations du hameau, il était fait men-
tion du droit à la jouissance des cours, chemins, mares
et placeaux, comme accessoires de la propriété ; qu'en
tirant de ces faits la conséquence en droit que le hameau
des Cueillis ne constituait pas une section de commune,
et que Vallée et consorts avaient agi dans un intérêt individuel, l'arrêt attaqué n'a violé aucune loi. » (*Arr.* 16 février 1859. *Prieur c. Vallée et consorts* (1).)

Le second arrêt, rendu dans le même sens, n'a pas
besoin d'explication. Il suffit de transcrire ses motifs qui
sont ainsi conçus :

« Attendu que le jugement attaqué constate en fait
que Mauplot et consorts ne forment pas une société
d'habitants unis par des relations locales ; que ceux d'entre
eux qui ont cessé de résider dans la commune de Tony,
hameau des Grands-Nains, ont continué à prendre part au
produit des fonds (terrains ou cours communes) dont ils
demandaient à être maintenus en possession ; qu'enfin ils
ont produit, à l'appui de cette demande, divers titres d'acquisition desdits fonds ; que de ces faits il a été autorisé à
conclure que ce n'était pas comme habitants de ce hameau
et dans un intérêt communal qu'ils agissaient, mais dans

(1) DALLOZ. 1859, I, 53.

un intérêt personnel et privé, et que, en repoussant la fin
de non-recevoir tirée de ce qu'ils auraient dû procéder par
l'entremise d'une commission syndicale, il n'a contrevenu
ni à l'article 542 du Code Napoléon, ni aux articles 10,
49 et 56 de la loi du 18 juillet 1837. » (*Arr.* 6 avril 1859,
commune de Tony c. Mauplot et consorts (1).)

On pourrait penser, au premier abord, que cette doctrine est contredite par un arrêt dans lequel la Cour de
cassation a reconnu le caractère de section de commune
à la communauté des habitants de deux hameaux qui réclamaient des droits d'usage dans une forêt, en se pré-
sentant comme successeurs de cinq concessionnaires
auxquels les concessions avaient été faites par acte de
1626, tant pour eux que pour leurs successeurs, à feux
croissants et décroissants (*Arr.* du 30 mai 1837, *marquise
d'Aubigny c. maire de la commune de la Chapelle du
Mont-de-France* (2).) Mais dans l'espèce, il était reconnu que tous les habitants des deux hameaux étaient
les successeurs des concessionnaires primitifs. Puis l'État
étant devenu, à la suite de la Révolution, propriétaire de
la forêt, les habitants des hameaux s'étaient adressés au
conseil de préfecture, conformément à la loi du 19 germinal an XI, pour lui soumettre leurs titres et faire reconnaître leurs droits, et un arrêté du conseil de préfecture, approuvé par le ministre des finances, les avait
maintenus *ut universi* dans les droits concédés à leurs
auteurs par l'acte de 1626. Toutes ces circonstances ont
pu paraître donner à ces hameaux le caractère de sections
de commune, et les autoriser à intenter une action par
l'organe du maire de la commune dont ils dépendaient.
On peut même voir là un nouvel exemple de la trans-

(1) DALLOZ, 1859, I, 224.
(2) DALLOZ, *Repertoire*, v° *Commune.* t. X, p. 33.

formation de propriétés privées affectées à des jouissances communes, en propriétés communales de sections.

Nous croyons avoir établi que les sections ne sont pas des associations de propriétaires, possédant leurs biens dans l'indivision, et avoir indiqué les moyens de les distinguer des associations de cette espèce.

---

52. Mais, s'il importe de savoir distinguer une section de commune d'une collection de propriétaires ayant des droits dans l'indivision, il n'est pas moins intéressant de chercher les moyens de reconnaître l'existence de la section au regard de la commune dont elle fait partie.

Le fait seul de la jouissance actuelle d'un pâturage par les habitants d'un village ne suffit pas pour prouver que le village a la propriété, et, par suite, le droit à la jouissance exclusive de ce pâturage. Il a pu arriver, en effet, que, dans une commune dotée de biens communaux qui avaient une assez grande étendue, les habitants des divers villages, plus ou moins éloignés les uns des autres, qui faisaient partie de la commune, aient pris l'habitude d'envoyer exclusivement leurs bestiaux au communal le plus proche d'eux, sans que cette jouissance exclusive constituât un droit propre à la section. Dans ce cas, les habitants du illage n'ont exercé que les droits qui leur appartenaient comme membres de la commune, et leur jouissance, en cette qualité, n'a pu servir de base à la prescription et faire acquérir à leur village des droits distincts de ceux de la commune, pas plus qu'elle n'aurait pu leur faire acquérir individuellement des droits de propriété privée sur le communal.

53. Dans un litige de cette nature entre une commune et des sections, la cour d'Orléans a décidé, par un arrêt en date du 27 août 1842, que la présomption de droit est que tout bien communal appartient à la généralité des habitants, et que c'est aux sections à détruire cette présomption par la preuve de leur possession exclusive.

Voici dans quelles circonstances cet arrêt a été rendu :

Le conseil municipal de la commune de Baule avait décidé la mise en ferme de pâturages sur lesquels les sections de Baule et de Baulette prétendaient avoir des droits exclusifs. Ces sections revendiquèrent leurs droits devant les tribunaux. Elles excipaient d'une possession immémoriale, et d'une ancienne transaction, du 29 juin 1605, par laquelle les seigneurs de Baule et de Baulette avaient cédé aux auteurs des habitants actuels les droits d'usage dont il s'agit. Elles ajoutaient que les lois de 1792 et 1793 les ayant trouvées en possession, c'était elles qui avaient recueilli le bénéfice de la réintégration prononcée par cette loi.

La commune de Baule niait la possession exclusive alléguée par les sections ; elle soutenait que rien n'établissait que les droits d'usage eussent été exercés par les sections à titre privatif, ou leur eussent été exclusivement cédés dans la transaction de 1605. Elle produisait, en outre, plusieurs titres antérieurs à 1793 qui prouvaient que les usages appartenaient à la généralité des habitants.

La cour d'Orléans a donné gain de cause à la commune de Baule par un arrêt ainsi conçu :

« Considérant que les lois de 1792 et 1793 n'ont réglé que les rapports entre les seigneurs et les communes quant aux biens communaux; que, par l'effet de l'abolition de la féodalité, les communes ont repris la propriété de ces mêmes biens soumis au régime féodal, et que ces lois ont restitué ce droit à la généralité des habitants; que ces mêmes lois, tout en admettant, dans certains cas, l'existence des sections de commune distinctes de la municipalité, ne règlent pourtant pas les rapports qui existent entre les unes et les autres; qu'en principe, la présomption de droit est donc que tout bien communal appartient à la généralité des habitants; qu'ainsi, pour établir un droit exclusif, les hameaux de Baule et de Baulette auraient dû détruire cette présomption de droit en prouvant qu'en 1793 les biens, relevant des fiefs de Baule et Baulette, étaient par eux possédés exclusivement, et qu'ils avaient à cet égard une existence distincte et indépendante de la commune; que cette preuve ne résulte d'aucun des faits de la cause; que le contraire est établi par plusieurs actes produits en 1657 et 1733, et par un plan des lieux dressé en 1790, qui prouvent que tous les usages appartenaient à la commune tout entière; que c'est donc en sa faveur que les lois de 1792 et 1793 ont fait cesser la propriété du seigneur et réintégré la commune dans ses droits primitifs. »

Les sections de Baule et Baulette avaient déféré cet arrêt à la Cour de cassation, en soutenant que le principe de cette présomption de droit en faveur des communes n'est établi par aucune loi. Et, en effet, la loi de 1793 ne dit pas que les biens communaux appartiennent en principe à la généralité des habitants; elle attribue les biens « à la généralité des habitants ou membres des communes ou des sections de commune dans le territoire desquels ils sont situés. » Mais, comme la cour d'Orléans avait de plus jugé en fait que les droits de la commune étaient établis par des actes produits au procès, la Cour de cassation a rejeté le pourvoi, par le motif que la décision de la cour d'appel, fondée sur une appréciation souveraine d'actes et de faits, était à l'abri de sa censure. (Arrêt du 19 novembre 1843 (1).)

Il ne faut pas, d'ailleurs, exagérer la portée de la présomption de droit établie en faveur des communes par l'arrêt que nous venons de rapporter. Quand on rapproche les différentes parties de l'arrêt, on voit qu'elle signifie simplement que le seul fait de la jouissance en commun d'un pâturage par les habitants d'un village ne prouve pas que les habitants aient un droit exclusif à cette jouissance. En effet, d'après la cour d'Orléans, pour détruire cette présomption, il faut et il suffit que les villages justifient « que les biens *étaient par eux possédés exclusivement*, et qu'ils avaient, *à cet égard*, une existence distincte et indépendante de la commune. » Mais telle est la condition faite dans le droit commun à tout détenteur qui veut se faire maintenir en possession ; il faut, aux termes de l'article 2229 du Code Napoléon, que sa possession ait été publique, non équivoque, et à titre de propriétaire.

54. Recherchons donc, en laissant de côté cette présomption de droit, par quels moyens peuvent s'établir les droits exclusifs d'une section au regard de la commune.

Il ne pourrait s'élever de doute si ces droits étaient prouvés par d'anciens titres. Il en serait de même si la section devait son origine à un changement de circonscription de communes opéré postérieurement à 1789. Nous avons dit, en effet, que les droits d'usage et de pro-

---

(1) Dalloz, 1844, I, 163.

priété, respectivement acquis par les communes ou fractions de commune réunies, ont toujours été réservés de
plein droit en pareil cas.

A défaut de titres ou de changements dans la circonscription de la commune, des faits de diverse nature pourraient, soit à eux seuls, soit par leur réunion, établir la
possession exclusive de la section, possession qui, si elle
remontait à trente ans, conduirait à la propriété.

En premier lieu, il faut citer le payement des impôts,
avant 1789, ou depuis cette époque; et nous croyons
nécessaire d'entrer à cet égard dans quelques détails.

Avant 1789, il y avait deux impôts territoriaux analogues à la contribution foncière actuelle : la taille et les
vingtièmes.

Les biens communaux n'étaient pas assujettis à la
taille, soit dans les pays (et c'était le plus grand nombre)
où elle était *personnelle* ou *mixte*, c'est-à-dire imposée
sur les personnes à qui leur qualité ne donnait pas droit
à l'exemption, et ce, en raison de leurs biens et facultés et
de leur industrie, soit dans la partie de la France où elle
était *réelle*, c'est-à-dire imposée à raison de la nature des
fonds et non de la qualité des personnes. On distinguait,
en effet, dans ces derniers pays, notamment dans la généralité de Montauban, les fonds roturiers ou ruraux
assujettis à la taille, les fonds nobles qui en étaient
exempts par leur nature, et les fonds *immunes* qui en
étaient dispensés, à raison de leur affectation à l'usage du
public, mais qui devenaient imposables si leur destination
changeait. Dans cette dernière catégorie étaient rangés
les biens communaux (1). On peut cependant trouver des
indications utiles sur l'existence des biens des communes
et des sections dans les cadastres qui ont été dressés à

(1) Moreau de Beaumont, *Mémoires sur les impositions en
Europe*, t, II, p. 91.

différentes époques dans divers pays, soit de taille réelle, soit même de taille personnelle, et qui comprenaient une énumération détaillée et un arpentement · général de tous les fonds situés dans l'étendue de chaque communauté.

Ces pays sont encore assez nombreux. Ainsi, le Dauphiné avait un cadastre ou *péréquaire* dressé avant la réunion de cette province à la France, et qui fut refait en 1461 (1). Celui de la Provence existait dès 1471 (2). Le Languedoc avait un *compoix terrier*, et une déclaration du roi, du 20 janvier 1736, art. 7, attribuait à la Cour des comptes, aides et finances de Montpellier le pouvoir de statuer sur les contestations qui s'élevaient au sujet de la confection ou du renouvellement de ce cadastre (3). Il existait aussi dans les généralités de Montauban et d'Auch un *compoix terrier* qui fut révisé en vertu d'un arrêt du Conseil de 1664 (4). Dans l'élection d'Agen, qui dépendait de la généralité de Bordeaux, il avait été dressé un cadastre vers 1621. Un peu plus tard, en 1671, on avait pris la même mesure dans l'élection de Condom, qui dépendait de la même généralité (5). Le pays de Foix

(1) On a formé du Dauphiné, en 1790, les départements de l'Isère, de la Drôme et des Hautes-Alpes.

(2) Le territoire de la Provence a été partagé entre les départements des Bouches-du-Rhône, du Var, des Basses-Alpes. Il en est entré une partie dans le département de Vaucluse.

(3) Le Languedoc correspond à huit départements actuels : Haute-Garonne, Tarn, Aude, Hérault, Gard, Lozère, Ardèche et Haute-Loire.

(4) La généralité de Montauban correspond aux départements de l'Aveyron et du Lot et à une partie du département de Tarn-et-Garonne. — La généralité d'Auch correspond à la plus grande partie du département du Gers, et à une partie des départements de la Haute-Garonne, de Lot-et-Garonne et de Tarn-et-Garonne.

(5) L'élection d'Agen a formé une grande partie du département de Lot-et-Garonne et une partie de celui de la Dordogne.
Le territoire de l'élection de Condom a été partagé entre les départements du Gers, des Landes et de Lot-et-Garonne.

avait aussi son cadastre (1). Dans l'Artois (2), il existait un document analogue, appelé cahier de centième, à cause du nom primitif de l'imposition, analogue à la taille, que ce pays supportait avant sa réunion à la France. Dans la Flandre Wallone, la Flandre Maritime et le Hainaut (3), la taille était également répartie d'après une espèce de cadastre qui remontait aux premières années du xviiie siècle.

A dater de 1738, on avait fait un recensement général des immeubles, dans les généralités de Limoges et de Châlons (4), pour y établir la taille *tarifée* qui prêtait moins à l'arbitraire que la taille personnelle. La valeur de tous les biens-fonds avait été constatée dans la généralité de Limoges, soit par un arpentement, suivi d'une estimation par experts, soit par les déclarations que les propriétaires avaient faites de la quantité et de la valeur des terrains qu'ils possédaient, déclarations débattues par les autres contribuables. Dans la généralité de Châlons, on s'en était exclusivement rapporté aux déclarations des propriétaires, soumises à la contradiction des autres contribuables.

L'édit de novembre 1763, qui ordonna la confection d'un cadastre général de tous les biens-fonds situés dans le royaume, et la déclaration du 7 février 1768, qui

(1) Le pays de Foix a formé le département de l'Ariége.
(2) L'Artois correspond à peu près au département du Pas-de-Calais.
(3) La Flandre Wallone, la Flandre maritime et le Hainaut ont composé le département du Nord et une partie de celui des Ardennes.
(4) La généralité de Limoges s'étendait sur une partie du territoire actuel des départements de la Haute-Vienne, de la Creuse, de la Charente, de la Dordogne et sur la totalité du territoire du département de la Corrèze.
La généralité de Châlons comprenait à peu près le territoire des départements des Ardennes, de l'Aube, de la Marne et de la Haute-Marne.

étendit à toutes les généralités le mode de recensement des biens-fonds et de la répartition de la taille mis en pratique dans celles de Limoges et de Châlons, restèrent malheureusement à peu près à l'état de lettre morte pour la plus grande partie de la France. Cependant la déclaration de 1768 reçut son exécution dans un petit nombre de généralités, notamment celle de Paris (1).

Tous ces documents, dressés à des époques et dans des conditions fort diverses, peuvent fournir, pour la moitié environ de nos départements actuels, des renseignements qui ne doivent pas être négligés.

On peut en trouver de plus précis dans les documents qui servaient à l'établissement de l'impôt des vingtièmes. Les biens communaux étaient, en effet, assujettis à l'impôt du *dixième* du revenu établi par un édit royal du 14 octob.e 1710, supprimé plus tard et remplacé par l'impôt du *vingtième*, auquel se joignirent ensuite temporairement un second et un troisième *vingtième*. L'article 6 de l'édit de 1710, dont les termes ont été reproduits par les édits relatifs aux *vingtièmes*, porte ce qui suit : « Déclarons sujets à la levée du dixième ordonnée par les présentes..., les octrois et revenus patrimoniaux, communaux, et autres biens et héritages des villes, bourgs, villages, hameaux et communautés. » Cet impôt était perçu primitivement d'après la déclaration des propriétaires. Néanmoins, il avait été procédé par les soins de la direction des vingtièmes, sous le contrôle des intendants, à des vérifications générales des biens-fonds et droits réels sur lesquels portait l'impôt (2).

(1) Nous avons puisé la plupart de ces indications dans les *Mémoires* de Moreau de Beaumont *sur les impositions en Europe*, t. II.

(2) Ces vérifications avaient été commencées en 1749. Elles ont été prescrites de nouveau par un édit du mois de novembre 1771 et par un arrêt du Conseil du 2 novembre 1777.

En outre de ces impôts annuels, les communes avaient à payer au trésor royal, en qualité de communautés de mainmorte, les droits d'amortissement et les droits de nouvel acquêt. Le droit d'amortissement était, en quelque sorte, la compensation du préjudice que causaient les communautés de mainmorte au fisc royal, en acquérant des propriétés qu'elles conservaient indéfiniment et sur lesquelles le fisc n'avait plus l'occasion de percevoir les droits de mutation, comme il le faisait sur les propriétés des particuliers, chaque fois qu'elles changeaient de main. Ce droit aurait dû être payé à chaque acquisition ; mais bien souvent le fisc négligeait de l'exiger, et plusieurs édits, rendus au XVIIe siècle, ordonnèrent en conséquence une sorte de recensement général des propriétés des gens de mainmorte, qui étaient forcés d'acquitter le droit d'amortissement pour tous les biens qu'ils possédaient. C'est ainsi que la déclaration du 19 avril 1639 ordonne que, « par des commissaires députés par le roi à cet effet, il sera procédé à la recherche, taxe et liquidation des droits d'amortissement, et que, pour y parvenir, les ecclésiastiques, bénéficiers..... maires et consuls des villes, bourgs, bourgades et villages, et généralement tous gens de mainmorte, seront tenus de fournir au greffe de la commission les déclarations exactes et détaillées, accompagnées de pièces justificatives..... des maisons, héritages, rentes foncières, usages, aisances, et généralement de tous autres droits et biens immeubles qu'ils possèdent, non compris dans les amortissements particuliers et en bonne forme qu'ils ont pu obtenir antérieurement, et pour lesquels il n'aura été payé finance. » On peut citer encore une déclaration semblable du 5 juillet 1689.

Le droit de nouvel acquêt ou de nouveaux acquêts, qui, primitivement, se payait, concurremment avec le droit d'amortissement, sur tous les biens et droits réels des gens de mainmorte, ne fut plus exigé, à partir de 1691, que sur les biens dont ils avaient seulement l'usufruit ou l'usage.

Pour l'acquittement de ce droit, dont la quotité fut fixée par un arrêt du Conseil, du 23 janvier 1691, et une déclaration du roi, du 9 mars 1700 (art. 9), à une année de revenu pour vingt années de jouissance, « les maires, échevins, consuls, jurats ou syndics des villes, bourgs, bourgades, paroisses, villages et hameaux qui possédaient des droits de glanage, pacage, chauffage, pâturage, et tous autres droits d'usage généralement quelconques... étaient tenus d'en fournir des déclarations, signées d'un ou de deux des principaux habitants, contenant les usages qui leur appartenaient de tout temps, l'étendue et la qualité des terres, bois et autres fonds qui y étaient sujets. » C'est d'après ces déclarations que le droit de nouvel acquêt était fixé.

Ces déclarations devaient même être renouvelées tous les dix ans et enregistrées au greffe des gens de mainmorte, faute de quoi les biens pouvaient être saisis (1).

Et il importe de remarquer que, d'après les termes des édits et arrêts du Conseil que nous venons de rapporter, on devait déclarer les propriétés et les droits d'usage des bourgs, bourgades, *villages* et *hameaux*, ce qui permettrait de constater l'existence des droits propres à chaque fraction de paroisse.

Nous n'attribuons pas, d'ailleurs, à tous ces documents une valeur autre que celle d'indications destinées à confirmer une ancienne possession et à établir son caractère. Il faut même dire, dans l'intérêt des sections qui pourraient avoir à les invoquer, que ces documents étaient

____

(1) Édit du mois de décembre 1691, art. 14. — Arrêt du Conseil des 18 mars, 19 juillet, 2 septembre 1692 et 26 janvier 1694. — Déclaration du 6 mai 1704.

assez souvent inexacts quand ils ne reposaient que sur la déclaration des contribuables, qui étaient tous également intéressés à laisser ignorer aux agents du fisc la véritable étendue et la véritable valeur des propriétés communales (1).

Le payement des impôts, depuis 1789, est généralement constaté d'une manière plus précise et plus exacte qu'il ne l'était avant la Révolution. Le cadastre, commencé en 1807, est exécuté aujourd'hui sur la totalité du territoire de l'Empire. Les propriétés communales, productives de revenus, ont dû être imposées à la contribution foncière comme les immeubles appartenant aux particuliers.

Cette règle était posée par la loi des 23 novembre-1er décembre 1790. L'article 1er du titre Ier disposait que la contribution foncière porterait sur toutes les propriétés foncières, sans autre exception que celles qui étaient déterminées par les intérêts de l'agriculture, et les biens communaux n'étaient pas compris dans l'exception. De plus, l'article 3 du titre II prescrivait aux commissaires, chargés de dresser un état indicatif des différentes propriétés renfermées dans chacune des divisions du territoire dites *sections* (2), d'y comprendre les biens appartenant aux communautés elles-mêmes, et l'article 4 du titre III annonçait qu'il serait établi des règles spéciales pour l'acquittement de la cotisation des biens communaux.

(1) On en voit la preuve dans le *Traité politique et économique des communes*, publié en 1770 par le comte d'Essuiles. Voici notamment un fait saillant qu'il indique : « 705 communautés de la généralité de Soissons ont déclaré des biens communs ; cependant plus de 900 en possèdent. La quantité déclarée est de 33,231 arpents, 72 perches ; la quantité réelle en excède 120,000, soit en marais, soit en friches. » (P. 49).

(2) Nous avons indiqué que cette division, spécialement faite en vue de l'assiette de l'impôt, ne correspond pas aux sections de commune qui font l'objet de ce livre (P. 8.)

La loi du 3 frimaire an VII ne s'est pas servie du terme générique de communautés d'habitants, qui s'appliquait également aux communes et aux sections de commune. L'article 56 de cette loi porte que « les propriétés appartenant à des communes, *portions de commune*, à des hospices ou autres établissements publics seront désignées de la même manière (que celle des particuliers) et portées dans les états de sections au compte desdites communes, *portions de commune*, hospices ou autres établissements. Et l'article 109 ajoute : « La contribution due par des terrains qui ne seraient communs qu'à certaine portion des habitants d'une commune sera acquittée par ces habitants. »

A l'impôt foncier est venu se joindre, depuis la loi du 20 février 1849, la taxe dite des biens de mainmorte. Cette taxe annuelle, représentative des droits de transmission entre vifs et par décès, qui rappelle le droit d'amortissement perçu avant 1789, est établie « sur les biens immeubles passibles de la contribution foncière appartenant aux départements, *communes*, hospices, séminaires..... et tous établissements publics légalement autorisés... » Les sections de commune ne sont pas nominativement désignées dans la loi; mais elles sont comprises dans l'indication générale qui termine l'énumération, et la loi leur a en effet été appliquée.

Au payement des impôts, soit sous l'ancien régime, soit depuis 1789, on peut ajouter encore le fait que les habitants des villages auraient supporté, à eux seuls, les frais d'aménagement, d'entretien, de garde des biens dont ils jouissaient.

Quelquefois même la situation des lieux marque à elle seule l'origine et la destination du communal. Quand un communal est près d'un groupe d'habitations et isolé du reste des propriétés communales, tout porte

à penser qu'il appartient exclusivement aux habitants
du village. On peut se rappeler, à ce sujet, les ex.
plications que donne La Poix de Fréminville sur les
communs-consorts, et que nous avons citées précédemment (1).

Une possession immémoriale, accompagnée de plusieurs
de ces faits ou de l'un d'eux, établirait, à notre sens, que
la section a une existence distincte et indépendante de
celle de la commune, et justifierait, par conséquent, ses
droits exclusifs.

55. Ces principes ont été récemment contestés avec
une grande vivacité par M. Caffin, dans un ouvrage sur
*les droits de propriété des communes et des sections de
commune*, dont nous avons déjà indiqué les tendances.
M. Caffin s'efforce d'établir qu'il y a présomption de droit
que, de tous temps, les communes ont été propriétaires
des biens communaux compris dans leur territoire, et il
donne à cette présomption de droit une valeur telle que,
selon lui, elle ne peut tomber que devant des titres ou
devant les réserves faites lors des réunions de communes
ou autres changements de circonscriptions territoriales
faits postérieurement à 1789.

Pour établir cette thèse, à laquelle il a consacré la
moitié de son ouvrage, et que nous devons par conséquent discuter avec soin, M. Caffin remonte à l'origine
des communes; il y voit, dès les temps les plus reculés,
une circonscription déterminée, celle de la paroisse, dans
les limites de laquelle les villages seraient venus successivement se grouper autour du chef-lieu. Il induit de là
que les communes seules avaient dû participer à la répartition primitive des terres, d'où provient, suivant lui,
une grande partie de leurs biens communaux; que c'est
à elles seules qu'ont dû être attribués ensuite les biens

(1) P. 61.

vacants et sans maître, les *latifundia* abandonnés au
fisc romain par leurs propriétaires ; il expose « que le
régime féodal a pu en dépouiller quelques-unes ; mais
que le plus grand nombre d'entre elles ont conservé
leurs biens de première origine ; » que de nouveaux
biens leur ont ensuite été concédés par les seigneurs, et
qu'enfin les lois qui ont aboli la féodalité sont venues les
maintenir et les réintégrer dans leurs propriétés de
vieille origine et leur en attribuer de nouvelles. Il admet
que des concessions de biens communaux ou plutôt de
droits d'usage ont été faites à des villages qui faisaient
partie d'une communauté ; mais, selon lui, c'est une
exception.

La nature des choses, la constitution des municipalités,
l'histoire de la formation du domaine communal, tout,
suivant M. Caffin, conduit à penser que les biens communaux doivent être présumés la propriété de la commune entière. Cette présomption lui paraît encore consacrée par l'article 1er du titre IV de la loi du 10 juin 1793,
qui attribue les biens communaux de toute nature aux
communes, et ne réserve les droits des sections que lorsqu'elles avaient un territoire distinct.

Ainsi établie, cette présomption ne peut tomber que
devant des titres ou devant les réserves faites lors des
changements de circonscription territoriale. Car la jouissance exclusive de certains villages pourra toujours être
considérée comme une jouissance de membres de la communauté sur les biens de la communauté, et une possession de cette nature, si longue qu'elle soit, ne peut,
comme nous l'avons dit, servir de point de départ à la
prescription.

Cependant, il ne peut s'empêcher de reconnaître que,
dans certains cas, la situation seule des communaux indique leur destination et les droits exclusifs des sections ;

par exemple, lorsqu'il s'agit d'un terrain renfermé dans un village, et formant sinon une place publique, au moins un espace facilitant l'accès et la desserte des habitations, ou bien encore de certains pâturages resserrés entre les habitations d'un hameau. Pour ces biens de peu d'étendue, il croit pouvoir se relâcher de sa rigueur et admettre, qu'en l'absence de titres, l'état des biens et d'autres documents prévaudront quelquefois sur la présomption légale que la commune peut invoquer à leur égard (1).

Il admet encore que les inscriptions des communaux au nom des villages ou sections sur d'anciens cadastres, sur les états de sections dressés en 1791 pour l'assiette de la contribution foncière et sur les matrices cadastrales pourraient peut-être, par leur rapprochement, équivaloir à des titres au profit des sections (2).

Mais il croit que ces justifications ne peuvent être faites que dans des circonstances très-rares, parce qu'il faut qu'elles soient précises et concordantes, et il montre qu'elle ne le sont pas pour les biens communaux du département de la Haute-Vienne, du moins pour l'arrondissement de Rochechouart, dans lequel la jouissance des communaux est divisée de temps immémorial entre les divers villages de chaque commune. Ainsi il expose que, en dépouillant des états généraux d'immeubles dressés de 1740 à 1749 pour la répartition de l'impôt, il n'a trouvé qu'un très-petit nombre de communaux désignés comme appartenant à des villages. A la vérité, ces états ne comprennent pas les communaux appartenant aux paroisses ; mais c'est sans doute, dit M. Caffin, parce que les communaux de cette espèce n'étaient pas assujettis aux charges publiques. Il indique ensuite que, dans l'état

(1) P. 62.
(2) P. 63.

actuel, la jouissance ne correspond presque jamais exactement au nom que portent les communaux sur les matrices cadastrales dressées de 1822 à 1841 dans l'arrondissement de Rochechouart, ni à l'assiette de l'impôt payé
pour ces biens ; que beaucoup de communaux désignés
sous le nom d'un village à proximité duquel ils se trouvent ne sont pas réservés exclusivement pour ce village ;
que parfois deux ou trois villages ont le droit d'y envoyer leurs bestiaux ; enfin il allègue que ces dénominations des communaux sont le fait des agents de l'administration des contributions directes, qui ont cru devoir,
à des époques récentes et en dehors de l'action de l'autorité municpale, mettre les impôts à la charge des sections qui jouissaient plus particulièrement des communaux, afin d'en faciliter la perception (1). Tous ces faits
lui paraissent établir que si les habitants de certains villages jouissent exclusivement de certains communaux,
c'est uniquement parce que ces communaux sont à
proximité de leur village et sont éloignés des autres
hameaux de la commune, et ce n'est pas une jouissance
semblable qui peut servir de base aux droits exclusifs des
sections, lorsque les biens communaux sont présumés
appartenir à la commune dans le territoire de laquelle ils
sont compris.

L'application de la doctrine soutenue par M. Caffin, et
il ne le dissimule pas, aurait de graves conséquences. En
effet, le plus souvent, les villages isolés qui ont, depuis un
temps immémorial, la jouissance exclusive de biens communaux, et qui ont toujours fait partie de la même commune, ne peuvent produire de titres pour justifier leurs
droits. La rareté des titres s'explique, d'ailleurs, facilement, quand on songe d'abord au temps qui s'est écoulé

(1) P. 65 à 70.

depuis la constitution des biens communaux, et ensuite aux ravages dont les archives des familles seigneuriales et des communes ont été l'objet pendant les troubles de la Révolution. Et, de plus, dans maintes circonstances, nous l'avons montré, les biens communaux ont pu être mis dans l'indivision sans qu'un titre ait constaté un abandon fait par les propriétaires à la communauté. Si les biens, dont les sections jouissent sans titre, étaient censés appartenir à la commune entière, la plupart des sections se trouveraient supprimées.

Mais cette doctrine est-elle fondée ? Nous ne le pensons pas. Nous croyons d'abord que M. Caffin attache une importance beaucoup trop grande à établir, en faveur des communes, une présomption légale de propriété sur les biens communaux de toute origine.

Il ne nous paraît pas cependant inutile de faire remarquer combien les bases historiques de sa thèse s'écartent des faits que nous avons exposés d'après les écrivains les plus autorisés et les recherches les plus récentes. Attribuer aux paroisses ou communes rurales d'avant 1789 un territoire nettement circonscrit dès leur fondation, et y faire naître ensuite les villages autour du chef lieu, c'est, ce nous semble, introduire dans le développement de ces communautés, qui sont sorties si péniblement et dans des conditions si variées des étreintes du pouvoir féodal, des éléments d'organisation régulière qui ressemblent trop à notre organisation moderne pour être vraisemblables quand on les place dans le chaos de ces temps reculés.

Pour ce qui est des biens provenant de la répartition primitive du sol, et des biens vacants et sans maître attribués par les empereurs romains aux municipalités, on n'a pas oublié que bien peu de communes d'aujourd'hui peuvent faire remonter aussi haut l'origine de leur domaine, puisqu'elles ne sont nées, au plus tôt, que dans les premiers siècles du moyen âge, et que beaucoup d'entre elles n'existaient pas avant le XIIe siècle. On se rappelle qu'en réalité c'est aux concessions des seigneurs et au fait des habitants qui ont placé dans l'indivision des pâturages communs, que les biens communaux de la plupart des communes actuelles doivent leur origine.

Nous avons vu, en outre, que la nature des choses avait le plus souvent amené la constitution de droits exclusifs au profit de portions de paroisse, de villages, mas et ténements; nous en avons trouvé la preuve dans l'ordonnance d'août 1669, dans les anciennes coutumes de la Marche et de l'Auvergne, et dans les traditions qui se sont maintenues parmi les populations du centre de la France.

Quant à la loi du 10 juin 1793, nous avons vu qu'en effet cette loi n'avait accordé de nouveaux droits qu'aux sections qui avaient un territoire distinct; mais nous croyons avoir établi que ce territoire distinct résultait de circonstances assez fréquentes, soit de la différence qui existait entre le territoire des seigneuries et le territoire des communes en 1793, soit de la possession exclusive de droits d'usage antérieurement à cette loi.

Mais, en admettant qu'il en fût tout autrement et que la constitution de droits exclusifs, au profit des sections, fût aussi rare qu'elle nous paraît avoir été fréquente, pourrait-on en conclure que la possession exclusive et immémoriale, établie par le payement des impôts et par les autres signes que nous avons indiqués plus haut, ne peut servir à prouver les droits de propriété des sections? Nous ne le croyons pas. Sur ce point, qui est le point capital, M. Caffiri s'est moins attaché à justifier sa thèse en droit qu'à prouver que les sections de commune de l'arrondissement de Rochechouart ne seraient pas en état de produire des preuves suffisantes de leur possession exclusive.

S'il était établi que la législation a toujours empêché

l'existence des sections de commune, qu'elle a voulu que les biens communaux appartinssent toujours à la généralité des habitants, nous comprendrions que la jouissance, si prolongée, si exclusive qu'elle fût, d'un village, ne pût lui constituer des droits propres. Mais, puisque la loi reconnaît et a toujours reconnu l'existence des sections de commune, comment peut-on interdire à une section de prouver qu'elle a possédé, non pas en qualité de membre de la communauté dont elle faisait partie, mais en qualité de propriétaire exclusif? La prescription fondée sur une longue possession n'est-elle pas instituée précisément pour suppléer à l'absence des titres?

M. Caffin invoque, à l'appui de sa thèse, l'arrêt de la cour d'Orléans du 27 août 1842 (*sections de Baule et de Baulette c. commune de Baule*), que nous avons rapporté plus haut. Mais si cet arrêt proclame une présomption légale de propriété au profit des communes, il n'impose aux sections, pour la faire tomber, que l'obligation de prouver que les biens litigieux étaient par elles *possédés exclusivement*, et qu'elles avaient *à cet égard* (par le fait de la possession exclusive) une existence distincte et indépendante de la commune.

Il invoque encore l'opinion émise par Trolley, dans son *Traité de la hiérarchie administrative*. Mais nous avons cité précédemment un passage de cet auteur qui, tout en reconnaissant que le fractionnement d'une commune en sections est une exception, et que, en cas de litige entre une commune et une section sur la propriété d'un bien communal, le doute doit être résolu en faveur de la commune, établit que la possession peut suffire pour prouver les droits des sections, tels qu'ils sont consacrés par la loi de 1793 (1).

(1) P. 84.

Ainsi, nous ne pouvons admettre que les sections ne soient pas recevables à justifier leur propriété par leur possession, à la condition que cette possession ait tous les caractères que la loi exige pour qu'elle puisse conduire à la propriété.

Si, maintenant, nous suivons M. Caffin sur le terrain du fait, nous admettrons sans peine qu'il y ait, dans les documents qu'il a consultés relativement aux biens communaux de l'arrondissement de Rochechouart, des faits qui se contredisent, des preuves insuffisantes. Toutefois, ce fait que, dans beaucoup de cas, un village serait seul imposé pour un communal dont plusieurs villages auraient la jouissance, peut fort bien s'expliquer, et n'avoir rien que de légitime. La coutume de la Marche, qui disposait, dans l'article 359 du chapitre xxix, que les pâturages se limitaient par village, admettait une dérogation à cette règle quand plusieurs villages avaient un droit de *marchage*, c'est-à-dire un droit d'usage constitué par titres sur les biens d'un autre village. Cette situation s'est sans doute maintenue, et il est très-naturel que le village qui a la propriété du communal soit seul imposé à la contribution foncière, à l'exclusion des autres villages qui n'ont qu'un droit d'usage sur ce terrain. D'ailleurs, cette explication ne fût-elle pas aussi juste que nous le croyons, rien n'autoriserait à tirer de certaines irrégularités qui peuvent exister dans l'arrondissement de Rochechouart des conclusions sur la situation des biens des sections dans tous les départements.

Quant aux documents anciens, nous avons vu qu'on peut en trouver, non-seulement pour le reste de la France, mais même pour le département de la Haute-Vienne, beaucoup d'autres que les états d'immeubles dressés de 1740 à 1750 pour la répartition de la taille dans la généralité de Limoges, à savoir d'anciens cadastres faits à d'autres époques, et les documents relatifs au recouvrement, soit de l'impôt des vingtièmes, soit des droits d'amortissement et de nouvel acquêt auxquels les biens communaux étaient assujettis (1).

Pour ce qui est des documents récents, nous croyons qu'il est rare qu'on rencontre des faits pareils à ceux qu'a indiqués M. Caffin. Il ne nous paraît pas probable que, dans beaucoup de départements, les dispositions des lois des 23 novembre-1er décembre 1790, et du 3 frimaire an VII, qui prescrivent d'imposer à la contribution foncière les biens communaux, soient restées à peu près inexécutées jusqu'à la confection du cadastre. Nous ne sommes pas non plus porté à admettre qu'au moment où ces biens ont été imposés, les administrations municipales aient souvent laissé les agents de l'administration des contributions directes libres de donner aux biens communaux des dénominations impliquant des droits exclusifs pour un village, ou bien encore d'imposer des villages qui participent à la jouissance de ces biens, en dégrévant les habitants des autres villages qui en jouissent également, à moins que les uns ne soient propriétaires et les autres usagers.

Aussi les choses se sont passées autrement dans le département de la Lozère, d'après les indications que donne une lettre du préfet de ce département, adressée au ministre de l'intérieur le 31 janvier 1853. Après avoir fait connaître que les biens communaux de ce pays proviennent de concessions des seigneurs faites, à charge de redevance, aux habitants des villages et hameaux qui forment aujourd'hui autant de sections de commune, le préfet s'exprime ainsi : « Lors de la suppression des droits féodaux, les habitants des lieux qui avaient obtenu de pareilles concessions de la part des seigneurs ou des corporations

(1) P. 124 et suiv.

religieuses, cessèrent de payer la censive et devinrent propriétaires incommutables des biens qui en étaient grevés.
Ces biens furent portés sur les matrices dressées en exécution de la loi des 23 novembre-1ᵉʳ décembre 1790, pour
servir à la répartition de l'impôt foncier, au nom de la
communauté des habitants des sections propriétaires.
Plus tard, ils ont été inscrits sur les matrices cadastrales
au même titre, et chaque collection d'habitants a continué
à payer les contributions de ceux qui lui appartiennent. »

Il est bien probable que la loi de 1790 et celle de
l'an vii ont dû recevoir leur exécution de cette manière
dans la plus grande partie de la France.

En résumé, en cas de contestation entre une section
et la commune dont elle dépend sur la propriété des biens
communaux, la section peut établir ses droits exclusifs,
soit en produisant des titres, soit en produisant l'acte de
l'administration, ou la loi qui l'a réunie à la commune
dont elle fait partie, et qui, par suite, a réservé explicitement ou implicitement les droits dont elle jouissait avant
cette réunion, soit en justifiant, non pas simplement
d'une jouissance ancienne, mais d'une possession exclusive, à titre de propriétaire, prouvée par les divers faits
qui sont de nature à établir cette possession.

<hr/>

§ 4. DE L'EXTINCTION DES SECTIONS DE COMMUNE.

56. Les sections de commune sont fréquemment com-

posées d'un petit nombre de feux, et il n'est pas sans exemple que deux familles, deux habitants, forment à eux seuls une section. Nous trouvons ce fait constaté dans deux affaires soumises au Conseil d'État, l'une en 1833, l'autre en 1839 (1). Il pourrait donc arriver que, par suite du déplacement de la population, une section se trouvât réduite à un seul habitant.

Cette circonstance ferait-elle disparaître la section, et les biens communaux deviendraient-ils la propriété de cet habitant unique? Nous ne le pensons pas. L'être moral subsiste toujours, et l'habitant ne jouit des biens communaux qu'à titre de communiste. Si, postérieurement, un autre habitant venait s'établir sur le territoire de la section, il aurait le droit de prendre sa part de la jouissance de ces biens.

C'est aussi l'opinion de M. Serrigny. Dans son ouvrage sur le *Droit public et administratif romain* (2), il cite un texte du *Digeste*, qui pose en principe que, « la commune formant une corporation, il s'ensuit qu'elle continue de subsister, quand même tous ses membres viendraient à changer et qu'il n'en existerait plus qu'un seul. »

Puis il ajoute : « C'est là un point important à noter pour nos sections de commune, dont les biens communaux conserveraient leur caractère, même lorsqu'un seul individu deviendrait propriétaire des maisons et des biens-fonds possédés *ut singuli :* ainsi les bois communaux de cette section continueraient d'être assujettis au régime forestier, et le propriétaire, unique habitant, ne pourrait plaider librement en justice au sujet

---

(1) Voir, dans le *Recueil des arrêts du Conseil*, l'analyse des faits sur lesquels ont été rendus les arrêts du 19 juillet 1833 (*Hyot c. la commune de Mazerat*), et du 19 décembre 1839 (*Giliot.*)

(2) T. I, p. 245.

de ces biens; il faudrait observer les formes prescrites par la loi pour les procès des sections de commune. »

57. On comprend que cette solution ne soit pas admise par ceux qui considèrent les biens des sections comme des propriétés indivises entre les habitants des villages auxquels ils appartiennent. En effet, dans une étude substantielle et ingénieuse sur les *communaux en Limousin,* M. Dessalles, prenant pour point de départ la thèse soutenue par le conseil général du département de la Haute-Vienne, que nous avons discutée précédemment, soutient que si, dans un village qui avait la jouissance exclusive d'un communal, il ne reste plus qu'un habitant qui soit en même temps propriétaire de tous les biens privés compris dans la circonscription du village, cet habitant deviendra propriétaire du communal, qui ne se distinguera plus de ses biens propres. Selon lui, ce ne sera plus un communal, parce que la communauté suppose la pluralité, et une fois la consolidation opérée, le communal ne pourrait plus revivre que par la volonté de l'acquéreur, lors même qu'il se formerait un nouveau groupe d'habitants sur le territoire du village (1).

Mais, nous trouvant en désaccord avec l'auteur sur le point de départ de sa théorie, nous devons naturellement être en désaccord avec lui sur les conséquences qu'il en tire. Ce qui serait vrai, si les biens communaux des sections étaient des propriétés indivises, ne peut pas l'être, puisque ce sont, comme nous l'avons démontré, des biens communaux, ayant le même caractère que s'ils appartenaient à des communes. Sans doute la communauté suppose la pluralité; mais, à défaut de la pluralité dans le présent, quand le village est réduit à un habitant, nous avons la pluralité en expectative dans l'avenir, et c'est

(1) *Des communaux en Limousin,* par M. Louis Dessalles, avocat à la cour impériale de Limoges (1860), p. 22 et 23.

pour l'avenir que doivent être réservés les droits des communistes.

58. Mais qu'arriverait-il si le village doté ainsi de biens communaux cessait d'être habité? Faudrait-il attribuer les biens de la section à l'État comme biens vacants et sans maître, conformément à l'article 539 du Code Napoléon? Faudrait-il les attribuer à la commune, afin de leur donner une destination qui se rapprocherait davantage de celle en vue de laquelle ils avaient été attribués à la section?

Ni l'une ni l'autre de ces solutions n'étaient admises sous l'ancienne législation. Voici les explications que donnait à cet égard Chabrol, dans son commentaire de *la Coutume d'Auvergne*. On y verra en même temps la confirmation de l'opinion que nous venons d'émettre sur la précédente question.

S'occupant d'abord du cas où il s'agit de droit de pacage constitué à titre de servitude, il expose que, si le village cesse d'être habité, la servitude cesse, et que le droit de pâturage concédé aux habitants se réunit naturellement à la propriété qui en était grevée. Puis il continue en ces termes : « Il y a plus de difficulté pour les *communaux* qui se trouveraient dans les appartenances d'un village inhabité. Les communaux n'appartiennent à personne en particulier ; on ne pourrait donc pas dire que la désertion du village y fait cesser le droit de pâturage par la réunion à la propriété ; mais que deviendra donc le pacage commun ? Il y a lieu de dire néanmoins qu'il demeurera réuni aussi avec la propriété ; il ne s'agit donc plus que de savoir à qui cette propriété est déférée par l'extinction des habitants auxquels elle appartenait *ut universi*. Il est évident que c'est à celui qui y possède des propriétés particulières ; s'il n'y a qu'un seul propriétaire dans le village, c'est donc à lui que la propriété du communal appartiendra, et cette propriété deviendra dès lors un bien particulier à sa personne; s'il y a plusieurs propriétaires, les communaux appartiendront à chacun, au *prorata* de sa propriété, par représentation et par suite du pacage qu'il y exerçait.

« Mais s'il n'en exerçait point, par exemple si l'un était forain et l'autre habitant, les communaux appartiendraient-ils au dernier qui habiterait, comme dans une tontine ou loterie, au dernier vivant? Il semble que celui qui a été le dernier habitant, ne jouissant exclusivement des communaux qu'à ce titre, a cessé d'avoir une propriété universelle dans le moment où ce titre lui a manqué. Il ne jouissait qu'en qualité d'habitant; son droit a donc cessé avec cette qualité; dès lors, le communal doit être réparti entre tous les propriétaires. Mais si, dans les trente ans de cette espèce de partage, l'un d'eux, ou tout autre possesseur du *mas*, venait à y construire une habitation, la totalité des communaux lui appartiendrait, et il pourrait évincer les possesseurs, parce qu'il ferait cesser leur titre et leur qualité ; par ce changement, le village renaîtrait et il reprendrait ses droits comme *jure postliminii* (1). »

Il nous semble que la solution proposée par Chabrol, le partage entre les propriétaires au prorata de l'étendue de leurs biens, est encore la plus conforme à l'origine et à la destination primitive des biens communaux. Ces biens étaient destinés, avant tout, à donner aux habitants le moyen de nourrir les bestiaux et de fertiliser leurs terres par les engrais ; souvent même ils avaient été concédés aux habitants possédant des biens à l'exclusion de ceux qui n'étaient pas propriétaires. Les réunir aux propriétés,

----

(1) Chabrol, t. III, p. 549.

dont ils étaient une sorte d'annexe, quand les habitants viennent à manquer, paraît donc plus naturel et plus logique que de les attribuer à la commune, qui n'y a jamais eu aucun droit, ou à l'État, qui ne doit être appelé à recueillir les biens vacants que lorsqu'il est impossible de leur trouver un maître. Cette solution serait, en outre, la plus favorable aux progrès de l'agriculture.

Cet anéantissement possible de la section n'autorise pas à contester que ce soit un être moral de la même nature que la commune. Seulement, comme la commune a d'autres caractères que celui d'être moral, comme elle est en outre une circonscription administrative et une société politique, elle a d'autres éléments de vie et de durée que la section.

59. Nous aurions maintenant à rechercher à quelle autorité il appartient de reconnaître l'existence et les limites des sections. Mais il nous paraît préférable d'ajourner l'étude de cette question de compétence jusqu'au moment où nous aurons établi quelle est l'autorité qui doit statuer sur les droits des sections. Ces deux questions sont, en effet, étroitement liées l'une à l'autre, et doivent être traitées d'ensemble.

CHAPITRE TROISIÈME

ESSAI DE STATISTIQUE DES SECTIONS DE COMMUNE

Sommaire

60. Il n'existe pas de statistique officielle. — 61. Documents d'où l'on peut tirer des renseignements approximatifs : Tableau des propriétés communales dressé, en 1848, au ministère de l'intérieur. Tableau dressé, en 1860, par la direction des contributions directes. Délibérations des conseils généraux de plusieurs départements du centre de la France. Documents émanés de plusieurs préfectures. Etats des coupes à asseoir dans les bois communaux. — 62. Indication des départements dans lesquels le nombre total des communes et sections propriétaires, d'après le tableau dressé en 1860, est plus considérable que celui des communes du département. — 63. Renseignements à ajouter à ceux qui ressortent de ce tableau pour les départements qui y sont compris. — 64. Renseignements approximatifs pour les départements qui n'y sont pas compris. — 65. Nombre des sections dans les départements de la Corrèze, de la Creuse et de la Lozère. — 66. Conclusion de ces divers renseignements. — 67. Nombre des sections par chaque commune dans les départements de Saône-et-Loire, de la Nièvre, du Puy-de-Dôme, du Cantal et de la Haute-Loire. — 68. Renseignements approximatifs sur l'étendue des biens communaux possédés par les sections. — 69. Renseignements sur la nature des biens communaux possédés par les sections.

60. Il serait intéressant, il serait utile de connaître le nombre des sections qui jouissent ainsi d'une existence distincte et l'étendue des biens communaux qui leur appartiennent. L'administration ne paraît pas avoir jamais fait, sur ce point, d'études d'ensemble, et il n'existe pas de recensement officiel des sections de commune et de leurs biens (1).

(1) Ce travail était sous presse lorsque, par un arrêté, en date du 24 mars 1863, le ministre de l'intérieur a constitué une commission, dont nous avons l'honneur d'être membre, pour examiner les questions que soulève la situation des biens des sections de

61. Mais voici les sources diverses auxquelles nous avons puisé pour recueillir au moins des renseignements approximatifs sur ces faits qui, jusqu'ici, étaient généralement inconnus.

Il a été dressé, en 1848, au ministère de l'intérieur, d'après des documents émanés des préfectures, un tableau des propriétés appartenant aux communes et sections de commune ; mais il n'a pas été possible d'y distinguer les communes des sections. En outre, une note du tableau indique que, « dans quelques départements, l'on n'a compté que la commune seule comme propriétaire des biens possédés en commun, soit par tous les habitants, soit par les habitants d'une section, d'un village ou d'un hameau seulement ; que, ailleurs, on a compté les sections, villages et hameaux possédant des communs comme autant de propriétaires particuliers, en sorte que le total de la dernière colonne présente un chiffre supérieur à celui des communes propriétaires et inférieur à celui des communes réunies aux sections. » Nous ne pouvons tirer que peu de profit de ce tableau.

En 1860, à la suite de l'exposé des motifs du projet de la loi sur la mise en valeur des marais et terres incultes appartenant aux communes (projet qui est devenu la loi du 28 juillet 1860), le Gouvernement a soumis au Corps législatif un tableau des propriétés communales, dressé par l'administration générale des contributions directes, d'après

commune et des biens communaux en général. Sur la proposition de cette commission, le ministre a décidé qu'une statistique des sections de commune et de leurs biens serait dressée par les soins des préfets, et, à la date du 8 juin, il a envoyé aux préfets les cadres des tableaux qu'ils auront à remplir et une série de questions sur lesquelles ils devront fournir des explications. Comme ces recherches peuvent demander un certain temps, nous n'avons pas cru devoir renoncer à donner le résultat de celles que nous avions faites. Mais nous reproduirons la statistique officielle dans un appendice de notre travail, si elle est mise à notre disposition avant que l'impression en soit terminée.

les matrices des rôles de la taxe des biens de mainmorte, établie par la loi du 20 février 1849, qui est en quelque sorte une annexe de la contribution foncière (1). Ce tableau contient aussi une colonne indiquant le nombre des communes ou sections de commune propriétaires. Mais une note avertit que les chiffres portés dans cette colonne sont ceux des articles des rôles ; que, lorsqu'une commune ou une section a des propriétés sur le territoire de plusieurs communes, elle est comptée plusieurs fois, et que l'administration ne connaît pas le nombre des doubles emplois qui résultent de cette manière d'opérer, non plus que le nombre des sections confondues dans cette colonne avec les communes.

Depuis la publication de ce tableau, l'administration des contributions directes a fait rectifier ces chiffres, de façon à faire disparaître les doubles emplois qu'elle avait remarqués, et, grâce à une bienveillante communication des documents centralisés, en 1862, à la direction générale des contributions directes, nous pouvons donner, pour un assez grand nombre de départements, le véritable total des communes et des sections propriétaires ; mais la distinction du nombre des sections et du nombre des communes n'est pas encore faite.

De plus, le tableau, même avec ces rectifications et dans ces limites, n'est pas encore complétement exact. Nous avons trouvé, dans les délibérations des conseils généraux et dans divers documents émanés des préfectures de plusieurs départements du centre de la France, l'indi-

---

(1) La loi du 20 février 1849 établit une taxe annuelle, représentative des droits de transmission entre vifs et par décès, sur les biens immeubles passibles de la contribution foncière appartenant aux départements, *communes*, hospices, séminaires, fabriques, congrégations religieuses, consistoires, établissements de charité, bureaux de bienfaisance, sociétés anonymes et tous *établissements publics légalement autorisés*. Les sections de commune se trouvent implicitement comprises dans cette nomenclature des personnes morales.

cation de l'existence d'un très-grand nombre de sections de commune, et le tableau ne donne pour ces départements qu'un total inférieur, ou tout au plus égal, à celui des communes du département.

Enfin, nous avons eu recours aux renseignements plus précis, mais partiels, que fournissent les états des coupes à asseoir dans les bois des communes, états dressés annuellement par l'administration forestière et dans lesquels les sections de commune, propriétaires de bois, sont nominativement désignées.

Les indications qu'on peut tirer de tous ces documents réunis nous autorisent à penser qu'il existe environ 30,000 sections de commune.

Voici comment nous sommes arrivés à ce chiffre considérable.

62. Si, d'abord, l'on extrait des tableaux dressés, en 1860, par l'administration des contributions directes, et rectifiés comme nous l'avons dit, l'état des départements où le nombre total des communes et sections propriétaires dépasse celui des communes, tel qu'il a été fixé d'après le recensement fait en 1861, et dont les résultats ont été déclarés authentiques par un décret du 11 janvier 1862, l'on trouve les chiffres suivants :

DÉPARTEMENTS.	Nombre de communes du département.	Nombre de communes ou sections de commune propriétaires.	Différence en plus.
Allier.	317	771	454
Alpes (Hautes-).	189	329	140
Ardèche.	339	690	351
Ariège.	336	340	4
Aube.	446	499	53
Aveyron.	282	1,632	1,350
		A reporter...	2,352

DÉPARTEMENTS.	Nombre de communes du département.	Nombre de communes ou sections de commune propriétaires.	Différence en plus.
Report.....			2,352
Cantal.	259	2,878	2,619
Côte-d'Or.	717	943	226
Doubs.	639	641	2
Gard.	348	438	90
Gers.	466	480	14
Hérault.	331	436	105
Indre.	245	762	517
Jura.	583	761	178
Loire.	320	833	513
Loire (Haute-).	260	2,952 (1)	2,692
Loire-Inférieure.	208	336	128
Moselle.	629	665	36
Nièvre.	314	710	396
Puy de-Dôme.	443	4,396	3,953
Rhin (Bas-).	542	559	17
Rhin (Haut-).	490	501	11
Rhône.	258	268	10
Saône (Haute-).	583	590	7
Saône-et-Loire.	583	722	139
Savoie.	325	396	71
Tarn-et-Garonne.	193	331	138
Vaucluse.	149	166	17
Vendée.	298	1,143	845
Vienne (Haute-).	200	1,799	1,599
Vosges.	458	760	212
TOTAL..			16,887 (2)

(1) Nous maintenons ici le chiffre de l'état dressé en 1860, bien qu'il comprenne tous les articles des rôles, parce que, lors de la rectification opérée en 1861, on est tombé dans un extrême opposé qui s'éloigne bien plus de la vérité. Tout en constatant l'existence d'un très-grand nombre de sections entre lesquelles se répartissent les biens communaux, l'administration locale a cru devoir ne compter qu'un seul établissement propriétaire par commune. En comptant à part 20 communes et 129 sections qui possèdent des biens indivis avec des communes ou des particuliers, elle arrive au chiffre de 407.

(2) Il n'est pas inutile de montrer, par quelques exemples, com-

63. Le total de la troisième colonne (16,887) indique des sections de commune. Mais il est loin d'indiquer toutes celles qui existent, et en voici les raisons :

D'abord, il est possible que, dans les départements portés sur l'état qui précède, toutes les communes ne soient pas propriétaires, et que, par suite, la différence entre les chiffres de la 1re colonne et celui de la 2e n'indique pas le nombre vrai des sections. Ceci n'est pas une simple hypothèse. Nous avons la preuve qu'il en est ainsi dans plusieurs départements. En ne tenant compte que de la différence portée à la 3e colonne, nous n'aurions que 36 sections dans le département de la Moselle et 139 dans le département de Saône-et-Loire. Or, nous avons constaté, par un relevé fait sur les états des coupes à asseoir dans les bois communaux, qu'il existe dans le département de la Moselle 115 sections, et dans celui de Saône-et-Loire 195 sections, et il ne s'agit ici que des sections qui possèdent des bois. D'autre part, pour le département du Gers, nous n'avons que 14 sections. Or,

bien ces chiffres diffèrent, soit de ceux du tableau dressé en 1860, et annexé au projet de loi sur la mise en valeur des marais et terres incultes, soit de ceux du tableau dressé en 1848. Nous avons indiqué pour le département de la Côte-d'Or un total de 940 communes ou sections propriétaires. Le tableau de 1860 donnait un total de 1064; celui de 1848 un total de 721. Pour le département du Jura, nous avons comme total dans notre tableau 760 ; celui de 1860 donnait 984 ; celui de 1848, 732. Pour le département de la Haute-Saône, le chiffre vrai est 590; dans le tableau de 1860, il était de 794. Le tableau de 1848 donnait pour ce département le chiffre de 593 ; il était probablement exact à l'époque où il a été dressé. Mais ce même tableau ne donnait, pour les départements de l'Ardèche, de l'Aveyron, du Cantal, de la Haute-Loire, de la Nièvre, du Puy de-Dôme, de Saône-et-Loire, de la Vendée, de la Haute-Vienne et des Vosges, où l'on a vu que les sections sont très-nombreuses, que des chiffres inférieurs au nombre des communes de ces départements, à savoir 227, 252, 197, 159, 307, 440, 566, 199, 197 et 542. Pour quelques départements, il donnait des chiffres plus élevés que ceux du tableau dressé en 1860, notamment pour la Moselle, où le total aurait été de 870 au lieu de 665.

il a été supprimé, dans ce département, 216 communes
entre l'année 1821 et l'année 1843 (1). Il faudrait que
presque aucune des communes, ainsi supprimées et
réunies à d'autres, n'eût possédé des biens communaux
pour que ces réunions n'eussent pas donné naissance à
plus de 14 sections.

Il y a même des départements où la propriété des biens
communaux ne repose presque jamais sur la tête de la
commune et se trouve à peu près exclusivement entre les
mains des sections. On se rappelle le passage que nous
avons extrait d'un rapport fait au conseil général de
la Haute-Vienne, en 1857, au nom d'une commission spéciale chargée d'étudier les questions que soulève la situation particulière des biens communaux de ce
pays. Nous empruntons une nouvelle citation à ce rapport : « Dans le département de la Haute-Vienne, y est-
il dit, sur 19,727 hectares de biens communaux, on
compte 19,712 hectares appartenant à des sections de
commune, se subdivisant en 1808 sections ; on ne compte
que 13 hectares appartenant aux communes (2). » Ainsi, ce
serait à tort que nous aurions déduit du chiffre de 1,799,
porté dans la 2ᵉ colonne de notre tableau (3), le chiffre
de 200 qui représente le nombre des communes du département de la Haute-Vienne, puisqu'il n'y a qu'un très-
petit nombre de ces communes qui soient propriétaires.

Ce même fait doit se reproduire dans la plupart des
départements montagneux du centre de la France, dans

(1) Voir l'*Annuaire du département du Gers* pour l'année 1844,
p. 118.

(2) Ce rapport a été reproduit dans le procès-verbal des séances
du conseil général du département de la Haute-Vienne pour l'année
1857.

(3) On aperçoit qu'il y aurait une légère rectification à faire au
chiffre porté dans le tableau ou à celui que donne le rapport fait
au conseil général.

l'Aveyron, le Cantal, la Haute-Loire, le Puy-de Dôme, où l'on a vu que les sections sont très-nombreuses, et dans la Corrèze, la Creuse, la Lozère, pour lesquels nous allons donner des renseignements spéciaux. Cela tient à la constitution géologique de ces départements, ainsi que l'expliquait, avec beaucoup d'autorité, l'honorable M. du Miral, député au Corps législatif, dans son rapport présenté à la chambre le 9 juillet 1860, sur le projet de loi relatif à la mise en valeur des marais et terres incultes appartenant aux communes. « Ces départements, disait-il, dépendant de nos grandes chaînes de montagnes, présentent, en totalité ou en partie, le caractère montueux, et reposent presque invariablement sur une base granitique..... Cette constitution géologique a produit, dans l'ordre agricole, comme conséquence nécessaire, le régime pastoral... Mais la nature granitique du sol n'a pas engendré seulement le régime pastoral et le pâturage promiscu; elle a eu, en outre, pour résultat non moins invariable, la dispersion des habitations et des exploitations rurales, la création de nombreux hameaux, d'une population restreinte, une constitution physique spéciale de la commune. Celle-ci n'y est, en effet, jamais formée que par l'agrégation d'une multitude de villages ; son chef-lieu ne renferme souvent que l'église, le presbytère et quelques maisons ; on n'y rencontre point les agglomérations propres aux pays plus favorisés et où la densité de la population se lie à l'intensité de la culture. Au point de vue du sujet qui nous occupe, une conséquence importante de cette division des communes en villages ou sections, c'est que *les pâturages communaux n'appartiennent pas à la commune tout entière, mais, sauf de bien rares exceptions, aux sections qui la composent;* c'est ce qu'attestent plusieurs délibérations des conseils généraux et de nombreux documents administratifs, conformes en cela aux notions personnelles de plusieurs de vos commissaires. »

En tenant compte de cette observation, on élèverait au moins d'un millier le total du tableau des sections que nous avons extrait des documents fournis par l'administration des contributions directes.

64. Mais on doit l'élever encore bien davantage pour deux autres motifs.

L'énumération que nous venons de faire ne comprend que 31 départements sur 89. Or, dans les autres départements, du moins dans plusieurs d'entre eux, qui sont très-riches en biens communaux, il y a certainement des sections de commune dont il nous est impossible de constater le nombre, parce qu'il n'a pas été fait de distinction entre les communes et les sections dans les tableaux que nous avons consultés. Ainsi, lors de la discussion qui a eu lieu au Sénat dans la séance du 2 mai 1860, à l'occasion d'une pétition relative aux droits des sections de commune, un membre du Sénat, S. Em. le cardinal Donnet, archevêque de Bordeaux, indiquait que, dans les départements de la Gironde et de la Dordogne, il y a souvent de vives contestations entre les sections et les communes au sujet de la jouissance des biens propres aux sections. Les départements de la Gironde et de la Dordogne ne figurent cependant pas dans l'état que nous avons dressé. Nous pourrions ajouter que le Conseil d'Etat, statuant au contentieux, a été saisi de plusieurs contestations relatives à des sections de commune du département d'Indre-et-Loire et du département de l'Eure, qui ne sont pas compris non plus dans notre énumération. Nous avons même, pour le département de l'Eure, une raison de croire que les sections doivent y être assez nombreuses; c'est que le nombre des communes de ce département, qui était de 880 en 1789, est aujourd'hui réduit à 700. Il faut aussi mentionner le département des Côtes-du-Nord, où, d'après les indications que donne M. Caffin dans son livre sur *les droits de propriété des communes et des sections de commune*, il existe un certain nombre de sections. Et l'on pourrait présumer que le fait signalé ainsi pour le département des Côtes-du-Nord, et constaté par notre tableau pour le département de la Loire-Inférieure, se reproduit dans les autres départements composant l'ancienne province de Bretagne : Ille-et-Vilaine, Finistère, Morbihan ; car dans ces trois derniers départements, comme dans les deux premiers, le territoire des communes est extrêmement étendu et la population très-disséminée. Ainsi, d'après les tableaux du recensement de la population, on voit que, dans ces départements, il existe des communes, en assez grand nombre, qui ont 3,000, 4,000 et jusqu'à 5,000 âmes de population et dans lesquelles la population agglomérée, c'est-à-dire celle du chef-lieu, varie entre 700 et 200 âmes et descend même quelquefois au-dessous de ce chiffre. Dans le Finistère notamment, on trouve des communes qui ont une population totale de 2,000 et 3,000 habitants et dont le chef-lieu ne compte que 95, 87, 83 et même 45 habitants. Il est vraisemblable que des villages et hameaux aussi multipliés et aussi séparés les uns des autres ont des droits distincts sur les communaux dont ils jouissent. Enfin, pour le département de la Haute-Savoie, les états des coupes à asseoir dans les bois communaux indiquent qu'il existe 31 sections propriétaires de bois, et il est probable que le nombre en est plus considérable, car, d'après les tableaux du recensement de la population, la constitution des communes est à peu près la même que celle qui vient d'être constatée pour les départements de l'ancienne Bretagne, et, d'ailleurs, la nature montagneuse du pays a dû entraîner la dispersion des habitations et la formation de nombreux villages ayant des intérêts particuliers.

65. En outre, et c'est notre second motif pour grossir le chiffre des sections, il y a plusieurs départements pour lesquels le tableau de l'administration des contributions directes donne des chiffres inexacts, ce sont les départements de la Corrèze, de la Creuse et de la Lozère.

Pour la Corrèze, il indique 245 communes et sections propriétaires sur 286 communes. Pour la Creuse, le chiffre est le même dans les deux colonnes, à savoir 261. Pour la Lozère, le tableau indique 181 communes propriétaires sur 193. Or, divers documents nous permettent d'affirmer que, dans ces trois départements, il existe un très-grand nombre de sections, comme on pouvait le présumer d'après les observations de M. du Miral, que nous venons de rapporter, et que, si le tableau n'en indique pas l'existence, c'est qu'on aura groupé les sections sous le nom de la commune dont elles dépendent.

Ainsi, en ce qui concerne la Corrèze, voici ce que le conseil général disait de l'état des biens communaux dans ce département, en émettant, dans sa session de 1843, un vœu au sujet de la législation qui régit la matière : « Ils ne sont presque nulle part la propriété d'une commune entière. Dans ce pays peu riche, et dont la population est prodigieusement disséminée, chaque commune se compose d'un grand nombre de villages ou de hameaux dont chacun a ses communaux particuliers (1). »

Cette délibération ne donne malheureusement pas de chiffres. Mais on peut, sans craindre de se tromper, présumer qu'il varie entre 2,000 et 3,000, en tenant compte des termes de la délibération qui dit que chaque commune se compose d'un grand nombre de villages, et en raisonnant par analogie avec les départements voisins dont la constitution géologique est la même.

(1) *Recueil des vœux des conseils généraux au sujet de la législation relative aux biens communaux*, p. 24.

Quant au département de la Creuse, nous avons déjà cité, en traitant de l'origine des sections, une délibération très-caractéristique du conseil général dans sa session de 1837. Le procès-verbal des délibérations du même conseil général, en 1846, rendant compte d'une discussion sur la question de savoir s'il convenait d'autoriser le partage en nature des communaux entre les habitants, porte ce qui suit : « Tous les membres qui prennent part au débat sont unanimes à admettre le principe du partage, surtout dans ce pays, où il n'y a presque pas de communaux proprement dits appartenant à l'agglomération appelée commune, mais seulement des terrains qui sont la propriété de villages ou sections (1). »

Mais pour ce département nous ne sommes pas réduit à des présomptions. En 1860, le préfet du département de la Creuse a fait dresser un état indiquant les sections de commune existant dans le département, l'étendue et la nature de leurs propriétés. Il résulte de cet état, qui avait été mis sous les yeux du conseil général, et que M. le préfet a bien voulu nous communiquer, qu'il existe dans le département de la Creuse 4,394 sections de commune (2).

Enfin, en ce qui concerne le département de la Lozère, il est énoncé dans une lettre du préfet de ce département au ministre de l'intérieur, en date du 31 janvier 1853, qu'il existe des biens communaux dans 177 communes, et que ces biens, qui consistent en pâturages, se divisent entre 1,519 sections, y compris les villages chefs-lieux de commune qui ont aussi, comme sections, leurs biens

(1) *Recueil des vœux des conseils généraux au sujet de la législation relative aux biens communaux*, p. 38.

(2) Elles se répartissent entre les arrondissements de la manière suivante : arrondissement de Guéret, 1,602 ; arrondissement de Boussac, 960 ; arrondissement d'Aubusson, 1,555 ; arrondissement de Bourganeuf, 547.

particuliers ; en sorte qu'il n'y a généralement que les immeubles affectés aux services publics, mairies, écoles, églises qui appartiennent à la commune entière.

66. Ainsi, au chiffre de 16,887 sections que nous avons déduit du tableau des communes et sections imposées à la taxe des biens de mainmorte, il faut joindre environ 2,500 sections pour le département de la Corrèze, 4,394 pour le département de la Creuse, 1,519 pour le département de la Lozère ; ce qui donnerait déjà un total de plus de 25,000.

Si l'on tient compte des différentes causes qui nous empêchent d'arriver au nombre vrai des sections pour les départements que nous avons énumérés dans notre tableau, et de connaître celles qui existent dans les autres départements ; si l'on tient compte en outre de ce que les tableaux d'où nos renseignements sont extraits n'indiquent que les communes ou sections qui ont des propriétés, tandis qu'il suffit d'un droit d'usage privatif pour constituer une section de commune, on trouvera sans doute que nous n'exagérons rien en portant à 30,000 le nombre des sections de commune.

Mais on a pu remarquer que ces sections sont très-inégalement réparties entre les quatre-vingt-neuf départements. Il n'y a guère que vingt départements qui en comptent plus de 100 ; il n'y en a que onze, tous groupés au centre de la France, qui en comptent plus de 500, et ces onze départements renferment à eux seuls plus de 23,000 sections.

67. Les états des coupes à asseoir dans les bois communaux nous ont permis en outre de constater, d'une manière précise, le fractionnement des communes dans les pays où les sections sont nombreuses. Dans le département de Saône-et-Loire, il y a souvent 3 ou 4 sections par commune. Dans le département de la Nièvre, il n'y

en a le plus souvent que deux ou trois ; mais quelques communes sont très-divisées. Ainsi, la commune de Saint-Martin-du-Puits, dont la population est de 1,408 habitants, compte 10 sections ; celle de Dun-les-Places (1,787 habitants) en compte 12 ; celle d'Alligny (1,824 habitants) en a 15.

Dans le département du Puy-de-Dôme, le nombre des sections de chaque commune varie souvent entre 4 et 8, mais il atteint parfois le chiffre de 13, 17, 19, 21, et jusqu'à 24. Les communes les plus divisées sont celles de Saint-Donat, dont la population est de 1,011 habitants ; de Picherande (743 habitants) ; de Saint-Anthême (3,350 habitants) ; de Valcivières (1,652 habitants) ; de Chastreix (1,019 habitants).

Dans le département du Cantal, on trouve fréquemment des communes divisées en 5, 6, 7 et 8 sections. Les communes de Colandre (986 habitants), de Chalvignac (1,276 habitants), d'Anglards (2,270 habitants), en comptent de 11 à 13 ; celle de Saint-Paul-de-Salers (1,021 habitants) en compte 17 ; enfin, dans celle de Condat (3,096 habitants), il existe 21 sections.

La situation est à peu près la même dans le département de la Haute-Loire.

Elle doit être semblable dans les autres départements montagneux du centre de la France, les départements de l'Aveyron, de la Corrèze, de la Creuse, de la Lozère, de la Haute-Vienne, où nous avons trouvé de 1,500 à 4,000 sections pour un nombre de communes qui varie entre 193 et 282. Dans le département de la Creuse, par exemple, la moyenne serait de 16 sections par commune.

Ce fractionnement, parfois si considérable, des communes est une circonstance qu'il importe de noter, parce qu'il doit exercer de l'influence sur les mesures à prendre au sujet de la gestion des biens communaux, quand on veut supprimer le pâturage commun qui s'y pratique depuis des siècles.

68. Nous avons maintenant, pour terminer cette espèce de statistique des sections de commune, à rechercher quelle est l'étendue des biens communaux qu'elles possèdent.

Les tableaux qui ont été publiés en 1848 et en 1860, ne distinguent pas, nous l'avons déjà indiqué, les communes des sections; par conséquent, nous ne pouvons pas plus avoir de renseignements précis sur les propriétés des sections que sur leur nombre. Mais nous pouvons du moins constater ce fait, que le grand nombre des sections de commune ne coïncide pas toujours avec une étendue considérable de biens communaux, et que même les départements où nous avons constaté le plus grand nombre de sections ne figurent pas parmi les départements les plus riches en biens communaux.

Voici en effet comment se répartissent ces propriétés, d'après le tableau dressé en 1860 par l'administration des contributions directes, et auquel nous nous sommes déjà référé. (1)

Il y a quatre départements dans lesquels l'étendue totale des biens communaux de toute nature dépasse 200,000 hectares, à savoir les départements des Hautes-Alpes, de la Corse, des Landes et des Basses-Pyrénées. Un seul figure dans notre tableau des sections, le département des Hautes-Alpes, et pour un petit nombre seulement.

Dans quinze départements, l'étendue des biens communaux varie entre 100,000 et 200,000 hectares. Ce

(1) Nous avons cherché à compléter ce tableau par les renseignements relatifs aux trois départements qui ont été annexés à la France dans le courant de l'année 1860. Nous avons pu le faire pour les départements des Alpes-Maritimes et de la Savoie; mais l'étendue des propriétés communales dans le département de la Haute-Savoie n'a pas encore été constatée.

sont les départements des Basses-Alpes, de l'Aude, de la Côte-d'Or, du Doubs, de la Gironde, de l'Isère, du Jura, de la Haute-Marne, de la Meuse, de la Moselle, des Hautes-Pyrénées, du Bas-Rhin, du Haut-Rhin, de la Haute-Saône, des Vosges. Parmi ces quinze départements, ceux de la Côte-d'Or, du Jura, de la Moselle et des Vosges sont les seuls où nous ayons constaté un certain nombre de sections.

La plupart de ceux qui en contiennent un grand nombre, à savoir l'Aveyron, le Cantal, la Corrèze, la Creuse, la Lozère, le Puy-de-Dôme figurent avec ceux de l'Ain, des Ardennes, de la Drôme, du Gard, de l'Hérault, de la Meurthe, des Pyrénées-Orientales, de la Savoie et du Var, dans une troisième catégorie, qui comprend les départements où il existe de 50,000 à 100,000 hectares de biens communaux.

Une quatrième catégorie, composée des départements qui contiennent de 20,000 à 50,000 hectares de biens communaux, comprendrait plusieurs des départements où il existe un certain nombre de sections : l'Ardèche, l'Aube, la Haute-Loire, la Nièvre, Saône-et-Loire et Vaucluse, en même temps que ceux des Alpes-Maritimes, des Bouches-du-Rhône, du Cher, de la Haute-Garonne, de la Manche, de la Marne, du Morbihan, du Tarn et de l'Yonne.

Enfin, il est remarquable que parmi les départements qui contiennent moins de 20,000 hectares de biens communaux (1), on en rencontre plusieurs où les sections sont très-nombreuses : d'abord le département de la Haute-Vienne, où les communes et les sections ne pos-

(1) Ces départements sont les suivants :
Aisne, Allier, Calvados, Charente, Charente-Inférieure, Côtes-du-Nord, Dordogne, Eure, Eure-et-Loir, Finistère, Gers, Ille-et-Vilaine, Indre, Indre-et-Loire, Loir-et-Cher, Loire, Loire-Inférieure, Loiret, Lot, Lot-et-Garonne, Maine-et-Loire, Mayenne, Nord, Oise,

sèdent que 19,251 hectares de propriétés, puis les départements de l'Indre, de la Loire, et enfin ceux de la Vendée et de l'Allier, où il n'existe pas beaucoup plus de 7,000 hectares de biens communaux. Le département de Tarn-et-Garonne, qui n'en contient que 1,414 hectares, figure, dans notre tableau des sections, pour 135 sections sur 193 communes.

On comprend du reste aisément que le nombre des sections tient moins à l'étendue des biens communaux qu'à la configuration et à la nature du sol, ou bien encore au mode de culture, qui entraîne la dispersion des habitations dont se compose une commune.

69. Si l'on s'attache à la nature des propriétés communales, on aura des résultats différents. Sur 4,809,283 hectares qui forment la contenance totale des propriétés communales, il existe 2,706,671 hectares de pâtures, terres vaines, landes, bruyères et sables. La plupart des départements où les communes sont le plus fractionnées, figurent presque au premier rang parmi ceux qui contiennent le plus de pâtures et de terres vaines et vagues.

Voici, en effet, l'énumération des 24 départements qui contiennent à eux seuls 2,112,943 hectares de terres incultes, environ les quatre cinquièmes des biens communaux de cette nature : Landes, Hautes-Alpes, Basses-Pyrénées, Basses-Alpes, Gironde, Hautes-Pyrénées, Isère, Aude, Corse, *Creuse*, *Puy-de-Dôme*, Pyrénées-Orientales, *Cantal*, *Hérault*, Doubs, *Jura*, *Lozère*, Ariège, Corrèze, Aveyron, Drôme, Gard, Var, *Haute-Loire*. Les six premiers en contiennent de 100 à 200,000 hectares. Le dernier en compte plus de 35,000.

Orne, Pas-de-Calais, Rhône, Sarthe, Seine, Seine-Inférieure, Seine-et-Marne, Seine-et-Oise, Deux-Sèvres, Somme, Tarn-et-Garonne, Vendée, Vienne. Il faut même dire qu'il n'y en a que cinq qui contiennent plus de 10,000 hectares de biens communaux. Plusieurs en contiennent moins de 2,000.

Les départements de l'Ardèche, de l'Indre, de la Haute-Vienne, de la Loire, de l'Allier, qui renferment un assez grand nombre de sections (le département de la Haute-Vienne est même un de ceux qui en comptent le plus), quoique l'étendue des biens communaux n'y soit pas considérable, contiennent aussi une quantité notable de terres vaines et de pâtures proportionnellement à l'étendue totale des propriétés communales dans ces départements.

On se rendra, du reste, un compte approximatif de la richesse des sections et de l'importance relative des diverses natures de propriétés dont elles jouissent, par le tableau suivant, extrait de celui qu'a publié l'administration des contributions directes en 1860, et qui indique, pour les départements où il nous a été possible de constater d'une manière précise l'existence des sections, la contenance des propriétés communales de toute nature, puis la contenance des terres vaines et pâtures, celle des bois, et, enfin, celle des terres labourables, jardins, vergers, vignes, prés et herbages (1).

(1) Nous n'avons pas cru devoir faire figurer dans ce tableau les départements de la Gironde, de la Dordogne, de l'Eure, d'Indre-et-Loire, des Côtes-du-Nord, du Morbihan, du Finistère, et d'Ille-et-Villaine, parce que les indications que nous avons recueillies sur l'existence des sections dans ces départements (voir p. 155) sont trop vagues.

DÉPARTEMENTS.	Propriétés communales de toute nature.	Pâtures, terres vaines, landes, bruyères, sables.	Bois.	Terres labourables jardins, vergers, vignes, prés herbages.
	hect.	hect.	hect.	hect.
Allier.	7,250	5,551	473	1,205
Alpes (Hautes-.)	256,164	197,474	58,332	349
Ardèche.	29,484	18,822	8,139	2,504
Ariège.	73,806	50,359	23,267	173
Aube.	39,155	13,102	24,078	1,967
Aveyron.	51,900	40,814	6,681	4,393
Cantal.	83,514	68,059	13,144	2,296
Corrèze.	51,858	48,714	2,607	533
Côte-d'Or.	126,805	24,534	97,679	4,567
Creuse.	91,552	81,503	1,776	8,267
Doubs.	158,730	63,277	92,832	2,589
Gard.	79,961	38,657	40,257	1,032
Gers.	3,583	1,200	2,113	262
Hérault.	78,048	66,159	11,593	280
Indre.	14,719	12,567	1,062	1,081
Jura.	129,731	53,201	74,418	2,086
Loire.	10,197	8,889	1,000	301
Loire (Haute-).	38,341	35,037	2,180	1,111
Loire-Inférieure.	7,018	6,288	9	709
Lozère.	79,185	51,828	6,392	20,957
Moselle.	72,518	4,714	47,441	20,301
Nièvre.	28,545	5,012	22,807	712
Puy-de-Dôme.	88,181	76,494	9,456	2,217
Rhin (Bas-).	103,738	12,660	74,274	16,780
Rhin (Haut-).	122,052	25,913	87,880	8,203
Rhône.	2,074	1,600	44	399
Saône (Haute-).	130,273	13,577	111,107	5,565
Saône-et-Loire.	32,548	1,716	28,280	2,536
Savoie.	87,519	56,487	20,187	10,837
Tarn-et-Garonne.	1,414	1,090	232	117
Vaucluse.	46,971	24,427	21,783	748
Vendée.	7,072	2,792	9	4,245
Vienne (Haute-).	19,521	11,927	507	7,082
Vosges.	150,634	28,813	1015,32	16,469

On voit par ce tableau que, dans la plupart des départements entre lesquels sont réparties les 25,000 à 30,000 sections de commune dont nous avons constaté l'existence, les terres vaines et vagues constituent la plus grande partie des biens communaux.

Cependant les bois dominent dans les départements de l'Aube, de la Côte-d'Or, du Doubs, du Gard, du Gers, du Jura, de la Moselle, de la Nièvre, du Bas-Rhin, du Haut-Rhin, de la Haute-Saône, de Saône-et-Loire et des Vosges. On remarque de plus une quantité notable de bois dans les départements des Hautes-Alpes, de la Corrèze, du Cantal, de l'Hérault, du Puy-de-Dôme, de la Savoie et de Vaucluse.

Enfin, les terres labourables, prés et herbages ont une certaine importance, du moins une importance relative dans quelques départements, ceux de la Creuse, de la Lozère, de la Moselle, du Bas-Rhin, de la Savoie, de la Haute-Vienne et des Vosges. Dans le département de la Vendée, elles constituent la portion la plus considérable des propriétés communales.

Nous ne faisons ici que constater les faits. Nous verrons plus loin quelles conclusions on peut tirer de ces chiffres.

CHAPITRE QUATRIÈME

REPRÉSENTATION DES INTÉRÊTS DES SECTIONS.

Sommaire

§ 1er. *Cas dans lesquels les sections ont une représentation spéciale.*

§ 2. *Cas dans lesquels les sections sont représentées par le maire et le conseil municipal.*

§ 1er. CAS DANS LESQUELS LES SECTIONS ONT UNE REPRÉSENTATION SPÉCIALE.

70. Les sections n'ont pas une représentation permanente de leurs intérêts. Motifs de cet état de choses. — 71. Commission syndicale instituée pour intenter ou soutenir une action judiciaire. Renvoi. — 72. Commission syndicale instituée pour délibérer sur une modification du territoire d'une commune. Règles à suivre pour les opérations électorales. — 73. Commission syndicale instituée pour donner son avis sur la mise en valeur des marais et des terres incultes appartenant aux sections.— Propositions faites en 1850 de donner aux sections des représentants spéciaux en cas de changement du mode de jouissance des biens abandonnés à la jouissance commune. — 74. Commission spéciale instituée pour délibérer sur l'emploi au profit de la commune du produit des ventes ou des amodiations des biens des sections. — 75. Plus imposés appelés à délibérer sur les impositions extraordinaires qui doivent peser sur une section.

70. Il semble qu'après avoir reconnu l'existence et les droits distincts des sections, le législateur aurait dû leur constituer des représentants spéciaux chargés de gérer leurs biens et de défendre leurs droits.

Mais il faut considérer que les sections n'ont une existence distincte de celle de la commune à laquelle elles appartiennent que pour quelques-unes des relations locales qui constituent les communes, c'est-à-dire pour leurs biens et droits privatifs. Pour tous les autres actes de la vie communale, elles ne sont que des fractions de la commune et ne se distinguent en rien des autres villages qui sont compris dans la même circonscription et sont régis par les mêmes magistrats municipaux. Or, il serait à craindre que si les sections avaient des représentants spéciaux et permanents chargés de veiller à leurs intérêts, leur séparation d'avec les autres parties de la commune ne fût trop marquée et que l'unité communale n'eût à en souffrir.

Tout d'abord, et en l'absence d'une disposition contraire, les conseils municipaux des communes dans lesquelles se trouvaient les sections ont été considérés comme les représentants des intérêts des sections aussi bien que ceux des intérêts de la commune entière. Cependant la pratique a révélé les inconvénients de cet état de choses, dans les cas où les intérêts d'une section se trouvent évidemment en opposition avec ceux de la commune dont elle fait partie, ou avec ceux d'autres sections de la commune. On s'est attaché à faire disparaître ces inconvénients. Mais le législateur n'a pas voulu donner aux sections une représentation permanente. Dans la discussion de la loi du 18 juillet 1837 à la chambre des pairs, M. le comte de Montlosier proposait d'autoriser les sections à établir un syndic particulier pour la gestion et pour la surveillance de leurs biens. Il se fondait sur l'état d'abandon dans lequel les maires laissaient les biens des sections, qui restaient sans défense contre les usurpations. Cette proposition a été repoussée dans la séance du 27 mars 1835.

71. Les sections ont aujourd'hui, dans cinq cas, une représentation spéciale.

1° Elles en ont une, lorsqu'elles sont dans le cas d'intenter ou de soutenir une action judiciaire contre la com-

mune ou contre une section de la même commune. C'est
le cas qui s'était présenté le premier, et il avait été réglé
par l'arrêté consulaire en date du 24 germinal an xi, qui,
rendu pour une affaire particulière, avait été appliqué
comme règle générale. La loi du 18 juillet 1837 a modifié
les dispositions de l'arrêté du 24 germinal an xi, et, d'après
les articles 56 et 57 de cette loi, une commission syndicale
de trois ou cinq membres, désignés par le préfet, délibère
sur les intérêts de la section et nomme un de ses membres pour suivre, s'il y a lieu, l'action en justice. Nous
consacrons plus loin un chapitre spécial aux formes à
suivre pour les procès des sections. Nous devons donc
ici nous borner à indiquer que les sections ont, dans ce
cas, des organes spéciaux.

72. 2°. Il en est de même lorsque les sections sont
intéressées dans des modifications de circonscription
ayant pour but de les distraire d'une commune, soit pour
les réunir à une autre, soit pour les ériger en communes
séparées. Aux termes de l'article 3 de la loi de 1837,
« si le projet (qui tend à modifier la circonscription d'une
commune) concerne une section de commune, il est créé,
pour cette section, une commission syndicale. Les membres
de cette commission, dont le nomb e est fixé par le préfet,
sont élus par les électeurs municipaux domiciliés dans la
section, à moins que le nombre des électeurs ne soit pas
double de celui des membres à élire. Dans ce cas, la
commission se compose des plus imposés de la section. »
L'établissement du suffrage universel a implicitement
abrogé la dernière partie de cet article, qui était nécessaire
sous un régime où le nombre des électeurs municipaux
était assez limité. Il n'y a plus aujourd'hui à prévoir le
cas où le nombre des électeurs ne serait pas double de
celui des membres à élire. Le ministère de l'intérieur l'a
fait remarquer dans une circulaire en date du 29 août 1849.

Nous avons dit précédemment que le législateur avait entendu, dans cet article, désigner, par le mot section, « toute portion habitée du territoire. » Cette disposition ne s'applique donc pas exclusivement aux sections de commune dont nous traitons ici, mais elle leur est, à plus forte raison, applicable.

Dans une circulaire, en date du 30 avril 1838, le ministre de l'intérieur explique que, d'après un avis du Conseil d'Etat, en date du 28 février précédent, bien que la loi du 18 juillet 1837 ait statué en termes généraux pour tous les cas de fractionnement de communes, elle n'a pas eu pour objet de modifier les formes précédemment suivies pour la suppression des enclaves et terrains prolongés, ou pour les simples rectifications de limites qui ont lieu chaque jour par suite des opérations cadastrales, et d'enlever aux préfets ou au chef de l'Etat le pouvoir de statuer à cet égard.

Mais il ajoute que, lorsqu'il s'agit d'une section de commune ou bien d'une portion de territoire qui, sans porter ce nom, est cependant assez considérable et assez peuplée pour que la distraction n'en puisse être opérée sans altérer sensiblement l'existence et la constitution de la commune, il est nécessaire, alors même que cette portion serait enclavée, d'accomplir toutes les formalités prescrites par le titre Ier de la loi du 18 juillet 1837.

Cette manière d'entendre la loi a été consacrée par un décret, rendu au contentieux le 26 août 1858, (*commune de Poix*). Dans l'affaire sur laquelle le décret a statué, le principe n'était pas contesté. Il s'agissait seulement d'en faire l'application. Un décret impérial avait distrait de la commune de Poix, qui a une population de 1995 habitants, le territoire du hameau du Petit-Poix, pour le réunir à la commune d'Englefontaine. La commune de Poix s'est pourvue contre ce décret en soutenant qu'elle n'avait pas donné son consentement

à la distraction telle qu'elle avait été réalisée, qu'elle n'a-
vait consenti à abandonner qu'une contenance de 42
hectares, tandis que le décret lui enlevait une contenance
de 149 hectares. Dans ces-conditions, disait-elle, c'était
seulement par une loi que la distraction pouvait être prononcée. Le ministre de l'intérieur combattait le pourvoi
en se fondant sur ce que le conseil municipal et les plus
imposés avaient consenti à la distraction de la partie habitée du territoire du hameau ; que si la distraction avait été
étendue à la portion non habitée, on ne pouvait en faire
un grief qui entraînât l'annulation du décret ; car il n'est
pas nécessaire de suivre les formalités établies par les articles 1 à 4 de la loi de 1837 pour les simples retifications
de limites qui portent sur des territoires non habités.

Le Conseil d'Etat n'a pas admis que l'opération pût être
scindée en deux parties distinctes, comme l'aurait voulu
le ministre, et le décret impérial a été rapporté.

Voici les termes de la décision :

« Considérant que, aux termes de l'article 4 de la loi
du 18 juillet 1837, la distraction des *parties habitées*
d'une commune, dont la population dépasse 300 habitants,
ne peut être prononcée que par une loi, dans le cas où
le conseil municipal, délibérant avec les plus imposés,
ne consent pas à la distraction ;

« Considérant qu'il résulte de l'instruction, et notamment de la délibération ci-dessus visée, du conseil municipal de la commune de Poix, en date du 17 février 1856,
que ce conseil et les plus imposés, délibérant avec lui, ne
consentaient pas à la distraction du territoire du hameau
du Petit-Poix, d'une contenance de 149 hectares, mais
seulement à la distraction de la partie du territoire de ce
hameau désignée sous le nom de canton de Petit-Poix, et
qui ne contient que 42 hectares ;

« Considérant que la commune de Poix renferme une

population de plus de 300 habitants ; que, dès lors, à défaut du consentement du conseil municipal et des plus imposés de la commune de Poix, la distraction de la totalité du territoire du hameau du Petit-Poix ne pouvait être prononcée par notre décret en date du 27 mai 1857. »

On a pu remarquer que, dans le cas prévu par l'article 3 de la loi du 18 juillet 1837, la commission syndicale, chargée de représenter la section, n'est pas constituée de la même manière que dans le cas où il s'agit de soutenir un procès. Ce n'est pas le préfet qui désigne les membres de la commission, il ne peut que fixer le nombre des membres dont elle sera composée ; ce sont les électeurs municipaux domiciliés dans la section qui nomment leurs représentants.

La loi n'a pas établi de conditions d'éligibilité. Mais il ne nous paraîtrait pas conforme à son esprit d'admettre qu'il n'y en ait aucune et que le choix des électeurs puisse se porter sur d'autres personnes que sur les électeurs domiciliés dans la section. D'ailleurs, leur intérêt les conduira sans doute à ne pas s'écarter de cette règle.

La loi n'a pas fixé non plus les règles à suivre pour les opérations électorales et pour la solution des difficultés auxquelles ces opérations donneraient lieu ; elle n'a indiqué ni la juridiction compétente pour en connaître, ni les formes et les délais dans lesquelles les réclamations devraient être présentées. Mais on chercherait vainement quelles règles pourraient être appliquées en pareil cas, si ce n'est celles qui régissent les élections municipales. En effet, il y a ici une analogie complète. Aussi le Conseil d'Etat, saisi en 1843 d'un recours contre un arrêté de conseil de préfecture qui avait rejeté des protestations dirigées contre des opérations électorales de cette nature, ne paraît pas avoir hésité à connaître de l'affaire, par application de la loi du 21 mars 1831, qui régissait alors les élections municipales, et à statuer sur les griefs dirigés contre l'élection des membres de la commission syndicale (*Arr. Cons.* 31 mars 1843, *Hédouin et consorts*). On verra tout à l'heure qu'aujourd'hui il appliquerait, sans hésiter davantage, les dispositions de la loi du 5 mai 1855.

73. 3° Les sections de commune ont encore une représentation spéciale lorsqu'il s'agit de mettre en valeur les terres incultes qui leur appartiennent, conformément à la loi du 28 juillet 1860.

L'article 1er de cette loi porte : « Seront desséchés, assainis, rendus propres à la culture ou plantés en bois, les marais et terres incultes appartenant aux communes ou sections de commune, dont la mise en valeur aura été reconnue utile. » Et l'article 2 est ainsi conçu : « Lorsque le préfet estime qu'il y a lieu d'appliquer aux marais ou terres incultes d'une commune les dispositions de l'article 1er, il invite le conseil municipal à délibérer :

« 1° Sur la partie des biens à laisser à l'état de jouissance commune ;

« 2° Sur le mode de mise en valeur du surplus ;

« 3° Sur la question de savoir si la commune entend pourvoir par elle-même à cette mise en valeur.

« *S'il s'agit de biens appartenant à une section de commune,* une commission syndicale, nommée conformément à l'article 3 de la loi du 18 juillet 1837, est préalablement consultée. »

Nous avons indiqué tout à l'heure les termes de l'article 3 de la loi du 18 juillet 1837. On se rappelle que la commission syndicale doit être nommée par les électeurs domiciliés dans la section, et que c'est au préfet qu'il appartient de fixer le nombre de ses membres. Nous devons nous référer aussi à ce que nous avons dit, à l'occasion de cet article, sur les conditions d'éligibilité aux fonctions des membres de la commission syndicale, sur les formes des opérations électorales et sur le jugement des réclamations que pourraient soulever ces opérations. Ajoutons que le Conseil d'Etat a été récemment saisi d'un recours contre un arrêté de conseil de préfecture qui avait rejeté des protestations dirigées contre les opérations électorales auxquelles il avait été procédé pour la nomination d'une commission syndicale, formée en vertu de l'article 2 de la loi du 28 juillet 1860. Il a rejeté le recours, par le motif que les protestations avaient été formées en dehors du délai fixé par l'article 45 de la loi du 5 mai 1855, c'est-à-dire plus de 5 jours après les élections. (*Arr.* 29 avril 1863, *Foudeville et autres*).

Il importe de remarquer que la commission syndicale, instituée en vertu de l'article 2 de la loi de 1860, n'est appelée qu'à donner un avis sur le projet de mise en valeur des biens de la section, et que le législateur n'a pas voulu enlever au conseil municipal, organe habituel des sections, le pouvoir de délibérer sur le changement de mode de jouissance de leurs biens.

A une autre époque, et lorsque la législation sur l'administration municipale et sur les biens communaux était soumise à une révision complète, il avait été question de modifier, d'une manière plus grave, les règles sur la représentation des intérêts des sections pour le cas d'amodiation ou de vente de leurs biens.

En préparant le projet de loi sur l'administration intérieure en 1850, la section de législation du Conseil d'Etat, présidée alors par le regrettable M. Vivien, avait été frappée de ce qu'aucune disposition des lois antérieures ne donnait aux sections de commune une garantie pour le cas où il s'agissait de changer le mode de jouissance de biens dont leurs habitants jouissaient en nature. Elle pensa que le vote du conseil municipal à ce sujet pouvait être dicté, dans certaines circonstances, par des considérations étrangères, sinon opposées aux intérêts de la section, et, en conséquence, elle proposait de donner, dans ce cas, un organe spécial à la section.

L'article 94 du projet présenté à l'assemblée générale du Conseil d'Etat (2e lecture) était ainsi conçu :

« Le mode d'administration des biens dont la jouissance s'exerce en commun, et qui appartiennent à une section de commune, ne peut être changé que sur l'avis conforme d'une commission syndicale nommée pour la section, conformément à l'article 3.

« Si ces biens sont amodiés, le revenu qui en résulte doit être exclusivement appliqué dans le budget aux dépenses de la section. »

Cette disposition ne fut pas acceptée par le Conseil d'Etat. On fit observer que l'article proposé serait mieux à sa place dans un projet de loi sur les biens communaux.

Le rapport adopté par le Conseil d'Etat, au mois de décembre 1850, et adressé par lui à l'Assemblée législative comme une sorte d'exposé des motifs du projet de loi sur l'administration municipale, paraîtrait indiquer que la valeur même de ces innovations avait été contestée. « Quel serait, dit le rapport, le résultat de ces dispositions nouvelles ? Elles permettraient tout au plus aux sections de défendre, par la voie contentieuse, des intérêts que l'action purement administrative des préfets suffit pour protéger et sauvegarder. Elles auraient l'inconvénient de faire naître, entre les communes et les sections, des causes perpétuelles et permanentes de division, d'exciter des procès longs et dispendieux. »

Mais ces objections ne semblent pas pouvoir être adressées à la constitution d'une représentation spéciale des sections pour le cas de changement du mode de jouissance de leurs biens; car il est évident que cette garantie donnée aux sections préviendrait les procès, au lieu de risquer d'en faire naître. Aussi, à la même époque, une commission de l'Assemblée législative, qui était chargée d'examiner la proposition faite par M. Dufournel sur le mode de jouissance des biens communaux, avait eu une pensée analogue à celle de la section de législation.

Dans le projet adopté par cette commission, et soumis à l'Assemblée avec un rapport de M. de Montigny, le 26 juillet 1850, on avait donné aussi aux sections de commune une représentation et des garanties spéciales.

L'article 8 portait : « Si les terrains appartiennent à une section de commune, il sera créé pour cette section, conformément à l'article 3 de la loi du 18 juillet 1837, une commission syndicale qui exercera les attributions conférées par la présente loi au conseil municipal, lequel sera appelé aussi à délibérer. » (Ces attributions consistaient à délibérer sur le meilleur mode d'utiliser les biens communaux dont la jouissance s'exerçait en commun, etc.)

« Si la commission syndicale et le conseil municipal sont complétement d'accord, les dispositions des articles 4 et 5 seront applicables. En cas de désaccord, il sera statué par le conseil général (1). »

La proposition, dans laquelle ces articles étaient compris, n'a pas abouti.

La différence entre les projets discutés en 1850 et la disposition de l'article 2 de la loi du 28 juillet 1860, est assez saillante. Mais c'est encore une garantie pour les sections d'avoir des mandataires spéciaux chargés de discuter leurs intérêts auprès du conseil municipal et auprès de l'autorité supérieure.

(1) *Moniteur* de 1850, p. 2714.
Le pouvoir assez anormal donné au conseil général de département dans cette proposition, se rattachait à un système de décentralisation administrative qui avait trouvé une certaine faveur dans l'Assemblée législative.

74. En outre de ces trois cas, pour lesquels la loi elle-même a donné aux sections le droit de se faire représenter par des mandataires spéciaux, il y a deux circonstances où la jurisprudence du ministère de l'intérieur et de la section de l'intérieur du Conseil d'Etat leur a reconnu le même droit.

4° Nous verrons plus tard que les sections de commune ont un droit exclusif au produit de la vente de leurs biens propres, et qu'il en est de même, dans certains cas, du produit de l'amodiation de ces biens; que, par suite, les sommes provenant des ventes ou des locations doivent être employées à leur profit et non au profit de la commune entière. C'est au conseil municipal, comme nous l'exposerons tout à l'heure avec quelque développement, qu'il appartient, sous le contrôle de l'autorité supérieure, de décider la vente ou l'amodiation des biens des sections et de fixer l'affectation des produits qu'on en retire. Toutefois, si cette affectation ne doit pas tourner exclusivement au profit de la section, si la commune doit en retirer un avantage, il est nécessaire que la section y donne son consentement. Dans ce cas, ce n'est plus le conseil municipal qui peut représenter la section, puisque ses intérêts et ceux de la commune sont en opposition. Il faut que la section ait pour organe une commission syndicale nommée conformément aux prescriptions de l'article 3 de la loi du 18 juillet 1837.

Cette règle a été posée tout récemment par le ministre de l'intérieur, à l'occasion d'une affaire dans laquelle il s'agissait d'employer à la reconstruction d'une église dans une section de la ville de Chalons-sur-Saône le produit de l'aliénation de terrains appartenant à cette section, concurremment avec une imposition extraordinaire qui pesait sur les habitants de toute la commune. Comme les habitants de la section contribuaient doublement à la

dépense, d'une part en apportant le produit de l'aliénation de leurs biens, d'autre part en supportant l'imposition extraordinaire comme les autes habitants, il a paru
uécessaire d'obtenir, pour l'affectation du prix de la vente,
le consentement d'une commission syndicale représentant
la section. Aucune objection n'a été faite à ce mode de
procéder par la section de l'intérieur du Conseil d'Etat
lorsqu'elle a examiné, dans sa séance du 24 juin 1862,
le projet de décret qui autorisait l'aliénation et l'affectation du produit ainsi votées (1).

La même règle nous paraîtrait devoir s'appliquer pour
l'affectation, au profit de la commune, des produits de
l'amodiation des biens des sections, dans le cas où les
sections ont un droit exclusif à ces ressources. Nous aurons
à revenir sur ce point en traitant des droits et des charges
des sections.

75. 5° Enfin, les sections ont encore une représentation
spéciale dans le cas où il s'agit d'établir une imposition
extraordinaire qui doit peser exclusivement sur leurs habitants, parce qu'elle est destinée à acquitter des dépenses
qui sont exclusivement à leur charge ; par exemple, les
frais d'un procès engagé pour la défense des droits de la
section. Dans ce cas, c'est le conseil municipal qui vote
l'imposition ; mais les plus imposés qui doivent, d'après
l'article 42 de la loi du 18 juillet 1837, être appelés à la
délibération en nombre égal à celui des membres en exercice du conseil municipal, sont pris exclusivement parmi
les plus imposés de la section.

Cette garantie pour les intérêts des sections a été introduite par un avis du comité de l'intérieur du Conseil d'Etat
(12 janvier 1831 ; *section d'Espinassoles, dépendant de
la commune de Crespin*), et consacrée par une jurispru-

---

(1) Voir *Bulletin officiel du ministère de l'intérieur*, 1862,
page 314.

dence constante du ministère de l'intérieur et du conseil d'Etat. (Circulaires du 27 mars 1837 et du 19 mai 1845. — Avis de la section de l'intérieur du Conseil d'Etat, en date du 8 février 1854 ; *commune de Saint-Paulien.*)

Ce sont là les seules circonstances où les sections de commune soient admises à se faire représenter par des mandataires spéciaux.

---

§ 2. CAS DANS LESQUELS LES SECTIONS SONT REPRÉSENTÉES PAR LE MAIRE ET LE CONSEIL MUNICIPAL.

76. Le conseil municipal a l'administration des biens de la section, et même le pouvoir de les aliéner. — 77. Jurisprudence du ministère de l'intérieur et du Conseil d'Etat, qui reconnaît aux conseils municipaux le pouvoir de fixer le mode de jouissance et d'administration des biens des sections. — 78. Jurisprudence du Conseil d'Etat et de la Cour de cassation sur le pouvoir des conseils municipaux relativement à l'aliénation des biens des sections. — 79. Garanties données aux intérêts des sections. — Fractionnement des communes en sections électorales, pour donner aux sections de commune des défenseurs de leurs intérêts dans le conseil municipal. — Recommandations du ministre de l'intérieur. — Exemples qui prouvent la nécessité de cette mesure. — Obligation pour les préfets de tenir compte du nombre des électeurs dans ce fractionnement des communes. — 80. Garanties résultant de l'institution d'une commission syndicale dans le cas de mise en valeur des terres incultes, en vertu de la loi du 28 juillet 1860, et des enquêtes qui précèdent les amodiations et aliénations. — 81. Contrôle exercé sur les délibérations des conseils municipaux par l'autorité supérieure : les préfets, le ministre de l'intérieur, le chef de l'Etat. — Recours ouvert devant le Conseil d'Etat par la voie contentieuse. — 82. Garantie spéciale pour le cas d'acceptation de dons et legs faits à une section. — Droit de l'autorité supérieure d'autoriser d'office l'acceptation des dons et legs qui seraient refusés par le conseil municipal. — 83. Compétence de l'autorité administrative pour statuer sur les réclamations des sections contre les actes du conseil municipal, relatifs à la gestion et à la disposition de leurs biens. — Pourvoi direct devant le Conseil d'Etat. — Pourvoi devant le ministre de l'intérieur, sauf recours au Conseil d'Etat. — Le recours n'est pas ouvert devant le Conseil d'Etat quand les pouvoirs du conseil municipal ne sont pas

contestés. — **84.** Inutilité d'une action introduite devant l'autorité judiciaire. — Jurisprudence du Conseil d'Etat sur ce point.
— **85.** Résumé des règles de compétence.

76. C'est au conseil municipal de la commune qu'il
appartient exclusivement de gérer les biens de la section et, par conséquent, de délibérer sur le changement
du mode de jouissance, et même sur l'aliénation de ces
biens.

La loi du 18 juillet 1837 ne contient pas, à ce sujet, de
disposition expresse. Dans l'article 17, elle attribue aux
conseils municipaux le pouvoir de régler le mode d'administration des biens communaux, les conditions des baux
à ferme ou à loyer dont la durée n'excède pas dix-huit
ans pour les biens ruraux et neuf ans pour les autres biens,
le mode de jouissance et la répartition des pâturages et
fruits communaux ; dans l'article 19, elle leur donne le
pouvoir de délibérer sur les acquisitions, aliénations et
échanges des propriétés communales. Elle ne nomme les
sections de commune que dans le n° 4 de l'article 19, aux
termes duquel le conseil municipal délibère sur la délimitation ou le partage des biens indivis entre deux ou plusieurs
communes *ou sections de commune.* Mais en ne donnant
pas de représentant spécial aux sections pour tous les
actes d'administration et de disposition de leurs biens,
qui ont le caractère de biens communaux, elle a, par cela
même, consacré le pouvoir du conseil municipal à cet
égard.

La loi du 28 juillet 1860 confirme cette interprétation
de la loi du 18 juillet 1837, lorsqu'elle dispose, dans son
article 2 déjà cité, que, lorsqu'il s'agit de mettre en valeur
les terres incultes et marais appartenant à une section,
une commission syndicale est consultée préalablement à
la délibération du conseil municipal.

Mais, longtemps avant cette dernière loi, la jurisprudence de l'administration, celle du Conseil d'État et celle de la Cour de cassation s'accordaient à reconnaître les pouvoirs des conseils municipaux pour administrer les biens des sections, et même pour en disposer.

77. *Mode de jouissance et d'administration.* — Ainsi, le ministre de l'intérieur a décidé plusieurs fois que c'est aux conseils municipaux qu'il appartient, sous le contrôle de l'autorité supérieure, de régler le mode d'administration et de jouissance des biens communaux appartenant soit aux communes, soit aux sections de commune, et, par exemple, de décider que des biens communaux appartenant à une section, qui étaient abandonnés à la jouissance en commun des habitants, seraient amodiés (1).

Le Conseil d'État, statuant au contentieux, a consacré ces principes; à plusieurs reprises, on a attaqué devant lui, pour excès de pouvoirs, des arrêtés de préfets portant approbation des délibérations de conseils municipaux qui votaient l'amodiation de biens appartenant à des sections. Dans certains cas, il a annulé ces arrêtés et les délibérations qu'ils approuvaient, pour violation des droits des sections, à raison de l'emploi que les conseils municipaux voulaient faire du produit des amodiations ; mais il a toujours expressément reconnu aux conseils municipaux le pouvoir de régler le mode de jouissance des biens des sections, et de les donner à bail (*Arrêts du 24 janvier* 1856, *section de Saint-Louand c. commune de Beaumont;* — du 17 mars 1857, *Lemoine, Pelletier et consorts c. commune de Louviers,* etc. (2).

En vertu de cette même règle, le comité de l'intérieur

---

(1) Décision du 31 janvier 1839, insérée au *Bulletin officiel* du ministère de l'intérieur, 1839, p. 331. — Décision du 3 avril 1839, insérée au *Bulletin* en 1840, p. 155; autres décisions sans date, insérées au *Bulletin* en 1857, p. 215, en 1858, p. 177, en 1861, p. 254.

(2) Nous rapporterons plus loin le texte de ces décisions et de

du Conseil d'État a reconnu, dans un avis du 17 août 1832 (*section de By, commune de Bégadan*), que l'autorité supérieure ne pouvait autoriser une section de commune à changer le mode de jouissance d'un bien communal dont elle était propriétaire, si le conseil municipal n'en avait fait lui-même la demande (1).

78. *Aliénation*. — Le conseil municipal a également le pouvoir d'aliéner les biens des sections de commune, de les céder, de les échanger. Cette règle est consacrée par un arrêté du Gouvernement rendu en Conseil d'État, le 25 mars 1848, sur une demande d'autorisation de plaider formée par le sieur *Fonteilles, au nom et comme syndic des sections de Burdon et de Jarrig* (Nous rapportons cet arrêté à la fin du présent chapitre). La Cour de cassation l'a proclamée de son côté, après la cour d'Orléans, en repoussant la demande des habitants d'une section qui soutenaient que des baux et des ventes de biens de la section passés par le maire, après délibération du conseil municipal, étaient nuls pour défaut de pouvoirs du maire et du conseil municipal. (*Arrêt du 23 avril 1855, commune d'Huismes c. section de Saint-Mexmes.*)

Dans cet arrêt, rendu sur le rapport de M. le conseiller Laborie, la cour a rappelé les principes qui régissent les relations des communes et des sections en des termes qu'il est bon de reproduire textuellement :

« La Cour......., attendu que, dans la hiérarchie admi-

---

plusieurs autres décisions semblables, en traitant des droits des sections.

Voir aussi, dans ce sens, *Ecole des Communes*, 1839, p. 226, et 1840, p. 50.

(1) Nous devons toutefois noter ici que, en appliquant la législation en ce sens, le comité de l'intérieur, dans son avis, exprimait l'opinion que cette organisation ne donnait pas aux intérêts des sections une garantie suffisante. Le texte de cette partie de l'avis est rapporté dans le *Recueil de principes d'administration*, publié en 1837, par MM. Vuillefroy et Monnier, p. 24.

nistrative, la commune, comme société locale, a son existence propre, et constitue l'unité à laquelle se réduit la
division territoriale du pays ; que, si elle peut se fraction-
ner en sections, ce n'est que pour certains intérêts de
propriété et de jouissance ; mais que, à cet égard même,
la section ne forme pas un corps isolé ayant droit à une
représentation particulière, si ce n'est accidentellement
et aux conditions restrictivement déterminées par le législateur ; qu'ainsi, en règle générale, l'unité communale a
pour conséquence l'unité administrative ;

« Attendu, en effet, que la section ne saurait être assi-
milée à un simple membre de la communauté, et n'a pas,
à ce titre, l'exercice du droit de propriété dans sa plénitude ; que ses intérêts ayant, comme les intérêts de la
commune elle-même, un caractère collectif, sont soumis
aux mêmes restrictions et aux mêmes garanties de tutelle
administrative ; en telle sorte que la section, tout comme
la commune dont elle fait partie, ne peut gérer, administrer, agir en ce qui concerne ses biens propres, que par
des représentants légaux, lesquels ont tout pouvoir à cet
effet, à condition de se renfermer dans les limites de leur
mandat et d'observer les formes destinées à en régulariser l'exercice ;

« Attendu que la section étant à la commune ce que la
partie est au tout, il ne se peut, en général du moins,
que l'administrateur ou le représentant légal de la commune ne le soit pas en même temps de la section ; que
l'administration municipale, en effet, représente au même
titre, avec les mêmes attributions et les mêmes pouvoirs,
toutes les fractions de l'unité communale, nonobstant la
diversité de leurs origines ou de leurs intérêts ;

« Attendu que si, par dérogation à ce principe d'unité,
la loi consent à distinguer la section de la commune elle-
même, et à lui donner un organe autre que celui de la

commune, cette nécessité exceptionnelle d'une représentation particulière n'est admise par les articles 56 et 57 de la loi du 18 juillet 1837, qu'en matière d'actions judiciaires et de transactions, et dans les seuls cas d'antagonisme entre la commune et la section (1); qu'en toute autre matière et en dehors de ces conditions, la règle générale conserve son empire et ne permet pas à la section de former un centre d'administration locale ;

« Attendu que, dans le système de la loi, les garanties de la section pour la gestion ou la disposition de ses biens propres, consistent dans les formes à observer, dans la publicité qui précède et accompagne les adjudications à titre de bail ou à titre de vente, dans les enquêtes où tous les intérêts sont appelés à déposer leurs motifs de réclamation ou d'opposition, enfin et surtout, dans la haute tutelle de l'autorité supérieure, chargée d'apprécier la convenance et l'utilité de ces actes de gestion ou d'aliénation (2);

« Attendu, dès lors, que les baux et les ventes dont il s'agit dans l'espèce ayant été l'objet d'adjudications régulières de la part de l'administration municipale, dans les limites et dans les formes assignées à l'exercice de son mandat, et sans opposition ni réclamation de la part des membres de la section de Saint-Mexmes, ne peuvent, vis-à-vis des adjudicataires, donner prétexte à aucune critique ;

« Attendu, d'ailleurs, que, selon les constatations mêmes de l'arrêt dénoncé, il s'est agi entre la section demanderesse et la commune d'Huismes, non d'une question de propriété, mais de l'étendue des pouvoirs de l'adminis-

---

(1) Nous avons indiqué que, dans plusieurs autres cas, la section a des représentants spéciaux, p. 169 et suiv.

(2) Ces garanties ne sont pas les seules ; nous le montrerons plus loin.

tration municipale, à l'effet d'affermer ou d'aliéner les biens de la section pour sa part contributive dans l'acquittement des charges extraordinaires de la commune et de la proportion dans laquelle la section pouvait être tenue de concourir, sur les prix des baux ou des aliénations, aux dépenses communes ; que ces questions sont essentiellement de la compétence administrative ;

« D'où il suit qu'en déclarant, dans l'état des faits de la cause, la section demanderesse non recevable et mal fondée, soit en son action en nullité des actes de bail et de vente dont il s'agit au procès, soit en ses conclusions tendant à sa réintégration dans la possession des biens affermés ou vendus, la cour impériale d'Orléans, loin de violer les articles 5 et 6 de la loi du 18 juillet 1837 et l'art. 1599 du Code Napoléon, a fait une juste application des principes et des lois en cette matière ; rejette, etc. »

79. Mais si les sections n'ont pas d'autre représentant que le conseil municipal de la commune lorsqu'il s'agit de gérer leurs biens, et même d'en disposer, elles ne sont cependant pas dénuées de toute garantie à cet égard.

D'abord, elles ont en général un ou plusieurs défenseurs-nés de leurs intérêts au sein du conseil municipal. En effet, d'après les dispositions des art. 44 à 47 de la loi du 21 mars 1831, que la loi du 7 juill. 1852 (art. 3) et la loi du 5 mai 1855 (art. 7) ont reproduites en les étendant, le préfet peut, pour l'élection des membres des conseils municipaux, diviser les communes en sections électorales qui nomment chacune un certain nombre de conseillers municipaux ; et cette division qui, dans les communes d'une population un peu considérable, est surtout une mesure d'ordre, s'opère principalement, dans les communes rurales, en vue de faire représenter dans le conseil municipal chacun des intérêts distincts qui existent dans la commune. Le ministère de l'intérieur a plusieurs fois insisté sur ce point dans ses instructions (1).

Ainsi, dans la circulaire du 29 août 1849, après avoir recommandé aux préfets de chercher les occasions de provoquer la suppression des communes dont la population est inférieure à 300 habitants et de s'opposer à l'érection de communes nouvelles qui n'auraient pas une population plus nombreuse, le ministre ajoute : « Un grand nombre de sections motivent leur demande d'érection en commune sur ce fait que leurs intérêts matériels sont systématiquement négligés par l'autorité municipale, et que toutes les ressources de la commune sont dépensées au profit du chef-lieu. Il arrive très-souvent que ces griefs sont fondés. Dans ce cas, avant de donner suite à la demande en distraction, vous devez intervenir auprès de l'autorité municipale, et vous efforcer d'obtenir qu'il soit satisfait aux besoins légitimes de la localité qui se prétend lésée. Vous pouvez même, si une intervention officieuse de votre part restait sans résultat, user de la faculté que vous donne l'article 45 de la loi du 21 mars 1831, pour procurer à cette localité un plus grand nombre de représentants au sein du conseil municipal, de manière à assurer une gestion plus équitable de ses intérêts. »

L'état de choses qui préoccupait le ministre de l'intérieur et la nécessité de la mesure qu'il indiquait sont exposés d'une manière très-saillante dans une circulaire adressée, le 1er janvier 1853, par le préfet du département du Jura (c'était alors M. de Chambrun), aux maires de ce département, où l'on a vu qu'il existe un grand nombre de sections de commune.

Le préfet, passant en revue les actes de son adminis-

(1) Voir les circulaires du 28 mars 1831, du 29 août 1849 et du 24 juin 1855.

tration, rend compte des difficultés qu'avait soulevées la situation des sections de commune, et de la manière dont il a été donné satisfaction à leurs intérêts.

« ...... Depuis longtemps les sections étaient en lutte avec les chefs-lieux de leurs communes. De nombreux dossiers de demandes en disjonction de la part des sections attestaient la profondeur du mal. Il n'était pas une section qui ne demandât à se séparer de la commune à laquelle elle est réunie.

« Toutes ces demandes étaient basées sur le même motif : l'abandon dans lequel les conseils municipaux laissaient ces sections. Oublieux des besoins de ces dernières, parcimonieux à leur égard dans la répartition des avantages, les conseils municipaux semblaient leur dénier tous titres, tous droits à la participation de la vie communale.

« La situation qu'on faisait ainsi aux populations des hameaux justifiait-elle leurs plaintes ? Incontestablement oui; mais l'érection en communes séparées eût-elle atteint le but proposé? Était-ce bien là le remède au mal? Là était toute la question. C'est sur ce point que devait porter ma sollicitude attentive.

« Un examen approfondi de chaque dossier m'a conduit, messieurs, à cette conviction, que si nous ne pouvions rien en dehors d'une distraction, il fallait maintenir la réunion : les inconvénients, pourtant réels, résultant du déplorable état de choses qui nous occupe, ne sont rien, en effet, si on les compare aux embarras financiers, aux pénibles et nombreux sacrifices auxquels est condamnée une commune naissante.

« L'érection en commune, pour les populations qui la demandent, c'est l'affranchissement, c'est la faculté de s'administrer, de se conduire. Mais ce dont il faut tenir compte, messieurs, et ce dont on ne se préoccupe pas

assez, c'est des exigences qu'entraîne cette situation nouvelle. Quelle que soit l'étendue du territoire, quelle que
soit la population d'une commune, ses obligations sont
les mêmes. La commune, si peu importante qu'elle soit,
doit entretenir sa mairie, son instituteur, son garde
champêtre, pourvoir à toutes les dépenses sans lesquelles
elle ne peut exister à l'état de commune. Il faut à toute
commune qui se fonde les bâtiments nécessaires aux services publics. Si cette commune est fort riche, si, à défaut, sa population est assez considérable pour supporter
des impositions indispensables, soit pour construire ou
acquérir, soit pour subvenir à tous ses services annuels,
rien ne fera regretter la séparation; mais s'il en est autrement, si elle compte 300 habitants à peine, comment
ces malheureux habitants supporteront-ils des impositions
qui viendront doubler, tripler même les impositions annuelles? Ils redemanderont une réunion qui pourrait leur
donner les mêmes bienfaits sans qu'on exigeât d'eux
autre chose qu'un concours proportionnel.

« Ces considérations, vous le comprenez, messieurs,
ont été déterminantes pour moi, et j'ai dû ne donner aucune suite aux demandes en disjonction, puisque aucune
section ne renfermait une population de 300 habitants;
que celles qui approchaient le plus de ce chiffre n'étaient
pas dans les conditions réglementaires; qu'il n'en était
pas une qui pût subvenir à son entretien sans s'imposer
annuellement un nombre de centimes très-considérable ;
qu'enfin je n'aurais pas seulement fait ériger des communes dans l'impossibilité de se soutenir, mais encore réduit
à la même impossibilité celles actuellement existantes, et
qui ne peuvent supporter les charges municipales que
grâce à leur réunion avec les sections sollicitant leur séparation.

« Cependant l'abus existait, et j'en avais trouvé la

cause : les sections n'étaient pas représentées au sein des conseils municipaux. Un, deux membres au plus, nommés par elles, étaient impuissants à défendre leurs intérêts. C'est alors, messieurs, que je publiai ma circulaire du 10 août. Reconnaissant tout ce qu'avaient de légitime et de fondé les plaintes des sections, j'y insistais pour qu'à l'avenir elles eussent une plus large part dans la représentation municipale. J'annonçais que, dans le cas où il en serait autrement, j'étais décidé à sévir, en provoquant la dissolution des conseils municipaux, et en attribuant, ainsi que la loi m'en donnait le droit, dans les élections nouvelles, un nombre plus ou moins fort de conseillers aux sections, sans tenir compte d'ailleurs de la population (1). Ma voix a été entendue partout dans les élections municipales qui ont suivi. Partout aujourd'hui les sections ont, dans les conseils municipaux, des soutiens ou des appuis, et ces conseils comprennent que les hameaux ont, comme les chefs-lieux eux-mêmes, des droits à la sollicitude du conseil municipal.

« La mesure a donc donné satisfaction à des intérêts depuis trop longtemps méconnus, et je me félicite d'un succès dû, en définitive, au patriotisme des conseils municipaux autant qu'au bon esprit dont les électeurs ont fait preuve en cette circonstance. Je me loue surtout de l'harmonie que ce concours de tant de bon vouloir a rétablie dans toutes nos communes, et, je le répète en finissant cette partie de notre revue, la question des disjonctions est résolue. »

Pour mieux assurer la représentation des intérêts spéciaux de chaque section, le ministre de l'intérieur avait admis que la répartition, entre les diverses sections,

_____

(1) On va voir que la législation actuelle ne laisse plus aux préfets la liberté de ne pas tenir compte de la population.

des membres du conseil municipal à élire, pouvait être faite sans que le préfet eût égard à la population des diverses fractions de la commune, ou, du moins, sans qu'il en tînt un compte exclusif. L'article 45 de la loi du 21 mars 1831 avait, en effet, laissé toute latitude au préfet.

La loi du 7 juillet 1852 et celle du 5 mai 1855 ont mis des limites à ce pouvoir. L'article 7 de cette dernière loi porte : « Le préfet peut, par un arrêté pris en conseil de préfecture, diviser les communes en sections électorales et répartir entre ces sections le nombre des conseillers municipaux à élire, *en tenant compte du nombre des électeurs inscrits.*

Le ministre de l'intérieur n'avait cependant pas considéré cette restriction comme une disposition exclusive. Il pensait que, tout en ayant égard au nombre des électeurs, l'administration pouvait aussi avoir à tenir compte d'autres éléments de décision, notamment de la circonstance que la commune se composait de deux anciennes communes réunies. On pouvait faire remarquer à l'appui de cette opinion que le texte primitif de l'article 7 de la loi de 1855, tel qu'il avait été présenté par le gouvernement au Corps législatif, ne mettait aucune condition à l'exercice du pouvoir accordé au préfet ; que la commission du Corps législatif avait, par un amendement, demandé que la répartition fût faite *en proportion* des électeurs inscrits, mais que, tout en acceptant l'amendement, le Conseil d'Etat l'avait modifié en ce sens, que le préfet devait seulement tenir compte du nombre des électeurs inscrits, ce qui ne paraissait pas l'obliger à faire une répartition rigoureusement proportionnelle.

Le Conseil d'Etat, statuant au contentieux, n'a pas admis cette interprétation de la loi. C'est en statuant sur la validité d'élections municipales qu'il a été appelé à résoudre cette question. Des élections étaient attaquées comme irrégulières, par le motif que le préfet avait commis un excès de pouvoirs en répartissant entre plusieurs sections les membres à élire du conseil municipal, sans tenir un compte exact de la population. Le Conseil, se fondant sur les termes de l'article 7 de la loi du 5 mai 1855, a décidé que le préfet avait excédé ses pouvoirs et que, par suite, les élections devaient être annulées.

Dans la première affaire, la commune avait été divisée en deux sections, dont chacune avait à élire huit membres du conseil municipal. Mais la première section ne comptait que 304 électeurs inscrits, la seconde en comptait 375. Le partage égal des membres du conseil municipal entre ces deux sections a paru une violation de la loi. Et cependant il faut remarquer que l'attribution de 9 conseillers sur 16 à la section qui comptait 375 électeurs sur 679, n'était pas non plus rigoureusement exacte; mais le conseil a jugé que le préfet aurait dû s'y arrêter, parce qu'elle se rapprochait plus de la vérité que le partage égal entre les deux sections (*Arr. Cons.*, *2 mai* 1861, *élections de la commune de Matha*).

Dans la seconde affaire, l'une des sections comprenait 786 électeurs inscrits, l'autre en comptait 555. Le préfet avait attribué 12 conseillers municipaux à la première et 11 à la seconde. Cette répartition a été aussi jugée contraire aux prescriptions de la loi (*Arr. Cons.*, *23 mai* 1861, *élections de la commune de Plouaret*).

Enfin, dans une dernière affaire, le préfet du département de la Seine-Inférieure avait fait un partage égal entre la section de Tocqueville, qui ne comprenait que 74 électeurs, et celle de Bénarville, qui en comprenait 104. Son arrêté a été également considéré comme vicié d'excès de pouvoirs (*Arr. Cons.*, *6 août* 1861, *élections de la commune de Tocqueville-Bénarville.*)

Cette jurisprudence apporte une certaine restriction

aux garanties que la division des communes en sections
électorales permettait de donner aux sections de commune qui ont des intérêts distincts. Néanmoins, elle les
laisse encore subsister dans une assez large mesure.

80. Une autre garantie, que nous avons déjà indiquée,
résulte de la disposition de l'article 2 de la loi du 28 juillet 1860, qui appelle une commission syndicale, élue par
les électeurs de la section, à donner son avis sur les projets de mise en valeur des terres incultes, appartenant aux
sections, avant que ces projets soient soumis au conseil
municipal.

En outre, les projets de mise en ferme, ou d'aliénation des biens communaux sont, comme l'indique l'arrêt
de la Cour de cassation du 23 avril 1855, que nous avons
rapporté plus haut, soumis à des enquêtes dans lesquelles
les habitants des sections peuvent individuellement exprimer leurs vœux, qui sont ainsi portés à la connaissance
du conseil municipal et de l'autorité supérieure chargée
de contrôler les actes de ce conseil.

81. Enfin, si les conseils municipaux abusaient de leurs
pouvoirs, l'autorité administrative supérieure, avertie par
les plaintes des intéressés, annulerait les délibérations
qui auraient pour résultat de grever injustement une section ou de la dépouiller au profit de la commune.

On sait, en effet, que les délibérations des conseils municipaux relatives à l'administration et à l'aliénation des
biens communaux sont soumises, les unes au contrôle,
les autres à l'approbation de l'autorité supérieure.

Les délibérations relatives au mode d'administration
des biens communaux, — aux conditions des baux à
ferme ou à loyer dont la durée n'excède pas dix-huit ans,
pour les biens ruraux, et neuf ans pour les autres biens,
— et au mode de jouissance des biens communaux,
n'ont pas besoin, pour être exécutoires, de l'approbation

du préfet, mais elles doivent lui être adressées pour qu'il les examine, et, d'après l'article 18 de la loi du 18 juillet 1837, le préfet peut les annuler, soit d'office, pour violation de la loi, soit sur la réclamation de toute partie intéressée.

Les délibérations relatives aux conditions des baux à ferme ou à loyer, dont la durée excède dix-huit ans pour les biens ruraux et neuf ans pour les autres biens, — aux aliénations et échanges des propriétés communales, ne sont exécutoires que sur l'approbation du préfet, conformément à l'article 20 de la même loi ; sauf les cas où l'approbation par le ministre compétent ou par le chef de l'État est prescrite par les lois ou les règlements d'administration publique.

Avant le décret du 25 mars 1852, l'approbation des baux et des acquisitions, aliénations et échanges devait, dans le plus grand nombre des cas, être donnée par le chef de l'État, aux termes des dispositions des articles 46 et 47 de la loi de 1837. Le décret du 25 mars 1852 (Tableau A, nos 41 et 44) a, au contraire, délégué en principe ce pouvoir aux préfets. Désormais, c'est aux préfets seuls qu'il appartient d'approuver les baux des biens communaux, sauf le recours devant le ministre de l'intérieur, qui est réservé aux intéressés par l'article 6 du décret précité. Cette règle ne souffre aucune exception. On a vainement essayé de soutenir, devant le Conseil d'État statuant au contentieux, que les anciens modes de jouissance, qui n'avaient pas été changés en exécution de la loi du 10 juin 1793, ne pouvaient être changés qu'avec l'approbation du chef de l'État, conformément au décret du 9 brumaire an XIII. Le Conseil a décidé que le décret du 9 brumaire an XIII était abrogé par les dispositions de l'article 1er du décret du 25 mars 1852 et des nos 40 et 55 du tableau A annexé à ce

13

décret (*Arr. Cons.*, 17 *mars* 1857, *Lemoine*, *Pelletier et consorts c. ville de Louviers*).

Il n'en est pas absolument de même des projets d'aliénation et d'échange ; ils doivent encore, dans un certain nombre de cas, être soumis à l'approbation de l'Empereur. D'abord la disposition du décret du 25 mars 1852 ne s'applique pas aux aliénations et échanges des bois communaux, qui sont placés sous un régime différent de celui des autres biens des communes. Cette exception a été établie par un avis du Conseil d'État, en date du 11 novembre 1852, adopté par le ministre de l'intérieur. L'exception a été et a dû être étendue aux projets d'aliénation ou d'échange des biens communaux autres que les bois, quand ils se rattachent à des affaires pour lesquelles la décision ne peut être prise que par l'Empereur, par exemple quand l'aliénation est destinée à fournir, soit seule, soit concurremment avec une imposition extraordinaire, les ressources nécessaires pour l'exécution d'un travail qu'il s'agit de déclarer d'utilité publique.

Ainsi, une délibération d'un conseil municipal relative à l'amodiation, à l'aliénation ou à l'échange d'un bien appartenant à une section ne pouvant être exécutée sans avoir été soumise, soit au contrôle, soit à l'approbation de l'autorité supérieure, le plus souvent du préfet, dans certains cas, de l'Empereur (et lorsque la décision doit être prise par l'Empereur, la section de l'intérieur du Conseil d'État est toujours consultée), les sections n'ont pas à craindre que leurs droits ne soient lésés.

Nous pourrions citer, en effet, un certain nombre de décisions du ministre de l'intérieur et d'avis de la section de l'intérieur du Conseil d'État, qui, à l'occasion de diverses affaires soumises au chef de l'État, ont posé en principe que les biens d'une section ne pouvaient être aliénés en vue de payer la totalité d'une dépense dont la commune tout entière devait profiter (1).

Nous ne faisons qu'indiquer ici cette jurisprudence; nous aurons à la reprendre quand nous traiterons des droits des sections.

Ajoutons que si l'autorité chargée de contrôler et d'approuver les délibérations des conseils municipaux n'annulait pas une délibération de conseil municipal qui porterait atteinte aux droits d'une section, celle-ci aurait encore un recours devant l'Empereur, en Conseil d'État, par la voie contentieuse.

Nous rapporterons, en traitant des droits des sections, une série de décisions du Conseil d'État, statuant au contentieux, qui ont annulé, pour excès de pouvoirs, des arrêtés de préfets portant approbation de délibérations de conseils municipaux qui avaient voté l'amodiation de biens dont les habitants de sections jouissaient en nature, et qui, sans tenir compte des droits exclusifs qui appartiennent aux sections sur ces biens, avaient décidé que le produit des amodiations serait employé, en totalité, à la satisfaction des besoins généraux de la commune (2).

Nous nous bornons ici à mentionner ces décisions, pour montrer comment peuvent être défendus les droits des sections de commune.

82. Les principes que nous avons précédemment expo-

---

(1) Avis du comité de l'intérieur du Conseil d'État, du 9 janvier 1833, *commune de Castera-Verduzan;* — du 18 février 1834, *commune de Bois-Arnault.* — Décision du ministre de l'intérieur, du 3 avril 1839, insérée au *Bulletin officiel,* 1840, p. 155, etc.

(2) *Arr. Cons.,* 4 septembre 1856, *section de Parilly c. commune de Chinon;* — 17 mars 1857, *section de Saint-Jean-de-Louviers c. commune de Louviers;* — 10 février 1859, *section de Paisy c. commune de Paisy-Cosdon;* — 5 mai 1859, *section de Massonay c. commune de la Chapelle-de-Guinchay;* — 2 février 1860, *section de Saint-Louand c. commune de Beaumont-en-Verron.*

sés conduisent à décider que c'est aussi au conseil municipal qu'il appartient de représenter les sections, lorsqu'il
s'agit de l'acceptation des dons et legs qui leur sont faits.

Mais on sait qu'ici, en vertu des principes qui régissent la matière des dons et legs faits aux établissements
publics, les sections ont une garantie particulière, pour
le cas où le conseil municipal refuserait d'accepter une
libéralité qui leur serait avantageuse. L'autorité supérieure peut, en effet, autoriser d'office l'acceptation
d'une donation ou d'un legs que le conseil municipal refuserait.

Ce pouvoir est une conséquence de la tutelle attribuée
à l'autorité administrative sur les établissements publics.
En effet, cette tutelle, qui s'exerce en vertu de l'article
910 du Code Napoléon, à l'occasion des dons et legs
faits aux établissements publics, n'est pas seulement instituée en vue de l'intérêt général, pour empêcher l'agglomération des immeubles dans le patrimoine des établissements de mainmorte, et en vue de l'intérêt des
familles placées dans une situation précaire et dont les
espérances légitimes auraient été déçues. Elle a aussi
pour but de défendre ces établissements contre les erreurs
et les faiblesses de leurs administrateurs. Il est vrai qu'en
règle générale, l'autorité supérieure ne peut substituer
son initiative à celle de l'administration municipale, pour
faire ce qu'elle croirait le plus profitable à la commune.
Mais on a considéré le refus fait par le conseil municipal
d'accepter un legs fait à la commune comme une sorte
d'aliénation d'un bien communal, qui ne peut être con-
sommée sans l'approbation du Gouvernement. Aussi la
loi du 18 juillet 1837, dans son article 48, dispose que les
délibérations des conseils municipaux, qui porteraient refus des dons et legs, ne seront exécutoires qu'en vertu
d'une ordonnance du roi.

Mais le Gouvernement exerçait déjà ce pouvoir avant la loi du 18 juillet 1837.

Nous en avons précisément un exemple dans une affaire qui intéressait une section de commune, le hameau de Vaulichères, dépendant de la commune de Tonnerre.

Un terrain destiné à servir de cimetière avait été donné à ce hameau, dont l'église était érigée en succursale, et qui était séparé de la commune par une distance de 4 kilomètres. Le conseil municipal avait refusé d'accepter la donation. Le comité de l'intérieur du Conseil d'État a reconnu que la délibération du conseil municipal n'était pas conforme aux intérêts de la section de Vaulichères, et il a exprimé l'avis que le maire devait être autorisé d'office à accepter la donation (*Avis du 23 décembre* 1834).

Conformément à cet avis, et à la date du 26 février 1835, est intervenue une ordonnance royale ainsi conçue :

« Louis-Philippe....., sur le rapport de notre ministre secrétaire d'État au département de l'intérieur,

« Vu la délibération du conseil municipal de Tonnerre ;

« Vu le procès-verbal d'enquête de *commodo* et *incommodo* ;

« Vu l'acte de donation du 14 janvier 1834 ;

« Vu les avis du préfet de l'Yonne et du sous-préfet de Tonnerre ;

« Considérant que les habitants de Vaulichères ayant une église érigée en succursale et étant séparés de Tonnerre par la distance d'une lieue, l'établissement d'un cimetière est convenable et utile, et que la donation faite à titre gratuit d'un terrain suffisant, sous la seule condition de lui donner la destination ci-dessus indiquée, est d'un avantage incontestable ;

« Considérant que l'avis du conseil municipal de Ton-

nerre n'est pas conforme aux intérêts du hameau de Vaulichères;

« Considérant, en fait, que la clôture du terrain donné
à cette section de commune a déjà été faite à ses frais ;

« Notre Conseil d'État entendu,

« Nous avons ordonné, etc. :

Art. 1er.

« Le maire de la ville de Tonnerre (Yonne) est autorisé
à accepter, pour le hameau de Vaulichères, la donation
d'un terrain qui lui est faite par le sieur d'Audigier, aux
clauses et conditions imposées par le donateur.

Art. 2.

« Notre ministre, etc. (1). »

L'assemblée générale du Conseil d'État émit encore un
avis semblable, le 25 février 1835, au sujet d'un legs
que le bureau de bienfaisance de Calais était d'avis de
répudier. Mais, dans cette espèce, et à raison des circonstances de l'affaire, le Gouvernement ne crut pas devoir
suivre l'avis du Conseil.

Après la promulgation de la loi du 18 juillet 1837, le
ministre de l'intérieur, ayant à préparer un projet d'ordonnance royale relatif à une donation que le conseil municipal de la commune de Sauteyrargues refusait d'accepter, soumit la question de doctrine en même temps
que la question de fait au comité de l'intérieur, qui donna,
le 22 mai 1838, un avis ainsi conçu :

« Les membres du Conseil d'État composant le comité
de l'intérieur, ...

. . . .

---

(1) Le dispositif de cette ordonnance a été seul reproduit au
Bulletin des lois. Le texte que nous donnons a été collationné
aux archives du ministère de l'intérieur.

« Quant à la question de savoir si le Gouvernement peut autoriser d'office l'acceptation d'un don ou legs fait à une commune : — Considérant que ce droit, déjà admis et appliqué à plusieurs reprises sous la législation antérieure à la loi du 18 juillet 1837, peut encore moins être contesté sous l'empire de cette législation nouvelle;

« Que la reconnaissance implicite dudit droit ressort avec évidence des dispositions et des termes de l'article 48 de la loi précitée, puisqu'en effet cet article statue que les délibérations des conseils municipaux qui porteraient refus de dons et legs ne sont exécutoires qu'en vertu d'une ordonnance du roi ; qu'il est impossible d'admettre qu'au moyen de cette disposition, le législateur n'ait eu en vue que d'imposer au Gouvernement l'obligation d'approuver solennellement les décisions des conseils municipaux, en lui interdisant la faculté d'en apprécier l'utilité et le mérite et de les réformer s'il les juge contraires à l'intérêt des communes; que, au contraire, on ne saurait mettre en doute que l'intention positive du législateur ait été d'empêcher que l'intérêt général d'une commune pût jamais être sacrifié, à l'occasion d'un legs ou d'une donation, à l'intérêt privé des membres de son conseil municipal; que cette présomption acquiert un nouveau degré d'évidence par cette considération que les délibérations des conseils municipaux, ayant pour objet l'*acceptation* des dons et legs, sont exécutoires en vertu d'un simple arrêté du préfet, lorsqu'il s'agit d'objets mobiliers ou de sommes d'argent dont la valeur n'excède pas 3,000 fr., tandis que, conformément à l'article 48, les délibérations portant *refus* de dons et legs ne sont jamais exécutoires qu'en vertu d'une ordonnance du roi, même lorsqu'il s'agit de sommes d'argent ou d'objets mobiliers de la valeur la plus minime (1);

(1) Aujourd'hui, en vertu du décret du 25 mars 1852 (art. 1er

« D'où l'on doit conclure qu'en établissant cette distinction, qui n'existait point sous l'ancienne législation, l'intention du législateur a été d'assurer les garanties les plus étendues aux communes, même pour des intérêts d'une faible importance, garanties qui seraient complétement illusoires si le droit du Gouvernement devait se borner à sanctionner d'une manière obligatoire les décisions des conseils municipaux;

« Considérant d'ailleurs, qu'indépendamment même des conséquences à tirer de l'interprétation de l'article 48 précité, l'existence du droit en discussion doit être reconnue comme résultant virtuellement de cet autre droit du Gouvernement, qui consiste à refuser à une commune, s'il le juge convenable, l'autorisation d'accepter une libéralité dont le conseil municipal a demandé l'acceptation; puisqu'en effet l'un et l'autre doit reposer sur la même base, c'est-à-dire sur le droit qui appartient au Gouvernement de statuer sur un legs ou une donation dans un sens contraire au vote du conseil municipal ;

« Considérant, enfin, que l'intérêt évident des communes réclame la reconnaissance du droit en discussion, et que, par tous les motifs ci-dessus énoncés, on ne saurait en méconnaître l'existence ;

. . . .

« Sont d'avis que le Gouvernement a le droit d'autoriser d'office l'acceptation d'une libéralité offerte à une commune, et que le conseil municipal de la commune a déclaré refuser sans de justes motifs.

. . . . »

§ 42 et v. du tableau A), l'autorité supérieure n'est plus appelée à statuer sur les dons et legs faits aux communes que dans le cas où les libéralités soulèvent des réclamations des familles. Mais l'argument que nous rapportons n'en a pas moins conservé toute sa force au point de vue de l'interprétation de la loi du 18 juillet 1837, qui consacre le droit de l'administration, dont l'exercice est délégué aux préfets dans une plus large mesure.

Conformément à cet avis, une ordonnance royale, en date du 5 juillet 1838, a autorisé d'office la commune de Sauteyrargues à accepter la donation entre-vifs que le conseil municipal avait refusée.

Plusieurs ordonnances et décrets postérieurs ont appliqué le même principe. Nous citerons notamment une ordonnance royale du 1ᵉʳ février 1844 (*communes de Saint-Didier-sous-Beaujeu et de Vernay*), et un décret du 30 novembre 1852 (*commune de Villers-Canivet*). Une ordonnance royale du 7 nov. 1839 a encore autorisé d'office l'acceptation d'un legs fait à la fabrique d'une des églises paroissiales de Lyon. La section d'administration du Conseil d'État, dans un avis en date du 29 juillet 1851, avait également proposé de prendre cette mesure pour un legs répudié par la fabrique de l'église de Montain. Cet avis n'a pas été adopté par le chef de l'État. Mais le droit du Gouvernement était reconnu par le ministre, qui proposait de ne pas faire usage de ce pouvoir à cause des circonstances de l'espèce (1).

Le ministre de l'intérieur a encore rappelé et appliqué cette règle dans plusieurs décisions insérées au *Bulletin officiel* en 1857, 1858, 1861 et 1862 (2).

Dans une des décisions rendues en 1858, le ministre indique que la disposition du décret du 25 mars 1852 (tableau A, § 42), qui attribue aux préfets le pouvoir de statuer sur les dons et legs faits aux communes, quand les familles ne réclament pas, a eu pour effet d'abroger l'article 48 de la loi du 18 juillet 1837, d'après lequel un acte du chef de l'État était toujours nécessaire pour approuver une délibération de conseil municipal portant refus d'une libéralité

---

(1) Les ordonnances, décrets et avis que nous venons de citer sont rapportés textuellement dans deux articles insérés dans l'*Ecole des Communes*, 1844, p. 300, et 1855, p. 348.

(2) 1857, p. 284; — 1858, p. 131 et 315; — 1861, p. 417; — 1862, p. 34.

faite à la commune, et qu'ainsi les préfets peuvent, lorsqu'ils le jugent convenable, autoriser d'office l'acceptation de ces libéralités.

La décision rendue en 1861 nous paraît mériter d'être rapportée intégralement, parce qu'elle s'applique à une section de commune. Voici, d'après le *Bulletin officiel*, dans quelles circonstances se présentait l'affaire :

Le village de Ch..., qui dépend de la commune de S... et qui compte 500 habitants, se trouve séparé du chef-lieu par une distance de plus de 4 kilomètres. Ch... est, en outre, situé dans le fond d'une vallée, tandis que le chef-lieu de la commune occupe le haut d'une montagne, et il en résulte, entre les deux agglomérations, une difficulté de communication qui a motivé l'érection en succursale d'une chapelle que possède la première. Dans la prévision de cette mesure et pour la compléter, les sieurs D... et autres ont acquis, au moyen de souscriptions, et donné au hameau de Ch... suivant acte public, un presbytère, un batiment qui pourra plus tard être transformé en église, enfin, un terrain destiné à servir de cimetière, le tout d'une valeur de 10,000 francs.

Le conseil municipal de S..., appelé à délibérer sur cette libéralité, a refusé d'en voter l'acceptation, en s'appuyant principalement sur ce qu'elle serait de nature à entraîner ultérieurement, pour la commune, des dépenses considérables qui ne lui sont pas imposées par la loi.

Le préfet du département n'a pas partagé cette manière de voir ; il a pensé qu'il y avait lieu d'autoriser d'office l'acceptation de la donation faite au hameau de Ch...; seulement, avant de prendre cette décision, il avait cru devoir demander des instructions au ministre de l'intérieur.

Le ministre a répondu « que la donation n'était pas moins avantageuse pour la commune de S... que pour la section de Ch..., et qu'en conséquence l'administration municipale devait être autorisée à l'accepter d'office.

« En effet, porte la décision, du moment où la chapelle de cette section a été régulièrement érigée en succursale, la commune se trouve tenue, d'après les dispositions du décret du 30 décembre 1809, de pourvoir, à défaut des ressources de la fabrique, à toutes les dépenses relatives à l'exercice du culte, c'est-à-dire, notamment, de construire une église plus vaste si la nécessité en est reconnue plus tard, et de fournir un logement convenable au desservant. Elle a donc un intérêt évident à accepter une donation qui lui facilite les moyens de remplir cette double obligation.

« Quant à la création d'un cimetière spécial pour Ch..., elle constitue, sans doute, une dérogation à la règle générale, d'après laquelle il ne doit y avoir qu'un lieu d'inhumation dans chaque commune ; mais elle paraît suffisamment justifiée par la situation exceptionnelle du hameau (1). »

83. — *Questions de compétence.* — Devant quelle autorité doivent être portées les réclamations formées par les sections de commune contre les actes faits par le conseil municipal et le maire pour l'administration de leurs biens ?

Si la section soutient que le conseil municipal a excédé ses pouvoirs, elle peut attaquer la délibération directement devant le Conseil d'Etat au contentieux. C'est ainsi qu'il a été procédé dans l'affaire de la *section de Parilly contre la commune de Chinon*, jugée par l'arrêt précité du 4 septembre 1856, et dans plusieurs autres affaires. Nous l'avons déjà indiqué.

On peut suivre une marche moins directe, mais qui a souvent l'avantage d'épargner les frais d'un pourvoi de-

(1) *Bulletin officiel,* 1861, p. 417.

vant le Conseil d'Etat. La réclamation peut être portée devant le préfet, sauf recours au ministre de l'intérieur ; si le ministre n'y fait pas droit, on peut recourir encore au Conseil d'Etat. C'est la marche qui a été suivie dans l'affaire de la *section de Saint-Jean-de-Louviers contre la commune de Louviers*, jugée par l'arrêt du 17 mars 1857.

C'est également la marche qui devrait être suivie si la section, sans contester les pouvoirs du conseil municipal, prétendait que ses droits exclusifs de jouissance ont été violés.

Mais si elle se borne à critiquer la mesure adoptée par le conseil municipal, comme inopportune et mal combinée, elle ne peut réclamer que devant le préfet, sauf recours au ministre. Le recours au Conseil d'État par la voie contentieuse ne serait pas ouvert dans ce dernier cas. Il ne s'agit plus en effet que d'apprécier une mesure d'administration, et d'examiner si les intérêts des sections ont été lésés. Il n'y a plus là matière à un débat au contentieux.

84. Des sections ont tenté d'attaquer par une autre voie les délibér.tions du conseil municipal relatives à la gestion ou à la disposition de leurs biens. Elles ont différé à l'autorité judiciaire, non pas les délibérations mêmes du conseil municipal, mais les actes passés par le maire, en vertu de ces délibérations, pour l'amodiation ou l'aliénation de leurs propriétés. C'est ce qui a été fait notamment dans l'affaire de la *section de Saint-Mexmes contre la commune d'Huismes*, sur laquelle sont intervenus les arrêts de la cour d'Orléans, du 7 juin 1851, et de la Cour de cassation, du 23 avril 1855, que nous avons cités plus haut (p. 182). On sait quel a été le sort des prétentions de la section. Assurément l'autorité judiciaire était compétente pour apprécier la validité des actes de vente et

des baux qui lui étaient déférés ; car ces actes, lors même qu'ils eussent été passés par le maire, dans la forme administrative et sans l'intervention d'un notaire, étaient des actes de droit civil. Mais en réalité ce n'était pas la régularité des actes qui était en question ; ce que l'on contestait, c'était le droit du conseil municipal pour administrer les biens de la section. Or, la Cour de cassation ne pouvait méconnaître les pouvoirs du conseil municipal, et, dès lors, elle a dû décider que les actes attaqués étaient valables. Aussi, comme l'autorité judiciaire ne peut jamais statuer sur la seule question qui soit engagée au fond de ces sortes d'affaires, est-il préférable que les conseils de préfecture n'accordent pas l'autorisation de porter de semblables litiges devant les tribunaux civils. Telle est la doctrine qui résulte d'un arrêté du Gouvernement, rendu en Conseil d'État, le 25 mars 1848 (*Fonteilles*), dans les circonstances suivantes :

Les sections de Burdon et de Jarrig, faisant partie de la commune de Riom-ès-Montagnes, demandaient l'autorisation d'intenter devant l'autorité judiciaire une action en nullité d'actes par lesquels le maire de la commune avait cédé à des particuliers diverses parcelles de terrain appartenant aux sections en échange d'autres parcelles livrées par eux pour l'établissement d'un chemin vicinal. L'autorisation de plaider avait été refusée par le conseil de préfecture du Cantal.

Sur le pourvoi formé devant le Conseil d'État, statuant en la forme administrative, par le sieur *Fonteilles*, au nom des sections, le refus a été maintenu par une décision ainsi motivée :

« Considérant que l'action que le sieur Fonteilles, syndic des sections de Burdon et de Jarrig, demande à intenter contre la commune de Riom - ès - Montagnes (Cantal), n'a pas pour objet de faire juger les droits de propriété desdites sections sur les biens communaux à eux appartenant, lesquels droits ne sont pas contestés; qu'elle n'a pas non plus pour objet de déterminer le droit que ces sections, dans le cas de leur séparation avec la commune, pourraient avoir à une indemnité, en raison de l'aliénation desdits biens;

« Considérant que l'action porte exclusivement sur les actes par lesquels le conseil municipal a disposé de ces biens;

« Considérant que ces actes ont été faits dans un intérêt communal, dans l'exercice des pouvoirs confiés au conseil municipal avec le concours de l'autorité supérieure, et que les contestations, auxquelles ils peuvent donner lieu, ne sont pas de nature à être portées devant les tribunaux. . . . .

. . . . »

85. Ainsi, l'autorité administrative peut seule être appelée à statuer sur les réclamations formées par les sections et leurs habitants contre les délibérations du conseil municipal qui ont pour objet d'administrer les biens des sections ou d'en disposer. La réclamation peut être présentée par la voie contentieuse, lorsqu'elle est fondée sur un excès de pouvoirs du conseil municipal ou sur la violation des droits exclusifs de jouissance qui appartiennent à la section. Dans les autres cas, elle ne peut être soumise qu'au préfet et au ministre de l'intérieur.

CHAPITRE CINQUIÈME

DROITS DES SECTIONS

§ 1. ÉTAT DES CHOSES AVANT LA LOI DU 18 JUILLET 1837. DISPOSITIONS DE CETTE LOI. LEUR ESPRIT.

86. Nous avons déjà indiqué, en traitant de l'origine des sections, les dispositions de la législation ancienne et de la législation moderne qui ont créé, reconnu ou

consacré les droits privatifs des sections. On a vu, notamment, les effets des lois du 28 août 1792 et 10 juin 1793 (1).

87. On a vu encore avec quel soin l'administration avait réservé ces droits, lorsqu'elle avait été appelée à modifier les circonscriptions des communes.

Pour bien préciser le sens des dispositions de la loi du 18 juillet 1837, sur les effets des changements de circonscription des communes, il est bon de rappeler quelles étaient les traditions établies avant cette loi.

88. La question des effets des changements de circonscriptions territoriales, quant à la propriété des biens communaux, fut examinée solennellement en Conseil d'État au sujet d'une contestation entre les *habitants du hameau des Soupois et la commune de Tourmont*, jugée par un décret rendu au contentieux, le 17 janvier 1813.

Le préfet du département du Jura avait pris un arrêté pour enjoindre au maire de la commune de Tourmont de comprendre, dans la distribution de l'affouage de cette commune, les habitants du hameau des Soupois, hameau réuni à cette commune par arrêté de l'administration municipale du canton de Grozon, en date du 20 thermidor an IV.

La commune demandait à l'Empereur, en Conseil d'État, l'annulation de cet arrêté du préfet. Elle soutenait que la réunion, qui avait été prononcée au point de vue de l'administration, ne donnait aux habitants du hameau aucun droit sur les propriétés de la commune. Cette affaire fut à deux reprises l'objet de l'examen du Conseil. Un rapport fut fait au nom de la commission du contentieux; un second rapport au nom de la section de l'intérieur (ce dernier travail, où la législation de la

(1) Chap. 1er, p. 76 et suiv.

matière et les précédents étaient soigneusement relevés, a été imprimé) et, après cette étude approfondie, la contestation fut jugée dans les termes suivants :

« Napoléon, etc... Vu, etc...

« Considérant que, en principe général, la réunion des communes ne doit porter aucune atteinte à leurs droits respectifs de propriété, et que, s'il se présentait quelque cas d'exception, il devrait être consacré par un décret spécial ;

« Considérant que les habitants du hameau des Soupois ne présentent, indépendamment de l'acte de leur réunion à la commune de Tourmont, aucun titre qui les constitue copropriétaires des bois appartenant à cette dernière commune ;

« Qu'en conséquence, leur prétention à la distribution de l'affouage dont il s'agit n'est pas fondée ;

« Que, par suite, et en vertu du même principe, les habitants du hameau des Soupois ne doivent être assujettis à aucune portion des charges inhérentes aux bois appartenant à la commune de Tourmont ;

« Notre Conseil d'État entendu,

« Nous avons décrété et décrétons ce qui suit :

« Art. 1er. — L'arrêté du préfet du département du Jura, du 29 novembre 1810, est annulé.

« Art. 2. — Les habitants du hameau des Soupois sont renvoyés devant le préfet, à l'effet de faire, par lui, procéder, s'il y a lieu, au dégrèvement en leur faveur des sommes qui pourraient leur être indûment imposées à titre de part contributive aux charges inhérentes aux propriétés de la commune de Tourmont.

« Toutefois, le conseil municipal de Tourmont sera autorisé à délibérer sur la question de savoir s'il convient à cette commune de faire participer les habitants du hameau des Soupois à la distribution de l'affouage, à

14

la charge, par ces derniers, de supporter une part proportionnelle des contributions et des frais (1). »

Ce décret, qui ne faisait que statuer sur une contestation entre deux parties, et qui ne pouvait dès lors avoir force de chose jugée qu'entre elles, a été inséré au *Bulletin des lois*, pour servir de règle générale.

Les principes qu'il pose ont, en effet, servi de base à de nombreuses décisions administratives et judiciaires; et, dans une circulaire, en date du 7 avril 1828, relative aux changements de circonscription des communes, le ministre de l'intérieur les rappelait encore. Aussi, M. Dupin aîné, dans son rapport à la Chambre des députés, au nom de la commission chargée d'examiner le projet de loi relatif à l'administration des communes, présenté en 1829 par M. de Martignac, disait :

« Il est certain que, dans le cas où il y a réunion (de communes), les droits de propriété précédemment acquis demeurent inviolables, et que chaque partie conserve la jouissance des biens particuliers qu'elle possédait avant la réunion; de même qu'en cas de séparation, chaque section doit emporter avec elle les biens qui reposent, à son égard, sur des titres particuliers. Cela nous a paru si évident, que nous n'avons pas cru devoir en faire l'objet d'un amendement (2). » En effet, le projet de loi ne contenait aucune disposition à cet égard.

(1) On a dit souvent, en traitant de la juridiction administrative, que le chef de l'Etat, lorsqu'il prononce, en Conseil d'Etat, sur les litiges qui rentrent dans le contentieux administratif, administre en jugeant. Le second article de ce décret nous en offre un exemple remarquable, et tel, nous pouvons le dire, qu'on n'en rencontre plus de pareil aujourd'hui.

(2) *Moniteur*, 1829, p. 387. M. Dupin avait déjà professé la même doctrine dans son introduction au recueil de textes intitulé: *Lois des Communes :* « Chacune, soit en cas de réunion, soit en « cas de séparation, conserve la jouissance distincte des biens qui « lui appartiennent en propre. » (P. 41.)

89. En vertu de ces principes, les sections ont conservé, jusqu'à la loi du 18 juillet 1837, la propriété et la jouissance exclusive de leurs biens et droits de toute nature, quel que fût le mode de cette jouissance. Il n'était pas rare, à cette époque, de voir des communes dans lesquelles un hameau subvenait à ses besoins particuliers, et payait sa part des charges communales avec le produit de la mise en ferme de ses biens, ou les arrérages de rentes qui lui appartenaient en propre, tandis que les autres hameaux pourvoyaient à ces dépenses en recourant à des impositions extraordinaires.

90. La loi du 18 juillet 1837, par ses articles 5 et 6, a modifié, dans une certaine mesure, cet état de choses.

Lors de la discussion de cette loi, deux opinions opposées se trouvèrent en présence. Les uns voulaient conserver aux sections la propriété et la jouissance de tous leurs biens, de quelque nature qu'ils fussent, et quel que fût le mode de jouissance; les autres voulaient fondre absolument les sections dans la commune et ne plus leur laisser aucun droit distinct. De cette lutte est sortie une transaction. Le législateur a considéré qu'il devait, lorsqu'une réunion était prononcée, s'attacher à favoriser la fusion des intérêts et faire en sorte d'établir une communauté définitive et complète. Mais il n'a mis en commun que ce qui, de sa nature, pouvait être mis en commun sans froisser trop directement d'anciennes habitudes.

91. La lutte qui s'est terminée par cette transaction a été d'une extrême vivacité. Les dispositions relatives aux sections de commune sont peut-être celles qui, dans les discussions successives auxquelles la loi sur les attributions municipales a donné lieu, de 1831 à 1837, ont été le plus fréquemment remises en question. Il n'est pas inutile, pour se rendre compte de

l'esprit qui a guidé le législateur, d'étudier les onze ré-
dactions successives qui ont été discutées à la Chambre
des députés et à la Chambre des pairs. Mais le caractère
de cette étude nous a porté à en faire l'objet d'une note
spéciale qui formera un appendice de ce chapitre (1).

Il nous suffira ici, pour préciser les termes de la discussion et faire ressortir le sens de la solution qui a
prévalu, de reproduire un discours fait par M. Gillon,
au nom de la commission de la Chambre des députés,
le 30 janvier 1837, et quelques passages d'un exposé
des motifs du Gouvernement et des rapports faits à la
Chambre des députés par M. Vivien, et à la Chambre
des pairs par M. le baron Mounier. On comprendra l'utilité de ces citations, qui pourraient paraître longues,
quand on verra les interprétations diverses dont la loi a
été l'objet, et les doutes qu'elle laisse sur beaucoup de
points importants.

Et d'abord, le discours de M. Gillon tendait à faire décider que les sections de commune conserveraient non-
seulement la propriété, mais *la jouissance* de leurs
biens, quel que fût le mode de jouissance.

Le projet adopté primitivement par la commission, et
joint au rapport de M. Vivien présenté dans la séance
du 26 avril 1836, ne réservait, dans son article 6, aux
communes ou sections réunies à d'autres communes, un
droit de jouissance exclusive que sur les biens dont
les fruits étaient perçus en nature; et quant aux revenus
des autres biens meubles et immeubles, ils devaient être
compris au budget de la nouvelle commune (2).

A la suite d'une première discussion de ce projet, les
articles 5, 6 et 7 avaient été renvoyés à la commission
pour être remaniés. Mais l'article 6 n'avait pas été tout

(1) Voir à l'*Appendice*, note 1re.
(2) Voir ce projet à l'*Appendice*.

d'abord modifié dans la nouvelle rédaction. Avant que ce nouveau projet fût discuté, et sur les instances d'un certain nombre de députés appartenant à des départements où les sections de commune étaient nombreuses, la commission modifia aussi l'article 6, et elle proposait la rédaction suivante :

« La commune ou section réunie à une autre commune conservera la propriété et *la jouissance* de ses biens.

« Néanmoins, les édifices et les immeubles servant à un usage public deviendront la propriété de la nouvelle commune. »

Or, voici dans quels termes, en l'absence du rapporteur, M. Vivien, M. Gillon exposait les motifs de cette nouvelle proposition (1).

« Nous nous sommes décidés à effacer la distinction entre les meubles et les immeubles..... De même, nous avons repoussé la distinction entre la jouissance en nature et la jouissance en loyers...

« Il y a une foule de petites communes riches en revenus et renfermant des populations extrêmement faibles. On y arrive difficilement à composer convenablement un conseil municipal. Il importerait, pour le bien de l'administration, pour placer à la tête de l'administration des citoyens plus capables, que ces communes fussent réunies à des communes voisines; car alors on aurait une latitude plus grande pour le choix du personnel.

« Vous comprenez que si vous voulez faire (si je puis me servir de cette expression) ce mariage communal entre une section de commune qui possède beaucoup et une autre qui ne possède rien, la section qui possède beaucoup se refusera à cette alliance. En effet, que gagnerait-elle à cette union? Rien, car ses revenus suffi-

(1) Séance du 30 janvier 1837, *Moniteur* du 31, p. 212 et 213.

saient pour ses besoins ; elle n'avait pas la nécessité de
se frapper de centimes facultatifs ou extraordinaires,
tandis que vous allez l'agréger à une commune qui ne
possède rien, d'où l'obligation, pour la section réunie,
de supporter des impôts qui lui avaient été épargnés
jusqu'à présent.

« Comme l'alliance des communes est chose souhai-
table, il faut, autant que possible, écarter de suite ce
qui pourrait faire obstacle aux réunions, et, pour cela,
déclarer que la commune ou section de commune conserve la propriété de tous les biens qui lui appartiennent, sans aucune distinction possible autre que l'exception relative aux immeubles servant à une utilité
communale.

« Mais il y a une objection. On a dit : Il faudra donc
faire deux budgets ?

« D'abord, remarquez que deux budgets ne seront
pas toujours indispensables, et il ne faut pas être un
habile administrateur pour le comprendre. D'ailleurs, il
est incontestable qu'il y a déjà dans le royaume une
foule de communes qui présentent cette administration
bicéphale, passez-moi le mot (1). En effet, dans les
communes qui se composent de plusieurs sections, on
trouve fréquemment cette singularité, c'est qu'une section de commune a eu le bonheur de trouver un bienfaiteur qui l'a mise à même de pourvoir à ses besoins.

« Elle a des revenus en rentes dont elle profite exclusivement : et pourquoi ? Parce que son bienfaiteur a voulu
la doter et l'enrichir elle seule et non pas la commune

---

(1) Nous regrettons ce mot, parce qu'il était loin d'être nécessaire
et qu'il a rendu la pensée de l'orateur d'une manière qui pouvait soulever des inquiétudes sur l'état de choses qu'il dépei-
gnait. Des chapitres ou des articles séparés dans un budget voté
par un seul conseil municipal ne constituent pas une administration *bicéphale*.

tout entière, qui, souvent, se compose de plusieurs villages.

« Dans ce cas, fait-on deux budgets? On suit la règle générale. La section qui possède des revenus contribue à une portion des charges communales sur ses revenus sans s'imposer de centimes facultatifs, tandis que cette charge des centimes est supportée par les autres villages de la commune qui ne possèdent rien (1).

« Eh bien! messieurs, ce qui existe déjà pour des communes anciennes, vous le tolérerez pour les communes nouvelles. Il n'en peut pas être autrement; vous ne voudrez pas qu'une section de commune, parce qu'elle aura des revenus, paye les dépenses de celle qui n'en a pas.

« Sans doute les alliances de communes sont un bien réel, mais le désir que nous avons de rendre l'administration plus facile ne doit pas nous entraîner jusqu'à dépouiller une commune pour en enrichir une autre; ce serait là un aveuglement qu'on devrait qualifier d'iniquité.

« Tel est le langage qu'une foule de nos collègues ont fait entendre à l'entrée de cette séance, et que nous avons consenti à reproduire à cette tribune.

« Le texte serait donc réduit à ces termes.... (nous les avons cités plus haut.)

« Ces dispositions nous ont semblé concilier parfaitement bien le respect dû à la propriété, même au profit des communes, avec ce désir si légitime dont nous sommes tous animés, de rendre facile l'agglomération des communes. »

Cette proposition de la commission fut vivement com-

---

(1) M. Charlemagne, dans le cours de la même discussion, déclarait aussi que l'état de choses signalé par M. Gillon se présentait fréquemment. « Il y a en ce moment, disait-il, un grand « nombre de sections de commune, surtout dans l'Est, qui jouis- « sent privativement de leurs revenus en nature et *en argent*. » (*Moniteur* du 2 février 1837, p. 223).

battue. On soutint, dans le sens contraire, que réserver aux sections la jouissance non-seulement des produits en nature de leurs biens, mais mêmë des produits en argent, c'était créer plusieurs communes au sein de la commune ; que, d'ailleurs, les réunions des communes avaient pour objet de créer, par cette association, les ressources nécessaires pour acquitter les charges communales.

M. Gillon, dans sa réplique, s'attachait à démontrer que les nécessités de l'administration municipale pouvaient être satisfaites sans que les droits des sections fussent sacrifiés.

« Quand vous proposerez de réunir une section riche à à une commune pauvre, disait-il, si vous offrez comme excitation à l'alliance communale de réserver à la section ses revenus, elle ne fera pas de difficulté de s'unir. Je sais bien qu'en définitive il faut pourvoir aux frais de l'administration ; mais la section qui est riche abandonnera une portion de ses revenus pour sa part proportionnelle de ces frais, ou bien elle gardera ses revenus tout entiers et se laissera imposer pour fournir son contingent dans les frais d'administration. Quelle plainte pourra faire entendre à ce sujet la commune pauvre? Son sort n'est pas empiré ; il s'en faut, puisque la section vient à son aide.

« La distinction entre les revenus en nature et en argent n'a pas un fondement bien solide ; j'en appelle aux députés dont les départements offrent beaucoup de prairies et de pâturages ; il arrive souvent que les habitants d'une commune louent une partie de ces propriétés pour subvenir à des dépenses, suivant que l'intérêt de la commune l'exige, et que tantôt ils récoltent en nature, par exemple, en faisant faire pâturage ; comment règlerez-vous le sort de ces biens-là (1) ? »

(1) *Moniteur* du 31 janvier 1837, p. 215.

Ces considérations qui, à diverses reprises, avaient paru obtenir l'assentiment de la Chambre des députés, n'ont point définitivement prévalu.

Elles avaient été soutenues également à la Chambre des pairs. Nous en trouvons le témoignage dans le rapport fait à cette Chambre, le 19 mars 1835, par M. le baron Mounier, au nom de la commission chargée d'examiner le projet de loi sur les attributions municipales, et qui aboutit à des conclusions diamétralement opposées. Voici les explications données par le rapporteur :

« Les deux projets, celui du Gouvernement comme celui de l'autre Chambre, décident également qu'en cas de réunion ou de fractionnement, chaque section conservera les biens, droits et usages qui lui appartenaient privativement. L'application de ce principe a donné lieu à de vives discussions dans la Chambre des députés ; elles se sont renouvelées dans le sein de votre commission.

« Trois systèmes y ont été soutenus. Plusieurs membres ont demandé qu'on adoptât celui du projet de l'autre Chambre que le Gouvernement a approuvé ; il consiste à établir que les habitants de chaque section conservent la jouissance exclusive des fruits qui se percevaient en nature, tandis que les revenus qui étaient portés au budget de l'ancienne commune passeront à celui de la nouvelle.

« On a objecté que cette disposition était évidemment en contradiction avec le principe énoncé en tête de l'article. Il y est dit que chaque portion de commune conserve les biens, droits et usages qui lui appartenaient. Cependant, on ne laisse à ses habitants que les fruits perçus en nature ; tous les produits de ses autres biens tournent au profit de la nouvelle agrégation. Il en résulte que si une commune avait affermé, à la veille de sa réunion, ses biens communaux, ses habitants ne conserveraient aucun avantage particulier; tandis que s'ils avaient laissé en pâturages ces mêmes biens, ils en conserveraient la jouissance exclusive.

« D'autres membres, frappés de la force de cette objection, ont demandé que le principe portât toutes ses conséquences, et qu'à cet effet il fût déclaré que la section conserverait la propriété et la jouissance de tous ses biens, revenus, droits et usages.

« Mais on a fait alors remarquer que si la section conservait ainsi la libre disposition de ses revenus, sans être obligée d'en rien appliquer aux dépenses communales, elle se trouverait plus riche qu'avant sa réunion. L'équité ne veut-elle pas que la section affecte aux dépenses faites dans l'intérêt général une partie de ses propres revenus, comme elle le faisait quand elle était commune distincte, comme le fait la commune à laquelle elle est réunie ?

« Toutefois, il a été avancé que, comme les dispositions de la loi ne sauraient prévoir toutes les combinaisons qui découleraient de la réunion et de la distraction de communes ou de sections placées dans des conditions si diverses, on devrait se contenter d'écrire dans la loi que la section contribuerait à raison de ses biens propres, pour une certaine part, aux dépenses de la commune. Ce serait aux actes spéciaux qui statueront sur les réunions à déterminer, d'après les circonstances, les conditions qu'il conviendrait d'imposer aux parties intéressées, ainsi que le mode d'administration et de jouissance de leurs biens, droits et usages.

« Cette proposition n'a pas non plus réuni les suffrages. On a été touché de cette considération, qu'il était impossible de lier l'avenir et d'établir une proportion de charges d'une manière fixe et stable, lorsque les ressources pouvaient varier chaque année; qu'il l'était encore moins de régler à l'avance, et pour un temps indéterminé, le mode de jouissance des biens appartenant aux différentes sections.

« En définitive, la majorité est revenue au principe du projet; mais elle a pensé que, pour éviter l'apparence de contradiction que nous avons fait remarquer, il était nécessaire de modifier la rédaction de l'article présenté.

« On déclarerait simplement que les habitants de l'ancienne commune auraient leurs droits aux fruits qu'ils percevaient en nature, tandis que les revenus qui étaient portés au budget passeront à celui de la nouvelle commune.

« Sans doute, cette disposition ne respecte pas complétement le principe que chaque section doit conserver la propriété des biens qu'elle possédait; mais vous observerez que si ce principe paraît conforme à la justice, sa stricte application entraînerait de fâcheux résultats. Rien n'est plus contraire à la constitution de la commune, plus fâcheux pour son administration, plus propre à diviser ses habitants, que ces propriétés qui ne sont pas celles de tous, que ces avantages appartenant à une fraction de la communauté.

« La commune est une association née du besoin d'une assistance mutuelle et de la gestion des communs intérêts. Du moment que les intérêts se divisent, qu'ils peuvent se choquer, elle est attaquée dans son essence; et si le nom subsiste encore, la chose n'est plus: Réunir des communes sans fondre leurs droits, laisser à chaque section la jouissance de propriétés distinctes, c'est juxtaposer ces portions du territoire et les assujettir à l'administration d'une même municipalité; mais ce n'est pas former une commune.

« Il est donc à désirer qu'à moins de circonstances impérieuses, qui se font rarement sentir, les communes qui possèdent des biens dont chacune voudrait conserver la propriété particulière conservent aussi leur existence indépendante. Nous pouvons nous en rapporter, à cet égard, au discernement des conseils élus par les citoyens dans les communes, les arrondissements et les départements, et à la vigilance du Gouvernement ; et quant aux réunions qui auraient pu déjà être opérées, l'administration emploiera sans doute tous les moyens qui sont à sa disposition pour confondre les intérêts séparés et obtenir par là une véritable union des fractions du même tout. »

On ne peut se dissimuler que, dans son désir de simplifier l'administration municipale, la commission de la Chambre des pairs tendait, à cette époque, à anéantir non-seulement la jouissance, mais la propriété privative des sections ; et toutefois, comme elle sentait quelle grave atteinte elle aurait porté aux droits acquis de ces portions de commune, elle était obligée de conclure qu'il fallait éviter désormais de réunir plusieurs communes en une seule municipalité. Mais elle tombait ainsi dans un autre excès, et elle oubliait que des nécessités administratives de l'ordre le plus élevé qui, nous l'avons vu, avaient frappé l'Assemblée constituante dès le lendemain du jour où elle avait créé les nouvelles municipalités, commandent fréquemment ces modifications de territoire.

Le Gouvernement paraissait aussi disposé, en 1836, à supprimer les droits des sections. On lit en effet dans l'exposé des motifs présenté par le ministre de l'intérieur à la Chambre des députés, dans la séance du 27 janvier 1836 :

« ..... D'une part, les principes absolus du droit semblent exiger qu'en cas de distraction, la fraction distraite emporte sa quote-part de toutes les propriétés communales, et qu'en cas de réunion, chacune des communes ou fractions de commune réunies conserve la jouissance exclusive de tous ses biens. Mais, d'un autre côté, comment opérer ce partage exact des biens meubles et immeubles entre les diverses parties d'une commune fractionnée? Comment conserver la séparation des revenus après la réunion des territoires? Comment opérer la formation d'une unité communale, lorsqu'on maintient la distinction des intérêts?

« Ces considérations nous ont conduits, messieurs, à vous présenter une rédaction qui s'éloigne peu des bases adoptées par les deux Chambres. En cas de distraction, nous décidons que chaque fraction conservera la propriété des biens qui lui appartenaient privativement comme section et celle des édifices servant à usage public situés sur son territoire. Quant aux autres droits, nous ne pensons pas que le partage puisse en être réglé par la loi d'une manière générale, et nous réservons au pouvoir royal le soin de prononcer sur chaque espèce particulière. *En cas de réunion, nous confondons toutes les propriétés,* et nous ne conservons à chacune des communes ou fractions de commune réunies que la jouissance exclusive des fruits perçus en nature. »

La commission de la Chambre des députés, lors même qu'elle adoptait une opinion différente de celle qu'elle a proposée dans la séance du 30 janvier 1837, et que nous avons indiquée plus haut, réservait toujours d'une manière expresse les droits de propriété des sections. Elle ne restreignait que leur jouissance exclusive.

Voici comment s'exprime à ce sujet M. Vivien, dans son rapport lu à la séance du 26 avril 1836 :

« Les conséquences de la réunion et de la distraction doivent, autant que possible, être déterminées par la loi elle-même.....

« Des faits de deux ordres doivent être considérés. Il est nécessaire que la loi détermine les droits de la section distraite, et qu'elle indique les propriétés que cette section conservera ; elle doit fixer ensuite le sort des biens dont la section ou commune réunie apportera la propriété dans la nouvelle commune. »

Le rapporteur, après avoir examiné le premier point, aborde en ces termes le second :

« Les conséquences de la réunion sont plus faciles à régler que celles de la séparation.

« La commune ou section réunie conserve la propriété de ses biens. C'est un principe juste que la loi doit consacrer pour le cas où une séparation ultérieure viendrait à être prononcée ; mais il y est fait exception pour les édifices et immeubles affectés au service public. Ceux-ci deviennent propriété de la nouvelle commune qui les emploiera à son propre usage, et qui supportera en même temps toutes les charges de la propriété.

« Mais si la commune ou section réunie demeure propriétaire de tous les biens qu'elle apporte, la jouissance ne peut lui en être exclusivement attribuée. Elle conservera celle des biens dont les fruits étaient perçus en nature ; cette jouissance a un caractère spécial : elle profite aux habitants personnellement et individuellement, et point à l'être collectif et moral qui forme la commune ; les habitants ont un droit direct et exclusif aux fruits qu'ils percevaient précédemment.

« Quant aux biens qui rapportent un revenu en argent, tels que des fermes, des fonds de terre, des rentes. leur produit entrera au budget de la nouvelle commune, il contribuera à ses charges ; cette affectation constituera, si l'on peut ainsi s'exprimer, la dot de la section ou commune réunie ; on n'aurait pu lui conserver la jouissance exclusive de ces sortes de revenus sans détruire tous les effets de la réunion ; c'eût été maintenir à jamais des intérêts et des droits distincts, rendre nécessaires deux bugets, deux comptabilités et presque deux conseils municipaux (1).

« Quand la réunion est prononcée, la loi doit s'attacher à effacer toutes les causes de séparation ; la réunion n'est avantageuse qu'autant que les diverses fractions réunies peuvent se fondre entièrement ensemble et établir une communauté définitive et complète.

« Les mêmes principes s'appliqueront, sans qu'il soit besoin de l'exprimer, aux deux communes ou sections précédemment distinctes, et que la réunion aura confondues en une seule. Chacune se trouve à l'égard de l'autre dans une position semblable.

« Ces explications prouvent toutes les difficultés d'une réunion et d'une séparation de communes. Elles démontrent avec quelle réserve une telle mesure doit être prise, et elles achèvent de justifier l'opinion de la commission, qui exige dans tous les cas l'intervention de la loi. »

Enfin, la commission de la Chambre des pairs se ralliait à ces principes, comme le montre le passage suivant du rapport fait en son nom par M. le baron Mounier, à la séance du 27 mars 1837 :

« Les principes qui ont surmonté les débats nous semblent se résumer ainsi qu'il suit :

« Les habitants d'une communauté qui cesse d'exister doivent conserver les avantages individuels dont ils jouissaient. La participation aux propriétés servant en commun à l'usage de tous, qu'ils perdent, se trouve compensée par leur admission à la même participation dans la nouvelle communauté (2).

(1) On a vu, dans l'extrait que nous avons précédemment donné du discours de M. Gillon, que les droits des sections peuvent être respectés sans qu'il en résulte une pareille complication.

(2) Ce passage pourrait prêter à l'équivoque. Mais en se repor-

« Ces habitants doivent donc continuer à jouir des fruits qu'ils percevaient en nature, tandis que les biens dont les revenus étaient appliqués aux dépenses générales de la communauté doivent être réunis à ceux de la nouvelle commune. — Toutefois, lorsqu'une section de commune possédait des biens qui lui appartenaient en propre et exclusivement, il n'y a pas de raison de changer son état : elle conservera avec la nouvelle communauté dont elle fera partie les mêmes rapports que ceux qu'elle avait avec celle dont elle est séparée.

« Les circonstances sont d'ailleurs trop diverses, les usages sont trop variés, les intérêts trop différents, pour que l'on puisse prétendre régir à l'avance les conditions des réunions ou des séparations.

« La loi ne posera que des principes. Ces conditions seront chaque fois déterminées dans la limite légale par les actes mêmes qui réuniront ou diviseront la commune. »

92. Les dispositions de la loi du 18 juillet 1837, sur les points qui ont fait l'objet de cette discussion, sont ainsi conçues :

« Art. 5. Les habitants de la commune réunie à une autre commune conserveront la jouissance exclusive des biens dont les fruits étaient perçus en nature.

« Les édifices et autres immeubles servant à usage public deviendront propriété de la commune à laquelle sera faite la réunion. »

« Art. 6. La section de commune érigée en commune séparée ou réunie à une autre commune emportera la propriété des biens qui lui appartenaient exclusivement.

tant aux termes des projets, on voit que le rapporteur, en parlant des propriétés servant en commun à l'usage de tous, a voulu parler non des biens communaux, mais des immeubles qui font partie du domaine public municipal.

« Les édifices et autres immeubles à usage public situés sur son territoire deviendront propriété de la nouvelle commune ou de la commune à laquelle sera faite la réunion. »

« Art. 7. Les autres conditions de la réunion ou de la distraction seront fixées par l'acte qui la prononcera. Lorsqu'elle sera prononcée par une loi, cette fixation pourra être renvoyée à une ordonnance royale ultérieure, sauf réserve, dans tous les cas, de toutes les questions de propriété. »

93. On peut remarquer dans ces articles des lacunes considérables.

Dans l'article 5, le législateur ne statue pas sur la propriété des biens productifs de revenus qui appartenaient à chacune des communes réunies. Il réserve aux habitants la jouissance exclusive des biens dont les fruits étaient perçus en nature. Il ne règle que par son silence la jouissance des biens dont les fruits étaient perçus en argent. Il ne prévoit pas davantage le cas de changement de mode de jouissance après la réunion.

Dans l'article 6, la propriété des biens est réglée; la jouissance ne l'est pas.

Il n'est pas statué non plus sur les droits que les sections pouvaient posséder par indivis avec la commune dont elles sont distraites. Même silence sur la position des fractions de commune qui sont détachées de la commune à laquelle elles appartenaient pour être réunies à une autre, et qui, jusque-là, n'avaient point de droits privatifs, mais avaient seulement leur part de propriété et de jouissance des biens de la commune à laquelle elles sont enlevées (1).

_____

(1) Aussi, le Conseil d'Etat, lorsqu'il a été appelé, en 1850, à rédiger un projet de loi sur l'administration intérieure, avait-il, dans le livre relatif à l'administration communale, remanié le

Mais la pensée du législateur s'est assez révélée dans les discussions pour qu'on puisse combler ces lacunes, d'autant plus que les situations réglées dans les articles 5 et 6 sont, à notre sens, tout à fait identiques, et qu'ainsi ces articles peuvent se compléter l'un par l'autre.

94. Ces dispositions régissent, on le voit, les droits des sections de commune.

En effet, il s'agit, dans l'article 5, de la réunion d'une commune à une autre commune, ce qui donne naissance à deux sections; et dans l'article 6, de l'érection d'une section en commune séparée, puis de la réunion d'une section à une autre commune que celle dont elle dépendait.

Nous traiterons en premier lieu des biens sur lesquels les sections ont des droits exclusifs, et ensuite de ceux sur lesquels elles ont des droits par indivis avec d'autres sections ou avec des communes. La loi s'est prononcée expressément au sujet des premiers; elle a laissé subsister le droit commun à l'égard des seconds.

§ II. — BIENS QUE LES SECTIONS POSSÈDENT A TITRE PRIVATIF.

95. Division du sujet: — I. Immeubles servant à usage public. — II. Immeubles donnant lieu à une jouissance en nature. — III. Immeubles donnant lieu à une perception de revenus et immeubles aliénés.

95. Parmi les biens des sections il faut faire trois catégories : 1° Les biens qui servent à usage public; 2° ceux qui donnent lieu à une jouissance en nature; 3° ceux qui donnent lieu à une perception de revenus, ou qui sont aliénés.

A l'égard de ces trois catégories de biens, la loi avait

texte des articles 5 et 6 de la loi du 18 juillet 1837 de façon à combler ces lacunes. Cependant, toutes les questions que nous indiquons n'avaient pas été tranchées dans ce projet. On en trouvera le texte dans l'*Appendice*, à la fin de la note sur l'origine des articles 5. 6 et 7 de la loi de 1837.

à régler l'attribution de la propriété et celle de la jouissance, et elle n'a pas toujours posé des règles uniformes
pour les deux cas.

I.— *Immeubles servant à usage public.*

96. Ils appartiennent à la commune sur le territoire de laquelle ils
sont situés. — 97. Application de cette règle faite par la jurisprudence de l'autorité judiciaire. — 98. Elle ne s'appliquerait
pas à un immeuble affecté à usage public qui ne serait pas la
propriété de la commune avant le changement de circonscription.
— 99. De l'indemnité qui peut être due par suite de cette attribution de propriété. — Extraits des rapports de M. le baron
Mounier et de M. Vivien sur cette question. — Instructions données par le ministre de l'intérieur. — Exemple offert par une
loi récente. — 100. Les règles établies par la loi de 1837 régis-
sent-elles tous les immeubles affectés à usage public qui étaient
et qui seraient possédés par des sections de commune ? —
101. Jouissance des immeubles affectés à usage public.

96. Les édifices et autres immeubles affectés à usage
public (par exemple les églises, les maisons d'école, les
fontaines, les cimetières, les chemins publics), appartiennent, en vertu de l'article 5 de la loi du 18 juillet 1837,
à la commune sur le territoire de laquelle ils sont situés.

Ainsi, la section érigée en commune séparée emporte
et conserve les biens de cette nature qui sont sur son
territoire. « Il y aurait de l'inconvénient, disait M. Vivien
dans son rapport présenté à la Chambre des députés, le
26 mai 1836, à ce que la commune, dont la section est
distraite, possédât des édifices publics hors de sa circonscription ; elle n'en jouirait qu'en exerçant sur la nouvelle commune une espèce de droit de servitude dont
l'usage donnerait souvent naissance à des contestations.
D'un autre côté, la section ou la commune réunie à une
autre commune apporte avec elle ces immeubles ; mais
on a pensé qu'il y avait principalement des charges attachées à cette propriété, et la loi décide que ces immeubles
deviendront propriété de la nouvelle commune, qui les
emploiera à l'usage général. »

97. La loi est si claire, qu'il ne pouvait guère s'élever de difficultés sur l'application de cet article. Toutefois, il s'en est présenté une à l'occasion d'arbres plantés sur une route, parce que l'on discutait sur le point de savoir si ces arbres pouvaient être considérés comme des immeubles affectés à usage public.

Voici dans quelles circonstances le litige était né : La commune de Saint-Gervais, qui, en 1803, avait été réunie à la commune de Blois, en avait été distraite en 1828, et les limites des deux communes avaient été fixées par une ordonnance royale du 2 avril 1835, qui avait pris pour ligne de démarcation l'axe de la route qui conduit de Saint-Gervais à Blois. La commune de Saint-Gervais ayant voulu ébrancher les arbres plantés sur le côté de la route qui se trouvait compris dans son territoire, la commune de Blois prétendit que ces arbres, plantés et payés par elle avant la réunion des deux communes, en 1803, étaient demeurés sa propriété exclusive, et forma une demande en revendication. Subsidiairement, elle demandait qu'il fût procédé au partage de la plantation, proportionnellement à l'importance respective des deux communes dans la communauté dissoute. Ses conclusions principales et subsidiaires ont été successivement rejetées par le tribunal de Blois et la cour d'Orléans. L'arrêt de la cour d'Orléans, en date du 15 décembre 1848, est fondé sur ce que « les arbres, tant qu'ils tiennent au sol par racines, doivent être considérés comme immeubles; que les arbres plantés sur une route sont plutôt un objet d'usage public qu'un objet de rapport pour la commune qui les possède; que dès lors ils appartiennent, en vertu de l'article 5 de la loi du 18 juillet 1837, à la commune sur le territoire de laquelle ils sont plantés (1). »

---

(1) Dalloz, 1849, 2, 163.

98. Il est évident d'ailleurs que les immeubles servant à usage public, dont la loi règle ici la propriété, sont exclusivement ceux qui appartenaient à la commune ou à la section avant le changement du territoire. Mais, par exemple, s'il s'agissait d'une église ou d'un presbytère qui, au lieu d'être la propriété de la commune comme lui ayant été rendu par l'État en exécution de la loi du 18 germinal an x, fût exceptionnellement la propriété d'une fabrique qui l'aurait acquis, soit à titre gratuit, soit à titre onéreux, ou qui l'aurait fait bâtir de ses deniers, les droits de la fabrique ne seraient en rien modifiés (1).

99. Cette attribution de propriété, par suite de laquelle les droits existant avant le changement de circonscription sont souvent modifiés, peut donner lieu à une indemnité au profit de la commune ou de la section qui perd ses droits.

Cette indemnité était prévue dans plusieurs des projets de loi qui ont été successivement discutés dans les Chambres (2). Il n'en est plus question dans les articles 5, 6 et 7 de la loi; mais les rapports présentés à la Chambre des députés et à la Chambre des pairs ne peuvent laisser aucun doute sur l'intention du législateur.

« On a considéré, disait M. le baron Mounier dans le rapport fait à la Chambre des pairs, dans la séance du 27 mars 1837, que lorsqu'un édifice important pour une commune, une église, par exemple, lui serait enlevé avec la section sur le territoire de laquelle cet édifice était placé, il serait juste d'indemniser la commune d'une perte qu'elle serait peut-être obligée de remplacer à grands

---

(1) Nous avons analysé la législation et la jurisprudence sur la propriété des églises et des presbytères dans un travail publié par l'*Ecole des Communes*, 1854, p. 197 et 252.

(2) Voir l'*Appendice*.

frais. Le projet de loi a admis, en conséquence, le principe du payement d'une indemnité; mais, en l'énonçant,
le projet n'est point entré dans les moyens d'exécution;
il ne parle point de l'évaluation de cette indemnité; il ne
déclare point sur qui retomberait la charge; nous pensons qu'on y rencontrerait de grandes difficultés.

« Une section peu considérable est distraite d'une
commune; les habitants de cette section seront-ils tenus
de payer la valeur d'un édifice public construit sur son
sol? Ce serait leur imposer un fardeau accablant et arriver parfois à l'impossible. A la vérité, dans notre système, qui fait passer la propriété de l'édifice à la nouvelle commune, ce serait à elle à supporter le payement
de l'indemnité; il n'y aurait plus la même impossibilité.
Mais nous ferons remarquer que les cas de cette nature
seront évidemment bien rares ; qu'il ne faut pas s'en
préoccuper, et mentionner dans la loi une mesure d'une
application difficile et qui éveillerait tant de prétentions.

« Si l'on peut supposer des circonstances dans lesquelles il serait équitable d'indemniser une commune de
la privation de certains immeubles servant au public, ce
serait dans l'acte de séparation qu'on stipulerait cette
indemnité, soit en en fixant immédiatement la quotité, soit
en annonçant qu'elle serait fixée dans des formes déterminées. »

Et M. Vivien, dans son dernier rapport à la Chambre
des députés (séance du 16 mai 1837), s'exprimait ainsi :

« Les derniers articles du titre Ier ont subi quelques
changements. Le principe de l'indemnité que vous aviez
voulu consacrer au profit de la commune à qui la distraction d'une partie de son territoire enlevait un de ses
édifices publics, ne se trouve plus écrit dans la loi, mais
il n'est pas contesté. Les cas où l'indemnité sera due se
présenteront très-rarement : ils pourront être réglés par

l'acte même qui opérera la distraction, et peut-être une disposition générale et expresse aurait, comme on l'a craint, encouragé de nombreuses prétentions, le plus souvent dénuées de tout fondement. »

Aussi, le ministre de l'intérieur, dans une circulaire en date du 29 janvier 1848, relative aux changements de circonscription, prescrit aux préfets de faire procéder à une instruction spéciale sur ce point, lorsqu'ils ont à préparer des projets de réunion ou d'érection de communes.

« A l'égard des édifices servant à usage public, dit-il, et qui, aux termes de la loi, doivent suivre le sort du territoire sur lequel ils se trouvent situés, les indemnités ou compensations auxquelles leur délaissement forcé pourra peut-être donner lieu dans quelques circonstances extraordinaires, devront être réglées par l'ordonnance royale (ou par la loi) qui changera la circonscription. A cet égard, il n'existe aucune règle précise. Le législateur a eu l'intention évidente de tout laisser à l'appréciation de l'autorité administrative, parce qu'il n'était pas possible de régler *à priori* les cas, si divers, qui peuvent se présenter, ni même de rappeler des principes généraux dont l'application pût servir à résoudre les difficultés nées de la séparation. Ce sera donc à vous, monsieur le préfet, à examiner, dans chaque espèce, d'après les demandes des parties, et surtout d'après les circonstances qui auront précédé ou déterminé le projet de séparation, ce qu'il serait juste ou convenable de décider en même temps qu'on la prononcerait. Cette appréciation sera souvent très délicate et exigera de la part de l'administration une attention toute particulière. Je vous recommande d'y apporter un très-grand soin, afin que vos propositions soient toujours motivées sur des faits positifs. Plus le pouvoir attribué, en cette matière, à l'autorité administrative est indéfini, plus elle doit s'attacher à ce que ses décisions ne soient jamais fondées que sur une stricte équité. »

Ces traditions administratives ont reçu récemment la consécration du législateur lui-même. Une loi du 4 juin 1859 a réuni à la commune de Granville (Manche) une partie du territoire des communes de Saint-Nicolas et de Domville, entre lesquelles cette commune, bordée de l'autre côté par la mer, se trouvait resserrée. Par suite de l'application de l'article 5 de la loi de 1837, la modification des circonscriptions communales enlevait à la commune de Saint-Nicolas un presbytère bâti récemment sur la partie de son territoire qu'elle perdait. Un article spécial de la loi de réunion a disposé que la commune de Granville demeure chargée de payer à la commune de Saint-Nicolas une indemnité égale au préjudice qu'elle éprouvera par la privation de son presbytère et qui sera réglée administrativement.

Telles sont les règles établies par la législation actuelle, relativement à la propriété des immeubles servant à usage public.

100. Suit-il de là qu'il n'existe plus, depuis la loi du 18 juillet 1837, aucun immeuble de cette nature qui soit la propriété d'une section, et qu'en vertu de cette loi, tous ces immeubles aient dû devenir la propriété des communes dont les sections dépendent?

Nous inclinerions à penser que la loi n'a pu avoir et n'a pas eu cette sorte d'effet rétroactif.

D'autre part, la règle posée par la loi du 18 juillet 1837 devrait-elle désormais être appliquée à toute acquisition d'immeuble affecté à usage public qui serait faite par une section? Nous ne serions pas plus porté à l'admettre. Cette règle est une dérogation au droit commun; elle n'a été établie que pour faciliter les modifications de circonscriptions territoriales; elle doit donc être restreinte aux cas pour lesquels elle a été expressément faite.

A notre avis, l'état ancien des choses a été maintenu, et rien n'empêche que si, aujourd'hui, une section acquérait, à titre gratuit ou à titre onéreux, un immeuble de ce genre, elle n'en conservât exclusivement la propriété jusqu'au jour où elle serait distraite de la commune à laquelle elle appartient.

Ce n'est d'ailleurs pas dans un pur intérêt théorique que nous examinons cette question; la propriété entraîne des bénéfices et des charges, et nous estimons par suite que la section jouirait des uns et supporterait les autres à elle seule, à moins qu'elle ne voulût partager avec la commune et les bénéfices et les charges.

101. Quant à la jouissance des immeubles servant à usage public, dont la loi attribue la propriété à la commune sur le territoire de laquelle ils se trouvent, la loi ne la règle pas; mais, évidemment, tous les habitants de la commune y ont droit, et les habitants de la commune ou section réunie participent, lors même qu'ils n'apporteraient aucun bien de cette nature, à la jouissance de ceux de ces biens qu'ils trouvent dans la commune à laquelle ils sont réunis. C'est une des conditions essentielles de l'association communale.

II. — *Biens qui donnent lieu à une jouissance en nature.*

102. Droit exclusif de propriété et de jouissance attribué aux sections. — 103. Le mode de jouissance peut néanmoins être changé par le conseil municipal.

102. Les biens qui donnent lieu à une jouissance en nature sont exclusivement attribués, pour la propriété et la jouissance, aux sections qui les possèdent. La loi ne semble pas le dire expressément; dans l'article 5, elle ne parle que de la jouissance, et dans l'article 6, elle ne décide que sur la propriété, et ces deux articles traitent de

deux cas distincts de modifications de circonscriptions territoriales; mais ces deux cas sont au fond tellement analogues, et la discussion a été si nette sur ce point, qu'il n'y a pas de place pour le doute.

Ainsi les sections ont un droit exclusif de propriété et de jouissance sur les biens, donnant lieu à une jouissance en nature, qui leur appartiennent en propre.

103. Mais, en consacrant le droit exclusif de jouissance des sections, la loi n'a pas entendu que ces biens resteraient à tout jamais dans ces mêmes conditions et que le mode de jouissance n'en pourrait être changé. Une pareille immutabilité d'affectation serait souvent contraire aux intérêts mêmes des sections, et l'intérêt général du pays exige que, à moins de circonstances exceptionnelles, la jouissance en commun des pâtures communales disparaisse pour faire place à une exploitation plus fructueuse des terrains. Il suffit à cet égard de rappeler que la loi du 28 juillet 1860, sur la mise en valeur des biens communaux, s'applique aux biens des sections de même qu'à ceux des communes.

Nous avons vu, en traitant de la représentation des intérêts des sections, que les conseils municipaux ont en effet le pouvoir de changer le mode de jouissance des biens des sections, et d'affermer ou même de vendre les biens abandonnés jusque-là à la jouissance en nature. Seulement, une pareille mesure ne doit pas porter préjudice aux droits exclusifs des sections. Nous allons donner quelques développements sur cette règle dans le paragraphe suivant.

III. — *Biens qui donnent lieu à une perception de revenus, et biens aliénés.*

tion du revenu de ces biens. Distinctions à établir. — 107. Jurisprudence de l'administration établie dans le silence de la loi. — Emploi de ces produits au profit de la commune, sauf le cas où la section éprouve des besoins particuliers. — 108. Cas exceptionnel où les revenus en argent sont répartis entre les habitants des sections. Renvoi à l'*Appendice.*—109. Droits de la section à la jouissance du revenu des biens dont les habitants avaient la jouissance en nature au moment de sa réunion à la commune dont elle fait partie. Opinions émises lors de la discussion de la loi à la Chambre des pairs. Première jurisprudence du ministère de l'intérieur. — 110. Jurisprudence du Conseil d'État qui établit que les produits de l'amodiation de ces biens doivent profiter exclusivement aux sections. — 111. Suite de la jurisprudence qui a établi que les droits des sections peuvent être respectés, quoiqu'on emploie les produits de ces biens à des dépenses qui intéressent toute la commune, si la section ne paye que sa part de ces dépenses.—112. Nouvelle jurisprudence du ministère de l'intérieur conforme à la jurisprudence du Conseil d'Etat.—113. Opinions des auteurs. Discussion de l'opinion de M. Serrigny et de M. Caffin qui ont combattu la jurisprudence du Conseil. — 114. Consécration de la jurisprudence du Conseil par une décision du Sénat prise en 1860, au sujet d'une pétition, et par les observations contenues dans le rapport fait au Corps législatif en 1862, au nom de la commission chargée d'examiner le projet de loi sur la mise en valeur des terrains communaux. — 115. Droits des sections sur le produit de la vente de leurs biens.—Principes résultant de la loi. — Jurisprudence du ministère de l'intérieur et de la section de l'intérieur du Conseil d'Etat. — 116. Opinions émises en sens contraire par plusieurs auteurs, notamment par M. Caffin. — Discussion de leurs opinions. — 117. Résumé.

104. Quant aux biens qui donnent lieu à une perception de revenus, les sections en ont-elles la propriété et la jouissance exclusive? Il y a à cet égard des distinctions à établir.

Examinons successivement les règles relatives à la propriété, et les règles relatives à la jouissance.

105. En ce qui concerne la propriété, la question semble tranchée en faveur des sections par l'article 6 de la loi du 18 juillet 1837, qui dispose que la section de commune érigée en commune séparée *ou réunie à une autre commune* emportera la propriété des biens qui lui appartenaient exclusivement. A la vérité, la loi, dont nous avons signalé la rédaction défectueuse et incomplète, ne

dit pas que la section *conserve* la propriété des biens qu'elle *emporte*. Mais il ne peut rester de doute sur ce point en présence des explications que MM. Vivien et Mounier ont données dans leurs rapports à la Chambre des députés et à la Chambre des pairs (1).

106. Cependant cette opinion n'est pas acceptée par tous les auteurs. M. Trolley, dans son *Traité de la hiérarchie administrative*, soutient qu'une section de commune ne peut être propriétaire à titre privatif que de biens *communaux* proprement dits, c'est-à-dire de ceux de ces biens dont la jouissance est abandonnée aux habitants, les pâtis, les bruyères, les marais, les bois et les droits d'usage; mais que, quant aux biens *patrimoniaux*, c'est-à-dire ceux qui donnent des revenus, immeubles, rentes ou créances, ils appartiennent de plein droit, comme les immeubles affectés à un service public, à la commune dont la section dépend. Il conclut même de là que, si une donation ou un legs de biens patrimoniaux est fait à une section, c'est la commune qui en profite.

« L'indivisibilité de la commune, dit-il, voilà la règle générale, le fractionnement en sections, c'est un accident, une exception. Il faut un texte qui le consacre, or nous n'en trouvons que pour les *biens communaux*; cela suffit (2). »

Et plus loin il exprime l'opinion que lorsqu'une commune est réunie à une autre commune (ce qui la transforme en section), les biens patrimoniaux, les immeubles affermés, les rentes et les créances de la commune réunie deviennent *ipso jure* la propriété de la nouvelle commune. Selon lui, la commune, par sa réunion, a été

(1) Voir un extrait du rapport de M. Vivien, p. 222, et un extrait du rapport de M. le baron Mounier, p. 223.
(2) *Traité de la hiérarchie administrative*, t. Ier, p. 62 et suiv.

frappée de mort civile; elle a été absorbée par une autre commune. Comme section, elle ne peut posséder de biens patrimoniaux (1).

De son côté, M. Migneret, dans son *Traité de l'affouage*, admet en partie la même opinion. Il pense que, dans le cas de réunion de deux communes, les propriétés mobilières, rentes, capitaux mobiliers, etc., se confondent dans une seule et même masse (2).

Nous cherchons vainement quelle est la disposition de la loi sur laquelle seraient fondées ces opinions. L'article 5, qui prévoit le cas de formation de sections par suite de la réunion de deux ou plusieurs communes, ne parle que de la jouissance des biens dont les fruits sont perçus en nature, et de la propriété des immeubles affectés à usage public; on l'a déjà remarqué. L'article 6 dispose, en termes exprès, que la section de commune réunie à une autre commune emporte la propriété des biens qui lui appartiennent exclusivement, et c'est seulement pour les édifices et autres immeubles servant à usage public qu'elle en attribue la propriété à la commune à laquelle est faite la réunion. Il suit de là que la section conserve la propriété de tous les autres biens qu'elle a emportés; la loi ne fait aucune distinction entre les biens communaux proprement dits et les biens patrimoniaux. Cette distinction toute doctrinale, rappelée encore dans l'article 3 du titre Ier de la loi du 10 juin 1793, sans qu'on en ait d'ailleurs tiré aucune conséquence, n'est même plus mentionnée dans l'article 642 du Code Napoléon. Peut-on d'ailleurs admettre, comme le voudrait M. Trolley, que le silence de la loi suffit pour supprimer les droits qu'elle ne consacre pas? Les droits de propriété des

(1) *Traité de la hiérarchie administrative*, t. 1er, p. 77.
(2) P. 362.

sections sont consacrés par le droit commun comme ceux des individus, et ils ne sont pas moins respectables. La législation spéciale aux communes ne les modifie pas; ils subsistent par conséquent dans leur entier.

Sans doute, nous le verrons tout à l'heure, la loi n'a pas attribué, dans tous les cas, aux sections la jouissance exclusive des biens qui donnent lieu à une perception de revenus. Mais s'il a pu paraître nécessaire, pour maintenir l'unité communale, de restreindre, dans une certaine mesure, les droits de jouissance des sections, rien n'exigeait que leurs droits de propriété leur fussent enlevés.

Il était juste, au contraire, que la propriété leur restât, afin que, le jour où une section serait réunie à une autre commune ou érigée en commune séparée, (ce qui n'est pas sans exemple), elle emportât avec elle les biens patrimoniaux qu'elle avait apportés, comme elle emporte, de l'aveu de M. Trolley, les biens dits communaux.

Enfin il n'y a pas de raison pour que les sections formées par la réunion de deux communes soient traitées autrement qu'une section transportée du territoire d'une commune dans le territoire d'une autre. L'article 5, relatif aux réunions de communes, n'ayant pas réglé la question de propriété des biens patrimoniaux ou communaux, il faut appliquer par analogie les dispositions de l'article 6. C'est du reste la doctrine suivie par le ministre de l'intérieur dans sa circulaire du 29 janvier 1848; M. Jèze, dans l'article COMMUNE, inséré au *Dictionnaire général d'administration*, se prononce dans le même sens (1), et cette opinion est également partagée par M. Caffin dans son ouvrage sur les *Droits de propriété*

(1) P. 436.

*des communes et des sections sur les biens commu-
naux* (1).

Ainsi les sections ont la propriété exclusive des
biens qui donnent lieu à une perception de revenus.

106. Il n'en est pas toujours de même pour la jouissance
de ces biens. A cet égard, il faut distinguer entre les
revenus que produisaient les biens meubles ou immeubles de la section avant qu'elle fût réunie à la commune
dont elle dépend et les revenus qu'on retirerait d'un nouveau mode de jouissance des biens qui, à l'époque où la
réunion a été prononcée, étaient laissés à la jouissance
en nature des habitants.

107. En ce qui concerne les revenus en argent que la
section percevait sous cette forme avant sa réunion à la
commune dont elle dépend, c'est-à-dire, par exemple, à
l'époque où elle constituait une commune ayant une
existence propre, la loi paraît ne contenir aucune disposition, et ce silence est d'autant plus remarquable que,
dans plusieurs des projets qui ont été successivement
adoptés par les Chambres, de 1831 à 1837, à la suite de
la disposition de l'article 6, qui réserve aux sections la
jouissance exclusive des biens dont les fruits sont perçus
en nature, se trouvait un paragraphe portant : « Les revenus des autres biens meubles et immeubles entreront
au budget de la nouvelle commune (2). »

Mais il faut reconnaître qu'en se bornant à donner aux
sections la jouissance exclusive des biens dont les fruits
étaient perçus en nature, la loi semble avoir voulu exclure
la jouissance privative des biens qui donnaient lieu à une
perception de revenus. Les explications contenues dans
les rapports, et celles qui ont été échangées dans la dis-

(1) P. 93 et suiv.
(2) Voir l'*Appendice*, note 1.

cussion conduisent à cette conclusion. L'unité d'administration, a-t-on dit, emporte l'unité de budget et de caisse. Les revenus des biens des sections doivent être versés dans la caisse municipale, portés au budget et employés en principe à la satisfaction des besoins généraux de la commune. « Cette affectation, disait M. Vivien dans l'un de ses rapports déjà cité, constitue, si l'on peut s'exprimer ainsi, la dot de la section ou commune réunie. »

Cependant, comme la loi ne s'est pas formellement prononcée sur ce point, tout en admettant ce principe, on doit admettre également que, lorsque les sections éprouvent des besoins qui leur sont propres, il est juste d'y appliquer autant que possible le produit de leurs biens.

Telle était la jurisprudence du ministère de l'intérieur, avant la promulgation de la loi du 18 juillet 1837, et cette jurisprudence a été maintenue depuis cette époque.

Une lettre du ministre de l'intérieur, en date du 15 février 1834 (1), porte ce qui suit : « L'unité d'administration municipale, d'où résulte celle de la comptabilité et du budget dans une commune complexe, quels que soient le nombre et les droits distincts des sections dont elle se compose, ne permet pas d'admettre le concours de deux caisses communales différentes ; et il est de principe, il est naturel que les deniers de revenus versés dans la commune caisse servent aux besoins généraux de la communauté, comme il est de règle aussi que les revenus ordinaires soient employés avant toutes ressources extraordinaires, telles que la vente et l'impôt. La section propriétaire est d'ailleurs obligée de contribuer, pour sa part, aux dépenses d'administration commune, et, à cet égard, elle n'a point à se plaindre de la destination que reçoivent ses revenus libres.

(1) *Ecole des Communes*, 1840, p. 50.

« Mais, d'un autre côté, si cette même section éprouve des besoins réels qui lui soient propres, il n'est pas moins juste et naturel qu'elle puisse y pourvoir sur ses propres ressources. C'est alors que, réalisant les avantages de sa position particulière, elle profite effectivement de sa propriété; c'est en ce sens que doit être comprise la distinction établie par les instructions ministérielles. »

M. Davenne, ancien chef de la division de l'administration communale au ministère de l'intérieur, cite, dans son traité du *Régime administratif et financier des communes*, deux lettres analogues du ministre de l'intérieur, l'une, en date du 1er février 1837, l'autre, en date du 28 juin 1844 (1).

Nous pouvons encore citer une décision rapportée dans le *Bulletin officiel du ministère de l'intérieur* en 1862 (2).

On pourrait voir une application de cette doctrine dans une ordonnance rendue au contentieux le 3 février 1843 (*Communes d'Harprich et de Vallerange*).

Les deux communes d'Harprich et de Vallerange avaient été réunies en 1813. En 1832, elles avaient de nouveau été érigées en communes distinctes. Par suite de la séparation, il avait été procédé à une liquidation des dettes et créances de la communauté dissoute, et cette liquidation avait donné un reliquat de 11,750 francs 29 centimes. Il s'agissait de partager ce reliquat. La commune d'Harprich prétendait qu'elle avait le droit de prélever une somme de 6,561 francs 43 centimes qui provenait de plusieurs coupes effectuées dans les bois qui lui appartenaient exclusivement. Elle ne contestait pas que ces ressources n'eussent été dans l'indivision

(1) P. 224.
(2) P. 259.

pendant la réunion des deux communes ; mais elle soutenait que, par suite de la séparation, elles cessaient d'être affectées aux besoins communs et devaient lui revenir intégralement en même temps que ses propriétés.

Le Conseil d'État a repoussé cette prétention, par le motif « qu'au moment de la séparation des deux communes d'Harprich et de Vallerange, les fonds restant libres dans la caisse communale étaient, quelle que fût leur origine, indivis entre les deux communes, et que, d'après les dispositions des avis du Conseil d'État des 20 juillet 1807 et 26 avril 1808, le partage des biens indivis entre plusieurs communes doit être fait en raison du nombre des feux de chacune d'elles. »

Il est à remarquer d'ailleurs que la loi du 18 juillet 1837 n'est pas visée dans cet arrêt, qui, bien qu'il ait été rendu après la promulgation de cette loi, n'a pas eu à en faire l'application, attendu qu'il s'agissait d'interpréter et d'exécuter une ordonnance rendue en 1832, par conséquent avant la loi.

108. Il existe en outre des cas exceptionnels dans lesquels, conformément à d'anciens usages, très-antérieurs à 1789, le produit en argent des biens des sections est réparti, suivant certaines règles, entre les habitants ; et l'administration a toléré ce mode de jouissance depuis la loi du 18 juillet 1837, comme elle l'avait fait auparavant, se conformant en cela à la pensée du législateur exprimée dans ce passage du dernier rapport de M. le baron Mounier : « Les habitants d'une communauté qui cesse d'exister doivent conserver les avantages *individuels* dont ils jouissaient. »

Il en est ainsi dans le département de la Lozère. Nous avons cru devoir mentionner ce cas pour ne rien omettre. Mais il est tellement en dehors des règles générales qui

régissent la jouissance des biens communaux, qu'il nous
paraît préférable de renvoyer à l'*Appendice* les détails
qu'il demande (1).

109. Voyons maintenant quels sont les droits des sections, lorsqu'il s'agit des revenus de biens dont les habi
tants jouissaient en nature à l'époque où la section a été
réunie à la commune dont elle fait partie.

· L'article 5 de la loi de 1837 dispose, on l'a déjà dit,
que les habitants des sections conservent la jouissance
exclusive des biens dont les fruits étaient perçus en nature au moment de la réunion. Ces droits de jouissance
exclusive devraient-ils disparaître dans le cas où, après
la réunion, les biens seraient affermés?

M. le vicomte du Bouchage posait cette question,
lors de la discussion de la loi à la Chambre des pairs,
dans la séance du 28 mars 1835 (2). Il s'exprimait
ainsi :

« A qui appartiendront les fermages que pourra se
créer la section ou la fraction de commune nouvellement
réunie, lorsque cette section voudra affermer, postérieurement à la réunion, tout ou partie de ses pacages? Pre-
nez garde, ces pacages seraient condamnés à rester éter-
nellement en friches, si le produit de leur fermage ne
devait pas rester toujours à jamais à la section à laquelle
appartenait cette propriété avant la réunion, pour servir
aux besoins et usages de cette section, soit à l'entretien
de ses chemins vicinaux, soit à la décharge de ses centimes additionnels, etc. La fraction propriétaire aurait
un intérêt perpétuel à conserver ses propriétés en pacage
pour n'en pas partager le produit avec la totalité de la
commune. Vous ne voulez pas vouer ces propriétés,

(1) Voir l'*Appendice*, note 2.
(2) *Moniteur* du 29 mars 1335, p. 652.

qui sont fort considérables en terres, à rester éternelle-
ment en friches. »

Ces observations paraissent s'être perdues au milieu
d'une discussion confuse ; l'article débattu fut renvoyé à
la commission, qui, en rapportant une nouvelle rédaction à la Chambre, ne présenta pas de disposition spéciale sur ce point.

La question fut portée de nouveau devant la Chambre
des pairs par M. le baron Feutrier, dans la séance du
31 mars 1837 (1). Mais M. le baron Feutrier paraissait
être d'avis de la résoudre dans un sens contraire à celui
qu'avait indiqué M. le vicomte du Bouchage. Le rapporteur de la commission n'a pas donné de réponse positive.
L'amendement proposé par M. le baron Feutrier a été
mal compris et n'a pas été adopté.

M. Duvergier a soutenu, dans ses notes sur l'article 5
de la loi du 18 juillet 1837, que le changement qui se
produit, en pareil cas, dans le mode de jouissance des
biens, ne peut anéantir les droits exclusifs de la section,
et M. Dalloz, dans son *Répertoire*, se prononce dans le
même sens (2).

Toutefois, la jurisprudence n'a pas été tout d'abord
favorable aux sections.

Pendant un certain temps, de 1837 jusqu'en 1856, le
ministre de l'intérieur ne paraissait pas admettre qu'il y
eût aucune distinction à faire entre les revenus produits
par un changement de mode de jouissance des biens des
sections, et ceux qui étaient déjà perçus sous cette
forme à l'époque de la réunion des sections à la commune dont elles dépendaient. Ainsi, dans une décision
du 3 avril 1839, insérée au *Bulletin officiel* (3), où il

(1) *Moniteur* du 1er avril, p, 737.
(2) T. X, vo *Communes*, no 1823.
(3) 1840, p. 153, quest. 3e et 4e.

résout une série de questions relatives à l'établissement de taxes d'affouage, à l'amodiation et à la vente des biens des sections, il admet que si une commune a besoin de s'imposer de grands sacrifices pour faire face à quelques dépenses d'une urgente nécessité, telles que la construction d'une maison d'école, la reconstruction d'une église, le conseil municipal peut délibérer que les biens communaux en nature de pâturage, dont les habitants d'une section jouissent isolément, seront affermés aux enchères pour contribuer à l'acquittement de cette dépense. Seulement, il fait remarquer que l'on doit toujours observer une juste proportion dans les charges de chaque section, et que, dans aucun cas, les droits séparés des sections ne peuvent être confondus, en ce sens que les biens d'une seule section serviraient à l'acquittement des obligations de la commune entière. Cette réserve, un peu vague d'ailleurs, a même quelquefois été perdue de vue, et dans un ouvrage publié en 1844, M. Davenne, alors chef de division au ministère de l'intérieur, résumait la jurisprudence en disant que, si les biens d'une section étaient amodiés, les produits de la mise en ferme devaient être versés dans la caisse municipale et employés aux dépenses générales de la commune; que toutefois, si la section avait des besoins particuliers, le produit de ses biens devrait, autant que possible, y être appliqué (1). De son côté, M. Jèze, qui a rempli les mêmes fonctions que M. Davenne, dit également dans l'article COMMUNE, inséré au *Dictionnaire général d'administration*, que, d'après les instructions du ministère de l'intérieur, l'emploi des deniers provenant de biens sectionnaires doit être réglé par le conseil municipal, sous l'approbation du

---

(1) *Régime administratif et financier des communes*, p. 223.

préfet, d'après les besoins généraux de la commune
plutôt que d'après le droit privatif de la section (1).

Mais cette jurisprudence était-elle conforme à l'esprit
des dispositions des articles 5 et 6 de la loi du 18 juillet 1837?

Si le législateur a maintenu la jouissance exclusive
des habitants des sections sur les biens dont les fruits
sont perçus en nature, c'est pour ne pas amener des occasions de trouble dans les communes et ne pas créer
d'obstacles aux réunions par une fusion trop absolue des
droits des sections? Or, que deviendraient ces droits
exclusifs, si le changement de mode de jouissance de ces
biens suffisait pour en attribuer les produits à la commune tout entière? Nous avons vu que c'est au conseil
municipal seul qu'il appartient de délibérer sur la gestion des biens des sections. Le conseil municipal pourrait donc, le lendemain de la réunion, anéantir les droits
exclusifs de la section, en faisant cesser la jouissance en
nature et en amodiant ou en vendant les biens. Il eût
été dérisoire de reconnaître des droits aussi précaires. On
ne peut, sans doute, prétendre que les biens des sections doivent toujours être abandonnés à la jouissance en
nature, si ce mode de jouissance était établi au moment
de la réunion. Rien dans la loi n'autorise cette prétention, et les intérêts de l'agriculture doivent la faire écarter. Mais il faut que le nouveau mode de jouissance ne
porte pas atteinte aux droits exclusifs de la section.

110. La question a été soulevée, pour la première fois,
en 1856, devant le Conseil d'État, statuant au contentieux, et elle a été résolue en faveur des sections par un
arrêt du 4 septembre 1856 (*habitants de la section de
Parilly c. commune de Chinon*). La même doctrine a

_____

(1) P. 437.

été consacrée postérieurement par quatre nouvelles déci
sions, dont la dernière est du 2 février 1860 (1).

Voici dans quelles circonstances se présentait l'affaire
où le principe de la persistance des droits exclusifs des
sections a été posé pour la première fois.

Le conseil municipal de la commune de Chinon (Indre
et-Loire), dont la section de Parilly fait partie depuis
1792, avait voté l'amodiation des prairies dont les habitants de la section de Parilly avaient eu constamment la
jouissance en nature, avant comme après leur réunion
à la commune de Chinon, et il avait décidé que le produit de l'amodiation serait affecté à l'acquittement des
charges et dettes de la commune. La délibération avait
été approuvée par le préfet. Des habitants de la commune de Parilly se sont pourvus, pour excès de pouvoirs,
devant le Conseil d'État, contre la délibération du conseil municipal et l'arrêté du préfet. Ils soutenaient que,
d'après les articles 2 et 12 de la loi du 10 juin 1793,
et d'après l'article 5 de la loi du 18 juillet 1837, ils
ne pouvaient être dépouillés de la jouissance en nature
de leurs biens, et subsidiairement que, si le conseil municipal pouvait amodier ces biens, c'était au profit exclusif des habitants de la section que les produits de l'amodiation devaient être employés.

La commune répondait que le conseil municipal avait
le pouvoir, sous le contrôle de l'autorité supérieure,
d'administrer les biens communaux appartenant soit à
la commune, soit à une section de la commune, et qu'en

(1) 17 mai 1857 (*habitants de la section de Saint-Jean de
Louviers c. ville de Louviers*). — 10 février 1859 (*habitants de
la section de Paisy c. commune de Paisy-Cosdon*). — 5 mai 1859
(*habitants de la section de Massonay c. commune de La Chapelle-de-Guinchay*). — 2 février 1860 (*habitants de la section de
Saint-Louand c. commune de Beaumont-en-Verron*).

indiquant l'emploi qui serait fait du prix du fermage, le préfet avait réservé les droits des tiers.

Le ministre de l'intérieur combattait le pourvoi par une fin de non-recevoir; il soutenait que, d'après la jurisprudence du Conseil d'État et de la Cour de cassation, la délibération du conseil municipal votant l'amodiation, et l'arrêté du préfet qui approuvait cette délibération, étaient des actes de pure administration qui n'étaient pas susceptibles d'être attaqués devant le Conseil d'État par la voie contentieuse.

Cette fin de non-recevoir devrait, en effet, être opposée aux habitants d'une commune, s'ils prétendaient que le conseil municipal a mal apprécié les intérêts de la commune et les besoins des habitants, en substituant tel mode de jouissance à tel autre mode. Elle ne pouvait faire écarter le pourvoi des habitants de la section, qui ne soulevaient pas une simple question d'opportunité et de convenance, mais qui prétendaient que le conseil municipal et le préfet avaient violé les droits qui leur étaient expressément attribués par la loi de 1837, et avaient par là excédé leurs pouvoirs.

Le Conseil d'État n'a pas admis que les habitants des sections eussent le droit de conserver indéfiniment la jouissance en nature de leurs biens; mais en reconnaissant aux conseils municipaux le pouvoir d'amodier ces biens, il a décidé que les revenus provenant du nouveau mode de jouissance devraient encore profiter exclusivement à la section.

La décision est ainsi motivée :

« Considérant que, aux termes des articles 5 et 6 de la loi du 18 juillet 1837, les sections de commune réunies à une autre commune conservent la propriété de tous les biens qui leur appartenaient exclusivement et la jouissance exclusive des biens dont les fruits étaient perçus en nature au moment de leur réunion à la commune dont elles font partie ; que si, d'après les dispositions des articles 17 et 18 de la même loi, les conseils municipaux ont le droit, sous le contrôle de l'autorité supérieure, de régler le mode de jouissance et d'administration des biens appartenant soit aux communes, soit aux sections de commune, *l'exercice de ce pouvoir ne peut aller jusqu'à transférer à la commune entière la jouissance qui, dans le cas prévu par l'article 5 de la même loi, est réservée exclusivement à la section ;*

« Considérant que le conseil municipal de la commune de Chinon, par une délibération du 27 décembre 1855, se fondant sur ce que la section de Parilly doit contribuer à l'acquittement des charges et dettes dont la commune est grevée, a décidé qu'une partie des biens communaux qu'il reconnaît être la propriété de la section de Parilly, et dont les habitants de cette section jouissaient exclusivement en nature avant leur réunion à la commune de Chinon, seraient affermés pour six ans ; qu'à la suite de cette délibération, le préfet d'Indre-et-Loire, par son arrêté ci-dessus visé, a autorisé le maire de Chinon à procéder à l'adjudication de la mise en ferme de ces biens, et a décidé que le produit de ces fermages serait versé dans la caisse municipale et affecté au payement des charges et dettes de la commune ; que, par les dispositions précitées, le conseil municipal et le préfet ont méconnu les droits de la section de Parilly, et qu'ils ont, dès lors, excédé la limite de leurs pouvoirs. »

La décision rendue en 1857 consacre les mêmes principes ; il est bon toutefois de la citer, parce qu'elle montre comment les droits des sections peuvent être respectés sans que la jouissance en nature soit maintenue à perpétuité.

Plusieurs habitants de la section de Saint-Jean de Louviers attaquaient, comme violant les droits de la section, une délibération du conseil municipal de la commune de Louviers, approuvée par le préfet, qui avait décidé l'amodiation d'une prairie dont les habitants de la section jouissaient en nature de temps immémorial. Ils soutenaient que cette jouissance en nature ne pouvait leur être enlevée.

Le maire de la commune répondait, en défendant à ce pourvoi, que, si le conseil municipal avait voté la mise en ferme de la prairie, c'était parce qu'il avait été reconnu que la jouissance en nature ne profitait qu'à un petit nombre des habitants de la section, et qu'au contraire les revenus en argent, qu'on tirerait de l'amodiation, permettraient de procurer à la généralité de ses habitants des avantages spéciaux; il citait notamment la création de lavoirs publics.

Le Conseil a rejeté le pourvoi. Dans sa décision il rappelle, à peu près dans les termes que nous rapportions tout à l'heure, les pouvoirs des conseils municipaux pour la gestion des biens des sections de commune, et les droits que l'article 5 de la loi du 18 juillet 1837 attribue aux sections ; puis, appréciant les faits de l'espèce, il conclut ainsi :

« Mais considérant que le conseil municipal de Louviers, en décidant que la prairie des Jonquets, propriété de la section de Saint-Jean, serait affermée, a déclaré qu'il prenait cette mesure dans le but d'employer le produit de l'amodiation à la satisfaction des besoins des habitants de la section de Saint-Jean, et que le préfet de l'Eure a approuvé la délibération du conseil municipal en se fondant principalement sur l'affectation spéciale que ce conseil déclarait vouloir donner aux produits de l'amodiation ;

« Qu'ainsi les droits de jouissance exclusive attribués
à la section par les articles 5 et 6 de la loi du 18 juillet 1837 ont été expressément réservés, et que les habitants de la section ne seraient fondés à réclamer que dans
le cas où les produits de l'amodiation ne recevraient pas
la destination qui leur a été assignée par la délibération
du conseil municipal. (*Arrêt* du 17 mars 1857, *Lemoine
et Pelletier c. commune de Louviers.*)

111. A la suite de ces deux décisions, une question
nouvelle s'est présentée. Pour que les droits attribués
aux sections soient respectés, est-il nécessaire que le
conseil municipal affecte exclusivement le produit des
biens à la satisfaction des besoins spéciaux de la section?
S'il en devait être ainsi, il arriverait un moment où, les
besoins particuliers de la section étant satisfaits, le produit de ses biens ne pourrait plus recevoir aucun emploi.
Or, faudrait-il, dans ce cas, capitaliser les revenus, ou
faudrait-il en faire la distribution aux habitants des sections? Dans la première édition de notre livre, où nous
avons soulevé cette question, nous émettions la pensée
qu'elle pouvait être résolue d'une autre manière, qui
était préférable dans l'intérêt des communes et qui ne
lésait pas les droits des sections : c'était l'affectation du
surplus de ces revenus à l'acquittement de la part des
sections dans les dépenses générales de la commune.
Seulement, nous ajoutions que les ressources spéciales
de la section ne devaient pas être employées purement
et simplement à combler le déficit de la caisse municipale; qu'il faudrait que la section ne contribuât réellement à ces dépenses que pour sa part, et que les autres
sections de la commune vinssent fournir leur contingent
avec des ressources analogues ou d'une autre nature.
Nous invoquions, à l'appui de cette opinion, la jurisprudence du ministère de l'intérieur.

La question a été résolue dans ce sens par un arrêt du Conseil d'État en date du 10 février 1859, qui a confirmé, en la précisant, la jurisprudence de l'administration. Voici dans quelles circonstances cette décision a été rendue :

Les habitants de la section de Paisy et des Chainettes, dépendant de la commune de Paisy-Cosdon (Aube), jouissaient en nature, depuis le xvie siècle, d'une prairie dite le Marais. Ils n'avaient été jusque-là assujettis à aucune taxe pour le pacage, lorsque, en 1857, le conseil municipal, usant du pouvoir qui lui est attribué par l'article 17 de la loi du 18 juillet 1837, de régler le mode de jouissance des pâturages communaux et les conditions à imposer aux parties prenantes, décida que les habitants de la section, qui envoyaient leurs bestiaux au pâturage dans le pré, dit le Marais, payeraient une taxe annuelle de 5 fr. par tête de vache ou de taureau, et que cette somme serait payable entre les mains du receveur municipal. Le préfet du département de l'Aube avait approuvé purement et simplement cette délibération.

On voit qu'il ne s'agissait pas là d'un changement radical du mode de jouissance des biens des sections; qu'il s'agissait seulement de grever d'une redevance la jouissance en nature qui était maintenue; mais il s'agissait toujours du droit des sections au revenu en argent tiré de leurs biens.

Un grand nombre d'habitants de la section de Paisy et des Chainettes s'étaient alors pourvus devant le ministre de l'intérieur contre la décision du préfet. Ils prétendaient qu'en admettant que le conseil municipal eût le pouvoir de changer un mode de jouissance établi depuis un temps immémorial, il ne pouvait faire verser dans la caisse municipale le produit de la taxe de pacage qui appartenait exclusivement aux habitants de la section.

Le ministre de l'intérieur avait rejeté ce recours en se fondant : 1° sur ce que le conseil municipal avait agi dans la limite des pouvoirs qui lui sont conférés par l'article 17 de la loi du 18 juillet 1837 ; 2° sur ce que la taxe dont il s'agissait ne saurait être, par sa nature, la propriété des habitants de la section, et que le préfet avait d'ailleurs, sur la communication qui lui avait été donnée du recours des habitants, exprimé l'intention d'appliquer, lorsqu'il aurait à statuer sur l'emploi du produit de la taxe, la règle en vertu de laquelle les revenus des biens des sections doivent être employés, en premier lieu, à satisfaire les besoins des sections propriétaires, et ensuite à concourir aux dépenses qui intéressent toute la commune pour une part proportionnelle au chiffre des quatre contributions directes payées par les habitants de la section.

Les habitants de la section avaient déféré au Conseil d'État la décision du ministre de l'intérieur, l'arrêté du préfet et la délibération du conseil municipal. Ils soutenaient que les droits exclusifs qui leur étaient réservés en vertu de l'article 5 de la loi du 18 juillet 1837 n'avaient pas été respectés complétement par le ministre de l'intérieur ; qu'ils étaient encore violés par l'affectation d'une partie du produit de la taxe au payement des dépenses générales de la commune.

La commune de Paisy-Cosdon répondait que si les droits de la section n'avaient pas été réservés par la délibération du conseil municipal, ils étaient complétement sauvegardés par la décision du ministre de l'intérieur ; qu'en effet, si une partie du produit de la taxe devait être employée à acquitter la part de la section dans les dépenses générales de la commune, les habitants de la section seraient déchargés par là des contributions que les autres habitants de la commune auraient à supporter.

Le ministre de l'intérieur estimait, par les mêmes motifs, que sa décision devait être maintenue.

Le Conseil d'État, prenant acte des déclarations faites par le ministre et par la commune et qui assuraient le respect des droits de la section, a rejeté le pourvoi.

Les premiers considérants de la décision rappellent, d'une part, le pouvoir qui appartient au conseil municipal de régler le mode de jouissance des biens des sections de commune et de fixer les conditions à imposer aux parties prenantes, d'autre part, les droits exclusifs attribués aux sections par les articles 5 et 6 de la loi de 1837. Il est inutile de les reproduire. Puis, le Conseil applique ces principes aux faits de l'espèce dans les termes suivants :

« Considérant que le conseil municipal de la commune de Paisy-Cosdon, en décidant que les habitants de la section de Paisy, qui envoyaient leurs bestiaux au pâturage dans le pré, dit le Marais, appartenant à cette section, seraient assujettis à payer une taxe annuelle de 5 francs par tête de vache ou de taureau, et que cette taxe serait payable entre les mains du receveur municipal, n'a pas réservé les droits de la section sur le produit de cette taxe;

« Mais que le ministre de l'intérieur n'a maintenu la décision du préfet, qui a homologué cette délibération, qu'en se fondant sur ce que le préfet avait déclaré qu'il veillerait à ce que le produit de la taxe fût employé, en premier lieu, à la satisfaction des besoins particuliers de la section, *et, lorsque ces besoins seraient satisfaits, à contribuer au payement des dépenses générales de la commune, pour une part proportionnelle au montant des quatre contributions directes payées par les habitants de la section, en déchargeant ces habitants, jusqu'à due concurrence, des contributions établies pour faire face aux dépenses communales;*

« Que, devant nous, la commune déclare qu'elle entend faire du produit de la taxe un emploi conforme à la décision du ministre, et qui tourne au profit exclusif des habitants de la section ;

« Qu'ainsi les droits de jouissance exclusive attribués à la section par l'article 5 de la loi du 18 juillet 1837 sont expressément réservés, et que les habitants de la section ne seraient fondés à réclamer que dans le cas où les produits de la taxe ne recevraient pas la destination qui leur a été assignée par la décision de notre ministre de l'intérieur. »

La même règle est expressément reproduite dans l'arrêt du 5 mai 1859 (*habitants de la section de Massonay c. la commune de la Chapelle de Guinchay*), et dans l'arrêt du 2 février 1860 (*habitants de la section de Saint-Louand c. la commune de Beaumont-en-Verron*). Dans ces deux affaires, la question était soulevée à l'occasion de l'amodiation de biens des sections.

Il nous paraît suffisant de citer une partie de cette dernière décision, où plusieurs questions, étrangères à celle qui nous occupe, étaient résolues, pour montrer quelle importance le conseil a attachée à préciser les droits réservés aux sections :

« Considérant que, par sa seconde décision du 11 juillet 1857, qui rejette le nouveau recours formé devant lui par les habitants sus-nommés de la section de Saint-Louand contre ces mêmes délibération et arrêté (délibération du conseil municipal votant l'amodiation des biens de la section de Saint-Louand et arrêté approbatif du préfet), notre ministre ne s'est pas borné à maintenir les amodiations attaquées et à ordonner, en réservant les droits de la section, que le produit des amodiations serait versé dans la caisse municipale ; que notre ministre a autorisé, en outre, le conseil municipal de Beaumont à employer le produit desdites amodiations au payement des dépenses générales de la commune, bien que celle-ci eût reconnu devant le tribunal de Chinon que les prés affermés appartiennent exclusivement à la section de Saint-Louand, et que notre ministre s'est fondé, pour autoriser cet emploi, sur ce que le produit des fermages n'excédait pas la part que la section doit supporter dans lesdites dépenses, d'après le principal des quatre contributions directes payées par les habitants de Saint-Louand;

« Considérant que cette dernière disposition n'a pas eu pour objet de décharger jusqu'à due concurrence les habitants de Saint-Louand des contributions auxquelles ils auraient été imposés pour le payement des dépenses générales de la commune; qu'ainsi la décision attaquée aurait pour résultat de faire profiter tous les habitants de la commune, sans distinction, du fermage des prés dont la section de Saint-Louand est propriétaire, et, par suite, de priver la section du bénéfice d'une jouissance exclusive de ce fermage; d'où il suit que notre ministre a méconnu les dispositions des articles 5 et 6 de la loi du 18 juillet 1837 et qu'il a excédé ses pouvoirs. »

112. Cette jurisprudence est aujourd'hui complétement acceptée par le ministre de l'intérieur. On la trouve rappelée et appliquée dans plusieurs décisions insérées au *Bulletin officiel* en 1857, 1858, 1860 et 1862 (1). Dans une des décisions rendues en 1862, le ministre avait à prononcer sur la question de savoir si, dans le cas où les sections, après un changement de mode de jouissance de leurs biens, doivent profiter exclusivement des revenus de ces biens, il est nécessaire d'établir un budget et un compte par section. Le ministre répond que cette

(1) 1857, p. 215 ; — 1858, p. 228 ; — 1860, p 119 ; — 1862, p. 159, 193 et 488.

mesure est inadmissible. « Elle aurait pour résultat, dit-il, de compliquer sans nécessité la comptabilité. De même qu'il n'y a qu'une caisse pour la commune, il ne doit y avoir qu'un budget et un compte de gestion. Il convient donc de ne rien changer sous ce rapport à ce qui existe, sauf à l'administration supérieure, lorsqu'elle règle le budget, à ajouter aux articles des recettes et des dépenses certaines annotations qui permettent de distinguer l'intérêt sectionnaire de l'intérêt communal proprement dit (1). »

Cette dernière décision fait voir combien, lors de la discussion de la loi de 1837, on s'était exagéré les difficultés que pouvait entraîner dans la pratique le respect des droits des sections.

113. La doctrine établie par les arrêts du Conseil que nous venons de citer a été approuvée par M. Dalloz dans son *Recueil périodique de législation et de jurisprudence* (2), et vivement défendue par M. Chauveau (Adolphe), professeur de droit administratif à la faculté de Toulouse (3).

Mais elle a rencontré des contradicteurs. Ainsi, M. Serrigny, professeur de droit administratif à la faculté de Dijon, l'a combattue dans la *Revue critique de législation et de jurisprudence* (4).

Toutefois, nous devons dire que sa discussion n'a porté que sur l'arrêt du 4 septembre 1856, le premier de ceux que nous avons cités, et qu'il lui a prêté en partie un sens différent de celui qu'il lui aurait incontestablement reconnu s'il avait pu le comparer avec les arrêts posté-

(1) Il est également nécessaire, ce nous semble, que cette distinction soit faite par l'administration municipale, lorsqu'elle propose et qu'elle vote le budget.
(2) 1857, p. 31.
(3) *Journal de droit administratif*, 1858, p. 216.
(4) 1857, p. 199.

rieurs, qui ont confirmé, précisé et développé la jurisprudence du Conseil. Ainsi, il paraît croire que cet arrêt
interdit d'une manière absolue le bail à ferme des biens
ruraux appartenant aux sections de commune, lorsque
les habitants en avaient la jouissance en nature. S'il en
était ainsi, l'arrêt serait contraire à la loi ; mais on a vu
que tel n'est pas le sens de la décision, et qu'elle reconnaît aux conseils municipaux le pouvoir de changer
le mode de jouissance de ces biens, à la condition que
les produits du nouveau mode de jouissance seront exclusivement employés dans l'intérêt des sections.

Il est vrai que, sur ce dernier point, M. Serrigny, sans
être aussi affirmatif que sur le premier, incline cependant
dans un sens contraire à la jurisprudence du Conseil.
« S'il s'agissait d'un prix de vente, dit-il, je comprends
qu'il y aurait excès de pouvoir à dire qu'il servira à payer
les charges et dettes de la commune ; mais il me semble
qu'il doit en être autrement des fermages. Ces fermages
ne sont que des fruits, et si les fruits perçus en nature
appartenaient aux habitants de la section, on aurait tort
d'en induire qu'il doit en être de même des fermages.
Donner à la section un droit de suite sur de simples
fermages, ce serait, comme le disait M. Vivien dans son
rapport, maintenir à jamais des intérêts et des droits
distincts, rendre nécessaires deux budgets, deux comptabilités et presque deux conseils municipaux. »

Mais, à ces craintes exagérées de divisions intestines
au sein des communes, nous pourrions répondre que le
meilleur moyen d'établir de bons rapports entre les
différentes sections d'une commune n'est pas de substituer à une jouissance en nature, qui profitait exclusivement aux habitants de la section, une amodiation dont le
produit tournerait au profit de l'ensemble de la commune. Que les habitants des sections soient dépouillés

de leur jouissance par une amodiation ou par une vente, ils n'en sont ni plus ni moins dépouillés. Ces fusions violentes d'intérêts, que le législateur de 1837 n'avait pas prévues, seraient plutôt faites pour exciter l'hostilité entre les différentes sections que pour établir une communauté définitive et complète.

La jurisprudence du Conseil a rencontré un adversaire plus décidé dans M. Caffin, auteur d'un livre sur *les droits de propriété des communes et des sections de commune* que nous avons déjà cité et discuté. Selon lui, le Conseil d'État, en statuant sur cette question, aurait empiété sur les attributions de l'administration active, qui est seule juge des difficultés que peut soulever la gestion des biens communaux et l'emploi des produits de ces biens ; il aurait, en outre, empiété sur les pouvoirs de l'autorité judiciaire, seule compétente pour prononcer sur les droits que les sections pourraient prétendre à la propriété ou à la jouissance des biens communaux.

En admettant même la compétence du Conseil d'État, M. Caffin soutient que la doctrine qui résulte de ses décisions est contraire aux principes de l'ancien droit, — aux traditions suivies jusqu'en 1837, — à la loi du 18 juillet 1837, telle qu'elle a été expliquée par les rapporteurs à la Chambre des députés et à la Chambre des pairs, — à la jurisprudence antérieure du Conseil d'État lui-même, — enfin, à la jurisprudence constante du ministère de l'intérieur.

La réfutation de ces critiques si graves et si multipliées se trouve déjà faite par avance dans l'exposé qui précède. Cependant, nous croyons devoir passer rapidement en revue ces griefs sur lesquels M. Caffin a insisté dans une brochure publiée en 1861 pour la défense de son livre.

Et d'abord, la compétence du Conseil d'État, pour statuer sur les questions qui lui étaient soumises, ne nous paraît pas contestable. Le Conseil n'a pas usurpé les attributions de l'administration active ; nous l'avons montré en discutant l'avis émis par le ministre de l'intérieur dans l'affaire des habitants de la *section de Parilly*, jugée par l'arrêt du 4 septembre 1856. En effet, il n'a pas statué sur la convenance ou l'opportunité d'une mesure d'administration votée par un conseil municipal ; il a statué sur la question de savoir si les délibérations des conseils municipaux et les arrêtés des préfets qui lui étaient déférés avaient violé les droits exclusifs réservés aux sections de commune par la loi. M. Caffin soutient, il est vrai, que les sections n'ont pas de droits en pareil cas ; mais c'est précisément la question qu'il s'agit de résoudre, et, comme le Conseil d'État a reconnu que la loi avait maintenu les droits des sections, il était compétent pour les faire respecter et pour annuler les décisions qui y avaient porté atteinte.

Le Conseil d'État n'a pas empiété davantage sur les attributions des tribunaux civils. En effet, devant lui, les communes ne contestaient pas que les sections eussent la propriété des biens dont le revenu avait été affecté aux payement des dépenses générales. La question de l'emploi des revenus était seule en discussion.

Or, nous pouvons répondre à M. Caffin avec un arrêt de la Cour de cassation, en date du 23 avril 1855 (*commune d'Huismes c. section de Saint-Mexmes*), que nous avons déjà rapporté et qu'il cite lui-même dans un autre endroit :

« ..... Qu'il s'agissait non d'une question de propriété, mais de l'étendue des pouvoirs de l'administration municipale, à l'effet d'affermer ou d'aliéner les biens de la section pour sa part contributive dans l'acquittement des charges extraordinaires de la commune, et de la proportion dans laquelle la section pouvait être tenue de concourir, sur les prix des baux ou des aliénations, aux dépenses communes ; que *ces questions sont essentiellement de la compétence administrative.* »

Au fond, peut-on dire que les principes de l'ancien droit avaient établi, d'une manière formelle, que les revenus en argent des biens des villages étaient toujours affectés aux besoins généraux de toute la communauté, de la paroisse dont les villages faisaient partie? Les vagues indications que M. Caffin a puisées dans les *Répertoires* de Denizart, de Guyot et de Merlin ne tranchent pas la question. Ces auteurs ne mentionnent pas les droits des sections, des villages ; ils ne les excluent pas par leur silence.

Pour nous, malgré de longues recherches dans les anciens auteurs, qui sont généralement peu explicites sur l'administration des biens communaux, nous n'avons pu rien découvrir qui établît la règle qu'énonce M. Caffin.

Ce qui nous porterait à croire qu'elle n'existait pas, c'est que, de 1789 jusqu'à 1837, nous ne voyons pas qu'elle ait passé ni dans la pratique, ni dans la doctrine, ni dans la législation.

Le silence que la loi du 9 ventôse an XII et l'ordonnance du 7 octobre 1818 ont gardé sur les droits des sections ne peut rien prouver contre ces droits. Quant aux deux décrets du 10 octobre 1811 et du 17 janvier 1813, qui, en prononçant la réunion de deux communes, n'auraient réservé aux sections créées par cette réunion que leurs biens communaux et leurs droits d'usage, on ne peut pas en induire qu'ils aient réservé exclusivement les fruits perçus en nature, car la formule employée dans ces décrets, comme dans beaucoup d'autres de la même époque, que M. Caffin aurait pu citer, consacrait expressément les droits de propriété des sections sans les restreindre. Ainsi un décret du

5 avril 1813, portant réunion de quatre hameaux à la
commune d'Arezzo, contenait la disposition suivante :
« Lesdits hameaux continueront toutefois à *jouir séparément* des droits de propriété, usage et autres qui pourraient leur appartenir. »

En exposant, au commencement de ce chapitre, l'état
de choses antérieur à la loi du 18 juillet 1837 et la discussion de cette loi, nous avons montré que les sections
ne conservaient pas seulement la jouissance des biens
dont les fruits étaient perçus en nature; qu'elles avaient
aussi la jouissance des revenus en argent; que ce fait
avait été affirmé devant la Chambre des députés à plusieurs reprises : par M. Charlemagne en 1834, par
M. Gillon en 1837, et M. Gillon déclarait qu'il s'était
fait l'organe d'un grand nombre de ses collègues (1).
Nous n'avons pas besoin de reproduire les citations qui
établissent que les règles posées par les arrêts récents du
Conseil d'État ne datent pas seulement de ces dernières
années, et que, ni les principes du droit, ni les nécessités de l'administration municipale ne s'opposent à ce
que les sections conservent la jouissance des revenus en
argent de leurs biens.

Maintenant, la loi du 18 juillet 1837 a-t-elle modifié
les droits des sections? Là est en somme la véritable
question. Nous reconnaissons bien que le législateur,
qui voyait, en général, avec inquiétude les droits des sections, n'a pas cru devoir leur laisser la jouissance des
revenus en argent qu'elles retiraient de leurs immeubles
avant leur réunion en une seule commune.

Mais faut-il conclure de là que, malgré les termes de
l'article 5, qui conserve aux habitants des sections la
jouissance exclusive des biens dont les fruits *étaient*

(1) V. p. 214 et 215.

perçus en nature au moment de la réunion à la commune dont elles font partie, cette jouissance doit cesser quand cesse la jouissance en nature ? Nous ne croyons pas que rien, dans le texte de cet article, ni dans la discussion à laquelle il a donné lieu, autorise une telle conclusion. Pour qu'on pût interpréter ainsi le texte, il faudrait qu'il eût été dit que les habitants des sections conserveraient la jouissance exclusive des biens dont les fruits *seraient* perçus en nature.

La question des effets du changement de mode de jouissance de ces biens n'avait pas été aperçue par les rapporteurs. Elle a été soulevée à deux fois dans la Chambre des pairs sans être résolue ; nous l'avons déjà indiqué.

Mais M. le baron Mounier déclarait formellement, dans son rapport fait à la séance du 27 mars 1837, que « les habitants d'une communauté qui cesse d'exister doivent conserver les avantages individuels dont ils jouissaient.., que ces habitants doivent continuer à jouir des fruits qu'ils percevaient en nature, tandis que les biens dont les revenus étaient appliqués aux dépenses générales de la communauté doivent être réunis à ceux de la nouvelle commune. » Or, en fin de compte, il faut dire, pour se conformer au texte de l'article 5 de la loi de 1837 et aux intentions de ses auteurs, ou bien que la jouissance en nature ne peut pas être enlevée aux habitants des sections, ou bien que, si elle cesse, les revenus en argent doivent profiter exclusivement à ces habitants. Il n'y a que ces deux moyens de leur conserver, pour prendre les paroles de M. le baron Mounier, les avantages individuels dont ils jouissaient au moment de la réunion.

Sans doute, on arrive ainsi à donner aux habitants des sections des droits plus étendus que ceux qui leur sont attribués à l'égard des biens dont les produits étaient perçus en argent au moment de leur réunion à la commune dont ils dépendent; mais il ne faut pas oublier que leur situation est très-différente dans les deux cas, et que les avantages accordés à ces habitants, comme condition de la réunion, seraient illusoires, si le conseil municipal avait le droit d'augmenter les revenus de la commune, en privant les habitants des sections de la jouissance en nature.

Aussi, lorsque le Conseil d'État a été chargé, en 1850, de préparer un projet de loi sur l'administration intérieure, et s'est trouvé amené à reprendre une à une les dispositions de la loi de 1837, la section de législation, présidée par le regrettable M. Vivien, qui avait été le principal rapporteur de cette loi à la Chambre des députés, loin de proposer de restreindre les droits exclusifs des sections, avait voulu donner à ces droits de nouvelles garanties et préciser davantage les principes sur lesquels la loi pouvait laisser planer quelques doutes.

Nous avons déjà dit qu'elle avait proposé, lors de la deuxième lecture du projet de loi sur l'administration des communes, une disposition ainsi conçue, qui aurait formé l'article 94 : « Le mode d'administration des biens dont la jouissance s'exerce en commun, et qui appartiennent à une section de commune, ne peut être changé que sur l'avis conforme d'une commission syndicale nommée par la section, conformément à l'article 3. Si ces biens sont amodiés, le revenu qui en résulte doit être exclusivement appliqué dans le budget aux dépenses de la section. »

L'article fut écarté par l'assemblée générale du Conseil. Mais une commission de l'Assemblée législative, chargée d'examiner une proposition de M. Dufournel sur les biens communaux, et qui avait eu connaissance de la discussion du Conseil, reprit la même pensée qu'elle soumettait au vote de l'assemblée dans les termes suivants : « Lorsque les biens retirés de la jouissance en commun en vertu de la présente loi, appartiendront à une section de commune, il sera fait emploi des revenus dans l'intérêt de la section, et les dépenses relatives à cet emploi seront, s'il y a lieu, inscrites d'office au budget de la commune, comme en matière de dépenses obligatoires. » (*Projet rectifié présenté le 24 décembre* 1850.) On sait que ce projet n'a pas abouti. Après de vifs débats dans les séances du 4 et du 6 janvier 1851, l'assemblée repoussa le principe sur lequel il reposait, à savoir, le droit donné au conseil général du département d'imposer à un conseil municipal un mode de jouissance des terrains vagues de la commune. Le projet a été renvoyé à la commission et n'a pas eu de suite.

Mais on voit par ces deux projets que la pensée de dépouiller les sections des revenus qu'on retirerait de leurs biens, quand on leur en enlevait la jouissance en nature, avait été formellement écartée.

Enfin, M. Caffin a opposé aux arrêts du Conseil que nous avons rapportés quelques arrêts antérieurs. Mais, parmi ces décisions, la seule qui ait directement rapport à la question qui nous occupe, à savoir, le décret rendu au contentieux, le 24 janvier 1856 (*section de Saint-Louand c. commune de Beaumont*), n'a rejeté le recours formé contre la délibération du conseil municipal de Beaumont, qui votait l'amodiation des biens de la section de Saint-Louand, que parce que le préfet avait expressément réservé les droits de la section à la jouissance des fermages. Ainsi, le Conseil d'État n'a pas varié dans ses doctrines.

Quant à la jurisprudence du ministère de l'intérieur, nous avons indiqué qu'après avoir reconnu, d'une manière moins explicite toutefois que le Conseil d'État, les droits des sections, elle les avait abandonnés à la discrétion des conseils municipaux, sous la surveillance de l'autorité supérieure; mais que, depuis plusieurs années, elle est entièrement conforme à la jurisprudence du Conseil d'État.

114. La jurisprudence du Conseil a été consacrée, nous croyons pouvoir le dire, par une délibération récente du Sénat.

Le Sénat s'est trouvé saisi, en 1860, de la question des droits exclusifs des sections par une pétition d'un maire du département de Saône-et-Loire, qui demandait que les sections ne pussent avoir la jouissance exclusive de leurs biens communaux qu'autant que l'acte qui aurait prononcé leur réunion à la commune dont elles dépendaient aurait formellement réservé cette jouissance à leur profit. La commission du Sénat chargée d'examiner cette pétition proposait de l'écarter par l'ordre du jour. Le rapporteur rappelait que les droits des sections à la propriété et à la jouissance de leurs biens, quel que fût le mode de jouissance, étaient consacrés par la loi du 18 juillet 1837 et par la jurisprudence du Conseil d'État, et que ces droits étaient aussi inviolables que les droits de propriété des particuliers. Conformément à la proposition de la commission, le Sénat a passé à l'ordre du jour (1).

Enfin, cette jurisprudence a reçu encore une sorte de consécration législative, lors de la discussion de la loi du 28 juillet 1860, sur la mise en valeur des marais et terres incultes appartenant aux communes.

Dans le rapport fait par l'honorable M. du Miral, au nom de la commission du Corps législatif chargée d'examiner ce projet de loi, on voit en plusieurs endroits les droits des sections rappelés avec une grande netteté, et notamment leur droit exclusif à la jouissance des produits

(1) *Moniteur* du 3 mai 1860.

du fermage de leurs biens, dans le cas où la jouissance en nature viendrait à être supprimée. La commission signalait même les entraves que ces droits pouvaient ap-, porter à la mise en valeur des biens communaux par les procédés actuellement employés, et elle en concluait que, dans les pays où les sections étaient nombreuses, il serait nécessaire de recourir au partage des biens communaux.

Le rapporteur indiquait d'abord les difficultés qu'on rencontrerait en cas de vente, et voici comment il s'exprimait : « En dehors des cas de dépenses communales nécessaires, auxquelles les habitants des sections peuvent préférer de contribuer par la vente d'une portion de leurs communaux plutôt que par une imposition extraordinaire, comment et pourquoi pourrait-on vendre les pâturages qui leur sont propres? Si c'était pour en verser le prix à la caisse communale qui n'y a aucun droit, ce serait encore aujourd'hui, comme du temps du conventionnel Baraillon (1), une véritable spoliation, une perturbation agricole sans excuse. Si c'était pour en distribuer le prix aux habitants de la section, on procurerait, sans aucun motif, un bénéfice aux habitants les plus riches, qui seuls pourraient acheter; on exposerait les moins fortunés à dissiper la somme mobilière qui leur reviendrait; on jetterait le désordre dans les exploitations rurales, et on se trouverait, pour la distribution du prix, en face des difficultés qui se présentent pour le partage des fonds. La vente sur une grande échelle aurait d'ailleurs l'inconvénient grave d'avilir la propriété privée. »

(1) Baraillon, député de la Creuse à la Convention nationale, fit, le 20 thermidor an III, une motion tendant à l'abrogation de la loi du 10 juin 1793, qui autorisait le partage des biens communaux par tête entre tous les habitants.

Passant ensuite à l'amodiation, le rapporteur disait :
« Le fermage ne serait ni moins irrationnel, ni moins impraticable. En admettant que les habitants des sections se décidassent, ce qui est improbable, à devenir fermiers des biens dont ils sont au moins les usufruitiers, ou que des étrangers à la section se risquassent, malgré l'éloignement de leurs exploitations, et contre le gré des possesseurs, à en prendre la location, que ferait-on du prix de fermage? N'est-il pas évident qu'on rencontrerait alors les mêmes embarras qu'en cas de vente; que si on distribuait la rente aux habitants, on se livrerait à une puérile comédie; qu'en ce cas, la location ne serait qu'un partage temporaire déguisé; que si, au contraire, on versait le prix dans la caisse municipale, on ne l'enrichirait qu'en en dépouillant les habitants? Aucune mesure, dans les pays pastoraux, ne saurait être plus inique, plus anti-agricole, plus impopulaire, plus impolitique, plus révolutionnaire dans le mauvais sens du mot; car ce serait une confiscation de jouissance équivalant à une confiscation de propriété. »

Voilà comment la commission du Corps législatif qualifiait le système qu'a également condamné la jurisprudence du Conseil d'État. Nous ne croyons pas avoir besoin d'insister davantage à cet égard.

115. Mais après avoir examiné quels sont les droits des sections sur le produit de l'amodiation de leurs propriétés, nous avons à rechercher quels sont leurs droits sur le produit de la vente de ces biens.

Les règles relatives à l'emploi du produit des revenus sont-elles applicables au prix de vente?

On vient de voir que, dans l'opinion de la commission du Corps législatif chargée d'examiner le projet de loi sur la mise en valeur des biens communaux, discuté en 1860, les sections ont un droit exclusif au prix de vente de leurs biens. Cette opinion est-elle conforme aux principes et à la jurisprudence?

Nous croyons tout d'abord qu'elle est conforme aux principes. La loi de 1837 ne contient aucune disposition qui tranche la question. Mais ne suffit-il pas qu'elle consacre le droit de propriété des sections pour qu'on en doive conclure que les immeubles appartenant aux sections ne peuvent être vendus au profit des communes? Il faudrait une disposition expresse pour autoriser la commune à dépouiller la section, et cette disposition n'existe pas.

La jurisprudence du ministère de l'intérieur s'est prononcée depuis longtemps en ce sens. Dans une décision du 3 avril 1839, insérée au *Bulletin officiel* (1), et dont nous avons déjà cité des passages, le ministre examinait la question de savoir si le conseil municipal pouvait proposer l'aliénation des biens communaux appartenant à une section pour employer le produit de la vente à l'amortissement de la dette communale, et il répondait : « Non, parce qu'une seule section n'est pas tenue de subvenir au payement d'une dette qui porte sur toute la commune. Elle ne doit y contribuer que dans la proportion, soit du nombre de ses feux, soit du montant de ses contributions, suivant la nature de l'obligation. »

Le ministre ne faisait en cela qu'appliquer une doctrine consignée dans plusieurs avis antérieurs du comité de l'intérieur du Conseil d'État. Dans plusieurs circonstances, le comité, délibérant sur des projets d'ordonnance qui étaient soumis à son examen, avait émis l'avis qu'il n'y avait pas lieu d'autoriser les conseils municipaux à aliéner des immeubles ou des rentes appartenant

---

(1) 1840, p. 155, quest. Vᵉ.

exclusivement à des sections de commune et dont le produit était destiné à payer la totalité de la dépense de la construction d'une maison d'école ou de halles dont la commune tout entière devait profiter. La justice lui avait paru exiger que chacune des fractions de la commune contribuât, pour sa part, à une dépense d'intérêt général (Avis du 9 janvier 1833, *commune de Castéra-Verduzan.* — 18 juillet 1836, *commune de Bois-Arnault*).

Cette jurisprudence est toujours en vigueur. Nous en pouvons citer plusieurs exemples récents. En 1858, le ministre de l'intérieur soumit à la section de l'intérieur un projet de décret qui autorisait l'aliénation d'une centaine d'hectares de bois et terrains boisés appartenant à la section de Saint-Broing, dépendant de la commune de Faverolles.

Le ministre, dans son rapport à l'appui du projet de décret, exposait que ces immeubles étaient grevés de charges qui absorbaient la plus grande partie des revenus (c'est-à-dire d'un droit d'affouage au profit des habitants), et que la vente procurerait à la commune les ressources dont elle avait besoin pour la réparation de ses édifices publics et pour l'amélioration des voies de communication de la section de Saint-Broing.

La section de l'intérieur, dans un avis en date du 18 novembre 1858, a exprimé l'opinion qu'il n'y avait pas lieu de donner suite au projet de décret, et l'un des principaux motifs sur lesquels elle s'est fondée, c'est que « l'utilité du projet d'aliénation pouvait être contestée, puisqu'il n'était pas allégué qu'elle fût nécessitée par les besoins de la section de Saint-Broing, et que la commune de Faverolles ne saurait en appliquer le produit à ses besoins particuliers. »

Un autre décret, adopté par la section de l'intérieur du

Conseil d'État, le 25 avril 1862, a fait application du même principe. La commune de Pionnat, composée d'un assez grand nombre de sections, avait besoin de ressources extraordinaires pour pourvoir aux dépenses de construction d'une maison d'école avec salle de mairie, de travaux de réparations à l'église et au cimetière, et de travaux à exécuter sur les chemins vicinaux. Plusieurs des sections de la commune avaient des biens communaux, d'autres n'en avaient pas. Le décret autorise l'aliénation, aux enchères publiques, de 100 hectares 47 ares 18,centiares de biens communaux appartenant à plusieurs sections, et il autorise en même temps une imposition extraordinaire qui doit porter exclusivement sur-les habitants des autres sections. Chacune des fractions de la commune fournit ainsi sa part de la dépense avec ses ressources propres.

Il est vrai que, dans un projet de décret plus récent, adopté par la section de l'intérieur, le 24 juin 1862, et que nous avons déjà mentionné en traitant de la représentation des intérêts des sections (1), on a autorisé, pour subvenir aux frais de la reconstruction d'une des églises de la ville de Châlons (Saône-et-Loire), c'est-à-dire d'une dépense qui était à la charge de la commune entière, la vente de biens appartenant à une section, en même temps que l'établissement d'une imposition extraordinaire pesant sur les habitants de toute la commune, et dont ceux de la section n'étaient pas dispensés. Mais ce décret confirme encore la jurisprudence, bien loin d'y déroger ; car il n'a autorisé l'aliénation des biens de la section dans de pareilles conditions que parce que l'emploi du produit de l'aliénation à cette dépense, qui, d'ailleurs, intéressait particulièrement la section, avait été approuvé, après le

(1) V. chap. IV, p. 177.

vote du conseil municipal, par une commission syndicale représentant la section et constituée à cet effet en vertu d'instructions spéciales du ministre de l'intérieur.

Le droit de la section avait donc été reconnu, puisqu'on lui avait demandé d'en faire le sacrifice, et qu'elle avait consenti à l'abandonner.

Le Conseil d'État, statuant au contentieux, n'a pas eu à se prononcer sur cette question. Mais il nous semble que les règles qu'il a posées au sujet du revenu des biens retirés de la jouissance en nature seraient à plus forte raison applicables au prix de vente des biens des sections.

116. Nous devons dire toutefois que cette jurisprudence n'est pas acceptée par tous les auteurs. Ainsi M. Davenne, qui, ainsi que nous l'avons déjà indiqué, n'admet pas que les sections aient, dans aucun cas, un droit exclusif à la jouissance du revenu de leurs biens, émet la même opinion pour le prix de la vente des biens des sections, et il estime que les sommes qui proviennent de la vente, comme celles qu'on retire de l'amodiation, doivent être employées aux dépenses générales de la commune, sauf le cas où la section aurait des besoins particuliers (1).

M. Trolley, dans son *Traité de la hiérarchie administrative,* enseigne aussi que, « si la section vend, afferme son communal ou impose quelque taxe aux parties prenantes, le capital, le revenu ou les taxes tombent dans la caisse municipale (2). »

De son côté, M. Caffin, dont nous avons déjà plusieurs fois discuté les opinions, ne fait aucune distinction entre le prix de la vente des biens des sections et le produit de

(1) *Régime administratif et financier des communes,* p. 223.
(2) T. I, p. 78.

l'amodiation (1). Il les met à la disposition des conseils municipaux, sous le contrôle de l'autorité supérieure, sans reconnaître aucun droit propre aux sections. Il invoque le passage du rapport de M. Vivien, que nous avons déjà cité, dans lequel il est dit que l'on ne pourrait conserver à une section la jouissance des revenus en argent que produisaient ses biens à l'époque de sa réunion à la commune dont elle fait partie, sans détruire les effets de la réunion, sans rendre nécessaires deux budgets, deux comptabilités et presque deux conseils municipaux; et, faisant remarquer que l'on éprouverait les mêmes embarras si l'on voulait attribuer à la section un droit exclusif sur le prix de l'aliénation de ses biens, il en conclut que, pour se conformer à l'esprit de la loi, il faut refuser aux sections un pareil droit. Selon M. Caffin, l'esprit des articles 5 et 6 de la loi du 18 juillet 1837 peut se résumer ainsi : « Il est bien vrai que les communes ou sections ne perdent pas en se réunissant la propriété de leurs immeubles; mais leurs droits sur ces biens ne restent pourtant plus entiers. Le conseil municipal de la nouvelle commune peut les anéantir par des aliénations. De certains qu'ils étaient, ils sont devenus éventuels, ainsi que l'ont expliqué les auteurs de la loi (2). »

Or, nous ne voyons nulle part dans la loi une disposition qui autorise une pareille conclusion. La loi consacre, au contraire, formellement le droit de propriété des sections. Quant aux rapporteurs à la Chambre des députés et à la Chambre des pairs, ils ne paraissent pas avoir prévu ou du moins avoir voulu régler le cas de vente

---

(1) *Des droits de propriété des communes*, etc., p. 176.
(2) Brochure publiée en 1861 sous le même titre que l'ouvrage précédemment cité, p. 42.

des biens des sections. Sans doute ils ont témoigné la crainte que l'administration municipale ne devînt très-compliquée dans le cas où l'on réserverait aux sections la jouissance du produit des biens qui donnaient des revenus en argent au moment de leur réunion à la commune dont elles font partie. Mais on ne peut nullement s'autoriser de ces craintes, dont nous avons montré déjà l'exagération, pour conclure que le législateur a voulu enlever aux sections le droit exclusif à la jouissance du produit de la vente de leurs biens. En effet, la situation est toute différente ; on peut comprendre que le droit de propriété des sections subsiste, quoique les revenus provenant de leurs biens soient affectés à une destination qui ne leur profite pas exclusivement. Mais que resterait-il de ce droit de propriété, si la commune pouvait vendre le bien à son profit ? Et, d'autre part, la somme provenant d'une vente est ordinairement employée à une dépense extraordinaire ; et cet emploi, une fois fait, n'entraîne pas dans la comptabilité la complication qu'on peut craindre pour l'emploi de revenus annuels, en admettant qu'il y ait là une complication sérieuse.

La question de l'emploi du prix de vente des biens des sections a été soulevée, lors de la discussion de la loi du 28 juillet 1860, sur la mise en valeur des biens communaux. Elle n'a pas été résolue dans la loi elle-même. En réponse à l'interpellation qui lui était adressée, M. le président du Conseil d'État s'est borné à s'en référer à la jurisprudence (1).

117. En résumé, les sections conservent la propriété des biens meubles ou immeubles qui produisent des revenus.

Quant aux revenus, il faut distinguer. S'il s'agit de biens qui produisaient déjà des revenus en argent avant

---

(1) Voir le *Moniteur* du 21 juillet 1860.

la réunion de la section à la commune dont elle dépend, la jouissance n'en appartient pas exclusivement à
la section. La commune peut en employer les revenus à
la satisfaction de ses besoins généraux, sauf à accorder
la préférence à la section, si celle-ci a des besoins particuliers. Mais l'emploi des sommes, dans ce cas, ne soulève que des questions de convenance et d'équité, et non
une question de droit.

S'il s'agit, au contraire, de biens dont les habitants
jouissaient en nature et que le conseil municipal juge
convenable d'amodier, ou dont il croit devoir tirer un
produit sous quelque forme que ce soit, par exemple
au moyen de l'établissement d'une taxe de pâturage, la
section a droit à ce que les revenus résultant de ce changement dans le mode de jouissance tournent exclusivement à son profit.

Seulement, elle ne serait pas fondée à exiger que les
revenus soient dépensés exclusivement en travaux sur son
territoire ou d'une manière quelconque à la satisfaction
de ses besoins propres. Ses droits peuvent être respectés
par l'affectation de la totalité ou d'une partie des revenus au
payement des dépenses générales de la commune, pourvu
que ses habitants ne payent que leur part de ces dépenses et qu'ils soient déchargés jusqu'à due concurrence
des contributions extraordinaires imposées, en vue d'y
faire face, aux habitants de la commune.

Enfin, le produit de la vente des biens des sections
doit toujours être employé exclusivement au profit des
sections propriétaires, dans les conditions que nous venons d'indiquer.

Telles sont les règles qui résultent des principes du
droit, de la loi du 18 juillet 1837, des traditions de l'administration et de la jurisprudence du Conseil d'État.

Sans doute il serait plus aisé pour les administrations

municipales et pour l'autorité supérieure, qui les contrôle et les dirige, de fondre ensemble et d'appliquer sans distinction aux besoins généraux de la commune les revenus et même, le cas échéant, le prix de la vente de tous les biens communaux dont les sections ont la propriété et la jouissance. Mais la loi n'a pas voulu anéantir ainsi les droits propres des sections, et, en admettant que cela fût possible, cela n'eût été ni sage ni juste. Que si le respect de ces droits peut entraîner certaines complications dans les pays où les sections sont très-nombreuses, c'est par des transactions, par des accommodements ménagés à l'amiable que l'administration pourra concilier tous les intérêts. Mais, dans une question de droit, ce n'est pas une difficulté pratique qui peut empêcher l'application de la loi.

---

§ III. — DES BIENS QUE LES SECTIONS POSSÈDENT PAR INDIVIS ET DU PARTAGE DE CES BIENS.

I. *Cas dans lesquels les sections ont des droits dans l'indivision.*

118. Les sections peuvent posséder des biens par indivis avec d'autres sections ou des communes. — 119. Des portions de commune qui n'avaient pas d'existence distincte au sein de la commune dont elles sont séparées, peuvent constituer des sections par suite de cette séparation, et posséder des biens dans l'indivision. — 120. Reconnaissance de ce principe par la jurisprudence antérieure à la loi de 1837. La section ou la portion de commune détachée de la commune dont elle dépendait conserve tous ses droits de copropriété et de jouissance sur les biens de cette commune; notamment, ses droits à l'affouage, ses droits sur le quart en réserve des bois communaux. — 121. Par réciprocité, la section ou portion de commune réunie n'acquiert aucun droit sur les biens de la commune à laquelle elle est réunie. Ce principe est vrai, même pour un seul domaine qui serait réuni à une commune. — 122. Consécration du même principe par la jurisprudence postérieure à la loi du 18 juillet 1837. Décision du Conseil d'État contraire à cette jurisprudence.

118. On a vu que, d'après les articles 5 et 6 de la loi du 18 juillet 1837, les sections de commune ont la propriété et la jouissance exclusive des biens qui donnent lieu à une jouissance en nature, et qu'elles ont aussi la propriété et, dans certains cas, la jouissance des biens qui donnent lieu à une perception de revenus.

L'état d'indivision dans lequel elles pourraient se trouver à l'égard de ces biens avec d'autres sections ou des communes ne nuit en rien à leurs droits. Aussi, en cas de distraction, elles emportent ces droits, soit de propriété, soit d'usage, sur les immeubles comme sur les meubles, à moins qu'il n'ait été procédé préalablement à un partage, d'après les règles que nous aurons à examiner plus loin.

La loi de 1837 laisse subsister à cet égard le droit commun, en faisant, par son article 7, « réserve, dans tous les cas, de toutes les questions de propriété. »

119. Ce que nous disons des sections doit évidemment s'appliquer aux portions de commune qui n'avaient pas d'existence distincte au sein de la commune dont elles faisaient partie, et qui en sont distraites pour être réunies à une autre commune. Ce changement de territoire les constitue à l'état de sections. Dès lors, elles seraient fondées à revendiquer leur part dans la propriété des biens donnant lieu à une perception de revenus et des biens qui donnent lieu à une jouissance en nature.

M. Persil l'expliquait fort nettement dans des observations qu'il soumettait à la Chambre des députés, en 1834, comme rapporteur de la commission chargée d'examiner le projet de loi présenté en 1833 (1).

« Supposez, disait-il, que ce ne soit pas une section entière, mais une portion de cette section qu'il s'agisse de réunir : alors, quels seront les droits de cette portion de section?

« Les principes, à cet égard, sont absolument les mêmes (que dans le cas où une section entière est séparée d'une commune et réunie à une autre).

« Si ce sont des droits de propriété sur un bois, sur un champ, sur un pré, il y aura propriété indivise entre la portion de section qu'on sépare et la portion de section qui reste. Cela est conforme au principe de notre article, qui consiste à dire qu'il n'appartient pas à la loi de juger les questions de propriété.

« Ainsi, quand toute une section est propriétaire et qu'on sépare la moitié de la section, la propriété est possédée par indivis. Si les deux portions de section veulent partager et que le partage soit possible, on le fera, ou bien on licitera d'après les formes établies par la loi. En tout état de choses, on agira entre commune et section de commune comme on agit entre simples particuliers qui sont propriétaires.

. . . .

« Il y aura indivision des droits de pâturage comme il y aura indivision des droits de propriété; on les partagera et on les licitera de la même manière. »

120. Ce principe était déjà reconnu par l'autorité administrative et par l'autorité judiciaire avant la loi du 18 juillet 1837.

La Cour de cassation et plusieurs cours d'appel avaient

(1) Séance du 27 février 1834. *Moniteur* du 28, p. 438.

décidé que les habitants d'une section ou d'une portion de commune incorporée à une autre commune conservent tous leurs droits de copropriété et de jouissance sur les biens de la commune dont ils ont été distraits, par exemple, leurs droits d'affouage.

Ainsi, la commune de Fontenay prétendait que les hameaux de Trémeurs et du Haut-du-Mont, ayant été détachés de son territoire et incorporés à celui de la commune de Trémonzey, et se trouvant, par cette séparation, dispensés de toute participation aux charges communales, ne pouvaient plus jouir des bénéfices de l'affouage. Cette prétention fut repoussée par un jugement, que la cour de Nancy confirma en ces termes :

« Attendu que les hameaux, quoique ayant cessé, depuis l'arrêté du 12 avril 1824, de faire partie de la commune de Fontenay pour être réunis à celle de Trémonzey, n'ont pas perdu les droits qu'ils avaient antérieurement sur les forêts situées sur le ban de Fontenay ; qu'il est reconnu, en principe fondé sur la justice et le droit commun, que la réunion des communes ne doit porter aucune atteinte à leurs droits respectifs de propriété, etc. » (*Arrêt du 18 avril* 1826.)

Le pourvoi formé contre cet arrêt a été rejeté par la Cour de cassation (*Arrêt du 13 mai* 1828) (1).

Un arrêt de la cour de Besançon, en date du 31 juillet 1835 (*commune d'Oselle c. Gueydans*) (2), a consacré la même doctrine au sujet des droits d'affouage.

Une section garde également ses droits de copropriété et de jouissance sur le quart en réserve des bois de la commune dont elle dépendait antérieurement. La cour de Nancy et la Cour de cassation l'ont décidé dans les cir-

---

(1) Dalloz, 1828, I, 245.
(2) *Id.*, 1837, I. 195.

constances suivantes : « La commune de Ronceux refusait à une section de la ville de Neufchâteau, qui avait
antérieurement fait partie de la commune de Ronceux,
sa part du prix du quart en réserve des bois de la commune, en prétendant qu'il fallait distinguer, parmi les
biens des communes, entre les biens communaux et les
biens patrimoniaux; que, pour les premiers, l'usage et le
produit en appartenaient à tous les habitants et à chacun
d'eux, et que, sans doute, les modifications du territoire
ne portaient pas atteinte aux droits des habitants sur
ces biens; mais qu'il n'en était pas de même pour les
biens patrimoniaux, dont le produit n'appartenait pas aux
habitants, mais était employé par l'administration municipale aux besoins de la commune.

Le tribunal de Neufchâteau, et après lui la cour de
Nancy, avaient rejeté cette prétention, en se fondant sur
ce que « la réunion des communes ou sections de commune ne porte aucune atteinte à leurs droits respectifs ;
qu'une section de commune conserve ceux dont elle
jouissait avant son incorporation, et que l'article 562 du
Code Napoléon n'admet aucune distinction entre les diverses espèces de biens communaux. »

La Cour de cassation, reprenant les mêmes motifs, a rejeté le pourvoi formé contre l'arrêt de la cour de Nancy
(*Arrêt du 30 janvier* 1831) (1).

Le comité de l'intérieur du Conseil d'État avait également reconnu, dans un avis en date du 13 février 1833
(*communes de Fry et de Beauvoir*), que la section détachée d'une commune emporte avec elle et conserve
tous les droits réels de propriété et de jouissance séparés
ou indivis qu'elle exerçait sur le territoire de son ancienne commune; que, dès lors, si une portion des biens

(1) DALLOZ, *Répertoire* vᵒ *Commune*, nᵒ 1818, note 3.

communaux sur laquelle elle exerçait des droits indivis vient à être aliénée après la séparation, elle est fondée à demander le partage du prix de ces biens qui a été versé dans la caisse municipale.

121. Par une juste réciprocité, il était de jurisprudence, avant la loi de 1837, que la réunion d'une section à une commune ne fait acquérir à la section aucun droit sur les biens de même nature qui appartenaient à cette commune. C'est ce qu'avaient décidé, spécialement au sujet des droits d'affouage, l'arrêt du Conseil d'État du 17 juin 1813 (*commune de Tourmont c. hameau des Soupois*), dont nous avons rappelé les termes (1), et l'arrêt du 27 mai 1816 (*commune de Tréveray*), rendu dans des circonstances analogues.

La Cour de cassation avait jugé, par arrêt du 18 avril 1815 (*commune de Roquefort c. commune de Montpezat*), que la réunion de deux communes ne faisait acquérir ni à l'une ni à l'autre des anciennes communes devenues sections aucun droit de copropriété sur les biens qu'elles possédaient respectivement avant leur réunion, et notamment sur les terres vaines et vagues situées dans le territoire de chacune d'elles (2).

Et ce principe, vrai pour un hameau, pour un groupe d'habitations, est également vrai pour un domaine, pour une seule habitation. Quelque petite que soit la fraction de territoire jointe à une commune, ses habitants n'acquièrent par leur réunion aucun droit de copropriété ni de jouissance sur les biens de cette commune.

Le ministre de l'intérieur s'était prononcé en sens contraire dans deux décisions, en date du 23 vendémiaire an XI, et du 16 juin 1814, portant que les acquéreurs

(1) Voir plus haut, p. 209.
(2) DALLOZ, *Répertoire* v° *Commune*, n° 1818, t. X, p. 122.

de biens du clergé, qui, avant la Révolution, ne faisaient partie du territoire d'aucune commune, devaient être admis à jouir des affouages de la commune dans le territoire de laquelle ces domaines avaient été compris (1).

Mais la circonstance sur laquelle le ministre se fondait pour motiver une exception au principe établi si nettement dans l'arrêt du Conseil d'État du 17 janvier 1813 est assurément indifférente. Que ces domaines fissent ou non partie d'une commune antérieurement à leur réunion à la commune dont ils dépendaient, les habitants de ces fractions de territoire ne pouvaient acquérir, sur les biens de la commune, les droits qui, au contraire, n'auraient pu leur être contestés s'ils étaient venus s'établir sur l'ancien territoire de cette commune.

La cour de Besançon a consacré ce principe dans un arrêt en date du 28 février 1828 (*Bonnet c. commune de Champagney* (2). Il s'agissait, dans cette affaire, d'un domaine qui avait été séparé d'une commune pour être réuni à une autre. Les habitants du domaine prétendaient avoir droit à l'affouage, et la cour a repoussé leur demande, en se fondant sur ce qu'il n'y avait aucune raison de différence entre le cas de l'espèce et celui où un village ou hameau devient, par l'effet d'une réunion semblable, section d'une commune.

Le comité de l'intérieur a également reconnu, dans un avis du 25 octobre 1833 (*commune de Puilly*), que la réunion à cette commune d'une fraction de territoire qui ne renfermait qu'une maison ne donnait à l'habitant de cette maison aucun droit sur les biens de la commune.

Cet avis a été rendu au sujet d'une réclamation formée par le conseil municipal de la commune de Puilly devant

---

(1) Ces décisions sont rapportées par Proudhon, dans son *Traité des droits d'usage*, n° 966, où il les combat vivement.
(2) Dalloz, *Répertoire* v° *Commune*, n° 1818, t. X, p. 124.

le ministre de l'intérieur, contre un arrêté du préfet du département des Ardennes, qui autorisait le sieur Lustoubourg, dont la ferme avait été réunie à la commune par ordonnance royale du 8 février 1832, à participer à la distribution des affouages de cette commune. Le ministre de l'intérieur avait consulté le comité sur cette affaire, et le comité a pensé qu'il y avait lieu d'annuler l'arrêté du préfet par les motifs suivants :

« Considérant que l'ordonnance qui a prononcé la réunion de la ferme du sieur Lustoubourg à la commune de Puilly a expressément statué que cette réunion avait lieu sans préjudice des droits d'usage et autres réciproquement acquis; qu'aux termes de la loi du 10 juin 1793 et du décret du 17 janvier 1813, le bénéfice des fruits communaux appartient exclusivement, sauf titres ou usages contraires, aux habitants demeurant sur le territoire de la commune ou de la section de commune propriétaire du fonds; que le sieur Lustoubourg ne produit aucun titre et n'allègue aucun usage dans la commune de Puilly qui puissent appuyer sa prétention, et qu'en fait la ferme du sieur Lustoubourg, composée de plusieurs bâtiments, ne peut être considérée que comme une section réunie au corps de la commune de Puilly pour l'ordre de l'administration, mais n'ayant acquis par cette réunion aucun droit sur les propriétés qui appartenaient à la commune avant la réunion. »

122. La loi du 18 juillet 1837 n'a en rien modifié la doctrine qui résulte de cette longue jurisprudence et qui a été adoptée unanimement par les auteurs (1), et constamment suivie par l'administration.

_____

(1) Voir notamment *Dictionnaire général d'administration,* v° *Commune,* p. 398. — PROUDHON, *Traité des droits d'usage,* n° 860, 730 et 966 à 975. — MIGNERET, *Traité des droits d'affouage,* p. 366, etc.

Nous pouvons citer dans le même sens un arrêt récent de la Cour de cassation. Voici dans quelles circonstances il a été rendu :

Une ordonnance royale du 23 décembre 1832 a distrait une partie du territoire de la commune de Poussay, pour le joindre à celui de la ville de Mirecourt. L'article 2 de cette ordonnance porte que la réunion a lieu sans préjudice des droits d'usage et autres qui seraient réciproquement acquis.

Cette portion du territoire de Poussay, connue sous le nom de Maisons-Rouges, jouissait, lors de la réunion, de l'affouage dans les bois de la commune, et elle a continué à user de ce droit jusqu'en 1848. Mais, depuis cette dernière époque, la commune de Poussay a cessé de comprendre les habitants de Maisons-Rouges dans le rôle des affouages.

L'administration municipale de Mirecourt ayant actionné la commune de Poussay devant le tribunal de Mirecourt, pour faire rétablir les habitants de la section de Maisons-Rouges dans le droit d'affouage dont ils jouissaient jusqu'alors, la commune de Poussay avait décliné la compétence du tribunal civil.

Le tribunal se déclara compétent, et, au fond, reconnut en principe le droit des habitants de Maisons-Rouges à l'affouage dans la forêt de Poussay, mais restreignit ce droit aux seuls habitants des maisons existantes au moment de la réunion de Maisons-Rouges au territoire de la ville de Mirecourt.

La cour impériale de Nancy avait infirmé le jugement sur ce dernier chef. Elle avait décidé que le droit aux affouages devait être reconnu à tous les habitants actuels et futurs de la section de Maisons-Rouges, remplissant d'ailleurs les conditions fixées par la loi, notamment par l'article 105 du Code forestier.

Devant la Cour de cassation, la commune de Poussay soutenait : 1° que la cour de Nancy avait excédé ses pouvoirs en appréciant les effets d'une ordonnance qui, prononçait la distraction d'une section de commune, et sa réunion à une commune différente; 2° qu'elle avait violé l'article 105 du Code forestier et l'article 542 du Code Napoléon, et faussement appliqué les articles 5 et 6 de la loi du 18 juillet 1837, en décidant que les habitants d'une section distraite d'une commune conservent, après la distraction, leurs droits à l'affouage dans les bois de la commune dont cette section a cessé de faire partie, et que ce droit appartient même aux individus qui viendraient habiter ladite section postérieurement à la distraction.

La Cour de cassation a maintenu la compétence de l'autorité judiciaire dans des termes que nous rapportons plus loin; puis elle a statué ainsi qu'il suit sur les droits de la section : « Attendu que l'affouage n'est qu'un mode particulier de la jouissance des produits de la chose commune et indivise; que, sous ce rapport, l'exercice du droit d'affouage n'est que l'exercice même du droit de propriété; attendu que le décret du 17 janvier 1813 décide en termes exprès que la réunion des communes ne doit porter aucune atteinte à leurs droits de propriété respectifs;

« Attendu que les décisions de l'autorité publique, qui, par des considérations purement administratives, réunissent ou divisent plusieurs communes ou sections de commune ne peuvent, en effet, exercer aucune influence sur les droits de propriété ou de copropriété qui leur appartenaient avant les décrets qui règlent les nouvelles circonscriptions communales; qu'il résulte de ce principe que la section de commune réunie à une commune voisine n'acquiert aucun droit sur les biens de cette commune dont les produits se perçoivent en nature, et que par suite, elle doit conserver tous ses droits sur les biens de la communanté dont elle est administrativement séparée ; que, d'après ce qui précède, il est manifeste que l'arrêt attaqué, en décidant que la section de Maisons-Rouges conservera pour l'avenir son droit aux affouages de Poussay, et que le bénéfice en sera étendu à toutes les maisons construites sur son territoire, a fait une saine application des règles de droit en cette matière, et qu'il y a lieu de rejeter le pourvoi. » (*Arr. du 18 juillet 1861, commune de Poussay c. ville de Mirecourt* (1).)

Une partie de ce système paraît cependant en contradiction avec une décision assez récente du Conseil d'État. Dans une espèce où des habitants d'une section réclamaient leur admission à l'affouage dans la commune dont cette section avait été séparée, le Conseil a décidé que les droits d'affouage étant inhérents à la qualité d'habitant, la réserve *des droits d'usage ou autres* faite dans la loi qui avait détaché cette section de la commune dont elle dépendait précédemment, ne s'appliquait pas à ces droits, dont les réclamants ne jouissaient qu'en qualité d'habitants de la commune, et que, par suite, les habitants de la section ne pouvaient participer à la jouissance et à la distribution des affouages appartenant à leur ancienne commune. (*Arr. cons.*, 7 *février* 1848, *commune de Jandun*). Mais nous devons faire remarquer que cette décision est isolée, et qu'elle nous paraît s'écarter des vrais principes consacrés par les arrêts du Conseil et par ceux de la Coùr de cassation et des cours d'appel que nous citions tout à l'heure. Il nous est donc permis de penser qu'elle ne passera pas en jurisprudence. En effet, ce qu'elle dit des droits d'affouage, il faudrait le dire des droits de vive pâture et des divers droits d'usage exercés

(1) Dalloz, 1862, I, 85.

par les habitants des communes, soit dans les forêts de l'État, soit dans les forêts des particuliers. Tous ces droits sont inhérents à la qualité d'habitants des communes, et dès lors les habitants des sections s'en trouveraient dé pouillés par suite des distractions. On comprend que les habitants d'une commune qui cessent d'y résider perdent les droits attachés à l'habitation de son territoire; mais ici c'est le territoire lui-même qui est divisé : les droits doivent donc se diviser en même temps ou rester indivis si le partage n'a pas lieu. D'autre part, dans ce nouveau système, il faudrait, par compensation, donner aux habitants des sections, ainsi dépouillés, des droits de jouissance analogues dans la commune à laquelle ils se trouveraient réunis. Or, le législateur a voulu, au contraire, conserver aux habitants des territoires déplacés les avantages individuels dont ils jouissaient; et de pareils résultats apporteraient à la réunion des petites communes, mesure souvent utile, et considérée comme telle par le législateur de 1837, des obstacles que la loi a précisément eu en vue d'écarter.

Nous nous croyons donc fondé à dire que, en principe, les sections peuvent avoir des droits de propriété ou d'usage indivis avec d'autres sections ou des communes, et que les changements de circonscriptions territoriales dans lesquelles elles se trouvent intéressées n'y apportent aucune modification.

123. Toutefois, il y a deux espèces de droit d'usage d'une nature particulière pour lesquels cette règle ne s'applique pas, et qui peuvent être modifiés par suite du changement des circonscriptions; c'est d'abord le droit de vaine pâture; c'est, en second lieu, le droit de recueillir le varech ou goëmon sur les rochers attenant au rivage de la mer.

Le droit de vaine pâture n'est pas, on le sait, un droit

d'usage sur les biens communaux, quoique le conseil municipal soit appelé, par la loi des 28 septembre-6 octobre 1791 (titre Ier, section IV, art. 13), et par la loi du 18 juillet 1837, art. 19, à en régler l'exercice, sous l'approbation du préfet et dans les limites fixées par la loi de 1791 ; c'est une servitude qui pèse, en vertu de titres ou d'anciennes coutumes, sur les propriétés privées ; c'est le droit de mener paître les troupeaux sur les terres non closes, lorsqu'elles sont dépouillées de leurs récoltes ; et ce droit s'appelle *parcours* lorsqu'il est exercé, non plus sur le territoire de la commune où l'on est, soit habitant, soit propriétaire, mais sur le territoire d'une commune voisine. La loi des 28 septembre-6 octobre 1791, prévoyant le cas de changement de circonscriptions territoriales, règle ainsi ses effets en ce qui touche la vaine pâture et le parcours. L'article 18 de la section IV du titre Ier de cette loi porte : « Si quelques sections de paroisse se trouvent réunies à des paroisses soumises à des usages différents des leurs, soit relativement à la vaine pâture, soit relativement au troupeau en commun, *la plus petite partie dans la réunion suivra la loi de la plus grande,* et les corps administratifs décideront des contestations qui naîtraient à ce sujet. Cependant, si une propriété n'était point enclavée dans les autres, et qu'elle ne gênât point le droit provisoire de parcours ou de vaine pâture auquel elle n'était point soumise, elle serait exceptée de cette règle. »

L'exception qui termine cette disposition fait ressortir les motifs qui ont amené à poser la règle. Quoique le législateur de 1790 considère et avec raison la liberté de la culture comme un principe fondamental, et la servitude de vaine pâture et de parcours comme un obstacle regrettable au développement de l'agriculture, il n'en veut pas moins établir, autant que possible, l'ordre dans l'exercice de cette servitude, et il croit nécessaire, dans ce but, de ne pas laisser subsister sur le territoire d'une même commune des usages différents. La plus petite partie dans la réunion devra donc, en général, suivre la loi de la plus grande. Par suite, il est possible que, en vertu de cette disposition, une modification de circonscription entraîne la suppression du droit de parcours ou de vaine pâture dont jouissaient les habitants d'une section de commune, ou bien qu'elle amène l'extension de ce droit et même le crée au profit de ceux qui n'en jouissaient pas.

Ainsi, dit à ce sujet M. Jèze (1), si la vaine pâture n'est pas en usage dans la nouvelle commune, la section réunie ne pourra pas l'y exercer, et elle n'aura plus le droit de l'exercer dans son ancienne commune. Il est vrai que, par compensation, les propriétés situées sur le territoire de cette section se trouveront affranchies de la servitude du parcours; mais les habitants non propriétaires qui avaient le droit, en vertu de l'article 14 de la section IV de la loi du 6 octobre 1791, d'envoyer à la vaine pâture six moutons, une vache et son veau, le perdent complétement. M. Jèze indique que l'application de la disposition de la loi de 1791 a été faite en ce sens dans une décision ministérielle adressée au préfet du département de l'Oise, au mois de novembre 1842.

Il y a là, on le voit, une dérogation formelle à la règle qu'avait posée l'Assemblée constituante dans son instruction déjà citée, placée à la suite de la loi des 23 novembre-1er décembre 1790, où il était dit que les délimitations des communes « ne préjudicieraient pas aux droits de pâturage, *parcours*, usages, chaumage et glanage, dont elles jouiraient comme par le passé. »

Toutefois, de ce que la loi de 1791 a voulu que, dans

(1) *Dictionnaire général d'administration*, vᵒ *Commune*, p. 442.

le cas où deux communes réunies auraient des usages différents quant à la vaine pâture ou au troupeau commun, la plus petite partie dans la réunion suivît la loi de la plus grande, faut-il en conclure que, dans le cas où les usages sont les mêmes, il doive également s'opérer une fusion complète entre les deux parties de la commune pour l'exercice de la vaine pâture, et que les habitants de la fraction nouvellement réunie acquièrent le droit d'envoyer leurs troupeaux à la vaine pâture sur tout le territoire de la commune dont ils font désormais partie, en perdant ce droit sur le territoire de la commune à laquelle ils appartenaient?

La disposition de la loi de 1791 nous paraît trop exceptionnelle pour comporter une telle extension. C'est en ce sens que la question semble avoir été tranchée par un arrêt du Conseil d'État en date du 17 mars 1835 (*Carpentier et consorts c. Camusat de Thony*), qui a décidé, peut-être d'une manière trop absolue, que les délimitations des communes n'ont aucune influence sur l'exercice du droit de vaine pâture.

Voici dans quelles circonstances cette décision a été rendue :

Les habitants du hameau de Polhay, dépendant de la commune d'Achy, attaquaient, pour excès de pouvoirs, un arrêté du préfet du département de l'Oise, en date du 5 septembre 1807, qui avait fixé les limites respectives des territoires des communes d'Achy et de Marseilles, et qui, en conséquence de cette délimitation, avait attribué aux habitants de la commune de Marseilles l'exercice du droit de vaine pâture sur les terrains compris dans son territoire. Il s'agissait de deux communes où la vaine pâture était également en usage. On soutenait qu'il n'appartenait pas au préfet de trancher des questions de propriété et de servitude.

Le Conseil d'État a statué ainsi qu'il suit : « Considérant que s'il appartient à l'autorité administrative de reconnaître et de déclarer les limites des territoires de deux communes voisines, ces délimitations, purement administratives, n'ont aucune influence sur l'exercice du droit de vaine pâture que des sections de ces communes ont à prétendre respectivement sur tout ou partie de ces territoires, lesquels droits ne peuvent être appréciés que par l'autorité judiciaire, d'après les titres anciens et les règles du droit commun ;

« Que, par son arrêté du 5 septembre 1807, le préfet du département de l'Oise ne s'est pas borné à reconnaître et déclarer les limites des territoires des communes de Marseilles et d'Achy ; mais qu'il a réglé entre deux sections de ces mêmes communes, d'après ces limites, le droit de vaine pâture respectivement prétendu par les contendants sur les terrains litigieux, en quoi il a excédé sa compétence et commis un excès de pouvoirs. »

On peut soutenir, il est vrai, que la question du fond, qui comprend l'appréciation des effets de la délimitation sur l'exercice du droit de vaine pâture, n'était pas de la compétence du Conseil d'État, qui renvoie le jugement de la contestation aux tribunaux civils.

On peut dire aussi que le Conseil a tranché cette question sans tenir aucun compte des dispositions spéciales de l'article 18 de la section IV de la loi des 28 septembre-6 octobre 1791, qui n'est même pas visée dans la décision, et comme s'il s'agissait exclusivement d'appliquer les principes généraux en matière de changement de circonscriptions de communes.

D'autre part, il faut dire que la Cour de cassation semble avoir posé une règle contraire à celle qui résulterait de cet arrêt du Conseil, dans un arrêt postérieur qui porte que les habitants d'une section de commune peuvent mener paître leur troupeau sur la totalité du territoire de la commune, surtout lorsqu'il n'existe aucune prohibition à cet égard dans l'acte administratif qui règle le droit de vaine pâture. (*Arr. ch. crim.*, 28 *avril* 1848, *Godet* (1).)

En tout cas, la pratique semble s'être établie en ce sens, puisque la commission de l'Assemblée législative chargée d'examiner le projet de loi sur l'administration intérieure, rédigé en 1850 par le Conseil d'État, avait proposé une disposition expresse pour modifier cette pratique et revenir à des principes qu'elle croyait plus justes, c'est-à-dire pour maintenir aux habitants des communes réunies ou fractionnées leurs droits à la vaine pâture et même au glanage, dans les conditions où ils les exerçaient avant la modification des circonscriptions territoriales. En vue de consacrer cette règle méconnue à tort, suivant elle, la commission proposait de rédiger un des paragraphes de l'article 4 du projet de loi présenté par le Conseil d'État dans les termes suivants : « Les habitants de la commune ou section de commune réunie à une autre commune conservent la jouissance exclusive de *tous* les biens dont les fruits étaient perçus en nature. » Et voici les explications que donnait à cet égard le rapporteur du projet de loi, M. de Vatimesnil.

« Les deux premiers paragraphes de cet article (l'article 4) nous paraissent devoir être adoptés sans modification.

« Nous proposons d'insérer dans le troisième le mot *tous*, et de dire *tous les biens* au lieu *des biens*. Voici le motif de cette addition. Des difficultés se sont élevées sur les mots *des biens* qui se trouvaient dans la loi de 1837 (art. 5). On a prétendu que ces expressions ne

___

(1) DALLOZ, 1848, V, 363. Cependant les recueils de jurisprudence, qui reproduisent simplement le texte de l'arrêt, ne permettent pas d'en apprécier exactement la portée.

s'appliquaient ni à la vaine pâture ni au glanage ; que chacune des communes réunies ne conservait pas l'exercice séparé de ces droits; que le fait de la réunion en opérait, au contraire, la promiscuité. Cette interprétation a paru à votre commission complétement erronée ; il est évident, en outre, qu'elle serait sujette à de graves inconvénients, si elle était admise. Dans les campagnes, il est impossible de changer les habitudes établies et la possession existante, relativement aux droits dont nous venons de parler et autres de même nature, sans exciter des mécontentements qui dégénèrent quelquefois en inimitiés violentes et en rixes. Il importe donc que la réunion laisse les choses complétement intactes relativement à la vaine pâture, au glanage, et, en général, aux jouissances ou perceptions de fruits quelconques, à moins que, d'après le consentement des communes dont la réunion était proposée à l'Assemblée nationale, la loi spéciale de réunion n'ait consacré la promiscuité..... »

On sait que le projet de la commission n'a pas eu de suite. Nous comprenons les préoccupations qui animaient la commission de l'Assemblée législative, et le désir qu'elle avait de maintenir, autant que possible, les usages établis relativement à la vaine pâture et au glanage. Peut-être une disposition formelle de loi, abrogeant la disposition de la loi de 1791 et consacrant la pensée de la commission, eût-elle été utile, si la vaine pâture n'est pas destinée à disparaître. Mais ce qui nous semble difficile à admettre, c'est que cette pensée ait été celle du législateur de 1837, et même qu'elle eût été clairement exprimée par la rédaction que proposait la commission de 1851. En effet, il s'agit dans l'article 5 de la loi du 18 juillet 1837, et il s'agissait dans le troisième paragraphe de l'article 4 du projet de loi de 1851, des *biens communaux*, et quand la loi dit que les habitants de la commune réunie à une autre commune conservent la jouissance exclusive des biens (ou *de tous* les biens) communaux dont les fruits étaient perçus en nature, il ne s'ensuit nullement qu'ils doivent conserver dans les mêmes conditions la jouissance de la vaine pâture, servitude qui s'exerce sur les propriétés particulières.

On ne peut donc pas dire que l'article 5 de la loi de 1837 régisse les effets des changements de circonscription en ce qui touche la vaine pâture.

On ne pourrait appliquer cet article que par analogie, en dehors des cas qui sont réglés par la disposition expresse et non abrogée de l'article 18, section IV, de la loi des 28 septembre-6 octobre 1791.

Ajoutons, à l'égard du glanage, que ce n'est pas, à proprement parler, un droit ni même une servitude, que c'est plutôt une tolérance accordée, en vertu d'anciens usages consacrés par une ordonnance de 1554, et par l'article 21 du titre II de la loi des 28 septembre-6 octobre 1791, aux vieillards, aux indigents infirmes et aux enfants ; que, par suite, on peut encore moins y appliquer les articles 5 et 6 de la loi du 18 juillet 1837. Néanmoins, nous pensons que les anciennes jouissances doivent être maintenues, malgré les changements de circonscriptions, en vertu du texte formel déjà cité de l'instruction placée par l'Assemblée constituante à la suite de la loi des 23 novembre-1er décembre 1790.

124. Quant au droit de recueillir le varech ou goëmon sur les rochers attenants au rivage de la mer, ce n'est pas par suite d'une disposition spéciale de loi, c'est par suite de la nature même de ce droit que les changements de circonscription territoriale peuvent le faire perdre ou le faire acquérir aux habitants des communes.

On désigne sous les noms de varech, goëmon ou sart, diverses herbes marines qui croissent sur les rochers et

qui sont employées par les riverains, soit comme engrais
pour les terres, soit pour fabriquer de la soude. La législation en a fait trois catégories pour lesquelles elle a
établi des règles différentes. Elle distingue les goëmons
tenant à la rive, à savoir : ceux qui attiennent à la partie
du littoral que la mer découvre aux basses mers d'équinoxe ; les goëmons venant épaves à la côte, où ils sont
journellement portés par le flot ; et les goëmons poussant en mer, c'est-à-dire ceux qui, tenant aux fonds et
aux rochers, ne peuvent être atteints de pied sec aux
basses mers d'équinoxe.

Toute personne peut recueillir les goëmons épaves jetés
à la mer, et tout marin inscrit peut aller récolter les
goëmons poussant en mer. Mais le goëmon de rive est
exclusivement attribué aux habitants des communes riveraines de la mer.

Cette concession leur a été faite par l'ordonnance
d'août 1681 (titre X), et elle a été consacrée par les déclarations du roi du 30 mai 1731 et du 30 octobre 1772,
sous certaines conditions destinées à assurer la conservation du poisson dont le frai est déposé parmi ces herbes
pendant une partie de l'année. Au milieu des troubles
de la Révolution, un représentant du peuple, envoyé en
mission dans le département de la Manche, avait rendu,
le 12 vendémiaire an II, un arrêté qui enlevait ce droit
exclusif aux communes riveraines de ce département,
par le motif que l'exclusion des communes non limitrophes était injurieuse à l'égalité, préjudiciable à la fécon-
dité de la terre, et qu'il en résultait une déperdition
sensible du varech dont le surplus n'était pas consommé
par les privilégiés. Cette décision révolutionnaire, qui
abrogeait des ordonnances et déclarations du roi, a été
annulée par un arrêté du Gouvernement, en date du
18 thermidor an X, qui donnait aux préfets le pouvoir

de déterminer, par des règlements *conformes aux lois*, tout ce qui était relatif à la pêche en goëmon et varech.

Le droit exclusif des riverains a été maintenu, en principe, par les décrets du 4 juillet 1853, rendus en exécution de l'article 3 du décret ayant force de loi, en date du 9 janvier 1852, et qui portent règlement sur la pêche maritime côtière dans chacun des quatre arrondissements maritimes. Ainsi, l'article 105 du décret rendu pour le premier arrondissement maritime porte : « Abandon est fait exclusivement aux habitants de chaque commune, du goëmon attenant au rivage de cette commune. » A la vérité, le Gouvernement s'est reconnu le droit de modifier, dans certains cas, le privilège accordé aux riverains, lorsque leurs besoins étaient complétement satisfaits. Ainsi il a dérogé à l'article 105 de ce décret par deux décrets successifs, en date, l'un, du 17 octobre 1857, l'autre, du 17 mai 1859, qui accordent aux habitants de cinq communes du département de la Manche, dont le territoire ne touche pas la mer, l'autorisation de participer, avec les habitants des communes riveraines, à la récolte du goëmon de rive, en réservant à ces derniers les dix premiers jours de coupe. Mais la règle n'en subsiste pas moins dans sa généralité, et en conséquence, si, par suite d'une modification de circonscription communale, une fraction de territoire se trouvait détachée d'une commune riveraine de la mer, les habitants de cette fraction de territoire perdraient le droit de recueillir le goëmon de rive, à moins qu'il n'en fût décidé autrement par un acte exprès du chef de l'État, ou par la loi qui autoriserait la modification de territoire. Et à l'inverse, si une fraction de territoire se trouvait réunie à nouveau à une commune riveraine de la mer, ses habitants acquerraient le droit de récolter le goëmon de rive.

C'est en ce sens que s'est prononcé le Conseil d'État

dans un arrêt du 21 octobre 1835 (*Commune de Siou-ville c. commune de Flamanville*), par lequel il a annulé un arrêté du conseil de préfecture du département de la Manche, qui décidait que la commune de Flamanville avait conservé le droit de recueillir le varech, bien qu'une nouvelle délimitation lui eût enlevé, au profit de la commune de Siouville, la portion de son territoire qui bordait la mer et qui formait enclave dans celui de la commune de Siouville.

Il est d'autant plus nécessaire de rapporter les termes de cette décision et d'expliquer dans quelles circonstances elle a été rendue, que la solution n'y est pas très-explicitement dégagée.

A la suite des opérations du cadastre qui réunissaient à la commune de Siouville la portion du territoire de Flamanville, riveraine de la mer, qui formait enclave dans le territoire de la commune de Siouville, les habitants de cette dernière commune s'étaient mis en possession du droit de récolter le goëmon sur les rochers attenants à leur nouveau territoire. Les habitants de la commune de Flamanville avaient soutenu qu'ils n'avaient pas perdu leurs droits.

La contestation avait été portée devant le conseil de préfecture, qui, sans attendre que la délimitation nouvelle fût approuvée par une ordonnance royale, conformément à l'article 3 de l'ordonnance du 3 octobre 1821, sur le cadastre, avait décidé que la modification des territoires respectifs des deux communes était définitive, mais qu'elle ne pouvait porter aucune atteinte aux droits de la commune de Siouville.

On pourrait se demander à quel titre le conseil de préfecture avait été saisi de cette contestation. Mais cette question de compétence ne paraît pas avoir été soulevée. Et comme, pendant l'instruction de l'affaire, une ordonnance royale avait fixé définitivement les limites des deux communes, le Conseil d'État a sans doute préféré trancher la question du fond. Le conseil juge que le changement des limites des deux communes, en enlevant à celle de Flamanville la partie de son territoire qui bordait la mer, lui a fait perdre tous droits à la récolte du goëmon, et qu'il ne peut plus s'élever de débat que sur la question de savoir si elle a droit à une indemnité, à raison de ce que ses habitants ont été privés de récolter le goëmon avant que l'ordonnance précitée eût rendu définitive la modification des territoires. Voici les termes de la décision :

« Considérant que, à l'époque où est intervenu l'arrêté du conseil de préfecture qui nous est déféré, la délimitation cadastrale des communes intéressées n'était encore qu'un projet ; — que, depuis, cette délimitation a été modifiée et homologuée par notre ordonnance du 5 septembre 1834, ci-dessus visée ; — que cette ordonnance a fixé définitivement les limites desdites communes sur les côtes et rivages de la mer, où se récolte le varech, et qu'il n'existe aucune contestation relative à ces limites ; — que, dès lors, *la question se réduit* à celle de l'indemnité qui pourrait être due pour la jouissance antérieure à cette ordonnance, et que cette question est de la compétence des tribunaux ;

« Art. 1er. L'arrêté du conseil de préfecture du département de la Manche, en date du 30 janvier 1829, est annulé. — Art. 2. Les parties sont renvoyées devant les tribunaux sur la question d'indemnité. »

Il paraît, d'ailleurs, que dans le département du Finistère, où les questions de varech ont une grande importance, à cause de l'abondance de ces herbes marines, lors de la création des nouvelles municipalités, en vertu de la loi du 22 décembre 1789, les parties des anciennes paroisses détachées des communes riveraines de la mer ont presque toutes subi, sans réclamer, la privation du droit de récolter le varech, qu'entraînait leur nouvelle situation. En 1858, il n'existait plus qu'une seule commune non riveraine qui eût conservé la participation à la jouissance de la récolte du varech. Ce fait est affirmé dans un rapport du préfet du département du Finistère qui se trouvait joint au dossier d'une affaire récemment soumise au Conseil d'État et dans laquelle une fin de non-recevoir péremptoire a empêché de juger le fond.

. Et les fractions de commune détachées de la commune riveraine ne peuvent pas se prévaloir, pour conserver leurs droits, de leur longue possession ; car, à cause de la nature particulière du droit de récolter le varech ou goëmon, droit qui s'exerce sur le rivage de la mer, partie intégrante du domaine public, on ne peut invoquer en pareil cas la prescription : c'est une règle que l'autorité judiciaire et le Conseil d'État ont proclamée tour à tour et sur laquelle nous aurons à insister quand nous rechercherons quelle est l'autorité compétente pour statuer sur les contestations de cette nature (1).

125. Ce n'est pas seulement leurs droits à la propriété et à la jouissance des biens communaux proprement dits et leurs droits d'usage, sauf les exceptions qui viennent d'être signalées, que les fractions détachées d'une commune conservent et emportent malgré les changements de circonscriptions ; il en est de même pour la propriété et la jouissance des biens meubles ou immeubles légués à une commune en vue d'assurer la distribution de secours publics.

Nous en pouvons citer un exemple récent où la règle

_____

(1) *Arr.* de la cour de Caen, du 11 décembre 1840, confirmé par *arr.* de la Cour de cassation du 2 février 1842. (SIREV, 1842, I, 547.) — *Arr.* de Caen, 21 novembre 1856. (DALLOZ, 1856, V, 477.) — Décret sur conflit en date du 14 décembre 1857. (*Communes de Taulé et d'Heuvic.*)

a été appliquée par l'autorité administrative et par l'autorité judiciaire :

Un sieur Morin avait légué à la commune de Lagord ses immeubles et ses tableaux. Aux termes du testament, ce legs était destiné au bien-être et à la prospérité de la commune, au soulagement des pauvres qui y étaient nés et domiciliés, par des secours de toute sorte, à l'ouverture annuelle d'ateliers de charité ; enfin, tous les trois ans, une somme de 600 francs devait être prélevée sur le revenu des immeubles pour doter deux jeunes gens de la classe la plus indigente de la commune.

Postérieurement à l'acceptation de cette libéralité par la commune de Lagord, le village de Puilboreau en a été détaché et a été réuni à une autre commune.

Après la distraction, le préfet avait demandé au ministre de l'intérieur si le village formant section devait emporter une partie des bénéfices de la libéralité du sieur Morin. Le ministre avait répondu dans les termes suivants : « La libéralité a été faite à toute la commune de Lagord, c'est-à-dire aux diverses sections qui la composaient à l'époque du décès du testateur. Le village de Puilboreau, l'une de ces sections, avait donc droit à une part indivise dans le legs en question, lorsqu'est intervenue la loi qui a distrait ce village de la commune. Or, aucune clause du testament n'exige qu'elle continue à dépendre de la commune de Lagord pour la conservation de l'exercice de ce droit. D'un autre côté, il ne lui a pas été enlevé par l'acte législatif qui l'a réunie à une autre commune, et, d'après l'esprit des dispositions de la loi du 18 juillet 1837 (art. 5 et 6), la section distraite emporte tous ses droits non-seulement sur les biens qui lui appartiennent exclusivement, mais aussi sur ceux, non affectés à un service public, qu'elle possédait indivisément avec le reste de la commune. D'où il suit que, dans l'espèce, la section de Puilboreau, comme chacune des autres sections comprises dans la commune de Lagord à l'époque du décès du testateur, serait fondée à revendiquer une part indivise des biens légués, avec les avantages et les charges qui y sont attachés. Il appartient au préfet, en conséquence, de provoquer, s'il y a lieu, un arrangement qui serait de nature à assurer l'exécution des intentions du testateur, conformément aux droits respectifs des différentes sections (1). »

L'arrangement amiable provoqué par le préfet n'a pu avoir lieu ; la commune de Lagord a voulu soutenir, devant les tribunaux civils, qu'elle seule avait été gratifiée par le testateur et que les habitants du village qui avait été distrait de sa circonscription cessaient d'avoir droit aux bénéfices de la libéralité du sieur Morin. La prétention de la commune avait été accueillie favorablement par le tribunal de première instance ; mais elle a été repoussée par la cour impériale de Poitiers, dans un arrêt en date du 8 janvier 1862, qui reproduit, en les développant, les motifs de la décision du ministre de l'intérieur que nous avons rapportée. Cet arrêt conclut ainsi :

« Attendu donc que c'est à tort que les premiers juges ont attribué à la commune de Lagord la totalité des biens légués par le sieur Morin ; qu'une portion de ces biens appartient à la section de Puilboreau, comprise dans la commune du même nom, mais qu'au Gouvernement seul il échoit de déterminer la quotité de cette portion ; que la cour, en fixant les bases d'un partage, empiéterait sur les attributions de l'administration et sur le droit que le Gouvernement s'est réservé, par la loi même qui a créé la commune de Puilboreau, de régler administrativement et suivant l'équité, les conditions de sa formation par la

(1) *Bulletin officiel du ministère de l'intérieur*, 1860, p. 73.

séparation d'une partie de la commune de Lagord, dit qu'il a été mal jugé, etc. (1). »

L'arrêt de la cour de Poitiers a été déféré à la Cour de cassation. Mais le pourvoi a été rejeté par un arrêt, en date du 24 mars 1863, que nous rapporterons plus loin, en traitant des questions de compétence relatives aux droits des sections, et qui reconnaît que c'est avec raison que la Cour de Poitiers a vu dans cette affaire une question de propriété qu'il lui appartenait de trancher, et qu'elle a ordonné le partage des biens légués, sauf à laisser à l'autorité administrative le soin de régler la quotité de la portion de ces biens, qui doit appartenir à la section de Puilboreau.

On ne peut néanmoins conclure de là que, en principe, les habitants d'une commune qui vient à être réunie à une autre commune où il existe un bureau de bienfaisance soient nécessairement exclus des secours distribués par ce bureau. En effet, les ressources des bureaux de bienfaisance ont diverses origines : elles ne se composent pas seulement des libéralités faites par donation ou autrement qui peuvent avoir une affectation spéciale. On y compte aussi des ressources qui se renouvellent chaque année, comme des quêtes ou des souscriptions. Il n'y aurait aucun motif de ne pas affecter cette seconde catégorie de revenus à la distribution de secours aux indigents de toute la commune, sans distinction entre ses diverses fractions. C'est en ce sens que s'était prononcé le comité de l'intérieur, antérieurement à la loi du 18 juillet 1837, dans un avis du 24 septembre 1836 (*Sections de Rocq et Requignie, département du Nord*).

(1) SIREY, 1862, IIᵉ partie, p. 293.

II. — *Règles du partage des biens indivis appartenant aux sections.*

126. Les sections et les communes qui ont des biens indivis ont la faculté d'en demander le partage, sauf l'approbation de l'autorité supérieure.—En cas de changement de circonscription de commune, le partage immédiat n'est prescrit que pour les biens mobiliers.—127. Une commune ne serait pas fondée à demander devant l'autorité judiciaire le partage des biens du bureau de bienfaisance de la commune dont elle aurait été distraite. — 128. Bases du partage des biens indivis. — La base posée par la législation est celle du partage par feux.—129. Exception lorsque les parties invoquent des titres ou la possession.—130. Opinion de M. Trolley, qui soutient que la règle du partage par feux n'est pas applicable lorsqu'il s'agit de partager des biens patrimoniaux. — — Discussion de cette opinion. — Jurisprudence du Conseil d'Etat et du ministère de l'intérieur. — 131. Règle spéciale admise dans le cas de partage de biens donnés ou légués pour procurer des secours aux indigents. — 132. Licitation dans le cas où l'immeuble indivis ne serait pas de nature à être partagé. — 133. Bases du partage dans le cas où les biens appartiennent par indivis à une section et à un particulier ou bien à un établissement public. — 134. Formes à suivre pour le partage.

126. Nous venons de reconnaître que les sections de commune peuvent avoir des biens indivis soit entre elles, soit avec des communes, et nous pouvons ajouter qu'elles peuvent avoir également des biens indivis avec d'autres établissements publics ou des particuliers. Mais nous avons, en plusieurs endroits, fait allusion au partage de ces biens, et nous avons maintenant à expliquer comment il doit être procédé à ce partage, et comment sont réglés, dans ce cas, les droits des sections.

L'indivision est un état gênant pour la gestion et pour l'aliénation de la propriété et une source de fréquentes difficultés. Aussi le législateur a-t-il posé en principe, dans l'article 815 du Code Napoléon, que nul n'est tenu de rester dans l'indivision. Cette règle de droit civil est applicable à tous les propriétaires, aux communes et aux sections aussi bien qu'aux particuliers.

Les sections et les communes peuvent donc, lorsqu'elles le jugent convenable, demander le partage de leurs biens indivis, et la demande d'un seul des copropriétaires suffit pour rendre le partage nécessaire. L'article 92 du Code forestier a rappelé et consacré cette règle à l'égard des bois communaux.

Aux termes de l'article 19, n° 4, de la loi du 18 juillet 1837, c'est au conseil municipal qu'il appartient de prendre l'initiative de cette demande. Seulement les communes et sections ne sont pas absolument dans la même situation que les particuliers, en ce sens que les conseils municipaux qui les représentent ne peuvent agir que sous le contrôle de l'autorité administrative supérieure. Ainsi, en vertu de l'article 20 de la loi du 18 juillet 1837 et du décret du 25 mars 1852 (tableau A, n° 41), les délibérations des conseils municipaux qui demandent le partage des biens indivis ne sont exécutoires qu'autant qu'elles ont été approuvées par le préfet, qui peut, s'il le croit préférable dans l'intérêt des communes ou sections, laisser subsister l'indivision. — La décision du préfet, en pareil cas, pourrait, d'ailleurs, être attaquée devant le ministre de l'intérieur.

Lorsqu'il s'agit de bois soumis au régime forestier, les dispositions du n° 41 du tableau A, annexé au décret du 25 mars 1852, ne sont pas applicables, ainsi que l'a reconnu le Conseil d'État, dans un avis du 11 novembre 1852. Il faut donc encore, dans ce cas, un décret de l'Empereur pour autoriser le partage (1).

---

(1) L'avis du Conseil d'Etat, en date du 11 novembre 1852, a principalement été donné sur la question de savoir si les dispositions du décret du 25 mars 1852, relatives à l'aliénation des biens communaux, avaient pour effet de donner aux préfets le pouvoir d'autoriser l'aliénation des bois soumis au régime forestier. Mais le partage des biens indivis participe de l'aliénation, et d'ailleurs la plupart des motifs de cet avis s'appliquaient aux

Dans une circulaire en date du 29 janvier 1848, où il donne des instructions aux préfets sur les règles à suivre en cas de changements de circonscriptions territoriales, le ministre de l'intérieur indique « qu'il n'est pas absolument nécessaire que le partage des biens immeubles appartenant aux communes fractionnées soit toujours opéré en même temps que le changement de territoire. Car, dit-il, il peut y avoir des cas où le maintien de l'indivision soit préférable dans l'intérêt des deux parties. Mais elles doivent être mises en demeure d'exprimer leurs intentions à cet égard... En ce qui concerne les biens mobiliers, notamment les rentes, créances et deniers, le partage doit être réglé en même temps que la séparation, parce qu'il serait sans avantage et qu'il pourrait n'être pas sans inconvénient de les conserver dans l'indivision. »

127. Une commune serait-elle fondée à demander, à l'occasion d'un changement de circonscription, le partage des biens du bureau de bienfaisance établi dans la commune démembrée? La question s'est posée récemment devant la Cour de cassation.

La commune de Tanneron, qui avait été séparée de la commune de Carlian et érigée en commune distincte, demandait le partage des biens du bureau de bienfaisance, institué avant la séparation dans la commune de Carlian, et dont les ressources avaient servi jusque-là à secourir les indigents de toute la commune. Cette demande avait été repoussée par le tribunal de première instance et par la cour impériale d'Aix. La cour se fondait sur ce « qu'aucune loi ne règle le sort des bureaux de bienfaisance dans le cas où la commune dont ils dépendent est morce-

partages comme aux aliénations. — Aussi, dans la pratique, on n'a fait à cet égard aucune distinction. Voir notamment une décision du ministre de l'intérieur insérée au *Bulletin officiel* 1856, page 57.

lée. » Elle ajoutait que l'administration pouvait équita-
blement consacrer le principe d'un partage au profit de
la commune demanderesse, ou lui faire payer par la commune défenderesse une indemnité en échange de sa privation de toute participation aux ressources du bureau
de bienfaisance.

Cet arrêt a été attaqué devant la Cour de cassation,
qui a rejeté le pourvoi par les motifs suivants :

« Sur le moyen unique tiré de la violation des articles 6
et 7 de la loi du 18 juillet 1837, et des lois des 16-24 août
1790, et du 16 fructidor an III, sur la séparation des
pouvoirs :

« Attendu, *sous le premier rapport*, qu'il s'agit de
biens légués privativement au bureau de bienfaisance de
Carlian, avant que la commune de Tanneron fût séparée
de celle de Carlian ;

« Attendu que les biens des bureaux de bienfaisance ne
peuvent être confondus avec les biens communaux ; que
les bureaux de bienfaisance, dont l'organisation est réglée par la loi du 7 frimaire an V, ont une existence indépendante, une administration et une dotation spéciales
qui ne se confondent pas avec celles des communes ;

« Que, sans doute, aux termes des articles 6 et 7 de la
loi du 18 juillet 1837, en cas de distraction de commune,
tous les biens productifs de revenus, à l'exception de ceux
affectés au domaine public communal, doivent être partagés, mais que les effets de cette décision ne peuvent
s'appliquer que lorsqu'il s'agit de biens appartenant à la
commune ;

« Qu'ainsi c'est à bon droit que la cour d'Aix a déclaré le maire de la commune de Tanneron mal fondé
dans sa demande en partage ;

« *Sous le deuxième rapport :* attendu que la cour
'Aix a été régulièrement saisie de la demande formée

par la commune de Tanneron, et que c'est régulièrement aussi qu'elle a prononcé sur cette demande ;

« Qu'en effet, la demande tendant au partage des biens du bureau de bienfaisance de Carlian impliquait nécessairement une question de propriété, et qu'il est de principe incontestable que toutes les questions de propriété, qui ne peuvent être résolues que par les règles du droit civil, sont de la compétence exclusive des tribunaux judiciaires ;

« Que c'est donc sans fondement que la commune demanderesse reproche à l'arrêt attaqué d'avoir contrevenu à la loi des 16-24 août 1790 et à celle du 16 fructidor an III. » (*Arr.*, 7 *janvier* 1863.)

On remarquera que la Cour de cassation a reconnu qu'il y avait une question de propriété engagée dans les affaires de cette nature, ainsi qu'elle l'a fait dans l'arrêt déjà cité du 24 mars 1863 (*commune de Lagord*). Aussi nous pensons que si, au lieu de demander à l'autorité judiciaire d'ordonner le partage des biens du bureau de bienfaisance de Carlian, la commune de Tanneron fût venue lui demander de décider que, malgré le démembrement de la commune de Carlian, les pauvres habitants de cette portion de son ancien territoire avaient droit à recevoir des secours sur le montant de libéralités faites à ce bureau, alors que la commune de Carlian n'avait pas été divisée, l'autorité judiciaire aurait dû consacrer cette prétention, parce qu'elle a le droit aussi bien que le devoir d'interpréter et de faire respecter les volontés des donateurs ou testateurs.

Mais, dans le silence de la législation relative aux bureaux de bienfaisance, la Cour de cassation ne pouvait pas casser, pour violation de la loi, un arrêt qui rejetait une demande en partage des biens d'un bureau de bienfaisance, formée en conséquence d'une modification de circonscription communale. Il est évident que les articles 5 et 6 de la loi du 18 juillet 1837 n'ont pas prévu ce cas, et ne concernent que les biens des communes et des sections.

128. Quelles sont les bases d'après lesquelles on doit procéder au partage des biens indivis des communes et des sections?

Est-ce en raison de l'étendue des territoires, ou en raison de la population, ou en raison de ces deux éléments combinés que doivent être fixés les droits de chacune des parties?

Le législateur a posé une règle générale. Il a écarté la base de l'étendue des territoires; c'est uniquement à la population qu'il s'attache; mais le calcul de la population est fait d'une manière spéciale.

L'article 2 de la section IV de la loi du 10 juin 1793, interprété ou complété par une loi du 19 brumaire an II, disposait que le partage des biens indivis entre deux ou plusieurs communes se ferait comme le partage des biens d'une commune ou d'une section entre ses habitants, c'est-à-dire *par tête*. Cette disposition de la loi de 1793 a été abrogée par un avis du conseil d'État, approuvé par l'Empereur, le 20 juillet 1807, et inséré au *Bulletin des lois*, et qui, par conséquent, a force de loi. Revenant à des traditions établies antérieurement à la Révolution en matière de jouissance et de partage des biens communaux, cet avis porte que le partage des biens indivis entre communes aura lieu en raison du nombre de feux, et l'on désigne ainsi les chefs de famille ayant domicile réel et fixe dans la commune. Un autre avis du conseil, approuvé par l'Empereur, le 26 avril 1808, a décidé que la même règle était applicable au partage des bois indivis entre plusieurs communes ou sections.

Cette règle a été constamment suivie depuis 1807. Le Conseil d'État et la Cour de cassation ont toujours été d'accord à cet égard, ainsi que nous le verrons quand nous étudierons les questions de compétence qui peuvent s'élever à ce sujet.

Il a été également reconnu que c'est le nombre des feux au moment où le partage est demandé qui doit servir de base au partage.

129. Mais il a été admis non moins unanimemeut que dans le cas où les titres des parties déterminaient leurs droits respectifs d'une manière différente de celle qu'établit la législation, il fallait suivre le mode de partage déterminé par les titres.

Nous pouvons citer en ce sens plusieurs arrêts de la Cour de cassation, notamment ceux du 13 mai 1840 (*commune de Dun-le-Roi*), du 14 février 1841 (*commune de Colonne*), du 12 avril 1841 (*commune de Pomarez*), et du 21 janvier 1852 (*commune d'Eysus* (1).

La possession pourrait-elle suppléer aux titres? La question avait été posée en 1825 devant le conseil d'État. Les deux communes de Richecourt et de Lahayeville avaient joui de temps immémorial par moitié d'un bois dont elles étaient copropriétaires ; elles avaient payé de même la contribution foncière par moitié. Néanmoins la commune de Richecourt, dont la population était la plus forte, demandait le partage en raison du nombre des feux. L'autre commune s'y opposait ; mais le conseil de préfecture avait rejeté sa prétention, et le partage avait été opéré par feux. La commune de Lahayeville avait attaqué, devant le Conseil d'État, l'ordonnance qui autorisait le partage sur ces bases ; elle soutenait qu'il y avait là une

---

(1) DALLOZ, *Recueil périodique*, 1830, I, 221 ; — 1841, I, 135 172 ; — 1852, I, 276.

question de propriété qui devait être jugée par les tribunaux civils.

Le Conseil d'État a rejeté le recours de la commune de Lahayeville par les motifs suivants :

« Considérant que la commune de Lahayeville n'a produit *aucun titre de propriété* à l'appui de ses prétentions à une plus forte portion que celle qui lui était assignée dans le projet de partage ; que, dès lors, le partage devait être fait par acte administratif, aux termes de la loi du 10 juin 1793, et des avis du Conseil d'État des 20 juillet 1807 et 26 avril 1808 ;

« Que l'ordonnance royale du 13 février 1822 a fait le partage par feux conformément aux règles posées par les lois et avis précités. »

Ainsi, d'après cette décision, la possession n'aurait pas une valeur équivalente aux titres et ne pourrait entraîner une dérogation à la règle du partage par feux. Toutefois, nous devons dire que cette doctrine n'est pas admise par l'autorité judiciaire qui est, en définitive, le véritable juge des questions de propriété. Nous trouvons, en effet, dans un des arrêts de la Cour de cassation, cités plus haut (*arr.* du 24 *janvier* 1852, *commune d'Eysus*), un considérant ainsi conçu :

« Attendu qu'en s'appuyant sur l'ensemble des titres et actes produits, sur les faits de reconnaissance et de possession, et sur des présomptions graves, précises et concordantes pour déterminer les parts respectives des communes dans le droit de dépaissance, l'arrêt attaqué n'a violé aucune loi ; qu'il n'a pas violé notamment les avis du Conseil d'État des 20 juillet 1807 et 26 avril 1808, applicables seulement au partage des biens qui sont indivis entre des communes, et non à la détermination des parts qui sont déclarées appartenir à chacune d'elles en vertu de titres produits et de preuves régulièrement faites. »

On pourrait encore citer plusieurs arrêts antérieurs dans le même sens. Cette doctrine a été soutenue par Proudhon, dans son *Traité des droits d'usage* (n°s 832 à 835), et nous ne voyons pas, en effet, pourquoi la possession ne pourrait pas avoir en cette matière l'effet qu'elle a, pour toutes les choses prescriptibles, de conduire à la propriété quand elle réunit les qualités exigées à cet effet par la loi.

Mais il faut ajouter que la Cour de cassation exige que celui des deux copropriétaires qui prétend avoir acquis par sa possession une part plus forte que celle qui lui reviendrait, d'après les règles générales de la législation, justifie que sa possession a été, pendant tout le temps requis pour prescrire, exclusive de tous actes de possession de la part de l'autre copropriétaire. (*Arrêt du 26 août 1856, commune de Saint-Maurice-de-Remaux c. section de Châtillon-la-Palud* (1).)

130. Les règles que nous venons d'exposer s'appliquent-elles au partage de tous les biens indivis appartenant aux communes ou aux sections ?

M. Trolley, dans son *Traité de la hiérarchie administrative* (1), exprime l'opinion qu'il faut distinguer entre le cas où les biens indivis sont des biens communaux proprement dits, c'est-à-dire ceux dont les habitants jouissent en nature, et celui où ce sont des biens patrimoniaux, c'est à-dire des biens qui produisent des revenus en argent, les fonds de terre ou les maisons louées, les rentes, capitaux, etc.

Il pense que les dispositions de la loi du 10 juin 1793 et des avis du Conseil d'État, approuvés par l'Empereur, le 20 juillet 1807 et le 26 avril 1808 ne sont pas ap

(1) Dalloz, 1856, I, 340.
(2) T. IV, p. 249 et 256.

plicables aux biens patrimoniaux ; que la règle du partage par feux ne peut être suivie lorsqu'il ne s'agit pas de biens dont les habitants jouissent en nature, et que si les titres se bornent à attribuer les immeubles aux deux communes, elles sont réputées propriétaires chacune par moitié.

Cette distinction peut paraître logique au premier abord ; mais nous ne la croyons pas complétement fondée. Il faut reconnaître, en effet, que, parmi les biens dits patrimoniaux, il y en a, et c'est la plus grande partie, qui ne sont autre chose que des communaux transformés, soit par l'amodiation, soit par la vente. Les prairies ou les terres labourables cultivées ont généralement commencé par être des communaux dont la jouissance en nature était laissée aux habitants ; les capitaux, les rentes proviennent surtout de la vente des communaux. Pourquoi donc, en pareil cas, ne partagerait-on pas le bien patrimonial comme l'on eût fait s'il était resté à l'état de communal ? La distinction ne pourrait subsister que pour les capitaux ou rentes provenant de donations ou legs, et pour les maisons, usines et autres propriétés patrimoniales, qui n'ont jamais été de nature à être abandonnées à la jouissance en commun.

Mais nous ne voyons pas que cette distinction ait été faite par le législateur. La loi du 10 juin 1793, dans l'article 3 de la section Ire, disait elle-même : « Tous les biens appartenant aux communes, soit communaux, soit patrimoniaux, de quelque nature qu'ils puissent être, pourront être partagés, s'ils sont susceptibles de partage, et sauf les exceptions qui seront prononcées. » Par conséquent, on ne peut pas dire que, en réglant le partage des biens communaux, elle n'ait voulu régler que le partage de celles des propriétés communales dont la jouissance en nature était abandonnée aux habitants. D'autre part, l'article 542 du Code Napoléon, dans la définition qu'il donne des biens communaux, ne reproduit plus la distinction toute doctrinale existant entre les biens communaux proprement dits et les biens patrimoniaux. Le Conseil d'État en a tiré argument dans l'avis approuvé par l'Empereur le 26 avril 1808, relatif au mode de partage des bois indivis entre communes et sections. Ainsi, la règle établie pour le partage des communaux proprement dits doit être également suivie pour les biens patrimoniaux des communes et sections.

Telle est, du reste, la jurisprudence du Conseil d'État et celle du ministère de l'intérieur. Ainsi, dans un arrêt en date du 18 mars 1841 (*commune de Ronceux c. ville de Neufchâteau*) le Conseil d'État a décidé que le produit de la vente du quart en réserve des bois de la commune de Ronceux, sur lequel des droits de copropriété avaient été reconnus à une fraction de la commune, qui en avait été détachée pour être réunie à la commune de Neufchâteau, devait être partagé entre cette section et la commune de Ronceux, d'après le nombre des feux.

Il a jugé de même dans un arrêt du 3 février 1843, relatif à une contestation qui s'était élevée entre les communes d'Harprich et de Vallerange, au sujet du partage des fonds restant libres dans la caisse de l'ancienne commune de Vallerange, dont celle d'Harprich venait d'être distraite.

Les traditions du ministère de l'intérieur sont conformes à ces arrêts. En effet, dans une circulaire du 29 janvier 1848, où le ministre donne des instructions aux préfets sur les questions que soulèvent les changements de circonscription des communes, il s'exprime ainsi au sujet du partage des biens indivis : « Vous savez que ces sortes de partages doivent se faire à raison du nombre de feux existant dans chaque section, à moins qu'il n'y ait des titres ou des usages contraires. A l'égard des biens mobiliers, notamment des rentes, créances et deniers, le partage doit en être réglé en même temps que la séparation..... Du reste, la règle du partage de ces biens est la même que pour les biens immobiliers. »

131. Nous devons dire cependant que le ministère de l'intérieur n'applique pas cette règle lorsqu'il s'agit de partager, en cas de fractionnement d'une commune, les biens qui avaient été légués ou donnés à cette commune en vue du soulagement des indigents. Dans ce cas, et à raison de l'affectation spéciale de ces biens, on fait le partage en tenant compte, non pas du nombre des chefs de famille domiciliés, mais du nombre total des habitants (1).

132. Il nous semble nécessaire d'apporter encore une restriction à la règle générale que nous avons énoncée. S'il s'agissait, en effet, d'un bien patrimonial qui ne fût pas de nature à être partagé, ou du moins à l'être commodément, par exemple, une maison, une usine, une carrière, et les communes ont parfois des propriétés de cette espèce, il nous semble évident qu'on devrait appliquer la règle de droit commun établie par l'article 827 du Code Napoléon et procéder pour cet immeuble à la vente par licitation.

133. Enfin, si les biens étaient indivis entre une commune ou une section et un particulier ou un établissement public, par exemple un hospice, les règles posées par la loi du 10 juin 1793 et les avis du Conseil d'Etat de 1807 et 1808 ne seraient pas applicables; car ces lois n'ont statué que pour le partage des biens indivis entre communes et sections. En l'absence de titres fixant les

---

(1) *Bulletin officiel du ministère de l'intérieur*, 1860, p. 73, numéro 5.

droits respectifs de la commune ou section et du particulier ou de l'établissement public copropriétaire, le partage devrait avoir lieu par moitié, conformément aux règles du droit commun. C'est ce que reconnaissent les auteurs, notamment Proudhon (1), M. Foucart (2) et M. Trolley (3).

134. Quant aux formes à suivre en matière de partage de biens indivis entre communes et sections, la législation ne contient à cet égard qu'un petit nombre de règles spéciales. L'article 3 de la section IV de la loi du 10 juin 1793 porte que les communes copropriétaires nommeront chacune leur expert, et l'article 4 ajoute que, en cas de division entre ces experts, un tiers expert sera nommé par le Directoire (aujourd'hui le préfet) du département.

Nous croyons que les dispositions de ces articles sont encore en vigueur, et qu'un préfet ne pourrait pas nommer les experts sans avoir mis chacune des communes en demeure de désigner le sien.

Mais comment devrait-on procéder dans le cas où cinq ou six communes seraient copropriétaires d'un bien indivis ? Nous ne pensons pas que chacune d'elles dût désigner son expert. Une tierce expertise serait impossible, s'il y avait plus de deux experts nommés par les communes ; elles devraient donc s'entendre pour désigner deux experts, et ce serait seulement au cas où elles ne se seraient pas entendues, que le préfet pourrait désigner ces deux experts et, en outre, au besoin, le tiers expert.

Les lois spéciales n'indiquent pas comment doivent

(1) *Traité des droits d'usage*, numéro 829.
(2) *Eléments de droit public et administratif*, 4e édition, tome III, page 512.
(3) *Traité de la hiérarchie administrative*, tome IV, p. 257.

être formés les lots, et s'ils doivent être tirés au sort.
Peut-on dire que, dans le silence des lois spéciales, il faut
suivre les règles de droit civil établies pour les partages
de biens indivis par les articles 832 à 835 du Code Napoléon? Ces règles, on le sait, se résument ainsi : on doit,
dans la composition des lots, faire entrer autant que possible ia même quantité d'immeubles ou de meubles de
même nature et valeur. L'inégalité des lots en nature se
compense par un retour ou soulte, soit en rente, soit en
argent. Enfin, si les copropriétaires sont d'accord, les lots
peuvent être faits en raison des convenances de chacun
d'eux et répartis par voie d'attribution. Mais s'il n'y a pas
accord, ils doivent être tirés au sort. Telle est, en effet,
la manière dont l'article 834 du Code Napoléon est appliqué par la Cour de cassation (1).

Nous hésiterions à admettre d'une manière absolue
que ces règles doivent être strictement appliquées quand
il s'agit de partager des biens indivis entre des communes ou sections. La situation spéciale des communes
et sections, qui ne sont pas maîtresses de leurs ressources comme les particuliers et qui ne peuvent sans
inconvénient avoir des propriétés sur le territoire de
communes voisines, surtout quand il s'agit de propriétés
dont la jouissance en nature est laissée aux habitants,
doit entraîner des dérogations aux règles du droit commun.

Ainsi le ministre de l'intérieur a recommandé, dans sa
circulaire du 5 mai 1852, d'éviter une composition des
lots qui entraînerait le payement de soultes considérables
en argent.

Ainsi encore, dans bien des cas, le tirage des lots au

(1) Voir notamment : arrêts du 27 février 1838 et du 19 mars 1844.
(DALLOZ, 1838, I, 139, — 1844, I, 189.)

sort aurait pour résultat d'enchevêtrer d'une manière fâcheuse les propriétés des communes copartageantes et de donner à chacune d'elles le lot qui serait le plus éloigné de son territoire. Subordonner le partage par attribution de lots au consentement de toutes les communes intéressées serait poser une condition qui serait souvent impossible à remplir dans les cas où ce mode de procéder serait le plus nécessaire, c'est-à-dire dans le cas où les communes ou sections copartageantes sont le plus nombreuses.

Nous croyons que l'administration supérieure qui a, dans cette matière, une certaine autorité propre, ainsi que nous le verrons plus loin en étudiant les règles de compétence relatives aux droits des sections, n'est pas liée par les dispositions du Code Napoléon sur ces divers points, et qu'elle doit être libre de suivre le mode qui lui paraît le plus propre à satisfaire les intérêts des parties.

Ajoutons que le projet de partage doit être soumis à une enquête *de commodo et incommodo,* comme tous les projets d'amodiation, échange, aliénation des biens communaux. Le ministre de l'intérieur l'a rappelé dans sa circulaire précitée du 5 mai 1852 (1).

---

§ IV. — QUESTIONS DE COMPÉTENCE RELATIVES AUX DROITS, A L'EXISTENCE ET AUX LIMITES DES SECTIONS.

I. Questions de compétence relatives aux droits des sections : — 135. Division du sujet.

Contestations relatives à la reconnaissance des droits de propriété, de jouissance et d'usage : — 136. En règle générale, l'autorité judiciaire est compétente pour prononcer sur les liti-

(1) Voir le modèle d'arrêté numéro 27.

ges relatifs à la reconnaissance des droits de propriété des sections. — Jurisprudence du Conseil d'Etat et de la Cour de cassation. — 137. Jurisprudence qui établit la compétence de la même autorité pour reconnaître les droits de jouissance ou d'usage contestés entre une section et une commune ou des tiers. — 138 . La compétence de l'autorité judiciaire ne cesserait pas, lors même qu'il s'agirait de statuer sur les effets des lois ou décrets qui modifient la circonscription des communes relativement aux droits des sections. — Jurisprudence de la Cour de cassation et du conseil d'Etat. — 139. Compétence de l'autorité judiciaire pour statuer sur l'aptitude personnelle des habitants des sections à la jouissance des biens communaux. — Ancienne et nouvelle jurisprudence du Conseil d'Etat à ce sujet. — Compétence de l'autorité administrative pour reconnaître d'une manière générale le mode de jouissance des biens communaux. — Jurisprudence du Conseil d'Etat.

Contestations relatives au partage des biens indivis : — 140. Compétence de l'autorité judiciaire pour statuer sur certaines questions relatives au partage des biens indivis entre les sections et les communes. — 141. Compétence de l'autorité administrative pour statuer sur les opérations du partage et sur les difficultés relatives au mode de partage. — Pouvoirs du conseil de préfecture. — Pouvoirs du préfet et du ministre de l'intérieur. — 142. Règles spéciales de compétence pour le partage des fonds restant en caisse en cas de distraction d'une portion de commune. — 143. Opinion de M. Trolley sur la compétence exclusive des tribunaux civils pour régler le partage des biens patrimoniaux. — Discussion de cette opinion. — 144. Compétence de l'autorité judiciaire pour statuer sur le partage des biens indivis entre des communes ou sections et des particuliers ou des établissements publics.

Contestations relatives à l'usurpation des biens communaux : — 145. Compétence exceptionnelle de l'autorité administrative pour statuer sur les usurpations de biens communaux dans les cas prévus par l'avis du Conseil d'Etat du 18 juin 1809. — Jurisprudence du Conseil d'Etat qui limite la compétence des conseils de préfecture. — Compétence de l'autorité judiciaire pour les autres cas.

Contestations relatives aux indemnités qui peuvent être dues à une commune à raison de la perte d'immeubles affectés à usage public en cas de changement de circonscription. — 146. Compétence de l'autorité administrative pour statuer à cet égard. — Jurisprudence de la cour de Cassation. — Jurisprudence du Conseil d'Etat.

Contestations relatives au droit de récolter le varech ou goëmon sur le rivage de la mer : — 147. Compétence de l'autorité administrative pour apprécier les droits des habitants des communes riveraines de la mer à la jouissance du varech ou goëmon de rive. — Ancienne jurisprudence du Conseil d'Etat et de la Cour de cassation. — Nouvelle jurisprudence du conseil.

135. En principe, les contestations qui s'élèvent entre les communes et les sections ou entre les sections et les tiers au sujet de la reconnaissance des droits des sections sur leurs biens meubles ou immeubles et des droits d'usage dont leurs habitants ont la jouissance doivent être portées devant l'autorité judiciaire.

La loi des 16-24 août 1790, titre IV, article 4, attribue d'une manière générale à l'autorité judiciaire le jugement des contestations relatives aux droits de propriété, sans distinguer si le litige a lieu entre particuliers ou entre communes et sections de commune. Les lois postérieures, notamment celles du 10 juin 1793, du 9 ventôse an XII et du 18 juillet 1837, ont confirmé ce principe, d'une manière générale, en ce qui touche les communes et sections. Néanmoins, la loi du 10 juin 1793 et celle du 9 ventôse an XII y ont dérogé pour certains litiges relatifs au partage des biens communaux. La loi du 9 ventôse an XII, interprétée par l'avis du Conseil d'État, approuvé le 18 juin 1809, y a apporté une nouvelle dérogation pour le cas d'usurpation des biens communaux. Quelques autres exceptions dérivent encore de la nature spéciale des droits en litige.

Nous avons à étudier les applications du principe et les exceptions qu'il comporte. Nous verrons successivement les règles de compétence concernant les contestations qui peuvent s'élever au sujet : 1° de la reconnaissance des droits de propriété, de jouissance et d'usage ; 2° du partage des biens indivis ; 3° de l'usurpation des biens communaux ; 4° des indemnités dues à une commune à raison de la perte d'immeubles affectés à usage public, qui lui sont enlevés par suite d'un changement de circonscription ; 5° de la récolte du varech ou goëmon sur le rivage de la mer.

Contestations relatives à la reconnaissance des droits de propriété, de jouissance et d'usage.

136. *Droits de propriété.* — Nous avons dit que, aux termes de la loi des 16-24 août 1790, titre IV, article 4, toutes les contestations relatives aux droits de propriété doivent être soumises à l'autorité judiciaire, et que les lois postérieures n'ont dérogé à cette règle, en ce qui concerne les communes et les sections, que pour certains cas exceptionnels.

Le Conseil d'État et la Cour de cassation ont été constamment d'accord à cet égard. Nous allons brièvement rappeler leur jurisprudence.

Mais auparavant il nous paraît utile de faire remarquer qu'il ne s'agit ici que des contestations relatives à l'existence même des droits des sections, et non de toutes celles qui peuvent s'élever à l'occasion de ces droits. En effet, nous avons déjà vu que lorsqu'il s'agit d'apprécier quelles doivent être les conséquences des droits propres des sections au point de vue de l'emploi des revenus de leurs biens par l'administration municipale, la question n'est plus du domaine de l'autorité judiciaire, à raison tant de la nature des questions qui se trouvent débattues, que de la nature des actes qui peuvent être attaqués. Nous n'avons qu'à nous référer sur ce point aux explications que nous avons données en terminant le chapitre IV, et en discutant dans le présent chapitre les droits des sections sur le produit de l'amodiation ou de la vente de leurs biens (1). Nous rappellerons seulement que les sections en sont pas dénuées de garanties, puisqu'elles peuvent attaquer devant le préfet, devant le mi-

(1) Voir p. 203 et 259.

nistre de l'intérieur, et au besoin devant le Conseil d'État, statuant au contentieux, les délibérations des conseils municipaux qui violeraient leurs droits en faisant profiter la commune entière des revenus ou du prix de vente des biens dont elles doivent avoir la jouissance exclusive.

La compétence de l'autorité judiciaire pour statuer sur l'existence des droits de propriété des sections de commune a été reconnue par de nombreuses décisions du Conseil d'État. Nous pouvons citer d'abord un arrêt du 13 mai 1809 par lequel il annule un arrêté du conseil de préfecture du département de l'Allier, et une décision du ministre des finances, qui avaient attribué à la commune de la Lizolle un bois qui, d'après la prétention des habitants de la section de Bourg, appartenait exclusivement à cette section.

« Considérant, porte la décision, que, de droit commun, toutes les contestations relatives à la propriété doivent être soumises aux tribunaux ordinaires, qu'on ne pourrait déroger à ce principe dans un cas particulier, qu'autant qu'il y aurait à cet égard une disposition formelle ;

« Considérant, au contraire, qu'aux termes des lois précitées (lois du 10 juin 1793 et du 9 ventôse an XII), les contestations relatives à des droits de propriété, qu se trouvent exister entre des communes ou les différentes sections d'une même commune, ne peuvent être jugées que par les tribunaux ordinaires (1). »

---

(1) On dirait aujourd'hui les tribunaux *civils*. Le Conseil d'Etat et la plupart des auteurs tiennent pour constant que, d'après les principes sur la séparation des pouvoirs, admis en France d'une manière définitive depuis 1789, les juridictions administratives sont des juridictions ordinaires pour les contestaions qui rentrent dans le contentieux administratif, comme les tribunaux civils le sont pour les contestations sur lesquelles il leur appartient de prononcer.

Le Conseil d'État, se fondant sur les mêmes motifs, a encore annulé, pour incompétence, un arrêté du conseil de préfecture du département de la Nièvre qui avait déclaré propriété communale un bois dont les habitants des hameaux de Jussy, de Sirveau et de Brasse se prétendaient propriétaires par indivis, à l'exclusion des autres habitants des communes dont ils dépendaient. (*Arr.* 28 *mai* 1812.)

Il a fait de même pour un arrêté du conseil de préfecture du département de la Creuse qui avait statué sur la propriété d'un pâturage que les habitants du village de Lascoux disputaient à ceux du village de Fraisse, dépendant, comme le premier, de la commune de Vallières, et qui avait nommé des commissaires pour placer les bornes indicatives des limites du terrain litigieux. (*Arr.*, 20 *novembre* 1815.)

Il a également décidé que lorsqu'un maire poursuit devant le conseil de préfecture, comme usurpateurs d'un bien qu'il soutient être communal, des particuliers qui prétendent former une section de commune et jouir du terrain revendiqué par la commune en vertu d'un partage fait entre les habitants de la section avant la loi du 10 juin 1793, le conseil de préfecture doit surseoir à statuer jusqu'à ce que la question de propriété, débattue entre la commune et la section, ait été jugée par les tribunaux civils. (*Arr. cons.*, 1er *août* 1834, *Vernada.*)

Le même principe est consacré par les arrêts du 24 mars 1821 (*habitants de Couchas*), du 23 juillet 1823 (*hameau de Nogent*), du 14 janvier 1824 (*commune de Balmelles*), du 19 juillet 1833 (*Hyot c. la commune de Mazerat* (1).)

_____

(1) Dans cette affaire, le sieur Hyot, poursuivi comme usurpateur d'un bien communal dit le chaume de Mazeau, prétendait avoir, conjointement avec un sieur Manegrand, des droits exclusifs à la jouissance de ce pâturage, qui, selon lui, avait appartenu

Le Conseil d'État a décidé, par suite, que si, devant un conseil de préfecture et à l'occasion d'une demande en nullité d'un partage de biens communaux effectué entre les différentes sections d'une commune, une de ces sections prétend qu'elle est exclusivement propriétaire d'une portion desdits biens, en vertu de sa possession immémoriale, le conseil de préfecture doit surseoir à statuer sur la demande en nullité du partage, en ce qui concerne cette portion, jusqu'à ce qu'il ait été prononcé par les tribunaux civils sur la question de propriété. (*Arr. cons. 28 janvier* 1848, *commune de Dampierre.*)

Parmi les décisions de l'autorité judiciaire qui ont reconnu le même principe, il nous suffira d'indiquer l'arrêt de la Cour de cassation du 30 avril 1831 (*commune de Ronceux*) que nous avons déjà cité (1), et deux autres arrêts de la même cour, en date, l'un, du 27 janvier 1851 (*commune de Fontenay-le-Château c. commune de Trémonzay.*), l'autre, du 29 juillet 1856 (*section de Marnezay c. section de Chambéria* (2).)

Nous reviendrons sur ces deux derniers arrêts.

137. *Droits de jouissance et d'usage.* — Il en est des difficultés qui s'élèvent entre les sections et les communes relativement aux droits de jouissance des habitants sur les biens communaux, et des autres droits d'usage, comme de celles qui s'élèvent au sujet des droits de propriété. Les droits de jouissance des habitants sur les biens communaux sont en effet une conséquence du droit de propriété de la commune ou de la section ; les droits d'usage sont des démembrements de la propriété.

---

de temps immémorial au hameau de la Bergerette, dont les sieurs Hyot et Manegrand étaient les seuls habitants.

(1) P. 280.
(2) DALLOZ, 1854, I, 334. — 1856, I, 411.

La jurisprudence et aussi constante et aussi unanime sur ce second point que sur le premier.

Nous pourrions en citer de nombreux exemples. Nous nous bornerons aux plus saillants.

Ainsi plusieurs habitants d'une partie du village du Courneau, dépendant de la commune de Saint-Géours, les sieurs Dubroca et consorts, avaient demandé à participer au partage des bruyères et ajoncs, croissant sur une lande communale, et servant à l'engrais des terres. La commune de Poyanne et l'autre partie du village du Courneau prétendaient, au contraire, avoir un droit exclusif au partage de ces bruyères et ajoncs, en vertu de titres anciens et d'une possession immémoriale. Elles soutenaient que les auteurs des réclamants avaient obtenu une concession ou un cantonnement de landes pour leur tenir lieu de biens communaux. Le préfet du département des Landes avait pris un arrêté qui faisait droit à la demande des sieurs Dubroca et consorts. Sur le pourvoi de la commune de Poyanne et de la partie du village du Courneau, dont les intérêts étaient opposés à ceux du sieur Dubroca et autres, l'arrêté du préfet a été annulé pour incompétence, par le motif que « les contestations relatives à des droits de propriété qui peuvent exister entre des communes ou les différentes sections d'une même commune ne peuvent être jugées que par les tribunaux civils. » (*Arr. cons.*, 18 *juillet* 1821, *commune de Poyanne c. Dubroca et consorts.*)

Dans une affaire, jugée par arrêt du Conseil, en date du 7 août 1843, la commune de Leutenheim refusait d'admettre à la jouissance des biens communaux les habitants du hameau de Kœnigsbruck, en se fondant sur ce que cette section n'avait aucun droit à la propriété des communaux, qui appartenaient à la commune avant que le hameau lui eût été réuni. Le conseil de préfecture du

département du Bas-Rhin avait décidé que les habitants
du hameau seraient compris au nombre des habitants de
la commune ayant droit à la jouissance des biens communaux, et nous croyons devoir reproduire les motifs de
sa décision pour bien montrer le caractère de la question
qu'il s'agissait de résoudre :

« Considérant que s'il est vrai qu'avant 1789 le territoire de l'abbaye de Kœnigsbruck faisait partie d'un
autre bailliage que la commune de Leutenheim et d'une
autre paroisse, il est constant que, par la nouvelle division du royaume en communes, cantons, arrondissements,
départements, la circonscription de la commune de Leuten
heim a embrassé le territoire occupé par la susdite abbaye;

« Considérant que c'est par suite de la suppression
de cet établissement religieux et de la vente, comme bien
national, des terrains qui en dépendaient, que des habitations se formèrent sur l'ancien emplacement de l'abbaye
à une époque où cet emplacement faisait partie du territoire de Leutenheim ;

« Considérant que si on a attribué à ce groupe d'habitations le nom de *hameau de Kœnigsbruck*, annexe de Leutenheim, ce ne peut être en ce sens qu'on devrait le distinguer de cette dernière comme section ou autrement ;
qu'en effet, il y a une différence marquée entre un hameau qui se forme successivement sur le territoire d'une
commune après la formation primitive, et la réunion d'un
hameau ou d'une commune à une autre, par des décisions de l'autorité supérieure ; que, dans ce dernier cas,
on pourrait comprendre que chacune conserve séparément la jouissance de sa propriété ; mais qu'il n'en saurait être ainsi quant aux habitants de Kœnigsbruck. »

Le Conseil d'État a décidé qu'une semblable contestation, relative à une question de propriété, ne pouvait
être jugée par le conseil de préfecture, et que l'autorité

judiciaire était seule compétente pour en connaître.

Le Conseil s'est encore prononcé dans le même sens par un arrêt du 9 août 1851, (*ville de Lormes*). Les sieurs Robin et consorts, domiciliés dans la section de la Maladrerie, demandaient à être compris aux rôles de distribution des affouages de la ville de Lormes. Ils reconnaissaient que les habitants de la ville avaient seuls droit aux affouages, à l'exclusion des habitants des hameaux compris dans la même circonscription communale, mais ils prétendaient que le hameau de la Maladrerie, nouvellement formé, était devenu un faubourg de la ville et en faisait partie intégrante. La ville opposait au contraire que la section de la Maladrerie avait de tout temps été considérée comme un hameau n'ayant pas plus de droit aux affouages qu'aucun des trente-trois autres hameaux de la commune. La question avait été tranchée par le conseil de préfecture du département de la Nièvre. Le Conseil d'État a décidé « que cette contestation soulevait une question de propriété ou de jouissance, de la compétence des tribunaux civils, et qu'en statuant au fond sur cette contestation, le conseil de préfecture avait commis un excès de pouvoir. »

138. Les tribunaux civils cesseraient-ils d'être compétents pour statuer sur les contestations entre communes et sections de commune relatives à des droits de propriété ou d'usage, dans le cas où la difficulté porterait sur le point de savoir quels sont, à l'égard de ces droits, les effets des actes du pouvoir exécutif ou du pouvoir législatif qui ont réuni ou divisé des communes ?

Il semble que la question n'ait pas un grand intérêt pratique, puisque nous avons établi qu'aux termes des articles 5, 6 et 7 de la loi du 18 juillet 1837, qui a consacré sur ce point l'ancienne jurisprudence, les réunions ou divisions de commune ne portent aucune atteinte aux droits respectifs de propriété et d'usage des communes et des sections réunies ou fractionnées, et qu'il n'y a d'exception à cette règle que pour les édifices et autres immeubles servant à usage public, qui appartiennent toujours à la commune dans le territoire de laquelle ils se trouvent compris. Néanmoins, si constante que soit cette règle, il faut savoir quelle est l'autorité à laquelle il appartient de la rappeler et de l'appliquer à ceux qui la méconnaîtraient.

On pourrait penser que, en vertu du principe de la séparation du pouvoir judiciaire et du pouvoir administratif, c'est à l'administration seule qu'il appartient de reconnaître et de déclarer, en cas de contestation, le sens et la portée des actes du chef de l'État qui modifient la circonscription territoriale des communes, et qu'il en est de même pour les lois qui prononcent des mesures de cette nature, parce que ces lois, qui n'ont qu'un intérêt local, et en quelque sorte individuel, sont plutôt des actes d'administration soumis au contrôle du pouvoir législatif que de véritables actes de législateur.

Mais il faut remarquer que la loi du 18 juillet 1837, en disposant que les conditions de la réunion ou du fractionnement des communes autres que celles qui sont fixées par les articles 5 et 6, seront réglées par l'acte qui modifiera la circonscription territoriale, fait, conformément aux principes fondamentaux posés dans la loi des 16-24 août 1790, « réserve, dans tous les cas, de toutes les questions de propriété. » Or, il n'est pas douteux que l'autorité administrative ne soit seule compétente pour statuer sur les contestations qui s'élèvent à l'occasion de celles des conditions de la réunion ou du fractionnement qui peuvent être fixées par l'acte qui prononce le changement de circonscription ; par exemple, la liquidation des fonds libres restant en caisse et celle des dettes de la communauté dissoute. Mais peut-on en dire autant quand il s'agit de questions sur lesquelles la loi spéciale ou l'acte du Gouvernement ne doit exercer aucune influence ? S'il en était ainsi, si l'on pouvait, sous prétexte de demander l'interprétation de la loi ou du décret qui aurait modifié la circonscription d'une commune, en réservant, conformément à la loi, les droits d'usage ou autres respectivement acquis, mettre en question devant la juridiction administrative les droits de propriété ou d'usage des communes réunies ou des fractions de commune séparées, on arriverait à donner à l'administration le pouvoir de trancher des questions que la loi a expressément voulu maintenir dans le domaine de l'autorité judiciaire.

Aussi la juridiction civile ne paraît pas avoir jamais hésité à statuer sur les questions de droit de propriété ou de droit d'usage, lors même qu'on discutait sur les conséquences des ordonnances, décrets ou lois qui avaient modifié des circonscriptions communales. La plupart des décisions que nous avons citées dans le paragraphe 3 de ce chapitre, et qui établissent que les changements de circonscription n'ont aucune influence sur les droits de propriété ou d'usage des communes ou des sections, émanent de l'autorité judiciaire. Nous n'avons qu'à rappeler les arrêts de la Cour de cassation en date du 18 avril 1845 (*commune de Roquefort*), du 13 mai 1828 (*commune de Fontenay*), du 30 janvier 1831 (*commune de Ronceux,*) et les arrêts de la cour de Besançon en date du 28 février 1828 (*Bonnet c. commune de Champagney*), et du 31 juillet 1835 (*commune d'Oselle c. Gueydans*).

On pourrait se demander si cette jurisprudence n'est pas contredite, au moins en partie, et pour les contestations relatives au droit d'affouage, par un arrêt du Conseil d'État en date du 7 février 1848 (*commune de Jandun*), que nous avons déjà cité et combattu. Dans l'affaire jugée par cet arrêt, il s'agissait de savoir si les habitants de la section du Haut-Chemin, distraite de la commune de Jandun, avaient, malgré cette distraction, conservé leurs droits à l'affouage dans les bois de cette dernière commune. Le conseil de préfecture s'était prononcé en faveur des habitants de la section du Haut-Chemin, en se fondant sur la réserve des droits d'usage et autres respectivement acquis, réserve insérée dans la loi qui prononçait la modification du territoire de la commune de Jandun, comme elle l'est dans toutes les lois et tous les décrets de la même nature. La commune de Jandun s'était pourvue contre l'arrêté du conseil de préfecture, et elle en demandait l'annulation pour incompétence et subsidiairement pour mal jugé. En ce qui concerne la compétence, elle soutenait que le conseil de préfecture ne pouvait pas statuer sur la contestation, attendu que la question à juger était de savoir, par interprétation d'un titre de 1551, qu'elle produisait, si la section du Haut-Chemin avait des droits de copropriété dans les bois communaux de Jandun, et cette question, disait-elle, était du ressort exclusif de l'autorité judiciaire. Au fond, elle soutenait que, par suite du changement de territoire opéré par la loi, les habitants de la section du Haut-Chemin avaient perdu leurs droits à l'affouage dans les bois de la commune dont ils ne faisaient plus partie.

Voici dans quels termes le Conseil d'État s'est prononcé sur la question de compétence :

« Considérant qu'il n'est point contesté que, avant la loi du 11 juin 1842, les membres de la section du Haut-Chemin, notamment les sieurs Champenois et Frérot, eussent, comme habitants et seulement en qualité d'habitants de la commune de Jandun, droit à l'affouage ; que la commune se borne à soutenir, contrairement aux prétentions desdits sieurs, qu'ayant, par suite de la loi qui a prononcé la réunion du territoire de la section du Haut-Chemin à la commune de Launois, perdu la qualité d'habitants de la commune de Jandun, ils ont en même temps, et par l'effet de ladite loi, perdu leurs droits à l'affouage dans cette dernière commune ; qu'ainsi il ne s'agissait pas, dans l'espèce, de statuer sur une question de propriété ou de copropriété entre la section du Haut-Chemin et la commune de Jandun, ni d'interpréter à cet égard l'acte de 1551, mais uniquement de déclarer quel est, par rapport aux sieurs Champenois et Frérot, habitants du territoire du Haut-Chemin, l'effet de la séparation prononcée par la loi du 11 juin 1842, en ce qui concerne la distribution des affouages de la commune ; que l'autorité administrative est compétente pour apprécier sur ce point les effets et les conséquences de ladite loi. »

Puis le Conseil statue au fond et donne gain de cause à la commune de Jandun. Nous nous sommes déjà expliqué sur cette dernière partie de la décision, et nous nous sommes efforcé d'établir qu'elle était contraire aux principes et à la jurisprudence (1).

Quant à la solution de la question de compétence, elle ne nous semble pas en contradiction avec les principes que nous avons posés.

En effet, le Conseil déclare qu'il ne s'agissait pas de statuer sur une question de propriété ou de copropriété entre la section et la commune, qu'il s'agissait uniquement de déclarer les effets du changement de territoire à l'égard du droit que tels et tels habitants de la section prétendaient avoir de participer à l'affouage de la commune. On peut penser que le Conseil avait déplacé la question à juger, et il nous semble, en effet, qu'il s'agissait non des droits de certains individus, mais du droit

(1) P. 286.

que la collection des habitants présents et futurs de toute une fraction de territoire, détachée de la commune de Jandun, prétendait avoir à conserver la copropriété et, par suite, une part de la jouissance des bois de la commune dont elle avait formé une partie intégrante. Nous aurions donc, quant à nous, vu dans cette affaire une contestation entre une section et une commune relativement à des droits de propriété, qui devait être soumise à l'autorité judiciaire. Mais le Conseil n'y ayant vu qu'une réclamation d'individus qui prétendaient avoir droit à l'affouage, il a pu donner une solution différente, conforme d'ailleurs à la jurisprudence établie à cette époque en matière d'affouage (1).

Quoi qu'il en soit, la Cour de cassation a maintenu sa jurisprudence par un arrêt en date du 18 juillet 1861, dont nous avons déjà cité une partie. Le débat portait sur le point de savoir si les habitants de la portion de la commune de Poussay, dite les Maisons-Rouges, détachés de cette commune par ordonnance royale du 23 décembre 1832 pour être réunis à celle de Mirecourt, avaient, malgré cette séparation, conservé le droit de jouir de l'affouage dans les bois communaux de Poussay. La cour de Nancy avait fait droit à la prétention des habitants de la section des Maisons-Rouges. Cet arrêt était déféré à la Cour de cassation pour violation des principes sur la compétence, attendu que la cour de Nancy ne pouvait apprécier les effets d'une ordonnance qui prononçait la distraction d'une section de commune et sa réunion à une commune différente. Le pourvoi a été rejeté par le motif qu'il s'agissait d'une contestation relative à l'existence du droit d'affouage, et que les tribunaux civils sont exclusivement

---

(1) Nous donnons plus loin quelques développements sur les diverses phases de la jurisprudence relative à cette matière.

compétents pour statuer sur toutes les questions de propriété.

Nous pouvons citer encore dans le même sens un arrêt de la cour de Poitiers, en date du 8 janvier 1862 (*commune de Lagord*), qui se trouve également rapporté en partie dans le troisième paragraphe de ce chapitre, et un arrêt de la Cour de cassation, en date du 24 mars 1863, qui a rejeté le recours formé contre l'arrêt de la cour de Poitiers. On contestait la compétence de l'autorité judiciaire pour statuer sur la question de savoir si une fraction détachée de la commune de Lagord avait droit à la copropriété de biens légués à cette commune avant la séparation, et dont les revenus devaient être employés à soulager les indigents. On prétendait qu'il s'agissait des conséquences d'une mesure essentiellement administrative ; que le débat ne pouvait être jugé que par interprétation de la loi qui avait modifié la circonscription de la commune de Lagord, et que l'administration seule pouvait donner cette interprétation. Voici dans quels termes la cour de Poitiers a maintenu sa compétence :

« Attendu que les questions de propriété sont de la compétence des tribunaux civils, si elles n'en ont pas été distraites exceptionnellement ;

« Attendu que les divisions, réunions ou formations de communes amènent toujours des difficultés nées de la séparation d'intérêts longtemps confondus ; que la solution de ces contestations donne lieu à des opérations complexes, minutieuses, qui ne sont subordonnées à aucune règle absolue et dont les bases, de nature diverse, sont généralement l'étendue des territoires, le revenu imposable, la population, les ressources et les charges des sections distraites et des communes qui se modifient ou qui se forment ; que le législateur a laissé, avec raison, au Gouvernement le soin de déterminer les conditions des réunions et des divisions par l'acte qui les prononce ou par un décret ultérieur, s'il a été statué par une loi; mais qu'en lui donnant ce pouvoir, la loi du 18 juillet 1837, article 7, réserve toutes les questions de propriété pour être déférées aux tribunaux ordinaires;

« Attendu qu'il s'agit au procès de savoir si, d'après l'intention du sieur Morin et leur nature, les biens, dont il a disposé par son testament du 7 mai 1855, appartiennent à la commune de Lagord seule, ou, pour portion, à la section de cette commune enclavée depuis dans la nouvelle commune de Puilboreau; que cette question est essentiellement de la compétence des tribunaux civils ordinaires. »

Le recours formé devant la Cour de cassation contre cet arrêt a été rejeté dans les termes suivants :

« *Sur le moyen unique tiré de la violation des articles 6 et 7 de la loi du 18 juillet 1837, d'un excès de pouvoir et de la violation du principe de la séparation des pouvoirs :*

« Attendu qu'aux termes des articles 1er, 5, 6 et 7 de la loi du 18 juillet 1837, lorsqu'une section de commune est érigée en commune séparée ou réunie à une autre commune, soit en vertu d'un décret de l'Empereur, soit en vertu d'une loi, c'est à l'autorité judiciaire qu'il appartient de statuer sur les questions de propriété;

« Que cette disposition formelle de la loi est conforme aux principes généraux du droit, qui attribuent aux tribunaux ordinaires le jugement des questions de propriété;

« Attendu que la cour de Poitiers s'est maintenue dans les limites de sa compétence en se bornant à juger une question de propriété;

« Qu'ainsi ce moyen, fondé sur l'incompétence de l'autorité judiciaire, se trouve repoussé par les termes mêmes de la loi

« Attendu que cés mêmes dispositions prouvent que la cour de Poitiers n'a commis aucun excès de pouvoir ;

« Qu'en effet, aux termes de l'article 7, les conditions de la distraction ou de la réunion des communes doivent être fixées par l'autorité qui prononce cette distraction ou cette réunion, mais que ce même article fait réserve, dans tous les cas, de toutes les questions de propriété ;

« Attendu que la cour de Poitiers a constaté, par l'interprétation des différentes clauses du testament du sieur Morin, et par l'appréciation de sa volonté, que le testateur avait fixé lui-même la destination de son legs ; qu'il avait voulu que ses bienfaits s'étendissent à tous les pauvres nés et domiciliés dans cette commune, dont la section de Puilboreau formait, à l'époque du testament et de la mort du sieur Morin, une notable fraction ; que son intention avait été de faire bénéficier de sa libéralité tous les habitants sans exception, et sans exclusion de ceux d'une section qui cesserait d'appartenir à la commune de Lagord ;

« Attendu qu'en jugeant par suite que la commune de Puilboreau avait droit à la propriété d'une partie des biens légués par le sieur Morin à la commune de Lagord, et dont elles jouissaient en commun avant la distraction, la cour de Poitiers n'a pas violé le principe de la séparation des pouvoirs exécutif et judiciaire ;

« Qu'elle n'a réglé que ce qui se rapportait à la propriété, sans déterminer la quotité de la portion revenant à la commune de Puilboreau ;

« Qu'elle a reconnu qu'en fixant les bases du partage, elle empiéterait sur les attributions de l'administration et sur le droit que le Gouvernement s'est réservé, par la loi même qui a créé la commune de Puilboreau, de régler les conditions de sa formation par la séparation d'une partie de la commune de Lagord. » (*Arr. du 24 mars* 1863.)

139. *Réclamations individuelles des habitants au su-jet de la jouissance des biens communaux.* — Nous n'a-vons indiqué jusqu'ici, on a pu le voir, que les règles de compétence relatives aux contestations qui s'élèvent entre les communes et les sections. Mais nous avons mainte-nant à indiquer celles qui régissent les contestations sou- ´ levées par les habitants, qui prétendent, en vertu de leur qualité personnelle, avoir le droit d'être admis à la jouis-sance des biens appartenant aux communes ou aux sec-tions.

Quant à ces réclamations individuelles, on sait que l'autorité chargée de les apprécier n'est pas la même dans tous les cas.

Pendant longtemps la jurisprudence du Conseil d'État est restée fixée en ce sens que c'était au conseil de pré-fecture, sauf recours au Conseil d'État, qu'il appartenait de statuer sur les réclamations des particuliers qui pré-tendaient avoir droit à une part dans les affouages ou dans la jouissance des pâturages communaux.

Cette jurisprudence se fondait, d'une part, sur ce que les articles 17 et 18 de la loi du 18 juillet 1837 ont chargé les conseils municipaux du règlement des affouages et de la jouissance des pâturages communaux ; et, d'autre part, sur ce que l'article 1er de la section V de la loi du 10 juin 1793 attribuait au directoire de département, qui réunissait alors les pouvoirs d'administration et de juri-diction répartis aujourd'hui entre le préfet et le conseil de préfecture, le droit de statuer sur toutes les réclama-tions qui pouvaient s'élever à raison du mode de partage, soit du fonds des biens communaux, lorsqu'ils étaient sus-ceptibles de partage, soit des fruits de ces mêmes biens.

Elle réservait seulement à l'autorité judiciaire le pou-voir de statuer sur les questions de propriété, de natio-nalité ou d'état civil qui pouvaient s'élever à cette occasion. (Voir notamment l'*Ordonnance sur conflit*, du 4 mai 1843, *Clément,* et les *Arrêts* du 15 janvier 1849, *commune de Courcelles-en-Montagne,* et du 23 juillet 1849, *commune d'Offendorff.*)

Mais la Cour de cassation revendiquait d'une manière exclusive pour l'autorité judiciaire le jugement de toutes ces contestations ; elle ne voulait voir dans toutes les questions d'aptitude personnelle à la jouissance des biens communaux que des questions de propriété. Le tribunal des conflits, dans la courte période de son existence, a consacré sur ce point la jurisprudence de l'autorité judiciaire ; il a décidé que, si l'autorité administrative était compétente pour statuer sur les contestations relatives au mode de partage des biens communaux, elle ne l'était pas pour trancher les questions d'aptitude personnelle, desquelles dérive le droit individuel à l'affouage ; et que les dispositions précitées de la loi du 18 juillet 1837 n'avaient pas eu pour but de modifier l'ordre des juridictions. (*Décisions* du 10 avril 1850, *Caillet ;* et du 12 juin 1850, *Pierret.*)

Le Conseil d'État a accepté la règle posée par le tribunal des conflits, et plusieurs arrêts récents ont reconnu que, en cas de contestation entre une commune ou une section et un habitant sur la question de savoir si celui-ci remplit personnellement les conditions nécessaires pour avoir droit à la jouissance des biens communaux, par exemple s'il a le domicile exigé par l'article 105 du Code forestier ou par d'anciens usages non contestés, ou s'il doit être considéré comme chef de famille ayant feu séparé, c'est à l'autorité judiciaire qu'il appartient de prononcer sur le droit du réclamant. (*Arr. cons.,* 18 janvier 1851, *Pracros ;* — 8 décembre 1853, *commune de Selaincourt ; — décret sur conflit* du 16 novembre 1854, *Faivre et Bouveret ;* — *arr.,* 28 décembre 1854, *com-*

mune de Perrouse et Villers-le-Temple c. Courtot; — 25 juin 1855, *Fondeyre* (1).

Mais il faut bien remarquer que, même dans l'état actuel de la jurisprudence, les questions d'aptitude personnelle des habitants à la jouissance des biens communaux sont seules du ressort exclusif de l'autorité judiciaire. Si, à l'occasion d'une réclamation de cette nature, il s'élève entre la commune ou la section et l'habitant une contestation sur le mode de jouissance des biens communaux et sur l'existence, la légalité ou la portée des conditions spéciales d'admission à cette jouissance, qui auraient été établies, soit par des règlements administratifs, soit par d'anciens usages, c'est encore à l'autorité administrative qu'il appartient, d'après les lois des 10 juin 1793 et 9 ventôse an XII, et celles des 16-24 août 1790 et 16 fructidor an III, de reconnaître le mode de jouissance, de statuer sur sa légalité, de vérifier l'existence des conditions contestées et d'en déclarer le sens et la portée. La Cour de cassation n'avait pas accepté cette règle anciennement établie par le Conseil d'Etat ; mais la jurisprudence du Conseil a été consacrée, dans une certaine mesure, par une décision du tribunal des conflits, en date du 5 décembre 1850 *(Callaud),* et elle a été maintenue par une longue série

(1). M. Serrigny a vivement combattu cette jurisprudence dans son livre intitulé *Questions et traités de droit administratif,* (p. 38 et suiv.) Il persiste à penser que la répartition des affouages est une opération administrative qui rentre, par sa nature, aussi bien qu'en vertu des dispositions de la loi du 10 juin 1793 et de celle du 18 juillet 1837, dans les attributions de l'autorité administrative. Il exprime le regret que le Conseil d'Etat ait abandonné ses anciennes traditions. On peut s'associer aux regrets de M. Serrigny, tout en comprenant que le Conseil d'Etat, qui avait vu le tribunal des conflits consacrer sa jurisprudence sur presque toutes les questions où elle était en désaccord avec celle de la Cour de cassation, ait cru convenable, pour ne pas renouveler les anciennes luttes, d'accepter les décisions du tribunal des conflits sur ce point spécial où, par exception, la jurisprudence de la Cour de cassation avait prévalu.

d'arrêts du Conseil et de décrets sur conflits, rendus de 1851 à 1860.

Ainsi, d'après cette jurisprudence, c'est à l'autorité administrative qu'il appartient de statuer sur la réclamation d'habitants d'une commune qui prétendent que le conseil municipal n'a pu modifier l'ancien usage d'après lequel la futaie affouagère se distribuait entre les propriétaires de maisons, à raison de l'étendue de leurs bâtiments, et leur enlever les droits qu'ils prétendent tirer de cet ancien usage (*Décision* du tribunal des conflits du 5 décembre 1850, *Callaud*). Le Conseil d'État a consacré cette doctrine en décidant que c'était au conseil de préfecture que cette réclamation devait être soumise (*Arr.* du 7 mai 1863, *commune de Nantilly*).

C'est également au conseil de préfecture, sauf recours au Conseil d'État, qu'il appartient de décider : 1° si, d'après un ancien usage, les veufs ou célibataires n'auraient droit qu'à une demi-part d'affouage (*Arr.* du 5 avril 1851, *commune de Gillancourt ; — décret* sur conflit du 25 mai 1861, *commune de Doulaincourt*); 2° si, d'après les anciens usages établis dans une commune, les étrangers non naturalisés, mais autorisés à résider en France, avaient le droit de participer à la jouissance des biens communaux (*Arr. cons.*, 28 mai 1852, *Weber*); 3° s'il existe dans une commune un usage ancien d'après lequel les habitants non propriétaires seraient exclus de toute participation à l'affouage (*Arr.* du 3 mars 1853, *commune de Saint-Loubes Amades*); 4° quelles sont les conditions desquelles résulte la qualité de chef de ménage exigée par les anciens usages pour avoir droit à la jouissance des prairies communales (*Arr.* du 14 avril 1853, *commune d'Uchizy*); 5° si le payement d'un droit d'entrée en commune et l'inscription sur un registre spécial ont été établis comme conditions d'admission à la jouissance des biens communaux par des délibérations du conseil municipal approuvées par l'autorité supérieure (*Décret sur conflit* du 12 août 1854, *commune de Catenon c. Schantz*); 6° si, en vertu d'un usage ancien, d'après lequel les futaies affouagères se distribuent en raison du toisé des bâtiments, un maître de forges a droit au partage des futaies en raison des bâtiments dans lesquels il loge ses ouvriers (*Arr.* du 28 décembre 1854, *commune de Perrouse et Villers-le-Temple c. Spony*).

C'est encore par application des mêmes principes que les conseils de préfecture et le Conseil d'État ont constamment statué, depuis la nouvelle jurisprudence comme ils faisaient auparavant, sur les contestations dans lesquelles il s'agissait d'apprécier le sens et la portée des arrêts du Conseil d'État ou édits royaux antérieurs à la Révolution de 1789, qui ont établi dans certaines provinces, notamment l'Artois et les Trois-Évêchés, un mode spécial de jouissance des biens communaux (*Arr. cons.* 28 mai 1852, *Demailly;* — 18 février 1858, *Blondeau et consorts;*—27 février 1862, *Decloquement;*—31 juillet 1862, *Maurois.*

Et, dans ces affaires, le Conseil d'État ne s'est pas borné à donner l'interprétation des dispositions des anciens usages et des arrêts et édits qu'il s'agissait d'appliquer; il en a fait l'application aux cas particuliers qui lui étaient soumis, toutes les fois qu'il ne s'élevait pas une question qui fut exclusivement du domaine de l'autorité judiciaire, afin d'éviter un renvoi aux tribunaux qui n'aurait eu d'autre résultat que de faire faire des frais inutiles aux parties.

Ainsi, dans la dernière des affaires que nous venons de citer, le sieur Maurois, habitant de la commune d'Évin-Malmaison (Pas-de-Calais), où se trouvent des marais dont les habitants jouissent dans des conditions spéciales fixées par l'arrêt du Conseil du Roi du 25 février 1779, soutenait qu'une portion des marais communaux devenue vacante avait, à tort et par une fausse interprétation de l'arrêt précité, été attribuée à la dame Lagache, comme ayant acquis la qualité de chef de famille en 1826, époque de son mariage avec le sieur Butruille, tandis qu'elle n'avait pu l'acquérir que le 16 octobre 1849, jour du décès de celui-ci; et il ajoutait que cette portion de marais devait lui être attribuée de préférence, comme étant domicilié dans la commune depuis 1837, et ayant par suite acquis la qualité de chef de famille dans la commune antérieurement à la dame Lagache.

Le Conseil a d'abord jugé qu'il s'agissait de déterminer, par interprétation de l'arrêt du Conseil du Roi du 25 février 1779, quelles sont les conditions du mode de partage des marais communaux de l'ancienne province de l'Artois, et que, dès lors, aux termes des lois du 10 juin 1793 et du 9 ventôse an XII, le conseil de préfecture était compétent pour connaître de la demande du sieur Maurois.

Puis, interprétant l'arrêt précité du Conseil du Roi, il a décidé que, aux termes de cet arrêt, la portion de marais communal délaissée par un habitant qui meurt sans héritier direct, doit faire retour à la commune pour être attribuée au chef de famille le plus anciennement domicilié; que la femme qui n'a pas acquis la qualité de chef de famille antérieurement à son mariage, ne peut plus l'acquérir qu'au décès de son mari.

Et comme en fait, il résultait de l'instruction que le mari de la dame Lagache n'étant mort qu'en 1849, cette dame n'avait pu acquérir, qu'à dater de cette époque, la qualité de chef de famille et que, au contraire, le sieur Maurois avait acquis cette qualité en 1837, le Conseil a annulé l'arrêté du conseil de préfecture qui avait attribué à la dame Lagache, par préférence au sieur Maurois, une portion de marais communal devenue vacante.

Telles sont les règles générales de compétence relatives aux litiges qui s'élèvent sur les droits de propriété ou d'usage des sections de commune. On le voit, jusqu'ici la compétence de l'autorité judiciaire est exclusive ou au moins dominante. Il y a cependant quelques cas qu'il nous reste à signaler, dans lesquels la compétence de l'autorité administrative est établie à l'exclusion de celle de l'autorité judiciaire.

Contestations relatives au partage des biens indivis entre les sections et les communes.

140. Et d'abord les contestations qui s'élèvent au sujet du partage de biens communaux indivis entre des communes et des sections ne sont pas, dans tous les cas, portées devant les tribunaux civils. Il y a toute une série de débats relatifs aux opérations et au mode de partage qui leur sont enlevés par la législation spéciale de cette matière.

D'abord, quand une des communes ou sections copropriétaires refuse de sortir de l'indivision, c'est l'autorité judiciaire seule qui peut ordonner le partage, parce qu'il s'agit d'appliquer la disposition de l'article 815 du Code Napoléon, règle de droit civil applicable à tous les propriétaires, que ce soient des particuliers ou des établissements publics. Toutefois, à côté de ce pouvoir de juridiction de l'autorité judiciaire, se place le pouvoir de tutelle de l'administration, qui peut, si elle le croit préférable dans l'intérêt des communes ou sections copropriétaires, ne pas autoriser le partage.

C'est aussi à l'autorité judiciaire qu'il appartient de régler les droits de propriété prétendus par les communes ou sections de commune sur les biens indivis entre elles. L'article 4 de la section 5 de la loi du 10 juin 1793 le déclare expressément. Et la jurisprudence du Conseil d'État, comme celle de la Cour de cassation, ont constamment appliqué cette règle.

Il nous suffira de citer, parmi les monuments de cette jurisprudence, une décision récente du Conseil d'État. Voici dans quelles circonstances elle a été rendue. Les habitants de la section de Blessac, dépendant de la commune de ce nom, jouissaient, par indivis, d'un bien communal avec les sections de Courcelles et de Villesauveix, qui faisaient partie, la première, de la commune de la Rochette, la seconde, de la commune d'Ars. Deux des sections ayant demandé à sortir de l'indivision, il s'était élevé à ce sujet une contestation à la suite de laquelle le tribunal civil d'Aubusson avait reconnu les droits de copropriété des trois sections et avait ordonné qu'il serait procédé au partage. Mais quand on avait voulu mettre ce jugement à exécution, un nouveau débat s'était soulevé. Les sections étaient bien d'accord pour procéder au partage en raison du nombre de leurs feux. Mais les sections de Courcelles et de Villesauveix prétendaient que, sous le nom de section de Blessac, on ne devait comprendre que le bourg chef-lieu de la commune qui portait ce nom; de son côté la section de Blessac prétendait que le droit de copropriété sur les biens indivis appartenait nonseulement au bourg, mais à tous les villages qui composaient l'ancienne commune de Blessac, à laquelle, depuis un certain nombre d'années, la commune de la Borne avait été réunie. Les trois sections avaient demandé au conseil de préfecture du département de la Creuse l'autorisation de porter cette contestation devant le tribunal civil. Mais le conseil de préfecture avait refusé l'autorisation de plaider, par le motif que la contestation était du ressort de l'autorité administrative, et, statuant immédiatement au fond par le même arrêt, il avait décidé que le partage des biens litigieux aurait lieu entre les trois sections d'après l'état des feux qui serait dressé pour chacune d'elles, en comprenant dans la section de Blessac tous les villages qui composaient l'ancienne commune de ce nom avant que la commune de la Borne y eût été réunie.

Les sections de Courcelles et de Villesauveix avaient formé contre cet arrêté un double recours devant le Conseil d'État. Elles s'étaient pourvues, par la voie administrative, conformément à l'article 51 de la loi du 18 juillet 1837, pour obtenir l'autorisation de plaider devant les tribunaux civils. Elles s'étaient en second lieu pourvues devant le Conseil d'État statuant au contentieux contre la disposition de l'arrêté du conseil de préfecture qui avait statué au fond sur le litige. Il a été fait droit à ces deux recours. Par un décret rendu le 12 mai 1862, sur l'avis de la section de législation, l'autorisation de plaider demandée par ces sections leur a été accordée. Et d'autre part, un décret rendu au contentieux le 16 avril 1863, a annulé, pour excès de pouvoirs et incompétence, la disposition de l'arrêté du conseil de préfecture qui tranchait la question de propriété débattue entre les sections.

Cette décision est motivée dans les termes suivants :

« Considérant que la contestation pendante entre la section de Blessac et celles de Courcelles et de Villesauveix, au sujet du partage des biens indivis entre elles et que ces trois sections demandaient l'autorisation de soumettre aux tribunaux civils, portait sur la question de savoir si tous les villages composant l'ancienne commune de Blessac avaient un droit de copropriété avec les sections de Courcelles et de Villesauveix, sur les biens communaux à partager, ou si ce droit n'appartenait qu'au bourg de Blessac, et si, en conséquence, c'était en raison des feux du bourg ou en raison des feux de l'ancienne commune tout entière que devait être fixé le lot de la section de Blessac dans le partage desdits biens communaux ;

. . . .

« Considérant, qu'aux termes des lois ci-dessus visées, le conseil de préfecture n'était pas compétent pour prononcer sur la question de propriété débattue entre les sections de Blessac, de Courcelles et de Villesauveix (1). »

Et l'autorité judiciaire n'est pas seulement compétente pour reconnaître quelles sont les communes ou sections qui sont propriétaires par indivis ; elle a aussi le pouvoir de fixer la part à laquelle chacune d'elles a droit dans le partage, lorsqu'elles invoquent des titres qui devraient faire déroger à la règle générale du partage par feux établie par l'avis du Conseil d'État, approuvé par l'Empereur, le 20 juillet 1807.

Le Conseil d'État a reconnu la compétence de l'autorité judiciaire en pareil cas, dans un arrêt en date du 28 novembre 1809 (*commune de Vauvey*). Cet arrêt annule pour incompétence deux arrêtés du préfet du département de la Côte-d'Or, qui avaient décidé, malgré les réclamations de la commune de Vauvey, que le partage des bois indivis entre cette commune et celle de Villiers-la-Forêt se ferait par feux. Il est ainsi motivé : « Considérant que les moyens opposés, par la commune de Vauvey, à la demande de celle de Villiers-la-Forêt, présentent une question différente de la simple application des lois et décrets sur le partage des biens indivis entre des communes ;

« Considérant que cette question, relative à la propor-

---

(1) Le Conseil d'État pouvait se borner à ce motif d'annulation de l'arrêté du conseil de préfecture. Mais il a cru devoir saisir cette occasion pour établir une règle de conduite que les conseils de préfecture doivent suivre lorsqu'ils statuent sur les demandes d'autorisation de plaider. Il a ajouté ce qui suit :

« Considérant que le conseil de préfecture, qui n'était appelé à « statuer que sur une demande en autorisation de plaider, ne pou- « vait, après avoir refusé cette autorisation, statuer sur le fond du « litige qui ne lui a pas été soumis par les parties. »

tion des droits que l'une et l'autre commune peuvent tirer respectivement de leurs titres et de la possession, doit être soumise à l'autorité judiciaire. » Cette doctrine a été encore consacrée par deux arrêts du Conseil, l'un en date du 7 mai 1823 (*commune de Lancié*), l'autre en date du 20 juin 1844 (*commune de Mairieux*).

Elle l'est également par de nombreux arrêts de la Cour de cassation, qui ont statué sur les questions de droit engagées dans des questions de cette nature, sans que la compétence des tribunaux civils fût contestée. Nous avons déjà cité, entre autres, les *arrêts* du 13 mai 1840 (*commune de Dun-le-Roi*),—14 février 1841 (*commune de Colonne*), — 12 avril 1841 (*commune de Pomarez*), — 7 août 1849 (*commune de Velly-en-Trodes*), — 21 janvier 1852 (*commune d'Eysus*) (1). Telles sont les attributions de l'autorité judiciaire en matière de partage de biens indivis entre les communes et les sections.

141. Mais l'article 1er de la section v de la loi du 10 juin 1792 attribue expressément à l'autorité administrative le pouvoir de procéder aux opérations du partage des biens communaux et la connaissance des contestations qui peuvent s'élever à raison du mode de partage. Le tribunal des conflits l'a reconnu dans une décision en date du 2 mai 1850 (*communes d'Echillais, Lavallée et autres*) et le Conseil d'État l'a établie de nouveau dans un décret sur conflit en date du 14 mars 1860 (*commune de la Villeneuve*). Dans l'affaire sur laquelle est intervenue cette dernière décision, le tribunal civil, saisi d'une demande de partage, ne s'était pas borné à régler les droits respectifs des communes en cause ; il avait chargé des experts de procéder aux opérations du par-

---

(1) DALLOZ, 1840, I, 221 ; — 1841, I, 135 et 192 ;—1849, I, 320 ; — 1852, I, 276.

tage, fixer les lots, dresser un rapport, déposer ce rapport au greffe du tribunal, pour être ensuite, sur le vu de
ce rapport, par les parties requis et par le tribunal statué
ce qu'il appartiendrait. Il a été décidé que son pouvoir
se restreignait à la connaissance des questions de propriété soulevées par les communes.

Cette doctrine est complétement acceptée par la Cour
de cassation. On peut citer notamment, en ce sens, deux
arrêts, l'un en date du 21 janvier 1852 (*commune d'Eysus*),
l'autre en date du 26 août 1856 (*commune de Saint-
Maurice de Remens*) (1).

Maintenant, quel est celui des organes de l'autorité
administrative qui doit statuer sur les questions réservées
à cette autorité? Ici il faut distinguer.

S'il s'agit, après que l'autorité judiciaire a prononcé
sur les droits des communes ou sections propriétaires
par indivis, de fixer les bases du partage, alors que les
parties n'invoquent pas de titres ou de moyens de droit
civil qui devraient faire déroger aux règles générales de
la législation, c'est au conseil de préfecture qu'il appartient de prononcer sur les contestations qui s'élèveraient
à ce sujet, parce qu'il y a là un véritable litige, et que,
ainsi que nous l'avons dit, le conseil de préfecture a hé-
rité des attributions relatives aux matières contentieuses,
que la loi de 1793 avait données aux directoires de département. Aussi le Conseil d'État, statuant sur un
conflit négatif, a renvoyé au conseil de préfecture du département des Vosges le jugement de la contestation qui
existait entre la commune de Ronceux et une section de
cette commune réunie à la commune de Neufchâteau, sur
le point de savoir si le produit de la vente du quart en
réserve des bois de la commune de Ronceux, dont la

(1) DALLOZ, 1852, I, 272; — 1856, I, 340.

section avait été reconnue copropriétaire, devait être partagé entre cette section et la commune de Ronceux d'après le nombre des feux ou d'après les besoins respectifs des deux localités (*Arr. cons.*, 5 décembre 1837).

Il a appliqué la même règle dans une affaire où l'une des communes essayait de contester la compétence du conseil de préfecture, en se fondant sur ce que les droits respectifs des deux communes copropriétaires étaient réglés par un titre antérieur à 1789, mais ne produisait, pour justifier son allégation, qu'un titre qui se bornait à constater l'échange de deux parcelles indivises entre les communautés (*Arr. cons.*, 6 mai 1858, *commune de Saulx-en-Barrois*).

Il a encore jugé que c'est au conseil de préfecture qu'il appartient de reconnaître et de déclarer l'existence, la validité et les effets d'un partage de biens indivis entre plusieurs communes ou sections qui a été opéré par l'administration (*Arr. cons.*, 17 mai 1855, *commune de Valergues et autres*).

Mais s'il s'agit, au contraire, de prescrire les opérations administratives à effectuer pour parvenir au partage, de désigner les experts chargés de préparer le partage, d'apprécier les réclamations qui peuvent s'élever au sujet de la formation des lots, de procéder à la distribution des lots, le conseil de préfecture n'est plus compétent.

Avant le décret du 25 mars 1852, dit de décentralisation, c'était au préfet ou au chef de l'État, selon la valeur du bien à partager, qu'il appartenait de prononcer à cet égard. Depuis ce décret, c'est le préfet qui statue dans tous les cas, sauf recours devant le ministre de l'intérieur (1). Le Conseil d'État l'a reconnu dans plusieurs

---

(1) Il y a toutefois une exception pour les partages de bois indivis; le décret du 25 mars 1852 ne s'applique pas à ce cas; nous l'avons indiqué plus haut, p. 304.

arrêts en date des 7 mai 1823 (*commune de Laucié*), 25 janvier 1839 (*commune de Continvoir*), 26 avril 1848 (*commune de Rivière-Devant*), et 26 février 1863 (*communes de Bescat, Buzy et autres*).

Nous devons donner quelques explications sur ce dernier arrêt, parce que, en consacrant cette règle, il y a ajouté une réserve importante.

Voici dans quels termes se présentait la question. Neuf communes du département des Basses-Pyrénées formant le syndicat du Bas-Ossau, les communes de Bescat, Buzy et autres, avaient demandé le partage, à raison du nombre des feux, des terrains dont elles étaient propriétaires par indivis. Les experts chargés de procéder au partage avaient proposé d'attribuer à chaque commune des lots qu'ils avaient formés en tenant compte, tant du nombre des feux de chaque commune, que de ses convenances. Le projet de partage proposé par les experts avait été accepté par cinq des neuf communes. Les quatre autres avaient refusé d'y adhérer, en soutenant qu'elles seraient lésées par l'attribution des lots, tels qu'ils avaient été formés, et elles demandaient qu'il fût procédé à la formation des lots de façon qu'ils pussent être tirés au sort.

Le préfet avait cru devoir renvoyer au conseil de préfecture les délibérations de ceux des conseils municipaux qui repoussaient le projet de partage, et ce conseil avait décidé que les réclamations de ces communes étaient mal fondées, et que le partage aurait lieu conformément au projet des experts.

Sur le recours formé contre l'arrêté du conseil de préfecture, le Conseil d'État a décidé que les communes étant d'accord sur les bases du partage, puisqu'elles avaient toutes consenti à ce qu'il fût fait à raison du nombre des feux, les difficultés qui s'élevaient entre elles n'étaient pas de nature à être soumises au conseil de préfecture,

par application de l'article 1er de la section V de la loi du
10 juin 1793. Il a ajouté que, aux termes des articles
19 et 20 de la loi du 18 juillet 1837, des articles 1 et 6
du décret du 25 mars 1852, et des dispositions du n° 41
du tableau A annexé à ce décret, il appartenait au préfet,
sauf recours au ministre de l'intérieur, de donner ou de
refuser son approbation aux délibérations des conseils
municipaux relatives au partage des biens indivis entre
communes; qu'en conséquence, c'est par le préfet du département des Basses-Pyrénées, sauf recours au ministre,
qu'il devait être procédé à la répartition des lots entre
communes. Mais il n'a pas voulu laisser croire que toutes
les questions soulevées par la formation et la distribution
des lots pussent être tranchées d'une manière souveraine
par le ministre de l'intérieur après l'arrêté du préfet, et
il a terminé sa décision par la réserve suivante : « Que
toutefois l'arrêté du préfet et la décision du ministre ne
feront pas obstacle à ce que, si l'une ou quelques-unes
des communes soutiennent que les lots qui leur seraient
attribués n'ont pas une valeur proportionnée aux droits
qui leur appartiennent dans la propriété indivise du bien
à partager, cette contestation soit portée devant l'autorité
judiciaire. »

On comprend aisément les motifs de cette réserve. Il
appartient à l'administration de juger les questions de
convenance qui peuvent s'élever à l'occasion de la distribution des lots; il ne peut appartenir qu'aux tribunaux
civils de juger des contestations qui porteraient sur une
véritable question de propriété.

142. Les règles relatives à la compétence en matière
de partages de biens communaux doivent-elles être suivies quand il s'agit de partager, entre deux fractions de
communes qui sont séparées l'une de l'autre par un décret ou par une loi, les fonds restant dans la caisse de la

commune ainsi divisée ? Le Conseil d'État avait paru se prononcer pour l'affirmative dans un arrêt, en date du 3 février 1843, relatif à l'affaire des communes d'Harprich et de Vallerange, que nous avons cité plus haut (1). En effet, cette décision reconnaît au conseil de préfecture le pouvoir d'opérer le partage des fonds restant libres dans la caisse communale, au moment de la séparation de ces deux communes, et elle ajoute que le partage doit être fait en raison du nombre des feux de chaque fraction de l'ancienne commune. Mais le Conseil semble être revenu sur cette doctrine dans un arrêt en date du 18 mai 1854 (*commune de Catillon c. commune de la Groise*). Les communes de Catillon et de la Groise, récemment séparées, étaient en contestation au sujet de la répartition : 1° des fonds restant libres dans la caisse communale et provenant du défrichement d'un bois ; 2° du produit des fruits des biens communaux indivis entre elles, qui avaient été perçus depuis la séparation. Le préfet du département du Nord avait cru pouvoir procéder à ce partage. Son arrêté a été annulé pour excès de pouvoir. Mais ce n'est pas au conseil de préfecture que le Conseil d'État a renvoyé la contestation. Il a décidé que c'était par un décret impérial, rendu sur le rapport du ministre de l'intérieur, qu'il devait être statué sur les prétentions respectives des deux communes. Et cette manière de procéder paraît, en effet, plus conforme aux dispositions de l'article 7 de la loi du 18 juillet 1837, qui porte que les conditions des changements de circonscriptions, autres que celles qui résultent de ladite loi, seront fixées par l'acte (loi ou décret) qui le prononcera, et que, si le changement est ordonné par une loi, le règlement de ces conditions pourra être laissé à un acte du chef de l'État.

(1) Voir p. 241.

143. Nous avons dit, en étudiant les règles du fond, que l'un des auteurs qui ont écrit sur cette matière, M. Trolley, soutient que les dispositions de la loi du 10 juin 1793 et des avis du Conseil d'État de 1807 et 1808 ne sont pas applicables au cas où il s'agit de partager des biens *patrimoniaux* indivis entre des communes et sections. Il a été, par suite, conduit également à penser que les règles de compétence posées par la loi du 10 juin 1793, pour le partage des biens communaux, ne sont applicables, en aucun cas, au partage des biens patrimoniaux, et que c'est aux tribunaux civils à prononcer aussi bien sur les opérations que sur les bases du partage (1). Nous avons combattu son opinion en ce qui concerne les bases du partage (2); les mêmes raisons nous la font également repousser en ce qui touche la compétence. Selon nous, cette distinction ne doit pas être établie, et elle n'a pas été établie par la jurisprudence.

144. Mais nous avons reconnu que, pour le partage des biens indivis entre des communes ou sections de commune et des particuliers ou des établissements publics, la loi du 10 juin 1793 ni les dispositions législatives qui l'ont complétée et modifiée n'étaient applicables, et qu'on devait suivre exclusivement les règles du droit civil ; par suite, il ne nous paraît pas douteux que les tribunaux civils ne soient seuls compétents pour statuer, en pareil cas, sur le principe, sur les bases et sur toutes les opérations du partage. Telle est aussi l'opinion exprimée par Proudhon, par M. Trolley et M. Foucart, dans les ouvrages que nous avons cités plus haut (3).

(1) *Traité de la hiérarchie administrative*, t. IV, p. 256,
(2) P. 311.
(3) P. 315.

Contestations relatives à l'usurpation des biens communaux.

145. A l'égard des usurpations commises par les particuliers sur les biens communaux des communes et des sections, il y a, pour certains cas dont l'application tend à devenir de plus en plus rare, une compétence exceptionnelle attribuée aux conseils de préfecture par l'article 6 de la loi du 9 ventôse an XII, et par l'avis du Conseil d'État du 18 juin 1809, avis approuvé par l'Empereur et inséré au *Bulletin des lois*, et qui a, dès lors, force de loi.

La loi du 9 ventôse an XII, qui eut pour but de consacrer les partages de biens communaux opérés conformément à la loi du 10 juin 1793, et de régulariser ceux qui s'étaient opérés en dehors et au mépris des règles établies par cette loi, avait donné à l'autorité administrative le pouvoir de statuer sur les contestations que soulèverait l'exécution des mesures exceptionnelles qu'elle prescrivait pour assurer la paix publique. L'article 6 de cette loi portait : « Toutes les contestations relatives à l'occupation desdits biens qui pourront s'élever entre les copartageants, détenteurs ou occupants depuis la loi du 10 juin 1793, et les communes, soit sur les actes et les preuves du partage des biens communaux, soit sur l'exécution des conditions prescrites par l'article 3 de la présente loi, seront jugées par le conseil de préfecture. »

Mais il s'éleva bientôt une difficulté sur le point de savoir si l'article 6 de la loi du 9 ventôse an XII devait être entendu en ce sens que les usurpateurs de biens communaux, qui s'étaient emparés de ces biens en dehors de tout partage, même irrégulier, pouvaient être actionnés à fin d'éviction devant le conseil de préfecture, ou si, au contraire, le litige ne devait pas être porté devant les tribunaux civils.

C'est sur cette question que le Conseil d'État, chargé par la constitution qui régissait alors la France d'interpréter les lois, se prononça dans l'avis approuvé par l'Empereur, le 18 juin 1809. Aux termes de cet avis, « toutes les usurpations de biens communaux, depuis la loi du 10 juin 1793 jusqu'à la loi du 9 ventôse an XII, soit qu'il y ait eu ou n'y ait pas eu de partage exécuté, doivent être jugées par les conseils de préfecture, lorsqu'il s'agit de l'intérêt de la commune contre les usurpateurs. »

Cette matière a donné lieu à un nombre considérable de décisions du Conseil d'État. Ce n'est pas ici le lieu de les analyser; nous devons nous borner à indiquer que la jurisprudence du Conseil a tendu dès l'origine et tend de plus en plus à resserrer dans d'étroites limites la compétence exceptionnelle attribuée aux conseils de préfecture par la loi du 9 ventôse an XII et par l'avis du 18 juin 1809 (1).

Et d'abord toutes les contestations relatives à des terrains que les communes prétendent être des biens communaux usurpés ne sont pas de la compétence des conseils de préfecture, quels que soient les termes dans lesquels le litige s'engage, quels que soient les titres et les moyens de défense invoqués par l'adversaire de la commune.

Avant tout, il faut qu'il s'agisse incontestablement de biens communaux. Si le détenteur, poursuivi pour usurpation, conteste la qualité communale du terrain litigieux, et se prétend propriétaire, en invoquant, d'une manière précise, des titres, autres qu'un partage, et des moyens de

_____

(1) Nous avons étudié avec quelques développements les diverses phases de la jurisprudence du Conseil dans un article publié par l'*École des communes*, 1857, p. 253.

droit commun, notamment la prescription, le conseil de préfecture doit surseoir à statuer, et renvoyer les parties devant les tribunaux civils pour faire statuer sur ces prétentions, sauf à prononcer, après et selon le jugement des tribunaux, sur la demande en réintégration de possession formée par la commune. Cette règle a été établie par une jurisprudence constante dont le premier monument est un arrêt du 10 février 1816 (*Guinier*). Les plus récents sont un arrêt du 20 mars 1852 (*Marthiens*) et un arrêt du 10 janvier 1856 (*Anglade*).

En second lieu, il faut que la revendication des communes porte sur des biens communaux proprement dits, susceptibles de partage en vertu de la loi du 10 juin 1793, tels que des pâtures, des prés, des marais, etc., et non sur des immeubles qui n'ont jamais pu être partagés et qui étaient exceptés du partage par des dispositions formelles de la loi précitée, par exemple des chemins publics, des rues, etc. (*Arr. cons.*, 13 mars 1856, *Luco*). En effet, l'avis du 18 juin 1809, interprétatif de la loi du 9 ventôse an XII, n'a eu pour but que d'assurer la répression des usurpations commises à la faveur de la loi qui autorisait les partages de biens communaux.

Il est encore nécessaire, par les mêmes raisons, que l'usurpation ait été commise sous la forme ou sous le prétexte d'un partage et qu'il ne s'agisse pas d'un simple empiétement commis par des propriétaires de terrains limitrophes d'une prairie communale, en établissant les clôtures de leurs terrains (*Arr. cons.*, 2 août 1857, *commune de Vireux-Wallerand*).

Enfin, et cette distinction n'est pas la moins importante, les usurpations ne peuvent être réprimées par le conseil de préfecture qu'autant qu'elles auraient été commises dans la période comprise entre la loi du 10 juin 1793 et celle du 9 ventôse an XII. Les termes de l'avis du Conseil d'État du 18 juin 1809 ne peuvent laisser place au doute. Ils sont formels à cet égard. Cette limite posée à la compétence exceptionnelle des conseils de préfecture n'a pas besoin d'être longuement expliquée. La loi du 9 ventôse an XII consacrait définitivement les partages régulièrement faits sous l'autorité de l'administration, et donnait les moyens de régulariser tous ceux qu'on aurait pu taxer d'usurpations ; aucun partage nouveau n'était plus possible. Désormais, les usurpations n'avaient plus de prétexte administratif, si nous pouvons ainsi parler. Par suite, la compétence administrative n'avait plus de raison d'être pour les usurpations qui seraient commises après la loi du 9 ventôse an XII.

Cette doctrine a été récemment consacrée par plusieurs arrêts du Conseil d'État. Plusieurs conseils de préfecture l'avaient méconnue, et ils paraissaient se fonder sur ce que l'ordonnance royale du 23 juin 1819, qui prescrivait d'une manière générale la recherche des biens d'origine communale usurpés sur les communes, et qui rappelle, dans son dernier article, la compétence des conseils de préfecture, sans distinguer à quelle époque l'usurpation aurait été commise, aurait effacé la limite indiquée dans l'avis du 18 juin 1809, en ne la reproduisant pas. Mais le Conseil d'État a reconnu que l'ordonnance du 23 juin 1819 n'avait eu ni pour but ni pour effet d'abroger en ce point les dispositions de l'avis ayant force de loi, du 18 juin 1809, et que les termes de cet avis, auxquels il n'a été dérogé par aucune loi postérieure, ne permettaient pas à l'autorité administrative de statuer sur des usurpations commises postérieurement à l'an XII (*Arr.*, 25 juin 1857, *Lucas de Peslouan* ; — 18 août 1857, *Montet* ; — 22 septembre 1859, *Branger* ; — 22 décembre 1859, *commune de Nohanent*; — 19 janvier 1860, *Bertoux*; — 13 juin 1860, *commune de Lansargues* ; — 27 mai 1863, *Duplessis*).

Toutes autres contestations relatives à l'usurpation des biens des communes ou des sections doivent être portées devant les tribunaux civils.

Règlement de l'indemnité due à une commune à raison de la perte d'immeubles affectés à usage public.

146. On a vu que, par suite d'un changement apporté à sa circonscription, une commune peut perdre des immeubles affectés à usage public, église, maison d'école, etc., qu'elle avait élevés ou acquis de ses deniers, et qui sont emportés par la section détachée de son territoire. Dans certains cas, la perte de ces édifices peut donner lieu au payement d'une indemnité (n° 99). La question de savoir si cette indemnité est due, et quel en doit être le montant, peut-elle être considérée comme une question de propriété? Évidemment, non. Il s'agit d'une question d'équité beaucoup plus que d'une question de droit. Les passages des rapports de MM. Vivien et Mounier, que nous avons cités en commentant l'article 6 de la loi du 18 juillet 1837, l'indiquent assez pour qu'il ne soit pas nécessaire d'y insister.

La loi précitée du 4 juin 1859, qui prononce la réunion d'une partie du territoire des communes de Saint-Nicolas et de Domville à la commune de Granville, et qui dispose, comme nous l'avons vu, que la commune de Granville sera tenue de payer à la commune de Saint-Nicolas une indemnité égale au préjudice que cette dernière commune éprouvera par suite de la privation de son presbytère, déclare formellement que cette indemnité sera réglée administrativement (1).

Avant cette loi, la Cour de cassation avait déjà établi

(1) P. 232.

les vrais principes à ce sujet, en décidant, par un arrêt en date du 27 janvier 1851 (*commune de Fontenay* (1).) « que le règlement de telles indemnités constitue, non, un jugement sur des questions de propriété, mais l'appréciation et la détermination des conditions expresses ou tacites, moyennant lesquelles un changement a été opéré entre deux circonscriptions communales, et qu'il n'appartient qu'à l'autorité administrative, appréciatrice et interprète des actes administratifs (2), de statuer sur les difficultés qui peuvent s'élever à cet égard. »

La Cour a, par ces motifs, annulé pour incompétence un arrêt de la cour de Nancy, qui avait jugé que des hameaux distraits d'une commune conserveraient un droit certain d'indemnité à l'égard des bâtiments, meubles et propriétés appartenant à l'hospice et au bureau de bienfaisance, et un droit éventuel à l'égard de la maison commune, de la maison d'école et de leurs dépendances, ainsi que des pompes à incendie et de leurs accessoires.

Mais ces demandes d'indemnité pourraient-elles être soumises à une juridiction administrative ? Le Conseil d'État s'est prononcé pour la négative. Il s'est fondé sur ce que les conditions de la distraction ou de la réunion des communes doivent, aux termes de l'article 7 de la loi de 1837, être fixées par l'autorité qui prononce cette distraction ou cette réunion, c'est-à-dire par le législateur ou par le chef de l'État, et qu'elles doivent l'être par un acte du chef de l'État quand le législateur, prescrivant

(1) DALLOZ, 1854, I, 334.
(2) D'après les termes de l'arrêt, la question ne semblerait résolue en ce sens que pour le cas où le changement de circonscription est prononcé par un décret et non pour le cas assez fréquent, comme on le sait, où il est prononcé par une loi. Mais nous avons déjà dit que l'on peut considérer ces lois d'intérêt local plutôt comme des actes d'administration soumis au contrôle du pouvoir législatif que comme de véritables actes de législateur. La compétence de l'autorité administrative se trouverait donc également justifiée dans les deux cas.

un changement de circonscription, n'a pas cru devoir s'expliquer à cet égard ; que, dès lors, ce n'est ni devant le conseil de préfecture, ni devant le Conseil d'État par la voie contentieuse, que ces demandes d'indemnité doivent être portées, et qu'elles ne peuvent être soumises qu'au chef de l'État statuant administrativement (*Arr. cons.*, 25 août 1841, *commune de Saint-Aybert*).

Toutefois, quand une loi se borne à déclarer le droit à indemnité pour l'une des communes intéressées sans en fixer le montant, et qu'elle dispose, comme a fait celle du 4 juin 1859, que l'indemnité sera égale au préjudice résultant de la privation d'un édifice public qu'elle désigne, nous inclinons à penser que le chiffre de l'indemnité pourrait être débattu par la voie contentieuse.

Contestations relatives au droit de récolter le goëmon ou varech sur le rivage de la mer.

147. Enfin, la règle, d'après laquelle l'autorité judiciaire est seule compétente pour juger les contestations relatives aux droits d'usage, ne peut s'appliquer, lorsqu'il s'agit de contestations entre communes relatives au droit, que l'ordonnance d'août 1681 et les décrets du 4 juillet 1853 attribuent aux habitants des communes riveraines de la mer, de récolter le goëmon ou varech attenant au rivage au devant du territoire de ces communes.

La nature de ce droit spécial, que nous avons indiquée plus haut (p. 294), n'a pas toujours été bien appréciée. On l'a, pendant longtemps, confondu avec les droits d'usage qui appartiennent aux communes sur les propriétés privées ou sur les biens dépendant du domaine de l'État, et dont l'État jouit comme propriétaire. Et, en se plaçant à ce point de vue, on était amené à reconnaître que l'autorité judiciaire devait statuer sur les contestations qui s'élevaient entre communes relativement à l'existence de ce droit d'usage. On peut citer en ce sens un arrêt du Conseil d'État du 25 juin 1817 (*commune de Condeville c. commune de Brehal*). Dans cette affaire, un arrêté du conseil de préfecture du département de la Manche, statuant d'après une enquête et par des moyens tirés de la possession, avait décidé que le droit de récolter le varech croissant sur le rocher Jouenne appartenait en commun aux deux communes de Condeville et de Brehal. Le Conseil d'État a annulé l'arrêté du conseil de préfecture pour incompétence ; mais il n'a pas fondé sa décision, comme il lui aurait suffi de le faire, sur ce qu'aucune disposition de loi n'attribuait aux conseils de préfecture le jugement d'une semblable contestation; il l'a motivée ainsi : « Considérant que, dans l'espèce, le conseil de préfecture a excédé sa compétence en prononçant sur une question de propriété dont la connaissance appartient aux tribunaux ordinaires. » Et, en conséquence, il a renvoyé les parties devant les tribunaux.

La jurisprudence du ministère de l'intérieur a été longtemps établie dans le même sens. M. Jèze, ancien chef de division à ce ministère, indique, dans le *Dictionnaire général d'administration* (1), que les instructions émanées du ministère de l'intérieur ont, à plusieurs reprises, renvoyé aux tribunaux les contestations sur le droit à la récolte du varech, lorsqu'une des communes invoquait une ancienne convention ou un usage immémorial; et il cite plusieurs décisions rendues en 1838 et 1844. Cette doctrine a été également consacrée par plusieurs décisions judiciaires, notamment deux arrêts de la cour de Caen en date, l'un, du 11 décembre 1840, l'autre, du 21 novem-

---

(1) Vo *Commune*, p. 444.

bre 1851 ; et deux arrêts de la Cour de cassation, rendus
à la date du 5 juin 1839 et du 2 février 1842 (1).

Mais, dans ce système, on méconnaît la véritable nature du droit à la récolte du goëmon de rive. Ce droit
s'exerce, on l'a vu, sur la partie du littoral que la mer
découvre aux basses mers d'équinoxe. C'est donc sur le
domaine public qu'il s'exerce : c'est une concession, c'est
un abandon, pour prendre les termes de l'article 105 du
décret du 4 juillet 1853, des fruits provenant du domaine
public, et le domaine public n'est pas susceptible d'appropriation privée. Comme toute concession de partie ou
de dépendance du domaine public, cette concession est
même révocable. Non-seulement elle pourrait être reti-
rée ou restreinte dans l'intérêt public ; car l'ordonnance
d'août 1681 ne l'a faite, et les décrets du 4 juillet 1853
ne l'ont maintenue que parce qu'il a été reconnu que, en
limitant la récolte de ces herbes marines à certaines époques, on n'avait pas à redouter la destruction du frai
qui s'y trouve déposé pendant une partie de l'année ;
mais elle peut être aussi restreinte dans l'intérêt des communes non riveraines. Ainsi, le Gouvernement, qui en a
disposé d'une manière générale en faveur des communes
riveraines par les décrets du 4 juillet 1853, a cru pouvoir, par de nouveaux décrets du 17 octobre 1857 et du
17 mai 1859, que nous avons déjà cités, accorder exceptionnellement à cinq communes non riveraines du dé-
parment de la Manche une part de cette récolte.

Par conséquent, il n'y pas là de droits qui puissent être
acquis par la possession et le long usage ; il n'y a pas là
de droits qui puissent être l'objet de conventions et de
transactions ; et lorsqu'il s'élève des contestations entre

(1) Dalloz, 1839, I, 237 ;—Sirey, 1842, I, 547 ;— Dalloz, 1856,
V, 477.

communes sur l'existence de ce droit au profit de l'une d'elles, c'est à l'administration seule qu'il appartient de trancher la contestation.

Cette règle de compétence se trouve implicitement consacrée par l'ordonnance rendue au contentieux, le 29 octobre 1835 (*commune de Siouville c. commune de Flamanville*), que nous avons rapportée plus haut (p. 297); car cette ordonnance tranche la question de savoir si la nouvelle délimitation des communes entraine, pour celle qui n'est plus riveraine de la mer, la perte du droit de récolter le varech.

C'est en s'inspirant de la même doctrine que le Conseil d'État, par une décision du 15 mars 1851 (*commune de Trélevern c. commune de Trévou-Tréguignec*), a attribué le caractère d'un acte administratif, et non d'une décision judiciaire, à une sentence de l'amirauté de Tréguier, en date du 13 février 1693, qui, statuant sur des contestations nées entre ces deux communes à l'occasion du droit que chacune d'elles prétendait avoir à récolter le varech sur certains rochers d'une île située en face de leurs territoires, avait déterminé l'étendue et les limites de leurs droits respectifs. En conséquence, il a reconnu, par interprétation de cette sentence, les limites dans lesquelles chaque commune pourrait exercer ses droits.

Mais le Conseil s'est prononcé d'une manière plus expresse dans un décret sur conflit, rendu le 14 décembre 1857 (*communes de Taulé et d'Heuvic c. commune de Carantec*). Ce décret a été rendu dans les circonstances suivantes :

Avant 1789, ces trois communes ne faisaient qu'une seule communauté, une seule paroisse, et par conséquent leurs habitants jouissaient, au même titre, du droit de récolter le varech, dans l'étendue des côtes de la paroisse. Par suite de la création des trois communes, celle de Carentec était seule riveraine de la mer. Néanmoins, les habitants des communes de Taulé et d'Heuvic avaient longtemps continué à jouir de la récolte du varech. Mais la commune de Carantec ayant soutenu qu'elle seule y avait droit, les deux autres communes l'avaient assignée devant le tribunal de Morlaix, pour faire décider : 1° que le droit à la récolte du goëmon, existant au profit des trois communes lorsqu'elles faisaient partie d'une seule paroisse, n'avait pas cessé pour chacune d'elles, même après la division de cette paroisse en trois communes distinctes, et que, au besoin, il aurait été conservé sur la partie litigieuse par leur longue possession depuis la séparation; 2° que l'usage en commun serait réglé par une commission syndicale composée de délégués pris dans les trois communes; enfin, que la commune de Carantec payerait aux deux autres communes une somme de six mille francs pour trouble apporté à leur jouissance.

Le préfet du département du Finistère a revendiqué le jugement de cette contestation pour l'autorité administrative. Son déclinatoire ayant été rejeté, il a élevé le conflit, qui a été confirmé par un décret ainsi motivé :

« Considérant que la possession ni le long usage ne peuvent être invoqués qu'autant que les droits qu'ils tendent à maintenir sont susceptibles de propriété privée;

« Considérant que l'abandon de la récolte des goëmons fait par les lois et règlements sus-visés (*Ord. du Roi* d'août 1681; — *déclar. du Roi* des 30 mai 1731 et 30 octobre 1772; — *décr.* du 4 juillet 1853) aux habitants des communes riveraines, ne constitue qu'une jouissance de fruits qui proviennent du domaine public;

« Considérant que, dans les cas où la loi n'intervient pas pour prononcer la séparation des communes, c'est à l'autorité administrative que, aux termes de la loi du

18 juillet 1837 (art. 7), il appartient de déterminer les conditions dans lesquelles sont créées les communes nouvelles et de régler les droits respectifs des communes formées par la division de l'ancienne commune ;

« Considérant que, aux termes de ladite loi, l'autorité judiciaire n'est compétente que lorsqu'il s'agit de statuer entre les communes séparées sur des droits de propriété ;

« Considérant enfin, que la récolte des goëmons doit se faire sous la surveillance et l'autorité de l'administration et que c'est à elle qu'il appartient de régler, conformément aux lois, l'exercice de l'abandon fait aux habitants des communes riveraines. »

Ainsi, ces décisions excluent la compétence de l'autorité judiciaire.

Les deux premières indiquent que la contestation doit aboutir au Conseil d'État ; mais elles ne désignent pas l'autorité qui doit statuer en premier ressort. Ce n'est pas le conseil de préfecture, puisqu'aucune disposition de loi ne lui attribue le pouvoir de statuer à cet égard. Aucune juridiction n'étant indiquée par la loi, les principes généraux nous conduiraient à reconnaître que la compétence appartient au ministre qui est chargé de la surveillance du domaine public maritime, et dans les attributions duquel rentrent toutes les mesures à prendre relativement à la récolte de ces herbes marines, c'est-à-dire au ministre de la marine et des colonies.

Seulement, s'il s'agissait de régler les conséquences de la modification du territoire d'une commune, prononcée par une loi ou par un décret, c'est par la loi ou le décret, suivant les cas, que la situation respective des deux fractions séparées nous paraîtrait devoir être réglée, conformément à l'article 7 de la loi du 18 juillet 1837.

Nous devons dire cependant, que la première des règles

que nous venons d'indiquer se trouve en contradiction avec une décision du Conseil d'État, en date du 3 août 1849, qui porte que, dans le cas où deux communes contestent sur les limites de la partie du littoral où leurs habitants ont le droit de récolter le varech, c'est au préfet qu'il appartient de fixer les limites contestées, et de régler en conséquence les droits de chacune d'elles. Voici, en effet, les termes de la décision du Conseil d'État du 3 août 1849 :

« Considérant que la contestation existant entre les communes de Treflez et de Plounevez-Lochrist reposait sur le droit, attribué par l'ordonnance de la marine du mois d'août 1681, à chacune d'elles, de recueillir, dans l'étendue des côtes de leur territoire respectif, les herbes marines connues sous le nom de varech et de goëmon ; qu'aux termes de l'article 8 de la loi des 19-20 avril 1790, il appartient à l'administration de fixer les limites des territoires des communes et au préfet de déterminer, par des règlements conformes aux lois, en exécution de l'article 2 de l'arrêté du 18 thermidor an x, tout ce qui est relatif à la pêche en goëmon et varech ; qu'ainsi, en fixant, par les arrêtés des 3 thermidor an xiii et 23 avril 1815, les limites des territoires des deux communes précitées, pour déterminer et régler au profit de chacune d'elles la pêche du goëmon et du varech, le préfet du Finistère n'a ni dépassé les limites de sa compétence, ni commis un excès de pouvoirs. »

Mais cette décision, qui a pu faire, à l'époque où elle a été rendue, une juste application de la législation alors en vigueur, ne saurait, selon nous, servir encore aujourd'hui de règle, en présence des dispositions des décrets précités, du 4 juillet 1853, qui ont refondu et précisé la législation de la matière.

En effet, l'article 2 de l'arrêté du 18 thermidor an xi

qui donnait aux préfets le pouvoir de déterminer, par des règlements conformes aux lois, tout ce qui est relatif à la pêche en goëmon et varech, est implicitement abrogé par les dispositions des décrets du 4 juillet 1853, qui ont déterminé toutes les conditions de l'exercice du droit de récolter le goëmon, sauf celles qu'ils ont laissé à l'autorité municipale le soin de fixer, sous le contrôle des préfets (1).

Quant à la disposition de la loi des 19-20 avril 1790, qui porte que les limites contestées entre les communautés seront réglées par les administrations de district, il nous paraît difficile de l'invoquer : d'abord, parce que c'est aux sous-préfets, qui remplacent aujourd'hui les administrations de district, et non aux préfets, qu'elle donne compétence; ensuite, parce qu'il s'agit, dans cette loi, des limites du territoire des communes, et que, dans les contestations relatives à la récolte du varech, il s'agit des limites de la portion du littoral, du domaine public, qui correspond au territoire de chaque commune, ce qui est absolument différent. Nous inclinons donc à penser que les préfets n'ont plus aucun pouvoir de décision en matière de difficultés relatives au goëmon ou varech.

II. *Questions de compétence relatives à l'existence des sections.*

148. Compétence de l'autorité judiciaire pour reconnaître l'existence des sections. — 149. L'autorité administrative peut, dans certains cas, se prononcer à cet égard; mais sa décision ne tranche jamais définitivement la question.

148. Les sections n'ont d'existence que par les droits qu'elles possèdent à l'exclusion des autres fractions de la commune dont elles dépendent. Nous ne pouvions par conséquent exposer quelle est l'autorité compétente pour

(1) Voir, pour le premier de ces décrets, les articles 103 à 121.

reconnaître l'existence des sections de commune avant d'avoir recherché à quelle autorité il appartient de déclarer les droits des sections.

Après l'exposé qui précède, nous n'aurons pas besoin d'insister pour établir que, en principe, c'est à l'autorité judiciaire qu'il appartient de reconnaître l'existence d'une section, lorsqu'il s'élève un litige à ce sujet, et de décider si une collection de particuliers, qui prétend avoir des droits communs, constitue une communauté territoriale.

C'est ce que la Cour de cassation a formellement reconnu dans de nombreuses décisions, et notamment dans les arrêts du 16 février 1859 (*Prieur*), et du 6 avril 1859 (*commune de Tony*), dont nous avons précédemment rapporté les termes (1).

149. Toutefois cette question, qui est essentiellement du domaine de l'autorité judiciaire, peut se trouver préjugée ou plutôt appréciée à un point de vue spécial par l'autorité administrative, dans l'exercice de son pouvoir de tutelle.

Par exemple, dans le cas où une collection de particuliers, prétendant former une section de commune, demanderait l'autorisation de plaider devant les tribunaux civils pour défendre ses droits communs, si le conseil de préfecture, auquel il appartient de statuer sur ces demandes, sauf recours au Conseil d'État, reconnaissait que ces particuliers possèdent dans l'indivision des droits privés, mais ne constituent pas une communauté territoriale, il devrait refuser l'autorisation de plaider. C'est ce que le Conseil d'État a fait dans deux ordonnances que nous avons citées plus haut (17 juin 1829, *Raviou ;* — 10 janvier 1845, *maire de Houlbec-Cocherel*).

(1) Voir page 117 et 118.

Mais, en somme, une pareille décision ne trancherait pas définitivement le débat ; elle ne ferait pas obstacle à ce que les tribunaux civils fussent saisis de la question de savoir si la section existe, et notamment, après une décision du conseil de préfecture portant refus d'autorisation de plaider au nom d'une section, les propriétaires ou usagers coïntéressés pourraient intenter individuellement ou collectivement une action *ut singuli* devant les tribunaux civils, et ces tribunaux pourraient décider que cette collection d'individus forme une section de commune.

III. *Questions de compétence relatives aux limites des sections de commune.*

150. Les principes que nous venons d'établir semblent devoir nous amener à conclure que l'autorité judiciaire, qui seule peut reconnaître l'existence des sections et leurs droits, est aussi seule compétente pour reconnaître leurs limites. On a vu, en effet, que les sections ne constituent pas des circonscriptions administratives, et qu'elles ne se séparent de la commune dont elles font partie qu'au point de vue des droits de propriété ou d'usage. Reconnaître les limites d'une section de commune, c'est donc décider quelle est la consistance de la fraction de territoire dont les habitants ont certains droits de propriété, de jouissance et d'usage.

Or, il nous paraît qu'il n'y a rien dans une pareille question qui soit de la compétence de l'autorité administrative.

Ainsi, pour les communes, la jurisprudence établit une

distinction marquée entre la fixation des limites de leur territoire et la délimitation de leurs propriétés. C'est à l'administration qu'il appartient, en vertu de la loi des 19-20 avril 1790, de reconnaître les limites de leur territoire, parce qu'il s'agit de déterminer une circonscription administrative. Mais il est de principe que les délimitations faites par les préfets et qui attribuent des terrains litigieux à la circonscription d'une commune ne portent pas atteinte aux droits que pourrait avoir une commune voisine sur ces terrains, et ne font pas obstacle à ce que l'autorité judiciaire statue ce qu'il appartiendra sur les questions de propriété. C'est ce que le Conseil d'État a reconnu dans deux arrêts : l'un du 18 novembre 1838 (*commune de Ploumiliau*), l'autre du 4 septembre 1840 (*commune de Fons*). La compétence des tribunaux civils en cette matière avait déjà été reconnue par un arrêt du Conseil du 24 décembre 1810 (*commune de Zévaco*), et par un autre arrêt en date du 3 juin 1820 (*commune de Chatel-Neuf*).

Pour les sections, qui n'existent, nous sommes obligé de le répéter, que par leurs droits exclusifs de propriété ou d'usage, et qui ne sont, par suite, que des êtres moraux, il n'y a pas lieu, en général, à faire une délimitation administrative; et, si leurs limites se trouvent parfois indiquées dans les lois ou dans les actes du Gouvernement qui modifient les circonscriptions des communes, cette indication n'a évidemment ni pour but ni pour effet de modifier leurs droits propres. Si donc les principes peuvent exiger que, en cas de difficulté sur le sens et la portée d'une semblable indication de limites, l'autorité administrative soit appelée à en donner l'interprétation, l'autorité judiciaire n'en serait pas moins seule compétente, après que cette question préjudicielle aurait été résolue, pour reconnaître les limites des sections, au point de vue des droits de propriété et d'usage.

151. La Cour de cassation a consacré cette doctrine dans un arrêt récent du 29 juillet 1856 (*section de Marnezay c. section de Chambéria.*) (1) Ces deux sections étaient en contestation sur les limites de leurs propriétés respectives, et l'arrêt de la cour de Besançon qui avait fait cette délimitation était attaqué pour incompétence, par le motif que la contestation ne pouvait être jugée avant que l'autorité administrative eût procédé à la délimitation des territoires des sections.

La Cour a rejeté le pourvoi, et il est bon de reproduire les termes de son arrêt, qui est ainsi conçu :

« Attendu que les questions de propriété qui s'agitent entre les communes limitrophes ou sections de commune sont exclusivement de la compétence des tribunaux ; — que le droit seul de délimitation administrative des communes appartient à l'autorité préfectorale ; — que cette délimitation, faite dans l'intérêt de l'administration communale, ainsi que la réunion ou la séparation des sections de commune et leur délimitation nouvelle ne changent rien, aux termes des articles 5 et 6 de la loi du 18 juillet 1837, lesquels ne sont que la reproduction des principes précédemment admis, aux droits de propriété patrimoniale des communes ou sections de commune réunies ou séparées ; — qu'il suit de là que la délimitation des communes limitrophes ou des sections réunies ou séparées n'est point un préalable nécessaire pour statuer sur les questions de propriété entre ces communes ou sections de commune ;

« Attendu que la cour de Besançon, ainsi que l'expriment les motifs de l'arrêt attaqué, a cherché à connaître

(1) DALLOZ, 1856, I, 411.

24

les divers renseignements de la cause qui pouvaient servir à déterminer les limites patrimoniales des deux sections de Chambéria et de Marnezay; — que, si elle a
pensé que les anciennes limites de ces deux sections
pourraient aider à faire connaître la ligne séparative de
leurs propriétés respectives, elle a aussi interrogé les titres et les autres documents produits; — que la délimitation à laquelle elle est arrivée, par le résultat de ses
recherches, s'applique seulement aux propriétés particulières des deux sections; — que les motifs et le dispositif de son arrêt sont en opposition avec la pensée d'une
délimitation administrative ; — qu'elle n'a voulu statuer
et n'a statué, en effet, que sur les questions de propriété
qui lui étaient soumises et qui étaient de sa compétence,
— rejette. »

152. Nous devons dire, toutefois, qu'il existe deux décisions du Conseil d'État qui établissent une doctrine
contraire. Mais dans les deux affaires sur lesquelles il a
été statué par ces décisions, et surtout dans la première,
la question se présentait avec des circonstances qui ont
pu conduire à accepter un principe que nous ne croyons
pas exact.

La première décision est une ordonnance sur conflit
rendue le 28 novembre 1845 (*héritiers Auribault et Rateau*). Les héritiers Auribault et Rateau avaient intenté
devant le tribunal civil une action tendant à faire décider
qu'ils avaient droit, comme habitants de la section de Savault, de prendre part aux affouages de cette section. Le
conseil municipal, représentant la section, contestait que
les habitations des sieurs Auribault et Rateau, et de leurs
héritiers, fussent situées dans la circonscription de la section de Savault.

Or, à cette époque, et jusqu'à ce que le tribunal des

conflits eût été appelé à régler ce point de compétence (1),
on sait que la jurisprudence du Conseil d'État avait établi
que l'autorité administrative était seule compétente pour
décider si les particuliers qui prétendaient avoir droit aux
affouages remplissaient les conditions d'aptitude spéciale
exigées par les lois et règlements, à moins qu'il ne s'éle-
vât une question d'état civil ou de nationalité.

Cette seule raison suffisait pour faire maintenir l'arrêté
de conflit par lequel le préfet avait revendiqué pour l'autorité administrative le droit de statuer sur la réclamation des héritiers Auribault et Rateau.

Il parut cependant utile, pour ne laisser de doute sur
aucun des points du litige, d'ajouter « que *d'ailleurs,* aux
termes des lois des 19-20 avril 1790 et 18 juillet 1837,
il appartient pareillement à l'autorité administrative de
reconnaître les limites des communes *et des sections de
commune.* »

C'est seulement par analogie qu'on a pu trouver dans
les lois précitées le droit pour l'administration de reconnaître les limites des sections de commune ; car la loi des
19-20 avril 1790 dispose, dans son article 8, que les limites contestées entre *les communautés* seront réglées
par les administrations de district, et elle n'a sans doute
entendu désigner par ce terme général, emprunté au langage d'avant 1789, que les communes et non les sections ; et, quant à la loi de 1837, elle ne parle ni des limites des communes ni de celles des sections ; or, nous
croyons avoir établi que l'analogie n'existe pas entre la
circonscription des communes et celle des sections.

Peut-être aussi la pensée qu'il eût été fâcheux de diviser le jugement d'un litige d'aussi peu d'importance
entre deux autorités n'a-t-elle pas été sans influence sur

(1) Voir plus haut, numéro 139, p. 335.

la solution de cette seconde question. Quoi qu'il en soit, cette doctrine, indiquée incidemment dans l'ordonnance sur conflit du 28 novembre 1845, a été consacrée par un arrêt du 18 janvier 1851 (*Pracros*).

Il s'agissait d'un litige de la même nature. Le sieur Pracros demandait à être admis à la jouissance des biens communaux de la section de Muratel, dépendant de la commune de Briffons (Puy-de-Dôme), et il y avait contestation sur le point de savoir si l'habitation du sieur Pracros se trouvait comprise dans les limites de la section de Muratel.

Quant aux droits du sieur Pracros à la jouissance des biens communaux, le Conseil a reconnu, conformément à la jurisprudence du tribunal des conflits, que l'autorité administrative était incompétente pour les apprécier. Mais, malgré les conclusions fortement motivées du commissaire du gouvernement (1), il a prononcé, d'après les éléments d'une instruction spéciale à laquelle il avait fait procéder, sur les limites de la section de Muratel en ce qui touchait l'habitation du sieur Pracros.

On a vu que la Cour de cassation, par son arrêt du 29 juillet 1856, ne s'est pas rangée à cette jurisprudence du Conseil d'État. Il nous semble aussi qu'il y a une certaine contradiction entre ces décisions et les arrêts du Conseil de 1810, 1820, 1838 et 1840, que nous avons cités plus haut (n° 150).

En somme, nous pensons que si l'on s'attache à se rendre un compte exact du caractère propre des sections de commune, on doit arriver à ne voir dans ces questions de limites que des questions de propriété dont la connaissance appartiendrait exclusivement à l'autorité judiciaire.

(1) Ces conclusions ont été analysées dans le *Recueil des Arrêts du Conseil*, de M. Lebon, 1851, p. 39.

CHAPITRE SIXIÈME

DES CHARGES ET DES RESSOURCES DES SECTIONS.

I. CHARGES DES SECTIONS.

Sommaire

§ 1er. *Charges particulières aux sections et résultant de leurs droits exclusifs.*

§ 2. *Charges des sections de commune résultant de la création d'un service public spécial ou de dépenses diverses d'utilité publique.*

§ 3. *Participation aux charges générales de la commune.*

§ 1er. CHARGES PARTICULIÈRES AUX SECTIONS ET RÉSULTANT DE LEURS DROITS EXCLUSIFS.

153. Les sections ont des charges et des ressources propres. — 154. Division des charges des sections.—155. Contributions directes assises sur les biens des sections et taxe des biens de mainmorte. — Application de la loi du 26 germinal an XI sur l'acquittement de l'impôt foncier dû pour ces biens. — Jurisprudence du ministère de l'intérieur. — Jurisprudence du Conseil d'État. — 156. Frais d'administration des biens. — 157. Ces charges ne pèsent sur la section seule que dans le cas où elle a seule la jouissance des biens, à l'exclusion des autres parties de la commune. — 158. Dettes résultant d'un changement de circonscription territoriale. — Jurisprudence du ministère de l'intérieur.— Décision du Conseil d'État contraire à cette jurisprudence. — 159. Les indemnités qui peuvent être dues à des communes, par suite de changements de circonscription, à raison de la perte d'édifices affectés à un usage public, ne sont pas à la charge des sections. — 160. Frais de plans produits à l'appui des demandes de modification de territoires. — 161. Frais de procès. — Quelles sont les dépenses qui peuvent être imposées aux sections à ce titre. — 162. Responsabilité pour les contraventions et délits forestiers commis par les pâtres des troupeaux communs dans les bois grevés de droits d'usage.

153. Les sections de commune ont des droits privatifs de propriété et d'usage distincts de ceux des communes dont elles dépendent. Elles ont aussi des charges et des ressources propres. C'est une conséquence naturelle de l'existence de leurs droits exclusifs.

Recherchons d'abord quelles sont les charges des sections. Nous verrons ensuite quelles sont leurs ressources.

154. Les charges des sections sont de diverses natures. D'abord les sections doivent faire face aux charges qu'entraîne toute propriété, notamment au payement des impôts dus pour leurs biens, aux frais d'administration de ces biens, etc.

Elles peuvent avoir à supporter les charges de certaines dépenses d'utilité publique qu'elles auraient demandé l'autorisation de faire pour la satisfaction de leurs besoins propres.

Enfin, elles ont à participer aux charges générales de la commune dont elles dépendent.

155. *Contributions directes assises sur les biens de la section.* — Au premier rang des charges spéciales des sections, qui résultent de leurs droits exclusifs, se trouvent les contributions directes assises sur les biens communaux dont elles ont la propriété et dont leurs habitants ont la jouissance.

L'article 109 de la loi du 3 frimaire an VII, après avoir établi que les communes doivent la contribution foncière pour celles de leurs propriétés qui sont productives de revenus, porte ce qui suit : « La contribution due par des terrains qui ne seraient communs qu'*à certaine portion des habitants* d'une commune sera acquittée par ces habitants. » On voit que cet article désigne les sections de commune.

Mais quel est le mode qui doit être suivi pour le payement de la dépense mise à la charge des sections ?

La loi du 26 germinal an XI a fixé les règles relatives à l'acquittement de la contribution foncière due pour les biens communaux. Elle dispose, dans son article 1er, que, pour les biens mis en ferme ou donnés à bail, les fermiers ou locataires seront tenus de payer, à la décharge des communes, et en déduction du prix du bail, le montant des impositions de tout genre assises sur ces propriétés.

Cette disposition, qui est devenue une clause habituelle des baux passés pour la mise en ferme des communaux, nous paraît applicable aux sections de commune aussi bien qu'aux communes.

Mais s'il s'agit de biens communaux abandonnés à la jouissance en nature, les règles établies par la loi de germinal an XI sont différentes selon le mode de jouissance pratiqué par les habitants. Voici quels sont les termes des articles 2, 3 et 4.

« Art. 2. Lorsqu'une commune possédera des domaines utiles dont chaque habitant profitera également et qui ne seront pas susceptibles d'être affermés, comme des bois, pacages et marais communaux, ou des bâtiments servant à l'usage commun (1), et qu'elle n'aura

(1) A cette époque, les bâtiments affectés aux services publics communaux, par exemple les mairies et les maisons d'école, étaient assujettis à l'impôt foncier, par le motif que l'article 105 de la loi du 3 frimaire an VII n'exemptait que les *domaines nationaux* non productifs de revenus et réservés pour un service national. Depuis 1808, une jurisprudence libérale, qui s'est inspirée plutôt de l'esprit que des termes de l'article 105 de la loi du 3 frimaire an VII et de l'article 4 du décret du 11 août 1808, a considéré comme exempts de la contribution foncière tous les bâtiments non productifs de revenus affectés à un service public, soit qu'ils appartiennent à l'État, soit qu'ils appartiennent aux départements, aux communes, bureaux de bienfaisance, fabriques, séminaires et autres établissements publics proprement dits. Nous avons indiqué l'origine assez peu connue et les principaux monuments de cette jurisprudence dans une note que M. Lebon a bien voulu insérer dans le *Recueil des arrêts du Conseil d'État*, 1856, p. 463.

pas des revenus suffisants pour payer la contribution due à raison desdits domaines, cette contribution sera répartie en centimes additionnels sur les contributions foncière, mobilière et somptuaire de tous les habitants.

« Art. 3. Lorsque tous les habitants n'auront pas un droit égal à la jouissance du bien communal, la répartition de la contribution assise sur ce bien sera faite par le maire de la commune, avec l'autorisation du préfet, au prorata de la part qui en appartiendra à chacun.

« Art. 4. Lorsqu'une partie seulement des habitants aura droit à la jouissance, la répartition de la contribution n'aura lieu qu'entre eux, et toujours proportionnellement à leur jouissance respective. »

Ces deux derniers articles ne se trouvaient pas dans le projet primitivement adopté par le Conseil d'État ; c'est sur un amendement du tribunat qu'ils y ont été introduits. On comprend la pensée d'équité qui les a inspirés. Par exemple, dans les pays, comme le Pas-de-Calais, la Moselle, où, en vertu d'édits royaux antérieurs à 1789, les biens communaux, sans être aliénés, ont fait l'objet de partages qui attribuaient des lots aux habitants et à leurs descendants en ligne directe, avec droit de retour au profit de la commune en cas d'extinction de la famille, il ne serait pas juste que la contribution foncière due pour le bien communal, dont une partie des habitants seulement a la jouissance, fût payée soit sur les revenus ordinaires de la commune, soit au moyen d'une imposition extraordinaire pesant sur tous les habitants.

L'article 4 faisait sans doute allusion à ce cas. Il faisait aussi allusion aux biens des sections de commune; car, dans l'exposé des motifs présenté au Corps législatif, les articles 2, 3 et 4 étaient résumés de la manière suivante : « La répartition se fera sur tous, si tous profitent: également, si le bénéfice est égal ; au prorata de la part de chacun, si elle est différente ; enfin, sur ceux seulement auxquels le bien communal appartient, s'il n'est la propriété que d'un certain nombre d'habitants (1). »

En 1845, le ministre de l'intérieur et le ministre des finances, consultés sur des difficultés qui s'étaient élevées au sujet de l'application de la loi de germinal an XI, ont été d'accord pour admettre que le système de cette loi avait été abrogé tant par les dispositions des articles 39, 40 et 42 de la loi de finances du 15 mai 1818 sur les impositions communales, que par les articles 39 et 40 de la loi du 18 juillet 1837. Ils pensaient que c'était seulement pour garantir les droits du Trésor qu'on avait cru devoir, en l'an XI, transporter sur tous et chacun des habitants des communes l'obligation du corps moral contre lequel l'administration supérieure n'avait pas alors les moyens de coërcition que donne la loi de 1837 ; mais qu'il y avait lieu désormais de considérer les contributions assises sur les biens communaux comme une dette ordinaire, constituant une dépense obligatoire ; et que, dès lors, à défaut des ressources ordinaires des communes, cette dépense devait être payée au moyen d'une imposition extraordinaire, additionnelle à toutes les contributions directes payées dans la commune, imposition qui serait établie d'office si le conseil municipal se refusait à la voter (2).

Toutefois, le ministre de l'intérieur n'allait pas jusqu'à mettre à la charge du budget communal la contribution foncière due pour les biens des sections de commune. D'ailleurs, l'article 109 de la loi du 3 frimaire an VII ne le permet pas. Mais il substituait au mode de répartition

(1) *Moniteur* du 18 germinal an XI, p. 892.
(2) Circulaire du ministre de l'intérieur du 9 mai 1845. — Voir aussi l'instruction du ministre des finances sur le service et la comptabilité des receveurs généraux, etc., en date du 20 juin 1859, article 65.

de l'impôt établi par l'article 4 de la loi de germinal an XI un mode différent, celui qu'indique l'article 2 de la même loi. Voici comment il s'exprimait : « Si les contributions dues au Trésor étaient assises sur des biens appartenant privativement à une section de commune, l'addition (c'est-à-dire l'imposition extraordinaire additionnelle aux quatre contributions directes) ne devrait porter que sur les cotes des habitants et propriétaires de cette section, au moyen d'un rôle dressé par le directeur des contributions directes, et non par le maire. La raison en est qu'en pareille occurrence, chaque section doit être considérée comme une commune distincte dont tous les habitants jouissent également des biens communaux.

Le système établi par la jurisprudence du ministère de l'intérieur et du ministère des finances est, assurément, plus simple et d'une exécution plus facile que celui qu'avait prescrit la loi de germinal an XI. Est-il à l'abri de toute critique au point de vue de la légalité ? On pourrait en douter. Nous ne contesterons pas la tradition de l'administration et du Conseil d'État qui a établi que, depuis la loi du 15 mai 1818, les impositions extraordinaires destinées à faire face aux dépenses communales doivent porter à la fois sur les quatre contributions directes, et non sur une ou deux de ces contributions, et être acquittées par les propriétaires forains comme par les habitants (1). Ainsi nous admettons sans difficulté que la

(1) C'est ainsi que le Conseil d'État, statuant au contentieux, a, par un arrêt en date du 5 mai 1855 (*Noguès*) décidé, conformément à une longue jurisprudence de l'administration et du comité de l'intérieur, que « si, d'après l'article 1er de la loi du 14 février 1810, les propriétaires forains ne devaient pas être compris aux rôles des impositions extraordinaires destinées à couvrir les dépenses annuelles de la célébration du culte, il résultait des articles 39, 40, 41, 42 et 43 de la loi du 15 mai 1818 que, en cas d'insuffisance des cinq centimes additionnels ayant pour objet de subvenir aux dépenses communales, lorsqu'il y a lieu de recourir à une imposition extraordinaire, tous les contribuables inscrits

disposition finale de l'article 2 de la loi du 26 germinal an XI est modifiée en ce sens que l'imposition addition- . nelle qu'elle prévoit doit porter sur les quatre contributions directes, et que les propriétaires forains n'en sont pas exemptés. Mais nous ne voyons rien dans la législation postérieure à l'an XI qui doive faire considérer comme abrogées les dispositions des articles 3 et 4 de cette loi. Il n'est pas exact de dire, comme l'a fait le ministre de l'intérieur dans sa circulaire du 9 mai 1845, que la loi du 26 germinal an XI n'a été rendue qu'en vue de garantir les droits du Trésor. C'était bien la seule pensée du Gouvernement quand il a présenté le projet de loi. Mais cette pensée s'était modifiée pendant l'examen du projet, et les articles 3 et 4 qui y avaient été ajoutés répondaient à une autre préoccupation. En effet, l'un des orateurs du tribunat, discutant ce projet devant le Corps législatif, exposait « que les lois des 3 et 7 frimaire an VII étaient insuffisantes pour assurer *la juste répartition* et le recouvrement de la contribution foncière assise sur les biens communaux. La contribution foncière assise sur un domaine communal, disait-il, doit être répartie entre tous les habitants de la commune qui ont le droit de jouir de ce domaine proportionnellement à ce que chacun d'eux peut en retirer. Tel est le vœu de la justice et de la raison.

« Cependant il est résulté souvent de l'application des lois des 3 et 7 frimaire an VII, ces inconvénients que, dans quelques communes, la contribution n'a pas été payée et que, dans d'autres, celui qui ne profitait pas du domaine commun ou qui en profitait le moins, a supporté dans la contribution totale autant que celui qui en profi-

aux rôles des quatre contributions directes dans la commune sont passibles de ladite imposition. »

tait le plus, parce que ces lois ont prescrit que la contribution foncière due sur les propriétés communales fût
considérée comme une dépense communale et acquittée
sur les recettes du même genre (1). »

Il expliquait ensuite que ce double inconvénient dispa-
raîtrait, grâce aux dispositions de la nouvelle loi.

Ainsi le législateur de l'an xi a voulu, dans l'intérêt
du Trésor, d'une part, et dans l'intérêt des contribuables
eux-mêmes, que la contribution foncière due pour les
biens communaux fût payée par les habitants qui jouissaient de ces biens, et ce proportionnellement à leur
jouissance, quand tous les habitants n'y avaient pas droit
ou n'y avaient pas un droit égal.

Si le Trésor public peut aujourd'hui se passer des garanties que la loi de l'an xi lui avait données, les autres
motifs qui avaient dicté les dispositions des articles 3 et 4
de la loi nous paraissent n'avoir rien perdu de leur force
depuis l'an xi, et, en tout cas, il faudrait qu'une loi nouvelle eût abrogé plus ou moins explicitement ces articles,
pour qu'ils dussent cesser de recevoir leur exécution.

Nous sommes d'autant moins portés à admettre l'abrogation complète de la loi du 26 germinal an xi, que le
Conseil d'État a eu récemment occasion de décider que
l'article 2 de cette loi est encore en vigueur. En effet,
par deux arrêts, en date, le premier, du 5 août 1855
(*Queheille et consorts*), le second, du 4 mars 1858
(*Forin et consorts*), il a décidé que les conseils municipaux ne peuvent pas établir des taxes de pâturage, en
vue de se procurer les ressources nécessaires au payement de la contribution foncière due pour les biens communaux, lorsque tous les habitants ont un droit égal à la

(1) *Procès-verbal des séances du Corps législatif*, an xi, t. II,
p. 696.

jouissance de ces biens ; que, dans ce cas, on devait appliquer l'article 2 de la loi du 26 germinal an xi, et répartir le montant de l'impôt, entre tous les habitants, en centimes additionnels aux contributions directes.

Dans la seconde de ces deux affaires, la question était moins simple que dans la première. La taxe de pâturage, dont les réclamants demandaient décharge, avait été établie, en partie pour l'acquittement de la contribution foncière, en partie pour le payement du salaire du pâtre commun. Le ministre de l'intérieur soutenait, par les raisons que nous avons analysées tout à l'heure, que la loi de germinal an xi était abrogée, et que les conseils municipaux étaient libres, en vertu de l'article 17 de la loi du 18 juillet 1837, d'établir des taxes de pâturage et d'en affecter le produit à telle dépense qu'ils jugeraient convenable. Mais le Conseil d'État n'a pas cru que, en l'absence d'un texte de loi formel, on pût considérer comme abrogée la loi de germinal an xi, et il ne lui a pas paru indifférent de maintenir l'application d'un système dont le résultat était d'exonérer les indigents, qui profitent des pâturages communaux, du payement de la contribution foncière due pour ces biens.

Voici les termes de sa décision :

« Considérant qu'il résulte de la délibération ci-dessus visée, du conseil municipal de la commune de Decize, du 4 mai 1856, que la taxe à laquelle les requérants ont été imposés en raison du nombre de leurs bestiaux, était établie, en partie, pour acquitter la contribution foncière assise sur les biens communaux, autres que les bois, à la jouissance desquels tous les habitants ont un droit égal, et, en partie, pour acquitter le salaire du pâtre communal ;

« *En ce qui touche la partie de la taxe établie pour*

acquitter la contribution foncière due à raison des biens communaux :

« Considérant que, aux termes de l'article 2 de la loi du 26 germinal an XI, lorsqu'une commune possède des domaines utiles dont chaque habitant profite également, comme des bois et des pacages communaux, et qu'elle n'a pas des revenus suffisants pour payer la contribution foncière due à raison desdits domaines, cette contribution doit être répartie entre tous les habitants en centimes additionnels à leurs contributions directes ; que le conseil municipal de la commune de Decize a, au contraire, réparti le montant de cette contribution entre ceux des habitants qui envoyaient leurs bestiaux au pâturage, au moyen d'une taxe établie en raison du nombre de leurs bestiaux ; qu'ainsi, il a violé les dispositions de l'article 2 de la loi du 26 germinal an XI ; que, dès lors, les sieurs Étienne Forin... sont fondés à demander la décharge de cette partie de la taxe ;

« *En ce qui touche la partie de la taxe établie pour acquitter le salaire du pâtre communal :*

« Considérant que, aux termes de l'article 17 de la loi du 18 juillet 1837, les conseils municipaux peuvent établir des taxes sur les habitants qui envoient leurs bestiaux dans les pâturages communaux, et qu'aucune disposition de loi ne fait obstacle à ce que ces taxes soient destinées au payement du salaire du pâtre communal ; qu'ainsi les requérants ne sont pas fondés à soutenir que cette partie de la taxe a été illégalement établie. »

Au surplus, quelle que soit la valeur légale des instructions données par le ministre de l'intérieur, en 1845, la pratique n'est pas universellement établie dans ce sens. Ainsi, il résulte de renseignements recueillis tout récemment au sujet des sections de commune que, dans plusieurs départements, l'impôt dû pour les biens des sections est porté au budget de la commune et remboursé par les habitants au moyen de taxes de pâturage; que, dans d'autres départements, les habitants se cotisent pour payer le montant de l'impôt, et que la répartition de leur quote-part est faite en raison de la jouissance ou par feux, tantôt par le maire, tantôt par un des habitants qui est élu à cet effet, et qui se charge ensuite de payer le percepteur.

Ce qui vient d'être dit pour la contribution foncière est applicable à la taxe, dite des biens de mainmorte, qui a été établie par la loi du 20 février 1849 sur les biens passibles de la contribution foncière, et qui est assise et recouvrée dans les mêmes formes que cette dernière contribution.

156. *Frais d'administration des biens.* — C'est également la section qui doit pourvoir aux frais d'administration des biens dont elle a la propriété, et aux frais d'entretien des propriétés bâties, productives de revenus.

Les frais d'administration des bois soumis au régime forestier, qui sont avancés par l'État, lui sont remboursés par les communes, sections, hospices et autres établissements publics, au moyen des prélèvements sur les ventes et les délivrances en nature des produits des bois que l'article 5 de la loi du 25 juin 1841 et l'article 6 de la loi du 19 juillet 1845 ont établis, et que l'article 14 de la loi de finances du 14 juillet 1856 a réglés de façon que la somme remboursée ne puisse dépasser un franc par hectare. Il faut ajouter aux frais d'administration le traitement du garde des bois.

157. Mais il faut bien remarquer, en ce qui touche les impôts et les frais d'administration des biens dont les sections sont propriétaires, que ces charges ne pourraient peser sur une section seule qu'autant qu'elle aurait seule la jouissance de ses biens.

Nous avons dit, en effet, en traitant des droits des sections, que si les habitants des sections ont la jouissance exclusive des biens dont les fruits sont perçus en nature, l'administration supérieure considère qu'elles n'ont pas un droit absolu à la jouissance des revenus en argent; et si elle admet que, dans le cas où les sections auraient des besoins particuliers à satisfaire, ces revenus doivent y être particulièrement employés, cependant rien, dans sa pensée, ne fait obstacle en principe à ce que ces revenus servent à la satisfaction des besoins généraux de la commune (1). La jurisprudence du Conseil d'État, que nous avons analysée, ne réserve aux sections des droits exclusifs sur les revenus en argent que dans le cas où ces revenus auraient été créés par la substitution de l'amodiation à la jouissance en nature, après la réunion de la section à la commune dont elle dépend (2). Or, il nous paraît évident que si une commune appliquait à ses besoins généraux les revenus provenant des biens d'une section, dans les cas où la jurisprudence le permet, les contributions, frais d'administration et d'entretien qui pèseraient sur ces biens, devraient par suite être portés au budget de la commune ou couverts, en cas d'insuffisance des revenus ordinaires, par des contributions additionnelles imposées à tous les habitants de la commune.

158. *Dettes résultant d'un changement de circonscriptions territoriales.* — On a vu que, aux termes des articles 5 et 6 de la loi du 18 juillet 1837, les sections de commune, distraites des communes dont elles dépendent pour être réunies à d'autres communes, emportent leurs droits de propriété ou de copropriété sur les biens qui leur appartenaient exclusivement ou par indivis. Une conséquence de cet état de choses, c'est qu'elles sont

(1) V. n⁰ 239, p. 103.
(2) V. n⁰ 109, p. 243.

grevées aussi de leur part proportionnelle des dettes que pouvait avoir contractées la commune dont elles dépendaient, pour des dépenses qui intéressaient l'ensemble de ses habitants ; et, comme elles ne font point part à la commune à laquelle elles sont nouvellement réunies de la propriété de leurs biens, elles ne peuvent, par la même raison, lui faire supporter une part de leurs dettes. Cette règle est rappelée par le ministre de l'intérieur dans sa circulaire du 29 janvier 1848 (1).

Par une juste compensation, la section réunie à une commune ne contribue pas à l'acquittement des dettes contractées antérieurement à la réunion. Il en est de même des communes qui perdent leur individualité et deviennent, par leur réunion, des sections de commune. Chacune d'elles supporte exclusivement la charge de ses anciennes dettes. C'est, du moins, la règle à laquelle conduit la logique, et que le ministère de l'intérieur a consacrée par sa jurisprudence (2).

On pourrait toutefois citer, en sens contraire, un arrêt du Conseil d'État en date du 7 juillet 1853 (*de Benault de Lubières*), rendu dans les circonstances suivantes : La commune de Roquemartine avait été réunie à la commune d'Eyguières par une ordonnance du 24 mars 1830

---

(1) D'après les traditions du ministère, la liquidation des dettes doit être faite au centime le franc des contributions payées dans chaque section au moment de la séparation, sans qu'on ait à rechercher si les dépenses qui ont donné lieu aux dettes ont profité à une section plus qu'à l'autre. M. Jèze cite en ce sens une décision ministérielle de 1844. (*Dictionnaire général d'administration*, v°. *Commune*, p. 439).

(2) Toutefois, dans la loi qui a annexé à la ville de Paris les communes suburbaines comprises dans les limites des fortifications, on a inséré, à titre d'exception, un article d'après lequel « les « dettes des communes supprimées qui ne seraient pas couvertes « par l'actif de ces communes, au moment de leur suppression, « doivent être acquittées par la ville de Paris. » (Art. 9 de la loi du 16 juin 1859.) On comprend que cette disposition ait paru nécessaire pour faciliter une opération aussi considérable.

dont l'article 2 portait que « les communes réunies continueraient à jouir séparément, comme sections de commune, des droits d'usage ou autres qui pourraient leur
appartenir, *sans pouvoir néanmoins se dispenser de
contribuer en commun aux charges municipales.* »

Le sieur Benault de Lubières, habitant de la section
de Roquemartine, avait été imposé à une contribution
extraordinaire pour l'acquittement de dettes contractées
par l'ancienne commune d'Eyguières bien avant la réunion. Il en demandait la décharge en invoquant les principes que nous venons de rappeler et les traditions du
ministère de l'intérieur. L'espèce semblait peu favorable
à la section d'Eyguières, car les dettes dont il s'agissait
n'avaient pas pour objet la construction d'édifices publics
dont la nouvelle commune tout entière avait la jouissance,
mais le remboursement des contributions de la commune avancées en 1789 et 1790 par les auteurs des
sieurs Pin et Cartier. Le ministre de l'intérieur appuyait
le pourvoi du sieur Benault de Lubières, et cependant le
pourvoi a été rejeté par le motif suivant :

« Considérant que l'ordonnance royale du 21 mars 1830
dispose que les deux communes réunies ne pourront se
dispenser de contribuer en commun aux charges municipales, et que ladite ordonnance ne contient aucune réserve à l'égard des dettes particulières qui pouvaient
exister à la charge de chacune d'elles antérieurement à la
réunion... »

Cette décision est critiquée, comme contraire aux principes, par plusieurs auteurs, notamment M. Dufour (1)
et M. Foucart (2).

Nous sommes porté à penser qu'elle ne passerait pas

(1) *Traité de droit administratif*, 2e édition, t. III, p. 418.
(2) *Cours de droit public et administratif*, 4e édition, t. III,
p. 385.

en jurisprudence. En tout cas, le motif principal de la dé
cision ne pourrait plus être reproduit, car on n'emploie
généralement plus aujourd'hui, dans les lois ou décrets
portant réunion de communes, la clause relevée dans
l'arrêt du Conseil : « sans pouvoir se dispenser de contribuer en commun aux charges municipales. »

159. Nous avons déjà dit qu'il peut y avoir lieu, dans
certains cas, à des indemnités par suite des changements
de circonscriptions, lorsqu'une section emporte avec elle,
en vertu de l'article 6 de la loi du 18 juillet 1837, des
édifices et immeubles affectés à un usage public, tels
qu'églises, presbytères, maisons d'école, à la construction ou à l'acquisition desquels la commune dont elle se
sépare avait contribué (1).

Mais ces indemnités, lorsqu'il y a lieu d'en payer, ne
peuvent jamais être à la charge de la section seule. Car,
aux termes de l'article 6, la section ne garde pas pour elle
la propriété de ces immeubles, comme elle fait pour ceux
qui produisent des revenus ; la loi en attribue la propriété
à la commune dont la section fait partie. C'est donc la
commune tout entière qui devra supporter les charges
de la propriété qu'elle acquiert.

160. *Frais de plans produits à l'appui des demandes
de modification de territoires.* — Au nombre des charges
imposées aux sections par suite des changements de circonscriptions territoriales, nous devons mentionner les
frais des plans produits à l'appui des demandes de modification, dans le cas où cette demande est faite par une
section. Ces frais ne sont pas classés parmi les dépenses
obligatoires des communes, et le ministre de l'intérieur,
ayant reconnu que le payement ne s'en faisait qu'avec
difficulté après la décision de l'autorité administrative ou

(1) N° 99, p. 229.

du législateur sur le projet de changement, a, par sa circulaire du 29 août 1849, pris les mesures suivantes pour prévenir le retour de ces difficultés. « Vous voudrez bien, à l'avenir, lorsque l'initiative des projets sera prise par des communes, des *sections*, des hameaux ou des particuliers, mettre les auteurs de ces projets en demeure de vous fournir, *à leurs frais*, en triple expédition, un plan conforme aux indications que vous leur donnerez. Lorsque vous croirez devoir prendre l'initiative, monsieur le préfet, au point de vue, soit de l'intérêt général, soit de l'intérêt des localités, vous devrez demander au conseil général de porter au budget départemental un crédit qui vous permette d'acquitter les frais de plans (1). » Il y a donc là encore une cause possible de dépenses pour les sections de commune.

161. *Frais de procès.* — Pour soutenir ses droits propres, une section de commune peut avoir à intenter ou à soutenir un procès, soit contre la commune dont elle fait partie ou une autre section de cette commune, soit contre un tiers. Un semblable litige n'intéressant que la section de commune, c'est elle seule qui doit supporter les dépenses faites à cette occasion.

Cette règle résulte des principes généraux. Les mêmes motifs ont conduit les auteurs de la loi du 18 juillet 1837 à décider que « la section qui aura obtenu une condamnation contre la commune ou contre une autre section ne sera point passible des charges ou contributions imposées pour l'acquittement des frais et dommages-intérêts qui résulteraient du procès (art. 58). »

Ce point avait été mis en question avant la loi du

---

(1) Nous doutons beaucoup que si le conseil général refusait d'accepter une pareille dépense, elle pût lui être imposée. Nous ne connaissons pas de texte de loi qui la mette à la charge du département.

18 juillet 1837, et les deux solutions contraires avaient successivement été adoptées par la jurisprudence. En présence du texte de la loi, il n'est pas besoin d'insister davantage.

Quelles sont les dépenses qui doivent entrer dans les frais de procès? Pourrait-on y comprendre le prix du port de lettres et paquets, et des indemnités au président ou aux membres de la commission syndicale représentant la section, pour les dédommager des frais de voyages qu'ils auraient faits dans l'intérêt de la section ?

Le ministre de l'intérieur, appelé à statuer sur cette question, a décidé que les seuls frais qui pussent être mis à la charge d'une section étaient ceux qu'avaient entraînés les actes de procédure régulière accomplis dans le cours de l'instance ; mais que les dépenses particulières faites par les membres de la commission syndicale, dans l'espoir d'assurer le succès de l'instance, ne présentaient pas le caractère de dettes liquides et exigibles qui pouvait seul permettre de considérer les frais de procès comme dépense obligatoire, en vertu de l'article 30, n° 21, de la loi du 18 juillet 1837 (1). Cette décision pourrait paraître rigoureuse. On comprend, toutefois, que le ministre ait redouté des abus faciles à prévoir, et ait préféré restreindre le plus possible les dépenses dont l'acquittement devait être mis à la charge des sections.

162. *Responsabilité pour les contraventions et délits forestiers commis par les gardiens des troupeaux communs dans les bois grevés de droits d'usage.* — On sait les mesures restrictives que le législateur a cru devoir prendre au sujet des droits d'usage exercés dans les bois pour empêcher que cette servitude n'amenât, au grand

(1) *Bulletin officiel du ministère de l'intérieur*, 1856, p. 243, n° 59.

préjudice de l'État, des propriétaires de bois, et des usagers eux-mêmes, le dépérissement et la destruction du fonds qui en est grevé. Voulant assurer d'une manière efficace la répression des contraventions et délits commis dans l'exercice des droits d'usage, il a rendu les communes et *sections de commune* usagères responsables des contraventions et délits forestiers commis par les pâtres communs.

L'article 72 du Code forestier, qui est applicable tant aux bois de l'État qu'aux bois de la couronne, à ceux des communes et établissements publics et à ceux des particuliers, porte ce qui suit :

« Le troupeau de chaque commune ou section de commune devra être conduit par un ou plusieurs pâtres communs choisis par l'autorité municipale : en conséquence, les habitants des communes usagères ne pourront ni conduire eux-mêmes ni faire conduire leurs bestiaux à garde séparée, sous peine de 2 francs d'amende par tête de bétail. — Les porcs ou bestiaux de chaque commune ou section de commune usagère formeront un troupeau particulier et sans mélange de bestiaux d'une autre commune ou section, sous peine d'une amende de 5 à 10 francs contre le pâtre, et d'un emprisonnement de cinq à dix jours en cas de récidive. — Les communes et *sections de commune seront responsables* des condamnations pécuniaires qui pourront être prononcées contre lesdits pâtres ou gardiens, tant pour les délits et contraventions prévus par le présent titre, que pour tous autres délits forestiers commis par eux pendant le temps de leur service et dans les limites du parcours. »

§ 2. CHARGES DES SECTIONS DE COMMUNE RÉSULTANT DE LA CRÉATION D'UN SERVICE PUBLIC SPÉCIAL OU DE DÉPENSES DIVERSES D'UTILITÉ PUBLIQUE.

163. Cette espèce de charges n'est pas spéciale aux sections qui ont des biens et des droits propres. — 164. Dépenses du culte. — Dans l'ancienne jurisprudence du Conseil d'Etat, c'était une occasion fréquente de dépenses particulières pour les sections.—Cette jurisprudence a été abandonnée récemment. — 165. Motifs sur lesquels se fondait l'ancienne jurisprudence. — Précédents du Conseil en ce sens.—166. Motifs de la nouvelle jurisprudence. — 167. Discussion de ces motifs. — Inconvénients qu'elle peut entraîner. — 168. Diverses dépenses d'utilité publique peuvent être encore acquittées spécialement par les sections. — 169. Motifs de la jurisprudence qui admet cette dérogation à la règle de l'unité communale. — 170. Jurisprudence du Conseil d'Etat et du ministère de l'intérieur à ce sujet. — Création de fontaines publiques et de rues ; acquisitions de cimetière faites aux frais des sections de commune. — 171. Caractère de la jurisprudence sur ce point.

163. Nous avons maintenant à étudier les charges qui peuvent peser sur les sections de commune par suite de la création d'un service public spécial ou de dépenses diverses d'utilité publique. Mais ici nous devons tout d'abord faire remarquer que ces dépenses ne sont pas une conséquence des droits de propriété ou d'usage appartenant aux sections, et que tout village séparé du chef-lieu de la commune dont il dépend peut se trouver dans le cas de supporter cette espèce de charge. Seulement, les sections qui ont des biens propres, trouvant plus facilement des ressources dans leurs biens, sont plus portées à s'imposer ces dépenses spéciales.

164. Dans la première édition de ce travail, nous disions que les dépenses du service du culte sont celles qui demandent le plus fréquemment des sacrifices particuliers aux sections de commune.

En effet, nous avons déjà indiqué que la circonscription des cures, succursales ou chapelles ne correspond pas exactement à la circonscription des communes ; que souvent une commune renferme plusieurs paroisses ; que, dans d'autres cas, une paroisse est composée de fractions de plusieurs communes.

Or, jusqu'en 1854, le Conseil d'État et le ministère de l'intérieur étaient d'accord pour reconnaître que, lorsqu'une fraction de commune composait seule la circonscription d'une succursale ou d'une chapelle, les dépenses extraordinaires de reconstruction ou grosses réparations des églises et des presbytères, et d'achat de cloches, devaient porter exclusivement sur cette fraction de commune, qui avait seule les bénéfices de la célébration du culte dans l'église légalement instituée sur sa demande. Et de même, quand une fraction de commune faisait partie d'une paroisse autre que celle de la commune dont elle dépendait, elle seule était appelée à fournir son contingent pour les dépenses du culte dans sa paroisse.

Toutefois, en 1854, une première atteinte avait été portée à cette jurisprudence par un avis du comité de l'intérieur qui repoussait un projet de décret tendant à autoriser la section de Loqueffret à s'imposer extraordinairement pour acquitter les dépenses de réparation de l'église paroissiale de cette section, et qui indiquait que la dépense devait être supportée par la commune tout entière.

Mais la doctrine nouvelle ne nous paraissait pas encore définitivement assise. Le ministère de l'intérieur admettait une distinction entre les dépenses obligatoires et les dépenses facultatives, et il décidait que cette dernière catégorie de dépenses devait rester exclusivement à la charge des sections (1). Nous pensions que l'opinion du

(1) *Bulletin officiel du ministère de l'intérieur*, 1856, p. 109, 110, 202 et 228.

Conseil d'État ne s'était pas encore assez clairement manifestée, pour qu'on dût considérer l'ancienne jurisprudence comme abandonnée.

Le Conseil d'État, en assemblée générale, s'est prononcé dans un avis, en date du 9 décembre 1858, qui porte, en résumé, que toutes les dépenses du culte, obligatoires ou facultatives, frais de construction ou de réparations d'églises ou de presbytères, doivent être supportées par la commune dans la circonscription de laquelle se trouve la succursale ou chapelle, et qu'une imposition extraordinaire ne peut être établie pour ces dépenses sur une section de commune. Et le ministre de l'intérieur a accepté cette nouvelle règle (1).

Nous pourrions donc nous borner à indiquer que l'ancienne jurisprudence a cessé d'être en vigueur, et que, par suite, les dépenses du culte ne peuvent plus être une occasion de charges spéciales pour les sections de commune.

Mais l'ancienne jurisprudence nous paraissait plus conforme à l'esprit de la législation, et plus satisfaisante, au point de vue de la pratique, que la doctrine qui est venue la remplacer. Cette nouvelle doctrine a déjà soulevé des difficultés sérieuses, et nous paraît appelée à en soulever de plus graves encore. Quelques-unes de ces difficultés ont été signalées dans un remarquable article que M. Marguerie, alors chef du bureau du contentieux des communes au ministère de l'intérieur, a publié, en 1861, dans l'*École des communes* (2), et qu'il terminait en émettant le vœu que la question fût soumise à un nouvel examen.

Il ne nous paraît donc pas sans utilité de présenter un

_____

(1) *Bulletin officiel*, 1859, p. 206. — 1860, p. 379. — 1862, p. 102.

(2) P. 29.

exposé succinct de l'ancienne jurisprudence avant de reproduire les termes de l'avis du Conseil d'État qui l'a renversée.

165. Dans l'ancien système, on pensait que les paroissiens devaient seuls supporter les dépenses du culte dans leur paroisse. Le premier motif, c'était qu'il semble conforme à l'équité que les charges soient supportées par ceux qui recueillent les bénéfices. A quel titre, en effet, disait-on, l'autre portion de la commune qui entretient déjà son église, dont elle profite, serait-elle appelée à entretenir l'église de la section dont elle ne profite pas?

On croyait encore que la législation spéciale sur le culte conduisait à la même conclusion. Il est de principe, en effet, la jurisprudence de l'administration et du Conseil d'État l'a formellement établi (1), que les fabriques sont les premières obligées aux dépenses du culte, qu'elles sont tenues d'y satisfaire jusqu'à concurrence de leurs revenus, et que c'est seulement à défaut de ces revenus, spécialement consacrés aux frais du culte, que la commune peut être obligée de pourvoir à ces dépenses. Or, que représente la fabrique? Elle représente la paroisse, les fidèles compris dans la circonscription de l'église. Avec quelles ressources pourvoit-elle aux dépenses? En général, avec des ressources prélevées sur les paroissiens, le produit des oblations, des quêtes, de la location

(1) Voir notamment en ce sens l'avis du Conseil d'Etat en date du 21 août 1839, et les arrêts du Conseil en date du 21 avril 1848 (*Fabrique de Saint-Epvre, de Nancy*), et du 14 mai 1858 (*Fabrique de l'église d'Argentan*). L'avis de 1839 a été rapporté dans un travail de notre savant maître, M. le conseiller d'Etat BOULATIGNIER, inséré dans l'*Ecole des communes* en 1845, p. 38. Il a aussi été reproduit dans le *Recueil des arrêts*, de M. LEBON, en même temps que l'arrêt de 1848.

La jurisprudence de l'administration et du Conseil d'Etat a été vivement combattue par un certain nombre d'auteurs. Nous l'avons défendue dans un article publié par la *Revue critique de législation et de jurisprudence*, au mois de juillet 1858.

des chaises et bancs, etc. ? Si donc ces ressources viennent à être insuffisantes, n'est-ce pas par un appel extraordinaire à la même bourse, à la bourse des paroissiens, qu'il doit être fait face à ce déficit? C'est ainsi que
paraissait l'avoir entendu la loi du 14 février 1810, qui,
dans tous ses articles, fixe les règles à suivre pour les levées extraordinaires qui devront être faites sur la *paroisse*,
en cas d'insuffisance des revenus de la fabrique et de la
commune.

Ce principe semblait encore consacré par l'avis du Conseil d'État, approuvé par l'Empereur, le 14 décembre 1810, inséré au *Bulletin des lois*, et qui a, par conséquent, force de loi. Cet avis porte, en effet, que les
communes dans lesquelles une chapelle est établie
et qui pourvoient, sur les ressources communales, au
traitement et au logement du chapelain, et à l'entretien de l'église, ne doivent concourir en rien aux frais du
culte paroissial dans la cure ou succursale dont leur chapelle dépend. Et cet avis est également fondé sur ce motif qu'il ne serait pas juste d'imposer à ces communes
une double charge. Ce que l'avis du Conseil dit des communes ne devait-il pas s'entendre aussi des sections de
commune, qui auraient obtenu l'érection d'une chapelle
ou d'une succursale?

Toutefois, on reconnaissait que la situation des sections
de commune, au point de vue de la comptabilité, ne permettait pas d'appliquer complétement ce principe, et qu'il
était nécessaire d'établir une distinction entre les dépenses
ordinaires ou annuelles et les dépenses extraordinaires.

Nulle commune ou section de commune ne peut obtenir du Gouvernement l'érection d'une succursale sans
s'obliger à pourvoir aux dépenses de l'entretien du culte
sur les revenus ordinaires de la commune. Il en est de
même aujourd'hui pour les chapelles. Pendant long-

temps, l'Administration avait admis, conformément à l'article 10 du décret du 30 septembre 1807, que cette dépense pouvait être acquittée au moyen d'une contribution spéciale. Mais le Conseil d'État a pensé que la loi du 15 mai 1818 et celle du 18 juillet 1837 ne permettaient plus de recourir à un moyen extraordinaire pour subvenir à une dépense permanente. Et des avis du comité de l'intérieur, du comité de législation et du Conseil en assemblée générale, dont les plus saillants sont ceux des 29 mars 1836, 17 août 1837 et 13 avril 1840, ont établi en principe qu'il devait être pourvu aux dépenses ordinaires des chapelles sur les revenus ordinaires des communes. Or, on sait, et nous y insisterons plus tard, que les sections n'ont pas de ressources ordinaires, et que les impositions extraordinaires sont à peu près le seul moyen auquel elles puissent recourir pour acquitter les dépenses qui sont à leur charge. Il suit de là que, lorsqu'une section obtient l'érection d'une succursale ou d'une chapelle pour son territoire, c'est sur les revenus ordinaires de la commune que les dépenses de l'entretien du culte sont payées.

Mais s'il s'agissait, au contraire, de dépenses extraordinaires, de construction ou de reconstruction d'églises, de presbytères, d'achats de cloches, la règle générale devait reprendre son empire.

Tels sont les principes qui avaient été consacrés par une longue jurisprudence du Conseil d'État et du ministère de l'intérieur.

Ainsi, le 26 avril 1836, le comité de l'intérieur, consulté sur un projet d'ordonnance relatif à une imposition extraordinaire destinée au payement des dépenses de la construction d'une partie du clocher et de la toiture de l'église de *Vergezac*, émettait l'avis que l'imposition extraordinaire ne devait peser que sur les contribuables de la circonscription de cette succursale, et il motivait son avis en ces termes :

« Que si les revenus communaux sont, en cas d'insuffisance des revenus des fabriques, les premiers fonds sur lesquels il doit être pourvu aux dépenses du culte dans une commune qui possède à la fois une cure ou succursale et une chapelle vicariale, les impositions extraordinaires destinées à suppléer au défaut des revenus communaux eux-mêmes doivent être réparties, non sur le principal des contributions de la commune entière, mais par addition aux contributions de la circonscription, soit de la cure ou succursale, soit de la chapelle vicariale, selon les cas ;

« Que cette règle est fondée sur le principe que les charges doivent être supportées seulement par ceux qui ont les bénéfices ; qu'elle est dans l'esprit de l'avis du Conseil d'État du 14 décembre 1810 ; qu'elle résulte, d'ailleurs, clairement de la loi du 14 février de la même année. »

Le 27 mai 1831, le comité de l'intérieur avait adopté un projet d'ordonnance qui autorisait une imposition extraordinaire sur la section d'*Espinassoles* pour subvenir à l'achat d'une cloche.

Le 10 décembre 1840, le Conseil d'État, en assemblée générale, émettait, après discussion, un avis favorable sur un projet d'ordonnance portant autorisation, pour le maire de la commune de *Barcugnan* (Gers), d'emprunter *pour la section de ce nom, formant la paroisse de Barcugnan*, une somme de 2,000 fr. destinée à concourir aux frais de construction d'un presbytère. Les traces et le résultat de la discussion du Conseil se retrouvent dans une note ainsi conçue :

« Le comité pense que la section de Barcugnan, formant la paroisse de ce nom, doit *seule* être imposée, par les motifs :

« Que si les articles 1 et 6 de la loi du 18 juillet 1837 portent que tout édifice servant à un usage public est communal, ladite loi n'a pas dérogé aux lois et règlements concernant les édifices consacrés au service du culte, et qu'elle s'y réfère même spécialement dans son article 30, § 16;

« Qu'enfin la loi du 14 février 1810, expliquant, confirmant et corroborant le décret du 30 décembre 1809, porte que les levées extraordinaires pour construction et reconstruction de presbytères seront faites sur les paroissiens. »

166. A tous ces motifs, voici ceux qu'a opposés le Conseil d'État dans l'avis du 9 décembre 1858.

Le Conseil n'était appelé à examiner qu'un projet de décret ayant pour objet d'autoriser la section de *Nieulle*, commune de Saint-Sornin (Charente-Inférieure), à contracter un emprunt et à s'imposer extraordinairement pour la construction d'un presbytère; mais il a examiné, à cette occasion, la question de savoir si les dépenses du culte, quelles qu'elles fussent, pouvaient être mises à la charge des sections, et il s'est prononcé pour la négative dans les termes suivants :

« Considérant qu'il existe dans la section de Nieulle, dépendant de la commune de Saint-Sornin, une église érigée en succursale, mais que cette section n'a point de presbytère ;

« Considérant que, pour subvenir aux frais de construction d'un presbytère à Nieulle, le conseil municipal de Saint-Sornin, assisté des plus imposés dudit Nieulle, a voté un emprunt et une imposition extraordinaire à percevoir sur les contribuables de cette section seulement;

« Considérant que les sections de commune n'ont d'existence distincte et séparée que dans les cas spécialement déterminés par la loi;

« Qu'aux termes de l'article 6 de la loi du 18 juillet 1837, tous les édifices et autres immeubles servant au public et situés sur le territoire d'une section, deviennent de plein droit, par la réunion, propriété de la commune entière ;

« Que si les sections de commune sont autorisées à conserver, même après leur réunion, la jouissance de certains droits immobiliers, droits d'usage ou autres, qui leur appartenaient exclusivement avant cette réunion, et si cette situation particulière semble donner à une section de commune une sorte d'existence séparée, il faut bien se garder d'étendre à des cas non prévus ce que la loi n'a admis que pour des cas exceptionnels ; qu'autrement on arriverait à créer une commune dans la commune ;

« Considérant que la loi du 18 juillet 1837, dans ses articles 2, 3, 6, 49 à 58, a prévu les cas dans lesquels les sections peuvent agir en leur propre nom ;

« Que si le législateur de 1837 eût entendu qu'une section pût, exclusivement au reste de la commune, être imposée extraordinairement pour le payement de dépenses du culte ou autres dépenses analogues, il eût exprimé cette intention ;

« Considérant que le décret du 30 décembre 1809, sur les fabriques, et la loi du 14 février 1810, sur leurs revenus, ne contiennent aucune disposition concernant les sections de commune dotées d'une église, et qui autorise ces dernières à s'imposer pour les frais du culte, en cas d'insuffisance des revenus de la fabrique ;

« Que ce décret et cette loi prescrivent au contraire, dans ce cas, de recourir à la commune ;

« Que ce principe est aussi consigné dans l'article 2 du décret du 5 mai 1806, relatif aux cultes réformés ;

« Qu'à la vérité, le décret de 1809 et la loi de 1810 admettent qu'en cas d'insuffisance des revenus de la fabrique et des revenus communaux, il peut être fait *des levées extraordinaires sur la paroisse*, mais que l'exposé des motifs de la loi de 1810, laquelle a interprété et complété le décret de 1809, démontre que le législateur a employé le mot *paroisse* dans le sens du mot *commune* ;

« Considérant que la distinction proposée par le ministre de l'intérieur entre les dépenses obligatoires, qui devraient peser sur la commune tout entière, et les dépenses facultatives, qui pourraient être mises à la charge d'une section de commune seule, en vertu du vote du *conseil municipal* auquel seraient adjoints les plus imposés de la section, ne saurait être admise;

« Que cette distinction ne s'appuie sur aucune disposition légale, et que les motifs qui s'opposent à ce que les sections supportent des dépenses obligatoires s'appliquent avec plus de force encore aux dépenses facultatives. »

167. On ne peut pas disconvenir que le Conseil d'État ne soit fondé à soutenir que ni la loi du 14 février 1810 ni la loi du 18 juillet 1837 ne contiennent de dispositions qui mettent, d'une manière expresse, les dépenses du culte à la charge des sections de commune. Mais le cas de fractionnement d'une commune en plusieurs paroisses ne semble pas prévu par ces lois, et l'ancienne jurisprudence se fondait sur l'esprit de la loi de 1810 plutôt que sur ses termes. Elle établissait une règle spéciale en vue d'un service qui a une organisation spéciale.

Il faut dire ensuite que l'introduction de la nouvelle règle établie par le Conseil d'État ne peut manquer de soulever de vives réclamations. Quand une fraction de commune, plus ou moins éloignée du chef-lieu, demande que l'ancienne église qu'elle a conservée soit affectée au culte avec le titre de chapelle ou de succursale, le conseil municipal ne donne le plus souvent un avis favorable à la demande qu'à la condition que la section supportera seule les frais de la nouvelle paroisse et que la commune n'en sera pas grevée. C'est ainsi du moins que les choses se sont passées depuis de longues années. Or ces espèces de conventions, qui n'ont pas à la vérité de valeur légale, se trouvent anéanties par la nouvelle jurisprudence, et les conseils municipaux ne verront pas sans un vif déplaisir retomber sur la commune entière des charges auxquelles ils avaient compté que les sections pourvoiraient avec leurs propres ressources.

De plus les sections qui, sous l'empire de l'ancienne jurisprudence, avaient fait des dépenses considérables pour remettre à neuf leur église et les avaient faites à elles seules, vont se trouver appelées à contribuer aux frais de réparation de l'église d'une autre fraction de la commune qui ne les a pas aidées.

La situation sera plus difficile encore s'il s'agit, non plus de dépenses obligatoires, mais de dépenses facultatives. Une dépense obligatoire ne peut manquer d'être faite ; car si le conseil municipal refuse de voter une imposition extraordinaire, pesant sur la commune tout entière, pour la réparation d'une église qui ne sert qu'aux habitants de l'un des villages dont elle se compose, l'autorité supérieure peut intervenir et imposer d'office la commune, en vertu de l'article 39 de la loi du 18 juillet 1837.

Mais s'il s'agit d'une dépense facultative, par exemple, de l'acquisition d'un presbytère, il ne suffira pas que les habitants de la fraction de commune constituant une paroisse soient disposés à s'imposer extraordinairement ; il faudra que l'imposition extraordinaire soit consentie par les représentants de toute la commune. Or, il pourra se faire que ce consentement ne soit pas donné. Qu'arrivera-t-il en pareil cas? L'autorité supérieure ne pourra intervenir. Par suite la dépense ne se fera pas, ou bien il faudra que les habitants de la paroisse y pourvoient au moyen de souscriptions volontaires; mais ce mode de procéder, qui ne fonctionne pas toujours facilement sous la direction de l'administration, sera souvent inefficace quand les habitants de la section se trouveront livrés à eux-mêmes.

Ajoutons que l'ancienne jurisprudence avait l'avantage d'éviter des difficultés pour le cas de changement de circonscriptions. Lorsqu'une section est séparée de la commune dont elle dépendait, elle emporte la propriété des édifices publics situés sur son territoire. Telle est la disposition de l'article 6 de la loi du 18 juillet 1837. Si la commune a contribué à construire ou réparer des édifices, il peut y avoir lieu à un règlement d'indemnité entre la section et la commune. Cela est de jurisprudence et de toute justice. On sait combien ces questions d'indemnité sont délicates; n'est-il pas préférable de prévenir les embarras auxquels elles peuvent donner lieu en laissant les sections se charger seules de la construction et de la réparation des édifices du culte dont elles ont seules la jouissance?

Toutes ces raisons nous porteraient à souhaiter un nouvel examen de la question qui amènerait peut-être un retour aux premières traditions du Conseil.

C'est du reste à l'ancienne jurisprudence que se sont ralliés presque tous les auteurs : Davenne (*Régime administratif des communes* (1), le *Dictionnaire général d'administration* (2), Dalloz (*Répertoire général de législation et de jurisprudence*) (3), Trolley (*Traité de la hiérarchie administrative*) (4).

(1) P. 141. — (2) V° *Commune*, p. 363. — (3) T. IX, p. 340, n° 427. — (4) t. IV, p. 450.

168. *Dépenses diverses d'utilité publique.* — Existe-t-il encore d'autres charges à l'occasion desquelles une section ait une existence distincte de la commune dont elle dépend? Y a-t-il encore des cas dans lesquels les besoins de la section soient satisfaits, non pas au moyen des ressources communales, mais avec les ressources spéciales de la section elle-même?

L'administration supérieure a admis qu'une semblable mesure pouvait quelquefois être justifiée. Elle a compris, assurément, que cette dérogation au principe de l'unité communale devait être maintenue à l'état d'exception et ne pas effacer la règle; mais elle n'a pas cru devoir s'opposer à ce que, dans des circonstances particulières, une section s'imposât un sacrifice volontaire, afin de satisfaire un besoin qui lui était spécial, et auquel la commune tout entière n'aurait pas été disposée à pourvoir sur les fonds communaux.

169. Pour apprécier le mérite de la jurisprudence que nous allons rapporter, il n'est pas inutile d'étudier en quelques mots les raisons sur lesquelles elle nous paraît fondée.

Il faut bien se rendre compte de la situation respective des communes et des sections. Nous avons vu qu'il y a beaucoup de localités dans lesquelles le territoire des communes est fort étendu relativement à la population qu'elles renferment, et que, dans un certain nombre de départements, les communes se composent fréquemment de nombreux villages, assez éloignés les uns des autres, qui ont souvent des droits propres, mais qui, en tous cas, peuvent avoir souvent des besoins particuliers.

Or, quand une population est ainsi disséminée sur un territoire étendu, ne comprend-on pas que, sans briser le lien de l'unité communale, l'administration tolère qu'il soit parfois quelque peu relâché? Ne comprend-on pas

que si, dans l'un des hameaux d'une semblable commune, les habitants sentent le besoin de créer un lavoir,
une fontaine à l'usage commun, l'administration consente
à ce que les habitants de ce hameau qui, à raison de
la distance qui les sépare des autres hameaux, jouiront seuls des eaux de la fontaine et du lavoir, s'impo-
sent volontairement à eux seuls la dépense nécessaire
pour y pourvoir? Les sections ont souvent quelque peine
à obtenir de la commune la satisfaction de leurs besoins
propres. Le ministre de l'intérieur en a fait la remarque
dans son instruction du 29 août 1849, relative aux changements de circonscriptions territoriales (1), et nous
avons rapporté plus haut une circulaire du préfet du département du Jura qui signalait les dissensions que cet
état de choses avait amenées dans les communes de son
département (2). Cet état de choses résulte, tantôt d'un
oubli systématique des intérêts des sections, tantôt de
la modicité des ressources communales. Quoi qu'il én
soit à cet égard, lorsque les sections font un sacrifice
pour se procurer ce que la commune ne peut ou ne veut
pas leur donner sur les fonds communaux, il est facile
de comprendre que l'administration supérieure autorise
ce sacrifice.

Nous l'avons déjà dit (3), et il est bon de le rappeler :
l'administration est loin d'avoir supprimé toutes les communes qui n'ont pas 300 habitants, et même ces petites
communes qui, d'après les traditions constantes de l'administration, ne sont pas considérées comme viables,
sont plus nombreuses aujourd'hui qu'elles ne l'étaient en
1838. En 1861, sur 37,510 communes, il y en avait
7,887 dont la population n'atteignait pas 300 habitants

(1) *Bulletin officiel*, p. 384.
(2) V. p. 186.
(3) V. p. 71.

et, sur ce nombre, 2,864 communes n'avaient que 100 à 200 habitants et 511 en avaient moins de 100. Que des réunions et de nombreuses réunions de communes soient encore nécessaires, cela nous paraît incontestable ; mais par quel moyen favorisera-t-on les réunions ? Comment amènera-t-on les petites communes à renoncer à leur individualité, et comment persuadera-t-on aux sections de ne pas chercher à faire rétablir leur individualité détruite ? Est-ce par une application rigoureuse, absolue et sans ménagement du principe de l'unité communale ? N'est-ce pas plutôt en donnant aux besoins des sections une satisfaction spéciale dans certaines limites, en ne cherchant à réaliser l'unité, à faire la fusion des intérêts, que peu à peu et dans la mesure du nécessaire ? Nous croyons que ce dernier parti est préférable ; c'est aussi celui auquel le ministre de l'intérieur s'est arrêté, d'accord en cela avec la section de l'intérieur du Conseil d'État.

170. Nous pouvons citer, en effet, sans remonter au delà de ces dernières années, plusieurs exemples dans ce sens.

Le 11 mai 1854, la section de l'intérieur adoptait un projet de décret autorisant la commune de *Saint-Paulien* (Haute-Loire) à emprunter une somme de 8,000 francs destinée au payement des frais de construction d'une fontaine publique dans la section de *Saint-Paulien*, et qui devait être remboursée, soit sur le produit des immeubles appartenant à cette section, soit, s'il était nécessaire, au moyen d'une imposition extraordinaire pesant exclusivement sur les habitants de cette section.

Le 8 mai 1855, elle a adopté deux projets de décret semblables, autorisant tous deux des emprunts contractés également pour subvenir à la construction de fontaines publiques à l'usage de sections de commune. L'une de ces affaires concernait la section de *Menouille*, dépen-

dant de la commune de *Cernon* (Jura). Dans l'autre, trois
sections dépendant de la commune de *Nébouzat* (Puy-de-
Dôme) étaient intéressées, et chacune des trois sections
contribuait, dans une proportion différente, au remboursement de l'emprunt contracté au nom de la commune.
La section chef-lieu, portant le nom de *Nébouzat*, s'imposait 19 centimes additionnels pendant sept ans. Les
sections d'*Antérioux* et des *Bramaux* ne s'imposaient
que 12 centimes additionnels pendant six ans.

A la suite de ces affaires, il s'en est présenté d'autres
qui ont souffert un peu plus de difficultés.

La commune de *Sierck* (Moselle) demandait l'autorisation d'acquérir une maison avec dépendances, sur le sol
de laquelle elle se proposait d'ouvrir une rue destinée à
faire communiquer la Grande-Rue de la ville et le quai ;
elle demandait de plus l'autorisation d'établir une imposition extraordinaire pour faire face à cette dépense. Mais
le conseil municipal avait proposé de ne pas faire porter
l'imposition extraordinaire sur les habitants de la section
de *Rustroff*, dépendant de ladite commune. La section
de l'intérieur du Conseil d'État, ayant demandé quels
étaient les motifs qui avaient amené le conseil municipal
à exempter ainsi une partie de la commune de toute participation à cette dépense, l'instruction fit connaître que
les habitants de Rustroff jouissaient de biens communaux
entièrement distincts de ceux que possédaient les habitants du chef-lieu de la commune, et qu'ils ne partici-
paient en aucune manière à l'affouage attribué à ces derniers ; que les prestations fournies par les habitants pour
les chemins vicinaux étaient employées exclusivement
sur les chemins qui traversaient leur territoire ; qu'enfin
la section de *Rustroff* se trouvait à une distance de
1,500 mètres du chef-lieu, et que les transports de den-
rées ne sortaient pas même du territoire de la section.

Dans ces circonstances, la section de l'intérieur a adopté le projet; mais en précisant, dans les termes suivants, le principe et les limites de l'exception qu'elle croyait pouvoir admettre :

« Considérant que, bien qu'en principe les sections de commune doivent participer aux dépenses d'intérêt communal, il résulte de l'instruction et du plan de la ville que la section de *Rustroff* est située à une distance de 1,500 mètres du centre de la commune de *Sierck*; que la commune chef-lieu doit seule profiter de l'ouverture de la rue destinée à relier la Grande-Rue au quai de Sierck. » (*Avis* du 23 octobre 1856.)

En conséquence, l'article du projet de décret qui autorisait l'imposition extraordinaire se terminait ainsi : « Conformément à la demande du conseil municipal, les contribuables de la section de Rustroff ne seront pas compris au rôle de l'imposition extraordinaire ci-dessus autorisée. »

Enfin, plus récemment, il s'agissait d'autoriser la section des *Martres-de-Veyres*, faisant partie de la commune du même nom (Puy-de-Dôme), à acquérir des terrains pour y transférer le cimetière servant aux inhumations des habitants de la section, et à contracter un emprunt, remboursable au moyen d'une imposition extraordinaire, pour pourvoir aux frais de cette acquisition. A la date du 30 décembre 1856, la section de l'intérieur a émis un avis favorable à ce projet. L'exception à la règle de l'unité communale lui a paru justifiée dans l'espèce par le motif que la section chef-lieu, qui demandait seule à s'imposer, profiterait en effet seule du nouveau cimetière, l'autre section de la commune possédant elle-même un cimetière particulier.

171. Tel est, en résumé, le caractère de la jurisprudence au sujet des dépenses que les sections demandent

l'autorisation de faire avec leurs propres ressources, en dehors de celles que la législation leur impose ; c'est une tolérance qui n'engage point les principes, et qui n'est accordée qu'à titre d'exception.

§ III. PARTICIPATION AUX CHARGES DE LA COMMUNE.

172. Dans quel sens on peut dire que les sections participent aux charges générales de la commune. — 173. Principe de la répartition proportionnelle des charges entre les diverses sections d'une commune. Jurisprudence du ministère de l'intérieur. — 174. Base de la répartition. — Variations de la jurisprudence. — La répartition doit être faite en raison du montant des contributions directes payées dans chaque section. — 175. Exception à ces règles.

172. Enfin, les habitants des sections doivent participer aux charges générales de la commune. Au premier aperçu, cette obligation semble ne pas rentrer dans l'objet spécial de notre travail. Et, en effet, s'il n'était pourvu aux besoins généraux des communes qu'au moyen de centimes ordinaires ou extraordinaires, additionnels au principal des contributions directes, ou au moyen de taxes assises directement sur les contribuables, en raison de leurs ressources, comme la taxe des prestations, il n'y aurait aucune distinction entre les habitants des diverses sections qui peuvent composer une commune. Ainsi, il a été décidé que les habitants d'une section ne pouvaient demander la décharge de la taxe des prestations établie pour l'entretien des chemins vicinaux de la commune dont ils dépendaient, en se fondant sur ce que la section n'aurait sur son territoire aucun chemin vicinal, et que ses habitants ne feraient pas usage des chemins vicinaux de la commune. (*Arr. cons.*, 29 juillet 1852, *de Fréminville.*)

Mais il est certaines ressources communales dont la

création impose des sacrifices inégaux aux habitants de
la commune, selon la richesse de la section dont ils font
partie, en sorte que l'on peut dire que la charge est imposée à la section. Ainsi, une commune est composée de
deux sections qui possèdent chacune des pâturages d'une
étendue et d'une valeur très-différentes, dans lesquels les
habitants envoient paître leurs bestiaux. Pour subvenir
à des dépenses d'intérêt général, le conseil municipal, ne
croyant pas devoir recourir à une imposition extraordinaire, veut affermer les pâturages. L'amodiation pourra-
t-elle porter sur la totalité des pâturages de chacune des
sections, et le produit sera-t-il confondu dans la caisse
municipale? Devra-t-on, au contraire, ne prendre cette
mesure que pour une portion égale ou proportionnelle
des biens de chaque section, et quelle sera la règle de la
répartition des charges? Faudra-t-il s'attacher à la valeur des biens dont chaque·section a la jouissance exclusive, ou au nombre de ses habitants, ou au montant des
contributions directes payées dans la circonscription de
la section, ou enfin faudra-t-il combiner ces éléments?

Il y a là, on le voit, des questions, et des questions
délicates, sur la participation des habitants des sections,
en cette qualité, aux charges générales de la commune.

173. En principe, dans les cas que nous venons d'indiquer, les sections ne doivent contribuer que pour une
part proportionnelle aux charges communales. S'il en
était autrement, leurs droits seraient sacrifiés au profit
de la commune. Une décision du ministre de l'intérieur,
en date du 3 avril 1839, insérée au *Bulletin officiel* (1),
a nettement résolu dans ce sens une série de questions
sur l'établissement de taxes d'affouage, sur l'amodiation

(1) 1840, n° 155.

et sur la vente des biens des sections, et la jurisprudence a maintenu cette doctrine (1).

Nous devons rapporter ici les termes de la décision du ministre, qui pose en même temps des règles pour l'administration des biens des sections :

« 1° Les conseils municipaux peuvent-ils, aux termes de l'article 109 du Code forestier, combiné avec l'article 31 de la loi du 18 juillet 1837, établir un impôt sur les affouages distribués en nature, pour faire face aux charges forestières et autres ? Si la commune se compose de plusieurs sections, ayant chacune leur affouage séparé, une des sections peut-elle refuser de laisser imposer son affouage ? Si elle ne peut refuser, dans quelle proportion l'impôt doit-il être établi sur l'affouage de chaque section ?

« — Non, les sections ne peuvent s'y refuser ; quant à la redevance, elle doit être en proportion avec les frais inhérents aux bois appartenant à chacune d'elles et avec leur intérêt dans les dépenses générales auxquelles la redevance devrait subvenir.

« 2° .....

« 3° Si une commune a besoin de s'imposer de grands sacrifices pour faire face à quelques dépenses d'une urgente nécessité, telles que celles d'une maison d'école, de la reconstruction de l'église, etc., le conseil municipal peut-il, afin de diminuer le chiffre des impositions extraordinaires qu'il serait dans la nécessité de voter, délibérer la vente de toutes les coupes affouagères des dif-

(1) Les monuments de cette jurisprudence ont déjà été rapportés dans le chapitre où il est traité des droits des sections, p. 247 et 270. Nous rappellerons notamment le décret, en date du 25 avril 1862, qui, en vue de créer les ressources nécessaires pour construire une maison d'école et réparer l'église de la commune de Pionnat (Creuse), autorise l'aliénation de biens communaux appartenant à des sections de cette commune, et l'établissement d'une imposition extraordinaire sur les autres sections de la même commune qui n'avaient pas de biens communaux.

férentes sections, sans égard à l'inégalité de valeur de ces diverses coupes? Peut-il faire vendre la coupe affouagère, dans le cas où une seule section possèderait des bois? Doit-il, au contraire, faire une distinction entre les hameaux, suivant leur richesse en bois, imposer ceux qui en possèdent peu ou point, et obliger les autres à vendre une partie ou la totalité de leur affouage au profit de la commune?

« — Non. La destination naturelle de l'affouage ne permet pas qu'il soit vendu en totalité pour diminuer le chiffre des impositions extraordinaires. Si l'on augmente la redevance déjà établie pour subvenir au payement des frais inhérents aux bois, ce ne peut être qu'avec beaucoup de modération et de réserve. Dans aucun cas, les droits séparés des sections ne peuvent être confondus, en ce sens que les bois d'une seule section serviraient à l'acquittement des obligations de la commune entière.

« 4° Le conseil municipal peut-il, dans les mêmes circonstances, délibérer que les biens communaux, en nature de pâturage, dont les habitants d'une section jouissent isolément, seront affermés aux enchères au profit de la caisse communale?

« — Oui, le conseil municipal a cette faculté pour l'amodiation, sauf toujours à observer une juste proportion dans les charges de la section (1).

« 5° Peut-il proposer l'aliénation des biens commu-

____

(1) Une autre question qui ne rentre pas dans l'objet de ce chapitre était jointe à cette question. On demandait, si, dans ce cas, le conseil municipal pourrait décider que les pâturages de la section laissés en jouissance commune seraient distribués par lots entre ses habitants, pour qu'ils en jouissent individuellement, moyennant redevance, et ce lors même que les habitants de la section demanderaient le maintien de l'ancien état de choses. Le ministre répond que le conseil municipal ne peut contraindre les habitants à subir un allotissement moyennant redevance, ce dernier mode de jouissance supposant toujours l'adhésion des parties prenantes.

naux appartenant exclusivement à une section, pour employer le produit de la vente à l'amortissement de la dette communale?

« — Non ; parce qu'une seule section n'est pas tenue de subvenir au payement d'une dette qui porte sur toute la commune. Elle ne doit y contribuer que dans la proportion soit du nombre de ses feux, soit du montant de ses contributions, suivant la nature de l'obligation. »

La répartition doit donc être proportionnelle à l'intérêt et aux ressources des sections. Mais quelle est la base de cette répartition ?

174. Le ministre de l'intérieur avait d'abord pensé qu'en pareil cas, chaque section devait contribuer aux charges communales, en raison du produit net de ses biens de toute nature, même de ceux qui seraient situés dans une autre commune. C'est ce que porte une décision de 1832 (*commune de Vernoy, section de Villenauxe-la-Petite*) (1). Dans la décision de 1839, que nous venons de reproduire, il indique (question 5) qu'on peut prendre pour base, soit le nombre des feux de la section, soit le montant des contributions de ses habitants, suivant la nature de l'obligation. Mais, par une décision du 7 décembre 1844 (*commune de Tanay, section de Tanyot*), il s'est attaché exclusivement à cette dernière base. Il a pensé que l'on ne doit pas tenir compte du chiffre de la population, par le motif que la richesse des habitants peut être en raison inverse de leur nombre ; il lui a paru que l'on doit faire la répartition des charges en raison du montant des contributions directes payées dans chaque section. Cette règle, disait-il, n'est pas toujours

(1) Cette décision est citée par M. Jèze, dans le *Dictionnaire général d'administration*, v° *Commune § Sections de commune*, p. 438.

rigoureusement exacte; mais elle est la moins imparfaite, et de plus c'est celle qui sert généralement pour la répartition des charges communales entre les habitants, lorsque les revenus ordinaires des communes sont insuffisants (1).

175. Néanmoins, dit à ce sujet M. Jèze (2) avec l'autorité de sa longue expérience, « on ne peut pas toujours suivre une exacte proportion dans la répartition des charges communes entre plusieurs sections, parce que leur position respective varie beaucoup et qu'il y a des cas où la plus riche est nécessairement amenée à payer pour la plus pauvre. Il importe donc que l'administration ait une certaine latitude en cette matière, afin que les services municipaux ne soient pas compromis par les impossibilités où conduirait quelquefois une rigueur absolue de principes. Par exemple, des deux sections qui composeraient une commune, l'une pourrait posséder des biens communaux considérables, tandis que l'autre n'en aurait pas du tout et se trouverait déjà grevée d'impositions extraordinaires jusqu'au maximum fixé par les règlements. Il faudrait bien alors, si des besoins généraux survenaient, qu'il y fût satisfait avec les seules ressources de la section propriétaire. Mais l'autorité administrative doit veiller avec le plus grand soin à ce que ces anomalies n'aient lieu que dans le cas d'une absolue nécessité. »

Aux réserves très-formelles énoncées par M. Jèze, nous devons en ajouter une autre, pour nous conformer à la règle posée par le Conseil d'État dans les arrêts du 4 septembre 1856 (*section de Parilly*) du 17 mars 1857 (*section de Saint-Jean-de-Louviers*) et autres que nous

---

(1) Voir l'analyse de la décision du ministre dans la notice qui précède l'arrêt du Conseil d'Etat du 18 août 1849 (*Habitants de Tanyot*). — *Recueil* de M. LEBON, p. 508.

(2) *Dictionnaire général d'administration*, article précité, p. 438.

avons rapportés en traitant des droits des sections (1).

C'est que cette affectation du produit des biens de la section aux besoins généraux de la commune ne pourrait avoir lieu, sans le consentement de la section, s'il s'agissait de biens dont les habitants avaient la jouissance en nature au moment de leur réunion à la commune dont ils font partie. Dans ce cas, en effet, l'article 5 de la loi du 18 juillet 1837 assure aux habitants de la section la jouissance exclusive de ces biens ou de leurs produits. Le consentement de la section au sacrifice de ses droits ne pourrait émaner que d'une délibération d'une commission syndicale nommée à cet effet. Nous en avons cité plus haut un exemple récent (2).

Dans ces termes, nous croyons que l'exception indiquée par M. Jèze peut être admise sans porter atteinte à la règle générale de la répartition proportionnelle entre les sections.

II. RESSOURCES DES SECTIONS.

176. Les sections de commune ont des ressources propres. — 177. Revenus des biens propres des sections. Cas dans lesquels les sections ont un droit sur ces revenus. — Taxes d'affouage et de pâturage. Pouvoir des conseils municipaux pour l'établissement de ces taxes. Affectation des taxes d'affouage et de pâturage. — 179. Produit de l'aliénation des biens des sections. — 180. Impositions extraordinaires et emprunts. — 181. Dons et legs. — 182. Souscriptions recueillies parmi les habitants.

176. Nous avons vu les charges qui pèsent, à divers titres, sur les sections de commune. Il est donc nécessaire que les sections aient des ressources pour faire face à ces charges.

177. *Revenus des biens des sections.* — Et d'abord

(1) P. 247 et suiv. — (2) P. 271.

les sections peuvent-elles trouver une ressource propre
dans les sommes provenant des revenus de leurs biens
et qui seraient versées chaque année dans la caisse municipale ? Nous croyons qu'il y a lieu de faire une distinction.

Lorsque nous avons eu à expliquer les dispositions des
articles 5, 6 et 7 de la loi du 18 juillet 1837, nous avons
dit que la loi, qui réserve aux sections la propriété et la
jouissance des biens dont les fruits étaient perçus en nature, au moment de leur réunion, ne leur réserve que la
propriété des biens qui donnaient, à cette même époque,
des revenus en argent ; et le silence de la loi sur la jouissance de cette seconde espèce de biens nous a conduit à
admettre la jurisprudence du ministère de l'intérieur,
d'après laquelle cette jouissance est attribuée en général
à la commune tout entière, sauf le cas où les sections
éprouvent des besoins particuliers (1).

Il suit de là qu'une section ne pourrait réclamer, à titre
de droit, que ces revenus fussent affectés à une dépense
faite exclusivement dans son intérêt. Mais elle pourrait
s'adresser à l'administration supérieure pour obtenir d'elle
qu'il fût donné satisfaction à ses besoins.

Seulement le ministre de l'intérieur n'admet pas que
des réclamations de cette nature puissent l'amener à
changer l'affectation de fonds déjà versés dans la caisse
municipale. Nous pouvons citer en ce sens une décision
du mois d'août 1842, indiquée par M. Jèze (2), et une décision rendue, en 1853, rapportée dans *l'Ecole des communes* (3). Cette jurisprudence se fonde sur ce que, en
vertu du principe de l'unité communale, les sommes ver-

(1) Chapitre **V**, p. 239.
(2) *Dictionnaire général d'administration*, v° **Commune**,
p. 430.
(3) 1853, p. 102.

sées dans la caisse municipale sont affectées aux besoins généraux de la commune, sans qu'il y ait lieu de rechercher leur origine, à moins qu'une réserve spéciale n'ait été faite antérieurement.

On pourrait d'ailleurs ajouter dans ce sens qu'un mode de procéder différent risquerait d'apporter un trouble considérable dans les finances municipales, en enlevant à la commune des ressources sur lesquelles elle aurait dû compter pour établir l'équilibre entre ses recettes et ses dépenses. Aussi pensons-nous qu'il en serait de même, pour les revenus des biens d'une section qui ne seraient pas encore versés dans la caisse municipale, mais qui devraient y être versés dans le cours de l'exercice, conformément aux prévisions du budget.

Au contraire, la section a un droit exclusif aux revenus des biens dont ses habitants avaient la jouissance en nature au moment de leur réunion à la commune dont ils font partie et que le conseil municipal a cru devoir amodier. Le changement de mode de jouissance ne peut, dans ce cas, porter atteinte au droit que l'article 5 de la loi du 18 juillet 1837 attribue aux habitants de la section. Nous n'avons pas besoin de revenir sur ce point (1).

Dans ce cas, ce n'est plus une affaire d'équité soumise à l'appréciation de l'administration ; c'est une question de droit qui, en cas de contestation, serait tranchée par la juridiction administrative.

On a vu d'ailleurs que cette réserve des droits des sections n'entraîne pas la nécessité de faire un budget spécial pour elles ; il suffit de mentionner dans le budget de la commune que tel article de recette et tel article de dépense sont spéciaux à telle ou telle section (2).

(1) Voir p. 247 et suiv.
(2) Voir en ce sens une décision du ministre de l'intérieur insérée dans le *Bulletin officiel*, 1860, et citée p. 256.

178. *Taxes d'affouage et de pâturage.* — Ces taxes constituent une sorte de revenu des biens communaux. Il est donc naturel de chercher la ressource qu'y peuvent trouver les sections.

L'article 31 de la loi du 18 juillet 1837 place parmi les recettes ordinaires des communes les cotisations imposées annuellement sur les ayants-droit aux fruits des biens communaux qui se perçoivent en nature. L'article 17 de la même loi autorise, en effet, les conseils municipaux à régler par leurs délibérations.... 3° le mode de jouissance et la répartition des pâturages et fruits communaux, autres que les bois, ainsi que *les conditions à imposer aux parties prenantes*, et 4° les affouages, en se conformant aux lois forestières.

En vertu de ces dispositions, les conseils municipaux peuvent établir des taxes de pâturage sur les habitants des sections qui envoient paître leurs bestiaux dans les biens des sections laissés en jouissance commune ; ils peuvent établir des taxes semblables sur les habitants qui participent à l'affouage, ou encore à la jouissance de marais tourbeux ou autres biens communaux.

Dans sa circulaire du 5 mai 1852, où il prescrit les mesures à prendre pour l'exécution du décret de décentralisation, le ministre de l'intérieur a rappelé aux préfets qu'il importe d'amener, par leurs conseils, les administrations municipales à stipuler des redevances de cette nature au profit de la caisse municipale. C'est, dit-il, un moyen naturel et légitime d'accroître les revenus des communes qui, dans un trop grand nombre de localités, sont insuffisants pour subvenir aux dépenses les plus nécessaires (1).

Nous avons déjà indiqué que ces taxes peuvent être

----

(1) Explications sur le § 40 du tableau A.

destinées à acquitter la part de la section dans les dépenses générales de la commune (1). A plus forte raison pourraient-elles être affectées au payement de dépenses spéciales à la section.

D'abord les taxes d'affouage sont nécessairement affectées, jusqu'à due concurrence, à l'acquittement des charges qu'entraînent la propriété et la jouissance des bois d'où provient l'affouage, c'est-à-dire des contributions dues au Trésor, des frais de garde et d'exploitation des coupes. On sait que quand l'affouage s'exerce dans un bois domanial, le montant de la taxe ne peut dépasser celui des frais ; mais quand ce droit s'exerce dans un bois communal, en cas de besoins extraordinaires, les communes peuvent élever le taux de la taxe dans des limites raisonnables et en affecter le produit à d'autres dépenses. C'est ce qu'indiquent deux circulaires du ministre de l'intérieur, en date du 10 janvier 1839 et du 25 août 1840.

Quant aux taxes de pâturage, elles n'ont ordinairement pas d'affectation spéciale. Le plus souvent, elles sont créées en vue de fournir les ressources nécessaires pour acquitter le salaire du pâtre du troupeau commun. Nous avons vu plus haut que ces taxes ne peuvent être établies en vue de payer la contribution foncière établie sur les biens communaux, dans le cas où tous les habitants auraient un droit égal à la jouissance de ces biens (2).

Au surplus, quels que soient les besoins auxquels puisse être affecté le produit des taxes de pâturage, toujours est-il que ces taxes constituent pour les sections une ressource dont elles peuvent user afin de satisfaire leurs besoins spéciaux.

179. — *Produit de l'aliénation des biens des sec-*

(1) P. 410.
(2) P. 380.

tions. Le prix de vente des biens des sections est une ressource qui leur est exclusivement propre. Nous l'avons établi en traitant des droits des sections (1). Et ici il n'y a plus lieu de distinguer, comme on le fait pour les revenus des biens affermés, entre le cas où les biens étaient abandonnés à la jouissance en nature avant la réunion de la section à la commune dont elle dépend, et le cas où ces biens produisaient à cette époque des revenus en argent. Les sections ne peuvent perdre la propriété de leurs biens sans que le prix de vente leur appartienne exclusivement. S'il en était autrement, leur droit de propriété serait illusoire.

180. — *Impositions extraordinaires et emprunts.* — Une ressource dont les sections usent assez fréquemment, c'est l'imposition extraordinaire établie sur les contribuables de la section. Nous en avons cité, en traitant des charges des sections, de nombreux exemples. Il est inutile d'insister à ce sujet.

Nous avons dit aussi précédemment que le conseil municipal, dans le cas où il vote une imposition extraordinaire de cette nature, doit être assisté, non pas des plus imposés de toute la commune, mais des plus imposés *de la section* seule (2).

D'après les traditions du ministère de l'intérieur et de la section de l'intérieur du Conseil d'État, quand les sections ont besoin de réaliser immédiatement les ressources nécessaires à l'acquittement d'une dépense, elles peuvent faire un emprunt au remboursement duquel l'imposition extraordinaire ou tout autre revenu annuel est affecté. (Avis du conseil d'État du 10 décembre 1840, *section de Barcugnan* (3); — avis de la section de l'intérieur, des 11 mai 1854, *commune de Saint-Paulien,* — 8 mai

(1) P. 268. — (2) P. 75. — (3) Cité p. 397.

1855, *section de Menouille;* — id., *commune de Né-bouzat,* (1) ; — 30 décembre 1856, *section des Martres-de-Veyres* (2).

181. *Dons et legs.* — Les sections peuvent encore trouver des ressources dans les dons et legs qui leur seraient faits. Nous en avons cité des exemples en traitant de la représentation des sections (3).

182. *Souscriptions.* — Enfin, à défaut de ressources appartenant à la communauté elle-même, il pourrait être pourvu aux charges spéciales des sections au moyen de souscriptions recueillies parmi les habitants.

III. — QUESTIONS DE COMPÉTENCE.

183. L'autorité judiciaire n'est pas compétente pour résoudre les difficultés qui peuvent s'élever au sujet de la répartition des charges et de la création des ressources des sections. — 184. Compétence de l'autorité administrative en ce qui touche les charges des sections. Distinction à faire. — 185. Les décisions prises au sujet de la répartition des charges communales ne peuvent être, de la part des sections agissant en corps, l'objet d'un recours par la voie contentieuse, sauf dans le cas d'excès de pouvoirs du conseil municipal. — 186. La même fin de non-recevoir serait opposable aux habitants agissant individuellement. — Le Conseil d'Etat n'a pas été appelé à se prononcer sur ces questions de compétence — 187. Les décisions relatives aux charges spéciales que des dispositions de loi ont imposées aux sections peuvent être attaquées par la voie contentieuse. — Droit des sections et des habitants agissant individuellement. — 188. Autorité compétente pour statuer sur les réclamations relatives à la création des ressources des sections. — Cas dans lesquels un recours par la voie contentieuse est ouvert, soit à la section, soit aux habitants. — 189. Cas dans lesquels les sections ou les habitants ne peuvent réclamer que par la voie administrative.

183. Quelle est l'autorité compétente pour résoudre les difficultés qui peuvent s'élever au sujet des charges et des ressources des sections?

On doit reconnaître tout d'abord qu'il ne peut y avoir là de question qui soit du ressort de l'autorité judiciaire. La

(1) Cités p. 405 . — (2) Cité p. 407 — (3) P. 196.

répartition des charges communales, la création des ressources spéciales de la section sont des opérations
essentiellement administratives, et la Cour de cassation a
formellement reconnu l'incompétence de l'autorité judiciaire pour statuer sur des questions élevées à ce sujet.
Nous avons rapporté les termes de l'arrêt du 23 avril 1855
(*section de Saint-Mexmes-les-Champs c. commune
d'Huimes*), qui rappelle cette règle (1).

L'autorité administrative est donc seule compétente
pour prononcer sur les débats qui s'élèvent à ce sujet.
Mais ces débats sont-ils tous de nature à être soumis à la
juridiction administrative? Et quel est celui des organes
de l'autorité administrative qui doit en être saisi?

184. Voyons, en premier lieu, ce qui concerne les
charges des sections.

Il faut distinguer, d'abord, le cas où la contestation
porte sur la répartition des charges communales entre les
diverses sections de la même commune et celui où elle
est relative aux charges spéciales des sections.

185. Les contestations qui porteraient sur la répartition des charges communales entre les diverses sections
de la même commune ne nous paraissent devoir soulever, en général, que des questions d'appréciation d'inté-
térêt, et non des questions de droit. La loi n'ayant pas
fixé les bases de cette répartition, c'est à l'administration qu'il appartient d'y procéder, d'après les règles de
l'équité. C'est aussi à elle qu'il appartient de vérifier si
les intérêts de chaque section sont satisfaits ou sauvegardés. Les réclamations formées par des sections contre
les délibérations des conseils municipaux, prises à ce sujet, devraient donc être soumises au préfet, sauf recours
au ministre de l'intérieur; et la décision du ministre ne

(1) P. 182.

pourrait être l'objet d'un recours devant le Conseil d'État par la voie contentieuse.

Mais si le conseil municipal prétendait faire supporter à une section la totalité des charges générales de la commune, et affecter, par exemple, au payement d'une dette communale le produit de la vente d'un bien appartenant à une section, sans que les autres parties de la commune eussent à fournir leur contingent dans cette dépense, il y aurait un excès de pouvoirs qui pourrait donner lieu à un recours devant le Conseil d'État statuant au contentieux, en vertu de la loi des 7-14 octobre 1790.

Voilà quels nous semblent être les principes quant aux contestations qui pourraient s'élever entre les sections et les communes.

186. En ce qui touche les habitants individuellement, pourraient-ils, dans le cas où la charge imposée à la section retomberait sur eux, par exemple, s'ils étaient assujettis à une imposition extraordinaire ou à une taxe de pâturage, discuter, par la voie contentieuse, les bases de la répartition des charges communales ? Évidemment non. La nature de la contestation est toujours la même ; elle ne comporte pas un débat juridique.

Du reste, le Conseil d'État au contentieux n'a jamais eu occasion de résoudre ces questions.

Une seule fois il a eu à statuer sur un recours individuel formé, dans des circonstances de cette nature, par plusieurs habitants d'une section, et il a repoussé le recours comme prématuré.

Des habitants de la section de Tanyot avaient réclamé devant le ministre de l'intérieur contre un arrêté par lequel le préfet du département de la Côte-d'Or avait approuvé une délibération du conseil municipal établissant une taxe sur les habitants de la section qui envoyaient leurs bestiaux au pâturage. Le produit de cette taxe de-

vait être employé à acquitter la part de la section de Tanyot dans diverses dépenses d'intérêt communal.

Les habitants de la section soutenaient que plusieurs
de ces dépenses n'avaient pas d'intérêt pour la totalité de
la commune, et, subsidiairement, que la répartition entre
les deux sections n'avait pas été faite en raison de l'intérêt de chacune d'elles aux travaux qu'il s'agissait d'exécuter.

Le ministre avait rejeté leur réclamation, mais, en
même temps, il avait décidé que la répartition des dépenses devait être faite sur des bases différentes de celles
qu'avaient posées le conseil municipal et le préfet. Cette
décision ayant pour résultat d'augmenter la part des dépenses mises à la charge des habitants de Tanyot, ceux-
ci s'étaient pourvus devant le Conseil d'État.

Leur recours a été rejeté dans les termes suivants :

« *En ce qui touche la décision du ministre et l'arrêté
du préfet :*

« Considérant que la décision du ministre de l'intérieur et l'arrêté du préfet ne constituent que des actes
d'instruction administrative qui ne sont pas susceptibles
d'être attaqués par la voie contentieuse ;

« *En ce qui touche la délibération du conseil municipal :*

« Considérant que, aux termes de l'article 17 de la loi
du 18 juillet 1837, les conseils communaux règlent, par
leurs délibérations, le mode de jouissance des pâturages
et fruits communs ; qu'aux termes de l'article 44, les
taxes dues par les propriétaires ou habitants sont réparties par délibération du conseil municipal approuvée par
le préfet ;

« Considérant que la délibération prise par le conseil
municipal en exécution desdits articles n'est pas susceptible d'être attaquée par la voie contentieuse, et qu'elle

ne fait d'ailleurs pas obstacle à ce que les habitants qui se croiraient surtaxés se pourvoient dans la forme déterminée par l'article précité. » (*Arrêt* du 18 août 1849, *habitants de la section de Tanyot.*)

Cette décision est fondée sur le principe qu'un recours par la voie contentieuse n'est pas recevable lorsque le réclamant n'est pas directement atteint par la mesure contre laquelle il réclame. Les habitants de Tanyot devaient attendre, pour se pourvoir, que la taxe qu'ils prétendaient exagérée les eût frappés ; ils ne pouvaient être admis à attaquer les mesures administratives, et en quelque sorte préparatoires, qui n'avaient pour but que de fixer les bases sur lesquelles serait assise l'imposition. Mais on voit que les questions que nous cherchons à résoudre n'ont pas été tranchées par cet arrêt.

En résumé, lorsqu'il s'agit de la répartition des charges générales de la commune, les excès de pouvoirs commis par le conseil municipal nous paraîtraient seuls donner lieu à des recours devant le Conseil d'État par la voie contentieuse.

187. Au contraire, les contestations qui s'élèveraient au sujet des charges spéciales imposées aux sections par une disposition de loi, seraient, en principe, de nature à être portées devant la juridiction administrative. En effet, quand une charge doit peser sur une section seule, les autres fractions de la commune ont droit à ne pas en supporter une partie. Elles ont droit, par exemple, à ce que les frais du procès soutenu par une section soient acquittés par elle seule. Si donc le conseil municipal voulait à tort leur imposer cette dépense, les sections intéressées seraient recevables et fondées à réclamer devant le préfet et devant le ministre de l'intérieur, et, au besoin, à former un recours devant le Conseil d'État par la voie contentieuse.

De leur côté, les habitants qui seraient assujettis, à cette occasion, à une contribution extraordinaire ou à une taxe, pourraient en demander la décharge devant le conseil de préfecture, sauf recours au Conseil d'État. C'est l'application des principes généraux que nous avons eu souvent occasion de rappeler.

188. La création des ressources des sections de commune peut-elle donner lieu à des difficultés qui soient de nature à être portées devant la juridiction administrative ?

Nous n'en connaissons pas d'exemple; il nous paraît cependant qu'il peut s'en présenter. Ainsi, supposons qu'un conseil municipal refuse à une section d'affecter à ses besoins propres le revenu de ses biens dans les cas où la section a droit à cette affectation spéciale, les droits de la section seraient violés, et la section pourrait faire valoir ces droits par la voie contentieuse.

Le Conseil d'État nous paraît avoir indiqué la possibilité d'un recours de ce genre dans l'arrêt déjà cité, du 17 mars 1857. (*Lemoine et consorts c. commune de Louviers.*)

En effet, cette décision rejette le recours formé, pour excès de pouvoirs, par les habitants de la section de Saint-Jean de Louviers contre une délibération du conseil municipal, qui décidait l'amodiation de biens de la section laissés jusque-là à la jouissance en nature, parce qu'il a été reconnu que le conseil municipal avait déclaré qu'il prenait cette mesure dans le but d'employer le produit de l'amodiation à la satisfaction des besoins de la généralité des habitants de la section de Saint-Jean, et qu'ainsi les droits de jouissance exclusive de la section avaient été respectés. Mais on a vu que le Conseil d'État, en terminant, a réservé expressément aux habitants de la section le droit de réclamer, dans le cas où les produits de l'amodiation ne recevraient pas la destination qui leur avait été assignée par le conseil municipal (1).

Aujourd'hui que la jurisprudence relative aux droits des sections est bien établie, les réclamations que les sections pourront avoir à former au sujet de leurs ressources propres, seront fondées moins souvent sur la violation de leurs droits que sur la lésion de leurs intérêts.

Ainsi elles peuvent se plaindre de ce que le conseil municipal, auquel elles ont demandé de voter un emprunt et une imposition extraordinaire pour leur créer les ressources spéciales dont elles ont besoin, refuse de voter ces ressources, et veut les contraindre à vendre ou à amodier leurs biens, et réciproquement. Ici il s'agit exclusivement d'apprécier les intérêts de la section. C'est une mesure administrative qui ne peut être discutée par la voie contentieuse. Mais les sections ne restent pas sans garantie contre les actes du conseil municipal. Elle peuvent réclamer devant le préfet, et, au besoin, devant le ministre de l'intérieur.

Les mêmes règles seraient évidemment applicables au cas où la réclamation serait formée par un ou plusieurs habitants de la section agissant individuellement.

(1) P. 251.

CHAPITRE SEPTIÈME

DE L'ADMINISTRATION, DE L'ALIÉNATION ET DU
PARTAGE DES BIENS DES SECTIONS.

Sommaire

§ 1. *Objet spécial de ce chapitre.*

§ 2. *Législation antérieure à* 1789.

§ 3. *Lois du* 14 *août* 1792 *et du* 10 *juin* 1793 *et mesures prises
à la suite de ces lois jusqu'à celle du* 18 *juillet* 1837.

§ 4. *Loi du* 18 *juillet* 1837 *et résumé de la législation en vigueur à cette époque.*

§ 5. *Projets étudiés avant et après* 1848. — *Loi du* 19 *juin*
1857 *sur les landes de Gascogne, et loi du* 28 *juillet* 1860 *sur la
mise en valeur des marais et terres incultes.*

§ 6. *Nouvelles mesures proposées pour les biens des sections
de commune.* — *Du partage de ces biens entre les habitants.*

§ 1. — OBJET SPÉCIAL DE CE CHAPITRE.

190. Renvoi aux explications données dans les chapitres précédents sur les pouvoirs du conseil municipal et sur les droits
propres des sections. — 191. Les formes à suivre pour l'administration et l'aliénation des biens des sections ne diffèrent en
rien des formes établies pour l'administration et l'aliénation des
biens des communes. — 192. L'objet de ce chapitre est l'histoire
et l'appréciation du mérite des systèmes de mise en valeur des
biens communaux établis par la législation ou proposés pour
la compléter.

190. Nous avons déjà été amené à étudier dans quelques-uns des chapitres précédents plusieurs des questions que soulève l'administration des biens des sections
de commune.

Nous avons vu, dans le chapitre IV, les pouvoirs dont

le conseil municipal est investi à cet égard, et les garanties que la législation et la jurisprudence donnent aux droits et aux intérêts des sections.

Nous avons vu, dans les chapitres V et VI, quelle doit être l'affectation du produit des biens des sections, et dans quel cas elles ont droit à ce que les deniers qui en proviennent soient employés exclusivement à leur profit.

191. Quant aux formes à suivre pour l'administration des biens des sections, pour le règlement du mode de jouissance en nature, pour l'amodiation, pour l'aliénation et l'échange de ces biens, nous ne croyons pas avoir à les exposer dans ce travail spécial aux sections de commune. Il n'y a, en effet, à cet égard aucune différence entre les communes et les sections. Les lois ont établi des règles pour la gestion des biens communaux. Elles n'ont pas distingué entre ceux qui appartiennent aux communes et ceux qui appartiennent aux sections, parce que le caractère de ces biens est le même. Nous l'avons déjà indiqué (1); il n'est pas nécessaire d'insister à cet égard. Nous nous bornerons donc, pour rester dans le cadre que nous nous sommes tracé, à renvoyer, sur ce point, aux ouvrages qui traitent de l'administration municipale (2).

192. Ce que nous nous proposons dans ce chapitre, c'est d'exposer l'histoire et d'apprécier le mérite relatif des différents systèmes qui ont été successivement appliqués ou proposés pour la mise en valeur et la transformation des biens communaux. La question n'est pas encore définiti-

(1) Chapitre II, p. 92, et chap. IV, p. 180.
(2) On nous permettra d'indiquer que nous avons exposé, dans une série d'articles insérés dans l'*École des Communes* en 1861 et 1862, les règles qui régissent l'aliénation des biens des communes : les conditions dans lesquelles elle doit s'accomplir, — les formes à suivre, — le caractère et les effets des actes de vente passés par les maires. Ce dernier point donne lieu fréquemment à des difficultés.

vement résolue, et les conseils généraux de plusieurs
départements où les sections sont très-nombreuses ont
émis le vœu que des mesures spéciales aux sections fussent autorisées par une nouvelle loi. Il y a donc là une
étude que nous ne pouvons négliger, au point de vue où
nous sommes placé.

§ II. — LÉGISLATION ANTÉRIEURE A 1789.

193. L'origine et la destination primitive des biens communaux
avaient conduit à faire déclarer que ces biens étaient inaliénables
et devaient rester à l'état de pâturages. — 194. Disposition de
l'ordonnance de 1669 qui autorise la location des parties de ces
biens inutiles pour la dépaissance des bestiaux. — 195. Dispositions de la législation qui permettaient l'aliénation avec l'autorisation du Roi. — 196. Partages de jouissance et partages du
fonds autorisés par plusieurs édits au xviiie siècle.— 197. Opinion
émise sur l'état des biens communaux et l'utilité des partages
par CHABROL et par le comte d'ESSUILES.

193. On a vu, dans le premier chapitre de ce livre,
quelle est l'origine des biens communaux appartenant
aux communes rurales et aux sections de commune. Nous
avons montré que ces biens provenaient, soit des concessions faites à titre gratuit ou à titre onéreux par les
seigneurs ecclésiastiques ou laïques qui voulaient attirer
des habitants sur leurs domaines, soit de l'accord des
habitants qui avaient mis des pâturages dans l'indivision
et qui les y avaient laissés, après la dissolution des communautés agricoles du moyen âge.

C'est donc l'intérêt des habitants qui a fait constituer
les biens communaux, et si la propriété a été attribuée,
non aux habitants individuellement, mais à la collection
des habitants présents et futurs, ç'a été pour maintenir
la population dans le même lieu, en assurant aux habitants qui s'y succéderaient la perpétuité des avantages
qu'on pouvait en retirer. Le préambule de l'édit d'avril

1667 rappelait, avec raison, que les biens communaux avaient été concédés « pour demeurer inséparablement attachés aux habitations des lieux, pour donner moyen aux habitants de nourrir des bestiaux et de fertiliser leurs terres par les engrais et plusieurs autres usages. »

Aussi était-il de règle primitivement que ces biens ne pouvaient être aliénés, ni même donnés à ferme. Nous avons déjà cité un passage du commentaire de la coutume de Troyes, publié en 1661 par Legrand, dans lequel cet auteur, parlant des communaux, dit « qu'ils appartiennent *ut singuli* à chaque habitant en particulier, pour en jouir sans que la communauté puisse les vendre, bailler à ferme ou louage... car, dit-il, si elle le faisait, chaque particulier serait frustré de son droit d'usage (1). » Cette règle fut d'une grande utilité pour protéger les communes contre les usurpateurs puissants qui les dépouillaient, en se faisant vendre à vil prix ou donner à bail emphytéotique les pâturages et bois communaux, et nous avons rappelé qu'en effet plusieurs édits rendus en 1600, 1629, 1659, 1667, ont fait rentrer les communes dans leurs biens usurpés. Mais elle était également établie pour sauvegarder contre les habitants eux-mêmes ce que l'on considérait comme un intérêt agricole de premier ordre, la nourriture des bestiaux. On la poussait même à cette rigueur d'interdire aux habitants de transformer les pâtures en terres labourables. La Poix de Fréminville, dans son *Traité du Gouvernement des biens des communautés d'habitants*, en cite quelques exemples (2).

194. Toutefois, les intérêts généraux de la communauté ne pouvaient pas tarder à se faire leur place à côté de l'intérêt privé de chaque habitant, et l'on reconnut,

(1) Voir p. 43.
(2) P. 41.

en effet, que lorsqu'il était nécessaire de se procurer des ressources pour satisfaire quelque besoin collectif, il n'était pas sensé de négliger de tirer parti de ces biens communaux dont l'étendue était considérable, et qui, par suite, étaient souvent en partie inutiles. Aussi l'article 7 du titre XXV de l'ordonnance du mois d'août 1669, sur les eaux et forêts, disposait que si, dans les pâturages, marais, prés et pâtis communaux, « il se trouvait quelques endroits inutiles et superflus dont la communauté pût profiter sans incommoder le pâturage, ils pourraient être donnés à ferme, après un résultat d'assemblée faite dans les formes, pour une, deux ou trois années, par adjudication des officiers des lieux, sans frais, et le prix employé aux réparations des paroisses dont les habitants sont tenus, ou autres urgentes affaires de la communauté. »

Les biens communaux pouvaient également être vendus avec l'autorisation du Roi, en cas de nécessité. La déclaration du Roi, du 22 juin 1659, contenait à ce sujet une disposition expresse. L'édit d'avril 1667, dans son article 2, paraissait, il est vrai, interdire absolument « toute aliénation, sous quelque cause et prétexte que ce puisse être, et nonobstant les permissions qui pourraient avoir été obtenues à cet effet. » Mais, dans la pratique, le Roi n'en avait pas moins donné des permissions d'aliéner, lorsque les communautés ne pouvaient trouver d'autres moyens d'acquitter leurs charges.

195. Néanmoins, c'était par exception que la communauté pouvait tirer un profit des biens communaux. L'intérêt des habitants était toujours celui qui préoccupait le plus le législateur. Aussi lorsque, dans le milieu du XVIIIe siècle, l'attention publique fut appelée sur le déplorable état des communaux qui, le plus souvent, n'offraient plus aucune ressource aux bestiaux pour lesquels

on s'attachait si soigneusement à les réserver, et que le
Gouvernement se décida à autoriser dans quelques localités un changement d'affectation de ces biens, les nouvelles mesures furent encore prises principalement en
vue de l'intérêt privé des habitants.

Dans plusieurs provinces, les habitants chefs de ménage furent autorisés à se partager les biens communaux pour en jouir, eux et leurs successeurs en ligne
directe, à titre d'usufruit, et sauf, en cas d'extinction de
la famille, le retour du lot à la commune, qui devait le
remettre au plus ancien chef de ménage non pourvu d'un
lot. Des partages de ce genre ont été opérés dans les
Trois-Évêchés, en vertu d'un édit de juin 1769, dans la
Bourgogne, en vertu d'un édit de janvier 1774, dans la
Flandre, en vertu de lettres patentes du 27 mars 1777,
dans l'Artois, en vertu d'un arrêt du Conseil du 13 novembre 1777. Mais les habitants auxquels la jouissance
héréditaire des biens communaux était ainsi attribuée
n'étaient assujettis à aucune redevance envers la communauté (1).

(1) Cette législation spéciale est encore en vigueur aujourd'hui.
Le Conseil d'État a même considéré que les droits héréditaires
attribués aux habitants entre lesquels la jouissance avait été partagée en vertu de ces édits avaient le caractère de droits privatifs
et que le conseil municipal qui, en vertu de l'article 17 de la
loi du 18 juillet 1837, a le pouvoir de changer le mode de jouissance et le mode d'administration des biens communaux et n'est
pas tenu, en général, de respecter les anciens usages, était, par
exception, obligé de respecter les droits constitués en exécution de
ces édits.
La question s'est présentée récemment pour deux communes
dont les biens avaient été l'objet d'un partage de jouissance opéré
en exécution de l'édit de juin 1769, relatif à la province des Trois-
Évêchés. Le conseil municipal voulait dépouiller de leurs lots les
habitants qui en jouissaient pour faire un nouveau partage entre
tous les habitants actuels. Le Conseil d'État a décidé qu'il n'avait
pas ce pouvoir. Sa décision est motivée ainsi qu'il suit : L'édit de
juin 1769, qualifié de perpétuel et d'irrévocable, a été rendu dans
le but de provoquer, par la certitude d'une longue et paisible
possession, des travaux de défrichement et de dessèchement; il
a institué une jouissance individuelle et héréditaire et a déterminé

Dans quelques cas, on alla plus loin. Trois arrêts des
28 octobre 1771, 9 mai 1773 et 26 octobre 1777, per-
mirent, dans les généralités d'Auch et de Pau, le partage
des communaux par ménage, « pour les lots être possédés en propriété incommutable. » Seulement, dans ce
cas, comme la commune était complétement dépouillée,
on imposait aux copartageants « une redevance au profit
des habitants en commun. »

196. Ces mesures étaient vivement approuvées par
des écrivains autorisés. Ainsi, dans son *Commentaire de
la coutume d'Auvergne*, que nous avons plusieurs fois
cité, Chabrol demandait que les dispositions de l'édit de
1769 fussent étendues à l'Auvergne.

« Si on jette les yeux sur les communaux, disait-il, on
n'aperçoit de toute part que des friches couvertes de fou-
gère où il croît avec peine quelques plantes épuisées et
de mauvaise qualité ; ou ce sont des lieux inondés, dépôt
et réceptacle des eaux des environs qui n'ont aucun écou-

les cas dans lesquels les lots, attribués par le partage, feraient
retour à la commune. De ces circonstances, il résulte que les habitants, aujourd'hui pourvus de lots, ne peuvent être considérés
comme réduits à une jouissance précaire et révocable au gré de la
commune. Sans doute la commune, aux termes même de l'édit, a
conservé certains droits sur ces lots, et elle pourrait notamment,
à la condition d'y être régulièrement autorisée, changer le mode
d'attribution ou de jouissance des lots qui lui font retour. Mais
ses droits ne peuvent s'étendre jusqu'à devancer l'époque du retour et faire cesser immédiatement une jouissance qui n'a été soumise, par l'édit de 1769, qu'à certains cas déterminés d'extinction
(*Arr. Cons.* 24 avril 1856, *commune de Cheminot ;* — 13 juillet
1857, *commune d'Ennery.*)

Il a été encore jugé que le conseil municipal ne pourrait même
pas imposer aux détenteurs de lots de biens communaux partagés
en vertu d'un de ces édits, l'obligation de payer une redevance
au profit de la commune, si l'édit ne la leur avait pas imposée. Les
conditions de la jouissance de ces biens, telles qu'elles sont fixées
par les actes de l'autorité royale antérieurs à 1789, ne peuvent être
modifiées d'aucune manière par le conseil municipal. (*Arr. Cons.*
19 mai 1858, *commune de Cheminot.*)

M. Legentil, juge au tribunal d'Arras, a exposé et commenté
avec beaucoup de soin cette législation spéciale dans son ouvrage
intitulé : *Traité de la législation des portions ménagères.*

lement; on y introduit quelques bestiaux et, bientôt après, ces pâturages n'ont plus d'utilité présente... En un mot, c'est une vérité certaine que ce qu'on appelle communal est un bien entièrement perdu pour l'État, presque inutile aux habitants à qui il appartient, et souvent pernicieux pour eux (à cause de la communication des maladies contagieuses dont les bestiaux peuvent être atteints).

. . . .

. . . .

« Si les communaux étaient partagés et devenaient des biens particuliers, la valeur du sol et le produit augmenteraient sans proportion par le secours de la charrue et des engrais ; on verrait succéder des récoltes abondantes à un produit presque nul..... (1). »

De son côté, le comte d'Essuiles publiait un *Traité des communes* (on appelait ainsi les biens communaux) pour démontrer, comme l'indique le titre de l'ouvrage, « leur inutilité, le préjudice qu'elles font à l'agriculture et l'avantage qu'on retirerait de leur aliénation ou partage. »

Il y dépeint d'abord avec une grande énergie le déplorable état des biens communaux, et il est à cet égard complétement d'accord avec La Poix de Fréminville. « En quel état, dit-il pour se résumer, peuvent donc être des biens pillés, dégradés, dévastés continuellement et jamais réparés? La pâture sèche se convertit en une friche aride et nulle ; la prairie humide se change en marais fangeux et de nul rapport ; le plus beau bois devient une bruyère ou plutôt un champ inculte où l'on ne trouve plus que quelques ronces et quelques épines. Cette vérité fâcheuse ne peut être contestée par aucun de ceux qui ont habité des campagnes et vu des biens communs (2) »

(1) *Commentaire de la coutume d'Auvergne* (titre XXVIII, art. 3), t. III, p. 552.
(2) P. 66.

Il signale ensuite les graves inconvénients qui en résultent au point de vue de l'accroissement de la population, du développement de l'agriculture, de la nourriture des bestiaux.

Il y démontre que les changements survenus dans les mœurs et les besoins du pays exigent la transformation de ces immenses pâturages ou plutôt de ces friches primitivement destinées au pâturage, et dont l'étendue dépasse le dixième des fonds propres à la culture.

Il y étudie enfin le moyen de partager ces biens entre les habitants sans les aliéner, et conclut en proposant un système qui se rapproche beaucoup du système de partage de jouissance héréditaire mis en pratique dans les Trois-Évêchés, en vertu de l'édit de 1769.

L'opinion publique était favorable à ces idées, comme le prouvent les procès-verbaux des assemblées provinciales tenues sous Louis XVI, lorsque survint la Révolution de 1789.

_____

§ 3. — LOIS DU 14 AOUT 1792 ET DU 10 JUIN 1793 ET MESURES PRISES A LA SUITE DE CES LOIS JUSQU'A CELLE DU 18 JUILLET 1837.

197. Motifs qui ont inspiré les lois du 14 août 1792 et du 10 juin 1793. — Dispositions de ces lois. — 198. Abrogation implicite des dispositions de la loi du 10 juin 1793 relatives au partage des biens communaux. — Loi du 21 prairial an IV. — Loi du 2 prairial an V; portée de cette loi. — Discussions dans le Conseil des Cinq-Cents au sujet du partage. — Loi du 9 ventôse an XII qui rétablit les vrais principes sur le droit de propriété des communes. — Décret du 9 brumaire an XIII. — A partir de cette époque les partages à titre gratuit ont été interdits. — 199. Combinaisons mixtes, admises dans l'intérêt de la paix publique. — Partages de jouissance admis dès 1806. A cette occasion, le Conseil d'Etat abroge la règle du partage par tête et y substitue celle du partage par feux. — Avis du 20 juin 1806, du 20 juillet 1807 et du 26 avril 1808. — 200. Aliénation des biens communaux par voie de répartition entre les habitants. — 201. Tendance de l'administration à pousser les communes à tirer des revenus des biens communaux. — Ordonnance du 7 octobre 1818.

197. La Révolution de 1789 ne tarda pas à ajouter de

nouveaux motifs à ceux qui jusque-là avaient fait désirer de tirer parti des biens communaux.

Les luttes violentes que fit naître la chute de l'ancien régime et l'organisation d'un régime fondé sur l'égalité de tous les citoyens amenèrent les assemblées de cette époque à chercher tous les moyens de multiplier le nombre des propriétaires qui devraient leur nouvelle situation au nouvel état de choses et qui seraient ainsi intéressés à le défendre.

Mais dans les mesures révolutionnaires qui furent alors adoptées, on dépassa le but; et l'intérêt, disons mieux, le droit des communes fut complétement sacrifié à l'intérêt des habitants.

Un décret du 14 août 1792 décida que : « 1° Dès cette année même, immédiatement après les récoltes, tous les terrains et usages communaux, autres que les bois, seraient partagés entre les citoyens de chaque commune; 2° que ces citoyens jouiraient en toute propriété de leurs portions respectives. »

La loi du 10 juin 1793 vint ensuite régler, en la modifiant, l'exécution de cette mesure. Elle déclara que le partage des biens appartenant aux communes, soit communaux, soit patrimoniaux, sauf les bois, les mines, les carrières et les biens affectés à un service public, serait fait *par tête* d'habitant domicilié, de tout âge et de tout sexe, absent ou présent, et que les propriétaires non habitants n'auraient aucun droit au partage (titre II, art. 1 et 2).

Mais ce partage n'était pas obligatoire, ainsi que l'avait déclaré la loi du 14 août 1792; il était facultatif. L'assemblée des habitants de tout sexe ayant droit au partage et âgés de 21 ans était appelée à délibérer à ce sujet (titre III, art. 2 à 7). Toutefois, ce n'était pas la majorité qui faisait la loi. Si le tiers des voix se prononçait en faveur du partage, le partage devait être opéré (titre III, art. 9).

L'assemblée pouvait encore voter la vente ou l'amodiation d'un bien communal, ou encore décider qu'il continuerait à être abandonné à la jouissance commune, et, dans ce dernier cas, elle pouvait fixer les règles qu'elle croirait les plus utiles à suivre pour l'exercice de la jouissance en commun (titre III, art. 11 et 12).

Mais le législateur attachait tant de prix à favoriser le partage, qu'il avait décidé que les délibérations, prises dans ce but, seraient exécutoires sans aucune approbation de l'autorité supérieure, tandis que les délibérations relatives à la vente, à l'amodiation ou au mode de jouissance en commun devaient être soumises à l'approbation du directoire de département.

Ce que nous devons surtout faire remarquer comme un des caractères de cette loi, c'est que, en cas de partage, il n'y avait aucune redevance imposée aux habitants qui devenaient propriétaires des biens communaux, au lieu et place de la commune; et de même lorsqu'un bois communal était vendu ou amodié, les fonds provenant de la vente ou de l'amodiation ne devaient plus « être mis en moins imposé ou employés à l'acquit des charges locales; ils devaient être partagés par tête dans la forme prescrite pour le partage des biens communaux » (titre III, art. 37).

Aux yeux des législateurs de cette époque, la personnalité civile des communes et le droit des générations à venir avaient complétement disparu. Mais il faut croire que l'intérêt des habitants, qui avait été le seul mobile du législateur, n'était pas satisfait, du moins dans toutes les parties de la France, par les mesures nouvelles; car il y eut un grand nombre de départements où la loi ne reçut pas d'exécution.

198. La loi du 10 juin 1793 n'a jamais été expressément abrogée, et il faut dire qu'il y a plusieurs articles de cette loi qui sont encore incontestablement en vigueur, par exemple les articles du titre IV relatifs à l'attribution des terres vaines et vagues aux communes et sections de commune, et au partage des biens indivis entre communes, et encore les premiers articles [du titre V, relatifs aux règles de compétence à suivre dans les contestations que peut soulever le mode de partage des biens communaux, soit entre les communes copropriétaires par indivis, soit entre les habitants.

Toutefois les dispositions de cette loi qui autorisent le partage *gratuit* et *par tête* des biens communaux, sur la seule délibération de l'assemblée des habitants, se sont trouvées successivement abrogées, sinon explicitement, au moins d'une manière implicite, par des lois spéciales ou par les dispositions générales de la législation sur l'administration des communes.

Ces dispositions étaient déjà attaquées dès l'an III par un député de la Creuse, Baraillon, comme spoliatrices de la propriété privée dont les landes communales étaient une annexe nécessaire dans les pays pastoraux, et comme destructives de l'agriculture. D'autres attaques, qui se produisaient à un point de vue différent, firent ordonner en l'an IV qu'il serait sursis provisoirement à toutes actions et poursuites résultant de l'exécution de la loi du 10 juin 1793. Les considérants de la loi du 21 prairial an IV semblaient aller plus loin que son dispositif. Ils indiquaient que « l'examen de toutes les difficultés qu'avait soulevées cette loi et des mesures qui devaient être prises pour concilier le respect dû aux propriétés privées avec l'intérêt public, celui résultant d'un plus grand nombre de défrichements et de l'amélioration de l'agriculture, exigeait une discussion longue et tous les délais des formes constitutionnelles ; que cependant il était instant d'arrêter les funestes effets de l'exécution littérale de cette loi dont plusieurs inconvénients majeurs s'étaient fait sentir. »

On a souvent cité la loi du 2 prairial an v comme interdisant implicitement tout partage de biens communaux sans l'autorisation du Corps législatif. Telle n'était pas la portée de cette loi. Elle ne s'appliquait qu'aux ventes proprement dites, qui pouvaient être faites, d'après l'article 11 de la section III de la loi de 1793, sur la simple autorisation du directoire de département. Le législateur décidait qu'il ne serait plus fait aucune vente ni aucun échange de biens des communes sans une loi particulière.

Mais la question du partage se débattait encore à cette époque dans le conseil des Cinq-Cents. Certains membres demandaient l'abrogation de la loi de 1793 et même l'annulation de ses résultats déjà consommés ; d'autres, au contraire, maintenaient l'utilité du partage, sauf à le faire opérer par feux ou ménages, et non par têtes. Après de longues discussions, l'assemblée vota en principe, dans la séance du 7 pluviôse an VII, le partage facultatif par feux, et renvoya à la commission pour rédiger un projet de loi (1). Mais ce projet ne fut jamais présenté.

Pendant que le législateur hésitait ainsi à se prononcer, les partages de biens communaux s'opéraient plus ou moins régulièrement, et de nombreuses usurpations se commettaient sous prétexte de partage. La loi du 9 ventôse an XII fut rendue pour mettre un terme à ces désordres. Elle consacra les partages effectués régulièrement en vertu de la loi du 10 juin 1793 (art. 1). Puis

(1) *Moniteur*, an VII, p. 525.
L'analyse de cette discussion a été présentée par M. Cauchy, ancien maître des requêtes au Conseil d'Etat, dans sa brochure sur *la propriété communale et la mise en culture des communaux*, publiée en 1848.

elle permit aux habitants qui avaient partagé les biens communaux sans en avoir fait dresser acte, et qui avaient défriché ou planté leurs lots, ou qui y avaient fait des constructions, de régulariser leur situation et de devenir propriétaires, mais à la condition qu'ils se soumettraient à payer à la commune une redevance annuelle, rachetable en tout temps pour vingt fois la rente, et qui serait fixée, d'après estimation, à la moitié du produit annuel du bien ou du revenu dont il aurait été susceptible au moment de l'occupation. L'aliénation définitive de ces terrains devait être autorisée par une loi spéciale (art. 3 et 4).

Quant aux biens communaux qui ne seraient pas régulièrement sortis du domaine communal en vertu de la loi de 1793 ou de la nouvelle loi, ils devaient rentrer dans les mains des communautés d'habitants.

Cette loi rétablissait les vrais principes, tout en respectant les droits acquis plus ou moins régulièrement. Désormais le droit de propriété de la commune, être moral composé de la collection des habitants présents et futurs, était reconnu. La commune ne pouvait être dépouillée de ses biens que par une aliénation, moyennant un prix payé par les acquéreurs de ses biens, et qui tenait lieu, pour la collection des habitants futurs, de la valeur du bien aliéné.

Par là même, le conseil municipal de la commune avait seul désormais le pouvoir de voter l'aliénation des biens communaux.

Le décret du 9 brumaire an XIII confirmait encore ces règles, en disposant que le mode de jouissance des biens communaux ne pouvait être changé que sur le vote du conseil municipal et sous l'approbation de l'autorité supérieure, à savoir du chef de l'État, si le mode de jouissance antérieur à la loi de 1793 avait été maintenu, et du préfet, s'il s'agissait d'un nouveau mode de jouissance établi en exécution de l'art. 12 de la section III de cette loi.

A partir de cette époque, les partages gratuits de biens communaux opérés en vertu de la loi de 1793, et l'un des caractères essentiels du partage est d'être fait à titre gratuit, ont cessé d'être permis. Nous ne disons pas qu'il n'en a plus été opéré. Il est de fait, au contraire, que des usurpations considérables ont été commises sur le domaine communal depuis l'an XII, et ces usurpations ont été souvent commises sous forme de partage, avec l'adhésion de l'autorité municipale. Ces usurpations étaient déjà si nombreuses en 1819, qu'une ordonnance royale avait établi des règles spéciales pour faire rentrer les communes dans la propriété des biens usurpés, ou plutôt pour régulariser la situation des usurpateurs, à la charge par eux de payer à la commune les quatre cinquièmes de la valeur des biens dont ils resteraient propriétaires. Il en a été commis de nouvelles à la suite des révolutions de 1830 et de 1848 : mais toutes les fois que l'administration centrale en a été informée, elle a pris des mesures pour sauvegarder les droits des communes, et elle n'a jamais admis que des biens communaux pussent être partagés comme auraient pu l'être des propriétés privées indivises, sans que la commune en retirât aucun avantage.

199. Est-ce à dire toutefois que, à partir de la loi de l'an XII, l'administration supérieure n'ait autorisé d'autre mode de jouissance de ces biens que la jouissance commune, et d'autre mode d'administration et d'aliénation que la mise en ferme et la vente ou l'échange ? Non. Le désir de ne pas rompre brusquement avec les usages et les préjugés des habitants, l'intérêt même de la paix publique, ont fait admettre diverses combinaisons mixtes.

Ainsi, lorsqu'un conseil municipal ne croyait pas devoir priver les habitants de la jouissance commune dont ils profitaient sans leur donner une compensation, et voulait cependant rendre à la culture des terrains incultes et marécageux, l'administration l'a autorisé à concéder pour un temps, à chacun des habitants, la jouissance d'un lot des biens communaux, qu'il se chargeait de cultiver. C'est une imitation des partages d'*usufruit* autorisés par divers édits antérieurs à 1789, mais dégagés des conditions d'hérédité qui étaient contraires à notre législation moderne sur les successions, et qui, d'ailleurs, avaient le tort d'engager indéfiniment la propriété communale et de ne pas permettre de faire une part, si ce n'est dans des circonstances assez rares, aux nouveaux habitants qui venaient se fixer sur le territoire communal. On en trouve un exemple remarquable dès 1806, et ce qui doit en outre attirer l'attention sur ce précédent, c'est qu'il a été, pour le Conseil d'État, l'occasion d'abroger la règle ultra-démocratique du partage *par tête* qu'avait posée la loi de 1793.

Cette règle s'appliquait, en effet, au partage des fruits des biens communaux comme au partage du fonds; elle avait été étendue, par une loi du 26 nivôse an II, au partage des coupes de bois communaux, et, par une loi du 26 brumaire de la même année, au partage des biens indivis entre les communes.

Après la loi du 9 ventôse an XII, le conseil de préfecture du département du Calvados avait été appelé à statuer sur la validité du partage du marais communal d'Écrameville, qui avait été effectué sans titre, sous l'empire de la loi de 1793. Il avait annulé ce partage et il y avait substitué, conformément à la délibération du conseil municipal, un partage de jouissance, mais en prenant pour base la règle établie par l'ancienne coutume de Normandie, c'est-à-dire l'étendue des terres appartenant à chaque propriétaire de la commune. Cette dernière disposition de son arrêté fut annulée par un décret impérial rendu en Conseil d'État le 20 juin 1806, qui décida que, « à l'avenir, la base adoptée pour la jouissance du marais d'Écrameville serait le nombre des feux ou chefs de famille. »

Deux avis postérieurs du Conseil d'État, approuvés par l'Empereur le 20 juillet 1807 et le 26 avril 1808, ont décidé que le partage des biens communaux indivis entre plusieurs communes aurait lieu d'après les mêmes bases, et la jurisprudence avait appliqué cette règle à la distribution de l'affouage entre les habitants avant qu'elle eût été consacrée de nouveau par l'article 105 du Code forestier.

De nombreux partages de jouissance par feux ont été autorisés depuis 1806 avec diverses modifications. Tantôt ces partages étaient viagers, et chaque lot devenu vacant devait être attribué au plus ancien chef de famille non pourvu ; tantôt ils étaient faits seulement pour une durée de 15, 20 ou 30 ans. Tantôt ils étaient gratuits ; tantôt les détenteurs des lots étaient assujettis à payer une redevance à la commune, et devenaient alors de véritables fermiers.

200. Dans d'autres cas, les communes ont aliéné leurs biens, et les habitants seuls ont été appelés à acquérir ces biens divisés à cet effet en autant de lots qu'il y avait de chefs de famille dans la commune. L'opération ressemblait beaucoup à un partage, sauf en ce point que chaque habitant était tenu de payer, en échange de son lot, soit une redevance perpétuelle, soit plutôt un capital divisé par annuités. Aussi pendant longtemps a-t-on qualifié ces aliénations partages à titre onéreux, jusqu'à ce qu'enfin, par un avis en date du 30 octobre 1835 (*commune de Longueville*), le comité de l'intérieur du Conseil d'Etat ait exprimé l'opinion que désormais il était préférable de ne plus employer le mot de partage, qui rappelait une législation abrogée.

Voilà comment, depuis l'an xii, les traditions de l'administration ont rétabli et maintenu les droits des communes sur les biens communaux (1).

201. Il faut même dire que l'intérêt des communes a peu à peu tendu à devenir prépondérant dans la question de l'emploi des biens communaux et que l'on s'est surtout préoccupé d'en retirer des revenus pour permettre aux communes d'acquitter les charges toujours croissantes que leur imposaient le développement des services publics dont la gestion était confiée à l'autorité municipale, les services du culte paroissial, de l'instruction primaire, des chemins vicinaux, etc.

C'est ainsi que l'ordonnance du 7 octobre 1818 a été rendue dans le but de « faciliter la mise en ferme des biens communaux, qui, n'étant pas nécessaires à la dépaissance des troupeaux, pouvaient, par des locations avantageuses, suppléer à l'insuffisance des revenus affectés aux dépenses des communes. »

A cet effet, dérogeant au décret du 9 brumaire an xiii, elle disposait, dans son article 1er, que les biens des communautés d'habitants restés en jouissance commune depuis la loi du 10 juin 1793, et que les conseils municipaux ne jugeraient pas nécessaires à la dépaissance des troupeaux, pouvaient être affermés sans qu'il fût besoin de recourir à l'autorisation du chef de l'Etat, quand la durée des baux n'excédait pas neuf années.

(1) Nous n'avons rien à dire ici de la loi du 20 mars 1813, qui, dans le but de créer des ressources à l'Etat dans un moment de crise, l'autorisait à vendre les propriétés des communes et à leur donner en échange une rente égale au montant du revenu net des biens cédés. Cette loi n'a reçu qu'une exécution partielle. Elle a été abrogée par la loi du 26 avril 1816, qui a ordonné la remise aux communes de leurs propriétés non vendues. En outre, elle ne s'appliquait qu'aux biens patrimoniaux dont les communes tiraient un revenu en argent. Les biens dont les habitants avaient la jouissance en nature avaient été exceptés de la mesure.

Depuis cetté époque, l'administration s'est efforcée de
de plus en plus de pousser les communes dans cette voie,
leur conseillant même d'aliéner leurs biens plutôt que
de n'en pas tirer des ressources pour la caisse municipale (1).

Tel était l'état des choses lorsqu'est intervenue la loi
du 18 juillet 1837.

---

§ 4. — LOI DU 18 JUILLET 1837 ET RÉSUMÉ DE LA LÉGISLATION EN
VIGUEUR A CETTE ÉPOQUE.

202. Dispositions de la loi du 18 juillet 1837 sur le règlement du
mode de jouissance des biens communaux. — 203. Dispositions
de cette loi sur l'amodiation. — 204. Dispositions relatives à
l'aliénation. — 205. Silence de la loi au sujet du partage entre
habitants. — Analyse des propositions et des discussions relatives au partage et à la suite desquelles la question a été réservée. — 206. Maintien de la jurisprudence du Conseil d'Etat
qui interdit le partage gratuit, mais qui admet des concessions à
titre onéreux faites par lots aux habitants des communes. —
207. Résumé de la législation relative aux divers moyens d'utiliser les biens communaux.

202. On sait, que, sur beaucoup de points, la loi du
18 juillet 1837 n'a pas innové ; qu'elle a eu pour objet
principal de déterminer les pouvoirs respectifs des maires,
des conseils municipaux et de l'autorité supérieure ; que,
pour le surplus, elle a été surtout une œuvre de codifica-
tion et qu'elle a rarement touché aux règles qui régis-
saient le fond des matières d'administration municipale.

Voici quelles sont les dispositions de cette loi en ce qui
concerne les biens communaux.

Dans son article 17, elle range parmi les objets que le
conseil municipal *règle* par ses délibérations :

« 3° Le mode de jouissance et la répartition des pâturages et fruits communaux, autres que les bois, ainsi que
les conditions à imposer aux parties prenantes.

(1) Voir notamment la circulaire du Ministre de l'intérieur en
date du 10 novembre 1821.

« 4° Les affouages, en se conformant aux lois forestières. »

En conséquence, le conseil municipal peut fixer les
époques auxquelles les bestiaux sont envoyés au pâturage, déterminer le nombre maximum des bêtes que
chaque habitant pourra y envoyer, de telle sorte que le
pâturage ne soit pas promptement épuisé, imposer des
taxes à ceux qui profitent des pâtures communales, etc.
Il peut prendre des mesures analogues pour la coupe des
bruyères et ajoncs, pour l'extraction de la tourbe et de la
marne dans les tourbières et marnières communales.

Quant aux affouages, il a moins de liberté : il doit se
conformer aux lois forestières, qui prescrivent les règles
à suivre pour la jouissance et l'administration des bois
communaux.

On sait que les délibérations prises par les conseils
municipaux sur les objets qu'ils ont le pouvoir de *régler*
n'ont pas besoin d'être approuvées par le préfet pour
être exécutoires. Aux termes de l'article 18 de la loi de
1837, elles sont soumises seulement au contrôle du
préfet et non à son approbation. Elles deviennent exécutoires, si, dans le délai de 30 jours à dater du récépissé
qui en est délivré par le sous-préfet, elles n'ont pas été
annulées, soit d'office pour violation d'une loi ou d'un
règlement d'administration publique, soit sur la réclamation de toute partie intéressée.

203. En second lieu, le conseil municipal peut amodier les biens communaux. Et il est bon de remarquer
ici qu'il n'est pas lié par les anciens usages relatifs à la
jouissance en nature. L'administration municipale est
seule chargée, sous le contrôle du préfet, d'apprécier
s'il est préférable d'abandonner les biens à la jouissance
commune, ou d'en tirer un parti dans l'intérêt de la
communauté par une mise en ferme. Les habitants n'ont

pas, à cet égard, un droit irrévocable à conserver la jouissance en nature. Ce pouvoir était déjà reconnu aux conseils municipaux par le décret du 9 brumaire an XIII et l'ordonnance du 7 octobre 1818. Il n'a jamais été mis en doute dans la pratique. On peut en voir plusieurs exemples dans les arrêts du Conseil d'État en date du 24 janvier 1856, 17 mars 1857 et autres que nous avons cités en traitant de la représentation des intérêts des sections (1).

Les pouvoirs respectifs du conseil municipal et de l'autorité supérieure, en ce qui concerne l'amodiation, varient suivant que les baux ont une durée plus ou moins longue. Le conseil municipal règle, sous le contrôle du préfet, conformément aux articles 17 et 18 que nous venons d'analyser, « les conditions des baux à ferme ou à loyer dont la durée n'excède pas dix-huit ans pour les biens ruraux et neuf ans pour les autres biens. » Quand la durée du bail est plus longue, le conseil municipal n'a plus que le pouvoir d'en délibérer, aux termes de l'article 19, 5°; et sa délibération n'est exécutoire qu'autant qu'elle a été approuvée par l'autorité supérieure. L'article 47 de la loi de 1837 exigeait l'approbation du chef de l'État pour les baux dont la durée devait excéder dix-huit ans; disons immédiatement que, en vertu du décret du 25 mars 1852 (tableau A, n° 44), il suffit de l'approbation du préfet.

Mais il faut ajouter que, si le préfet a le pouvoir d'approuver ces délibérations, il n'a pas le droit de substituer son initiative à celle du conseil municipal. Il ne peut donc modifier ces délibérations qui, s'il n'en était pas ainsi, n'auraient plus que la valeur d'un avis; son droit se borne à donner ou à refuser son approbation (2).

(1) P. 181.
(2) C'est en ce sens que le Conseil d'Etat, statuant au conten-

204. Enfin, le conseil municipal peut, en vertu de l'article 19, n° 3, aliéner ou échanger les biens communaux. Nous avons déjà indiqué les cas dans lesquels cette aliénation peut être autorisée par le préfet, ceux dans lesquels elle doit l'être par le chef de l'État (1). Il en est d'ailleurs pour les aliénations et les échanges comme pour les amodiations. L'initiative appartient exclusivement au conseil municipal, sauf dans le cas où la vente serait provoquée par un créancier porteur de titres exécutoires. Dans ce cas, l'article 46 de la loi de 1837 donne à l'autorité supérieure le pouvoir d'ordonner d'office la vente et d'en déterminer les formes.

Ainsi, tels sont les modes d'administration ou de disposition des biens communaux prévus par la loi du 18 juillet 1837 : jouissance en commun, amodiation, aliénation et échange. Mais, du reste, la loi ne s'explique pas sur les différents systèmes d'amodiation et d'aliénation qui peuvent être employés.

205. En outre, il est à remarquer qu'elle ne parle pas du partage entre habitants. Ce n'est pas que la question n'ait pas été soulevée dans la discussion.

A deux reprises, en 1833 et en 1834, la Chambre des députés avait, sur la proposition de sa commission, introduit dans le projet de loi alors en discussion un article qui réglait la marche à suivre pour opérer le partage. Cet article était ainsi conçu :

« Lorsque le conseil municipal aura jugé qu'il est de l'intérêt de la commune d'opérer le partage des fonds de

---

tieux, a interprété les articles 19 et 20 de la loi du 18 juillet 1837 dans plusieurs affaires où il s'agissait non d'amodiations de biens communaux, mais d'objets classés également par l'article 19 de la loi de 1837 au nombre de ceux sur lesquels les conseils municipaux sont appelés à délibérer. (Arr. 18 avril 1861, *commune de Kœur-la-Grande;*— 5 avril 1862, *Fourniols*, etc.)

(1) Voir page 194.

toute nature, terres vaines, vagues et autres qui sont possédées en commun par les communes ou sections de commune, le préfet ordonnera une enquête. Le conseil municipal sera appelé à délibérer de nouveau sur l'enquête ; il exprimera son vœu sur le mode et les conditions du partage, et sa délibération ne pourra être mise à exécution que sur l'avis conforme des conseils de département, d'arrondissement, et après l'approbation par ordonnance royale délibérée en Conseil d'État (1). »

Mais le Gouvernement et la Chambre des pairs n'avaient pas accepté cette disposition. M. le baron Mounier, dans son rapport présenté à la Chambre des pairs, le 19 mars 1835, s'exprimait à ce sujet dans les termes suivants : « Le partage des biens communaux est une des questions les plus graves de l'administration. Il a souvent fixé l'attention du législateur, et il a fait spécialement l'objet de la loi du 10 juin 1793 et de celle du 9 ventôse an XII. L'application de ces lois a donné naissance à de nombreuses difficultés que des décrets et des ordonnances ont cherché à résoudre. Une révision de la législation qui touche à des intérêts si irritables a souvent été sollicitée ; elle est même devenue dans cette enceinte l'objet d'une proposition spéciale. Serait-il convenable de statuer immédiatement sur une pareille matière, et d'introduire une disposition nouvelle au milieu des dispositions existantes, sans pouvoir les coordonner ? »

De son côté, le ministre de l'intérieur, dans l'exposé des motifs présenté à la Chambre des députés, le 27 janvier 1836, déclarait que le Gouvernement n'avait pas cru qu'il convînt de traiter incidemment une question aussi grave.

(1) Art. 56 du projet adopté par la Chambre des députés le 17 mai 1833, reproduit dans le projet adopté le 10 mars 1834 (art. 47).

Néanmoins, M. Legrand, député de la Creuse, s'efforça de faire trancher la question. Dans la séance du 3 février 1837, il proposa d'ajouter, dans l'article 19, aux matières sur lesquelles le conseil municipal pouvait délibérer, « le partage facultatif des terres vaines et vagues et autres fonds susceptibles d'être partagés. » Mais sur la demande du ministre de l'intérieur, qui exprimait le désir que la question fût réservée, l'amendement a été rejeté (1).

206. De ce silence du législateur, le ministre de l'intérieur avait d'abord conclu que les partages, du moins les partages à titre onéreux, étaient encore permis. Il avait exprimé cette opinion dans une circulaire en date du 18 août 1837; mais le Conseil d'État a cru devoir, au contraire, persister dans sa jurisprudence antérieure qui n'admettait le partage ni au fond, ni dans la forme. Il l'a fait notamment par un avis du 21 février 1838 (*commune de Balgau*), complété par un avis du comité de l'intérieur du 16 mars 1838 (*communes de la Hoguette et de Vignats*). D'après ces avis, le partage gratuit des biens communaux était interdit, et les aliénations faites à l'amiable au profit des habitants devaient porter le nom de ventes et remplir les principales conditions des ventes.

Il nous paraît utile de rapporter ici le texte de l'avis du comité de l'intérieur, en date du 16 mars 1838. On a presque toujours cité exclusivement l'avis du 21 février 1838, parce qu'il a été délibéré par le Conseil d'État en assemblée générale. Mais ce dernier avis, bien qu'il examine d'une manière approfondie toutes les règles de la législation relative aux biens communaux, s'appliquait, dans sa conclusion, non à un partage définitif du fonds des biens communaux, mais à un partage de jouissance

(1) *Moniteur* du 4 février 1837, p. 237.

viager, et il a écarté cette combinaison comme n'étant ni une aliénation, ni un bail, et engageant indéfiniment la commune sans lui procurer un avantage suffisant. L'avis du comité de l'intérieur, du 16 mars 1838, s'applique, au contraire, à de véritables aliénations faites sous forme de partages à titre onéreux, et il reprend d'ailleurs toute l'argumentation contenue dans l'avis du 21 février précédent. Voici les termes de cet avis :

« Les membres du Conseil d'État composant le comité de l'intérieur qui, sur le renvoi ordonné par M. le ministre de l'intérieur, ont pris communication de trois projets d'ordonnance tendant à autoriser les communes de la Hoguette et de Vignats (département du Calvados), et de Lauraguel (département de l'Aude), à partager entre les habitants chefs de ménage desdites communes divers terrains communaux, à la charge par chacun des copartageants de rembourser le prix principal de son lot, suivant l'estimation, dans le délai fixé par les conseils municipaux, de servir l'intérêt légal de ce prix jusqu'à parfaite libération, et de se soumettre aux autres clauses et conditions déterminées par les délibérations respectives des conseils municipaux de ces communes ;

« Vu les pièces jointes auxdits projets d'ordonnance ;

« Vu la loi du 10 juin 1793, celle du 21 prairial an IV, le décret du 9 brumaire an XIII, et la loi du 18 juillet 1837 sur l'administration communale ;

« Vu l'avis du Conseil d'Etat du 21 février dernier au sujet de la commune de Balgau ;

« Considérant qu'aux termes des lois en vigueur et depuis celle du 21 prairial an IV, il ne peut plus y avoir lieu à partage de biens communaux ;

« Qu'en effet, d'après les principes posés par ces lois, la propriété des biens communaux, sans distinction de ceux qui sont mis en jouissance commune, ne peut être considérée comme résidant sur la tête de chaque habitant et comme susceptible de se diviser entre eux, mais que ces biens constituent, quelles que soient leur nature et leur origine, la propriété indivisible du corps de commune;

« Considérant qu'il n'existe que quatre manières de disposer de cette propriété, soit quant au fond, soit quant à son affectation et à ses produits, savoir :

1° L'aliénation par voie de vente ou d'échange, réglée par l'article 19 § 3, et par l'art. 46 de la loi du 18 juillet 1837,

2° L'affectation à un service public dans la forme prescrite par l'article 19 § 3 de la même loi,

3° La jouissance en commun, à laquelle se rapportent l'article 105 du Code forestier, et l'art. 17 § 3, etc., de la loi du 18 juillet 1837,

4° Enfin, le bail à ferme ou à loyer dont parlent les articles 17 § 2 et 19 § 8 de cette dernière loi;

« Qu'il résulte de ce qui précède que les propositions des conseils municipaux des communes de la Hoguette, de Vignats et de Lauraguel ne sont pas susceptibles d'être autorisées sous forme de partage;

« Mais en même temps, considérant que l'intention évidente de ces conseils municipaux a été d'aliéner à toujours la propriété des terrains communaux dont il s'agit, moyennant un prix basé sur une estimation régulière desdits terrains et au profit d'acquéreurs entre les mains desquels cette propriété deviendrait à l'instant même aliénable et disponible;

« Considérant que, dès lors, les dispositions délibérées par les conseils municipaux de la Hoguette, de Vignats et de Lauraguel présentent tous les caractères de véritables ventes et paraissent susceptibles d'être autorisées sous cette forme, si d'ailleurs elles offrent à ces commu-

nes des avantages qui puissent justifier une dispense de
la formalité des enchères ;

« Considérant, sous ce rapport, que les terrains dont
l'aliénation est proposée ont peu de valeur proportionnellement à leur étendue ; que, dans l'état actuel, les
communes n'en tirent aucun produit ; que le défrichement et la mise en valeur de ces terrains ne peut s'opérer ·
promptement qu'autant qu'ils seront divisés en un grand
nombre de lots ; que ces ventes amiables et multiples
qui peuvent s'étendre à tous les chefs de famille, bien
qu'aucun d'eux ne doive être considéré comme ayant un
droit quelconque à les obtenir, ont l'avantage de faire
participer au bien-être résultant de l'accroissement de
la somme des propriétés particulières chacun de ceux
qui profitaient personnellement de la jouissance commune ;

« Considérant, d'autre part, qu'il résulte des renseignements donnés par l'administration des contributions
directes que le prix d'estimation fixé par les experts
n'est pas éloigné de la valeur réelle des terrains dont
l'aliénation est demandée ;

« Que le délai accordé par chaque commune pour le
remboursement du prix principal des lots ne paraît pas
excessif, et que, en attendant, l'intérêt de ce prix devra
être payé au taux légal ;

« Que si ce prix est employé en acquisition de rentes
sur l'Etat au fur et à mesure des remboursements, il en
résultera pour les communes une ressource nouvelle qui
devra figurer en recette à leur budget ;

« Considérant enfin qu'à l'égard des lots dont l'aliénation ne pourrait avoir lieu conformément aux vues
indiquées par les conseils municipaux, au profit des acquéreurs dénommés dans leurs délibérations, il importe de
rentrer dans l'application des règles générales qui pres-

crivent la mise aux enchères des biens communaux à vendre ;

« Sont d'avis :

« 1° Que les propositions contenues dans les délibérations des conseils municipaux des communes de la Hoguette, de Vignats et de Lauraguel ne peuvent être autorisées comme partages de biens communaux ;

« 2° Qu'elles sont susceptibles d'être autorisées sous forme de ventes faites amiablement à plusieurs dans les termes indiqués par le projet d'ordonnance ci-joint ;

« 3° Que les lots à l'égard desquels les ventes amiables ne pourraient pas avoir leur effet doivent être mis aux enchères sur une mise à prix égale à l'estimation ;

« 4° Que le prix capital de ces ventes devra être employé en achat de rentes sur l'État au nom des communes venderesses. »

Le projet d'ordonnance royale, joint à cet avis, était ainsi conçu :

« Louis Philippe, Roi des Français, etc.

« Sur le rapport, etc.

« Art. 1er. La commune de la Hoguette (Calvados) est autorisée à vendre par lots, aux acquéreurs dénommés dans l'état visé par le maire le 31 juillet 1837, deux cent trente-cinq hectares trente-six ares de terrains communaux, moyennant la somme totale de trente mille quatre cent quarante et un francs soixante centimes, prix d'estimation, à la charge par chacun desdits acquéreurs de payer le prix principal de son lot en trois termes égaux dans un délai de 12 années, de servir l'intérêt légal de ce prix jusqu'au payement, d'acquitter les frais faits pour parvenir à la vente et en outre aux autres conditions réglées par les délibérations du conseil municipal, en date du 7 novembre 1836 et 31 juillet 1837 ;

« Art. 2. Les lots à l'égard desquels la vente à l'amiable ci-dessus autorisée n'aurait pas son effet seront vendus aux enchères publiques sur une mise à prix égale au montant de leur estimation.

« Art. 3. Le prix provenant des aliénations autorisées par les deux articles précédents sera, au fur et à mesure des payements, employé en acquisition de rentes sur l'Etat. »

La règle établie par l'avis du Conseil d'Etat du 21 février 1838 et celui du comité de l'intérieur du 16 mars suivant a été consacrée encore par un arrêt du Conseil en date du 26 avril 1844 (*commune de Cheminot*), qui porte que, « aux termes des lois en vigueur et depuis la loi du 21 prairial an IV, il ne peut plus y avoir lieu au partage des biens communaux. »

207. Mais du moins, en dehors du partage gratuit, il ne manquait pas de moyens variés pour tirer parti des biens communaux, suivant les besoins des populations, la nature des terrains, l'état de l'agriculture et la constitution des communes.

Ainsi la jouissance en commun pouvait être sagement réglementée, dans le cas où il paraissait nécessaire de la maintenir pour la nourriture des bestiaux, et le produit des taxes imposées aux habitants qui envoyaient leurs bestiaux au pâturage pouvait servir à faire des travaux de drainage ou d'irrigation, afin d'entretenir les pacages en bon état.

Dans le cas où il ne paraissait pas utile de maintenir la jouissance en commun, on pouvait recourir au bail ou à la vente, et là se présentaient diverses combinaisons.

On pouvait, pour l'amodiation, choisir entre le bail aux enchères publiques et l'attribution par lots de la jouissance des biens communaux, à chacun des chefs de famille, pour une durée de quinze ans ou davantage, jusqu'à trente au plus, et ce à charge de payer une redevance.

Pour l'aliénation, on pouvait également opter entre la vente aux-enchères publiques, et ce mode de procéder participant du partage et de la vente, qui consiste à attribuer en toute propriété, à chacun des chefs de famille habitant la commune, un lot de biens communaux, moyennant un prix qui se rapproche plus ou moins de la valeur actuelle des biens partagés (1).

Mais si les moyens de mise en valeur ne manquaient pas, l'initiative des autorités municipales, qui craignaient de troubler d'anciennes habitudes, faisait presque partout complétement défaut.

§ 5. — PROJETS ÉTUDIÉS DE 1837 A 1852. — LOI DU 19 JUIN 1857, SUR LES LANDES DE GASCOGNE. — LOI DU 28 JUILLET 1860, SUR LA MISE EN VALEUR DES MARAIS ET TERRES INCULTES.

208. Etendue considérable de terres laissées par les communes à l'état de friches. — 209. Vœux exprimés par les conseils généraux de 1836 à 1847. — Pétitions adressées aux Chambres. — 210. Projet présenté par le Gouvernement le 16 février 1848. — 211. Propositions soumises à l'Assemblée constituante. — Rapport de M. Tendret. — Propositions soumises à l'Assemblée législative. — Rapport de M. de Montigny. — Commencement de discussion. — 212. Résultats obtenus dans la pratique par plusieurs préfets. — Aliénations isolées de biens communaux. — 213. Loi du 19 juin 1857, sur les landes de Gascogne. — Son esprit. — Sa mise à exécution. — 214. Loi du 28 juillet 1860, sur la mise en valeur des marais et terres incultes. Esprit de la loi. — Ses dispositions. — La loi ne tend pas à supprimer radicalement la jouissance en commun. — 216. La loi ne contient pas une solution complète de la question des biens communaux. Lacunes qu'elle laisse subsister.

208. Le Gouvernement était vivement préoccupé de la stérilité d'une grande partie des biens communaux. Sans

(1) Il a été rendu un assez grand nombre d'ordonnances ou de décrets semblables à celui que proposait le comité de l'intérieur à la suite de son avis du 16 mars 1838.
Les traditions de l'administration, à cet égard, ont été constatées récemment dans le *Bulletin officiel du ministère de l'intérieur*, 1857, p. 25; — 1862, p. 312; — 1863, p. 67. Nous pourrions, en

doute on ne pouvait plus dire, comme le faisait le comte
d'Essuiles en 1770, que les terres vaines et vagues appartenant aux communes excédaient le dixième des fonds
propres à la culture; néanmoins, malgré les partages
opérés plus ou moins régulièrement à la suite de la loi
du 10 juin 1793, malgré les usurpations qui s'étaient
pratiquées avant et après l'ordonnance du 23 juin 1819,
malgré les aliénations et les amodiations de diverses espèces que les communes avaient opérées, il restait encore une étendue considérable de biens communaux qui
présentaient le triste spectacle signalé par le comte d'Essuiles et par La Poix de Fréminville avant 1789.

Voici en effet ce qu'écrivait, en 1831, au sujet des
communaux du département de la Creuse, M. Grellet-Dumazeau, conseiller à la cour de Limoges : «Nos communaux ne consistent pas seulement en bruyères, ils
présentent des pâturages précieux, et c'est là que se manifestent, de la manière la plus déplorable, les abus du
régime communal. Des ruisseaux ravinent le sol. Des
sources ne produisent que de dangereux bourbiers. Un
pillage presque continuel dépouille ces malheureux terrains de leurs gazons et de leurs engrais naturels. La
communauté entière vient y prendre sa terre à bâtir, et
y pratique des excavations qui ne se comblent jamais.
Les surfaces demeurées praticables aux voitures sont
sillonnées de chemins dans tous les sens, avec tout le
dédain, on pourrait dire toute la haine qu'inspirerait un
sol ennemi (1). Enfin si, malgré ces causes, le communal

outre, citer deux décrets adoptés par la section de l'intérieur du
Conseil d'Etat en 1861 et 1863. (11 mars 1861, *commune de Go-
naix;* — 20 janvier 1863, *commune de Balloy.*)

(1) Il est à notre connaissance qu'il existe encore aujourd'hui
des chemins vicinaux classés régulièrement avec une largeur de
60 à 80 mètres. Ces chemins traversent des communaux. Mais la
révision de ces classements ne peut tarder à être faite.

donne quelque chétive production, elle est livrée au pâturage de manière à la détruire plutôt qu'à en profiter. Le gros bétail, les bêtes à laine, les chèvres, les porcs et les oies y sont jetés pêle-mêle, les uns ravageant et infectant ce qui aurait pu être pâturé par les autres. Ajoutons que ce terrain ne produit rien du tout pour le particulier sage et soigneux qui craint de mêler son troupeau à tant d'animaux nuisibles ou suspects de maladies contagieuses. »

Cette peinture s'appliquait, avec des nuances qui variaient selon les pays, à une étendue de terrain qu'on a constamment évaluée, depuis trente ans, à environ 2,700,000 hectares, un peu plus de la moitié des propriétés communales.

L'intérêt des communes, celui des habitants, celui de l'État lui-même, ne permettaient pas de laisser frapper de stérilité une telle masse de terrains qui pouvaient apporter des ressources précieuses à l'alimentation publique.

209. En 1836, le Gouvernement avait consulté les conseils généraux sur les modifications qu'il convenait d'apporter à la législation qui régissait les biens communaux. Il avait de nouveau, en 1844 et 1846, appelé leur attention et demandé leur avis sur cette question.

Le plus grand nombre de ces conseils pensa que le meilleur moyen d'utiliser les biens communaux était de les amodier aux enchères, et qu'il était bon, pour vaincre l'inertie des conseils municipaux, de donner au Gouvernement le pouvoir d'ordonner d'office l'amodiation quand il le jugerait utile. 53 conseils généraux se prononçaient en ce sens ; quelques-uns étaient d'avis qu'à l'amodiation proprement dite, on pourrait utilement joindre les partages de jouissance.

Quant au partage du fonds des biens communaux entre

les habitants, soit à titre gratuit, soit même à titre onéreux, 51 conseils généraux repoussaient cette mesure.
12 seulement la demandaient, quelques-uns comme la
seule mesure praticable dans leur département, d'autres
comme utile à employer concurremment avec la vente ou
l'amodiation.

D'autre part, la Chambre des députés et la Chambre
des pairs étaient saisies de pétitions qui sollicitaient l'intervention du législateur. La Chambre des députés renvoya au ministre de l'intérieur les pétitions qui lui étaient
adressées, à la suite d'un remarquable rapport fait par
M. Rouland, à la séance du 27 mars 1847. La Chambre
des pairs, dans sa séance du 1er avril 1847, passa, au
contraire, à l'ordre du jour sur une pétition qui demandait que la moitié des biens communaux fût partagée
entre les habitants, et l'autre moitié amodiée. Mais la commission des pétitions avait reconnu l'importance de la
question ; M. le comte Daru avait insisté à cet égard dans
un discours où les abus de la jouissance commune étaient
signalés d'une manière très-énergique, et le ministre de
l'intérieur avait déclaré que le Gouvernement préparait
un projet de loi sur la matière.

210. Le Gouvernement présenta, en effet, le 16 février
1848, à la Chambre des députés, un projet de loi qui autorisait l'administration supérieure à ordonner d'office
l'amodiation des biens communaux, quand les conseils
municipaux, mis en demeure d'en tirer parti, s'y seraient
refusés. La décision devait être prise par une ordonnance
royale rendue en Conseil d'État. Mais la révolution de
1848 empêcha qu'il fût donné suite à ce projet.

211. La question de la mise en valeur des biens communaux fut encore soulevée devant l'Assemblée constituante et devant l'Assemblée législative.

Des propositions assez diverses, émanées de l'initiative parlementaire, furent faites à ces assemblées.

A la Constituante, M. de Champvans demandait le rétablissement de la faculté de partage gratuit telle qu'elle était donnée par la loi du 10 juin 1793. M. Huot voulait faire affermer aux enchères un cinquième des biens communaux susceptibles d'être cultivés, et faire opérer pour le surplus un partage de jouissance périodiquement renouvelable entre les chefs de famille domiciliés dans la commune. Le comité d'administration départementale et communale, dont M. Tendret était l'organe, repoussait d'une manière absolue l'idée du partage des biens communaux, comme violant le droit de la commune, être moral, et des générations à venir. Il écartait même la pensée d'aliéner les biens communaux, tant qu'ils n'auraient pas été mis en valeur, à moins d'une nécessité impérieuse résultant de circonstances spéciales. Il proposait de mettre les conseils municipaux en demeure de cultiver, planter en bois ou amodier les biens communaux, et, en cas de refus de leur part, de donner aux préfets le pouvoir de les y contraindre, après avoir pris l'avis du conseil général. Afin de ménager les intérêts des habitants, en cas d'amodiation, la mise en ferme devait avoir lieu, pour la première fois, non pas aux enchères, mais par voie d'allotissement entre tous les chefs de famille (1).

Devant l'Assemblée législative, MM. Fayolle, Guisard et Moreau proposèrent d'autoriser les communes et sections de commune à choisir entre le partage et l'amodiation de leurs terres incultes. Ils ne demandaient d'ailleurs pas, pour le partage, la remise en vigueur pure et simple de la loi de 1793, comme l'avait fait M. de Champvans : ils avaient apporté au système de cette loi des mo-

(1) Rapport déposé à la séance du 28 août 1848.

difications sensibles. Le partage ne pouvait être décidé que par la majorité, soit du conseil municipal, soit de l'assemblée des chefs de famille habitants des sections, et devait avoir lieu par feux; les copartageants étaient assujettis au payement d'une redevance pendant vingt ans. Néanmoins cette proposition ne fut pas prise en considération, à la suite d'un rapport de M. de Montigny (1). Un autre projet présenté par M. Dufournel, et qui tendait à l'amodiation forcée du cinquième des terres incultes, fut également l'objet d'un rapport de M. de Montigny. La commission y substitua un projet plus large, qui comprenait tous les moyens d'utiliser les biens communaux, sauf le partage, et donnait au conseil général le pouvoir que les précédents projets avaient donné au Gouvernement ou au préfet, de contraindre les communes à supprimer la jouissance en nature quand elle n'était pas utile, et à mettre les terrains communaux en valeur (2). Ce projet fut soumis à un commencement de discussion dans les séances des 4 et 6 janvier 1851. La majorité de l'Assemblée repoussa la pensée d'investir le conseil général du droit de prononcer sur le mode de jouissance ou de mise en valeur des biens communaux, et renvoya le projet à la commission pour une nouvelle étude. Les circonstances empêchèrent que la discussion se rouvrît avant la dissolution de l'Assemblée. Aucun de ces projets n'avait pu aboutir.

212. Il ne serait pas exact de dire que, pendant ces discussions, la mise en valeur des terres vaines et vagues des communes n'ait fait aucun progrès dans la pratique. D'une part, l'initiative intelligente et la persévérance des préfets de plusieurs départements avait, à diverses

---

(1) Rapport déposé à la séance du 5 février 1850.
(2) Rapport déposé à la séance du 26 juillet 1850. — Projet rectifié déposé le 24 décembre 1850.

époques, amené un grand nombre de conseils municipaux
à amodier les biens communaux. Nous pouvons citer notamment le département de la Côte-d'Or, qui donnait cet
exemple dès 1845, sous l'administration de M. Chaper,
puis les départements du Doubs, du Puy-de-Dôme, de
la Haute-Saône, de la Somme.

D'autre part, chaque année, un certain nombre de
communes, poussées par la nécessité de réaliser des
ressources afin d'exécuter des travaux qui avaient
pour elles un intérêt considérable, par exemple, afin
de créer des chemins vicinaux, ou de bâtir des maisons d'école, des églises, etc., ont aliéné des terres
vaines et vagues dont elles ne tiraient aucun revenu (1).

Mais c'est à peine si, grâce à l'action de ces deux
causes, 50 à 60,000 hectares de biens communaux
avaient été enfin arrachés à leur stérilité séculaire.

213. Néanmoins, l'état de choses auquel les projets
que nous avons énumérés avaient pour but de remédier
était trop fâcheux pour que le Gouvernement de l'Empereur ne s'appliquât pas à résoudre une question depuis si
longtemps pendante.

D'abord une mesure spéciale a été prise pour l'assainissement et la mise en valeur des immenses solitudes
qui formaient la majeure partie du département des

(1) D'après les renseignements que vient de recueillir le ministère de l'intérieur, l'étendue des biens communaux qui ont été
aliénés de 1852 à 1862 peut être évalué en moyenne chaque année
de 3,000 à 4,000 hectares.

Il y a certains départements dans lesquels l'étendue des propriétés communales n'a presque pas varié. Voici l'énumération de
ceux où l'étendue des terrains aliénés dépasse 400 hectares.

Ain	493	Eure	1,190	Pyrénées (Hautes-)	604
Allier	2,000	Finistère	800	Saône-et-Loire...	757
Alpes (Basses-)..	3,036	Garonne (Haute-)	4,365	Seine	482
Ardèche	600	Manche	1,506	Tarn	1,457
Calvados	611	Mayenne	1,489	Vaucluse	1,245
Cantal	400	Morbihan	5,290	Yonne	1,200
Côtes-du-Nord...	5,540	Oise	800		
Corrèze	524	Puy-de-Dôme...	545		

Landes et une partie du département de la Gironde. La loi du 19 juin 1857 a décidé que, dans ces deux départements, les terrains communaux actuellement soumis au parcours du bétail seraient assainis, et ensemencés ou plantés en bois aux frais des communes ; et que, en cas d'impossibilité ou de refus de la part des communes de procéder à ces travaux, il y serait pourvu aux frais de l'Etat, qui se rembourserait de ses avances sur le produit des coupes et des exploitations (art. 1 et 2). Elle disposait en outre que les parcelles de terrains communaux qui seraient susceptibles d'être mises en culture seraient, après avoir été assainies, vendues ou affermées par la commune et que les avances qui auraient été effectuées par l'Etat seraient prélevées sur le prix (art. 4).

Le succès de cette loi spéciale a conduit à généraliser la mesure. Loin de paralyser, comme on pouvait le craindre, l'exécution d'une loi qui ne peut apporter des bienfaits qu'en troublant d'anciennes habitudes, les conseils municipaux des communes des Landes et de la Gironde ont apporté à l'administration supérieure un concours empressé et pris l'initiative de l'aliénation d'un tiers de leurs propriétés pour se procurer les ressources nécessaires à l'amélioration du surplus de leurs biens (1), en sorte que, dans beaucoup de cas, l'Etat n'a eu d'autres déboursés à faire que ceux des frais de rédaction des projets et de direction des travaux.

(1) Il faut noter ici que l'aliénation des propriétés communales n'a pas toujours eu lieu dans les conditions que nous avons déjà indiquées. On a eu souvent recours soit à la vente proprement dite, soit à la concession aux habitants, en divisant les biens en autant de lots qu'il y avait d'habitants chefs de ménage; mais, dans le département des Landes notamment, où les ressources étaient rares, on a cru que le meilleur moyen de trouver les capitaux dont les communes avaient besoin pour assainir et améliorer le surplus de leurs propriétés, c'était de faire les concessions en proportionnant l'étendue des lots au montant de la contribution foncière payée par chaque habitant.

214. Le Gouvernement a cru pouvoir conclure de l'expérience faite dans les Landes, qu'il ne rencontrerait plus dans les conseils municipaux cette force d'inertie qui, pendant si longtemps, avait entravé toute amélioration dans la situation des biens communaux, et qu'en offrant aux communes le concours des fonds du Trésor public et celui de la science des ingénieurs de l'État pour les travaux d'assainissement, de reboisement et de défrichement des terres incultes, on pourrait obtenir, sinon une transformation complète de ces biens, au moins les progrès que l'intérêt public devait faire le plus vivement désirer.

Cette pensée, indiquée dans la lettre impériale du 5 janvier 1860, a été réalisée dans la loi du 28 juillet 1860. Cette loi ne touche pas à l'ensemble des biens communaux. Elle n'est relative qu'aux marais et aux terres incultes. Le Gouvernement avait même présenté un projet plus restreint que celui qui est sorti des délibérations du Corps législatif. Il ne songeait d'abord qu'à consacrer une somme de dix millions aux travaux nécessaires pour dessécher, assainir, rendre propres à la culture ou planter en bois les marais et les terres incultes. Mais la commission chargée d'examiner ce projet de loi a craint que les dépenses faites par l'Etat ne fussent perdues si les communes restaient absolument libres de disposer des terrains desséchés et assainis aux frais du Trésor. Elle a cru en outre qu'il serait fâcheux de ne pas saisir cette occasion de mettre les conseils municipaux en demeure d'utiliser les biens communaux, et de donner à l'administration supérieure, en cas de refus ou d'inertie de leur part, le pouvoir d'ordonner l'amodiation des terrains que les travaux dirigés ou effectués par l'Etat auraient rendus propres à la culture. C'est de la combinaison de ces deux pensées qu'est sortie la loi du 28 juillet 1860 dont les dispositions sont ainsi conçues :

« Art. 1er. Seront desséchés, assainis, rendus propres à la culture ou plantés en bois les marais et les terres incultes appartenant aux communes, ou sections de commune, dont la mise en valeur aura été reconnue utile.

« Art. 2. Lorsque le préfet estime qu'il y a lieu d'appliquer aux marais ou terres incultes d'une commune les dispositions de l'article 1er, il invite le conseil municipal à délibérer :

« 1° Sur la partie des biens à laisser à l'état de jouissance commune ;

« 2° Sur le mode de mise en valeur du surplus ;

« 3° Sur la question de savoir si la commune entend pourvoir par elle-même à cette mise en valeur.

« S'il s'agit de biens appartenant à une section de commune, une commission syndicale, nommée conformément à l'article 3 de la loi du 18 juillet 1837, est préalablement consultée.

« Art. 3. En cas de refus ou d'abstention par le conseil municipal, comme en cas d'inexécution de la délibération par lui prise, un décret impérial rendu en Conseil d'État, après avis du conseil général, déclare l'utilité des travaux et en règle le mode d'exécution. Ce décret est précédé d'une enquête et d'une délibération du conseil municipal prise avec l'adjonction des plus imposés.

« Art. 4. Les travaux sont exécutés aux frais de la commune ou des sections propriétaires.

« Si les sommes nécessaires à ces dépenses ne sont pas fournies par les communes, elles sont avancées par l'Etat, qui se rembourse de ses avances, en principal et intérêts, au moyen de la vente publique d'une partie des terrains améliorés, opérée par lots, s'il y a lieu.

« Art. 5. Les communes peuvent s'exonérer de toute répétition de la part de l'Etat, en faisant l'abandon de la moitié des terrains mis en valeur.

« Cet abandon est fait, sous peine de déchéance, dans l'année qui suit l'achèvement des travaux.

« Dans le cas d'abandon, l'Etat vend les terrains à lui délaissés, dans la forme déterminée par l'article précédent.

« Art. 6. Le découvert provenant des avances faites par l'État pour l'exécution des travaux prescrits par la présente loi ne pourra dépasser en principal la somme de dix millions.

« Art. 7. Dans les cas prévus par l'article 3 ci-dessus, le décret peut ordonner que les marais ou autres terrains communaux soient affermés.

« La durée du bail ne peut excéder 27 ans.

« Art. 8. La loi du 10 juin 1854, relative au libre écoulement des eaux provenant du drainage, est applicable aux travaux qui seront exécutés en vertu de la présente loi.

« Art. 9. Un règlement d'administration publique déterminera:

1° Les règles à observer pour l'exécution et la conservation des travaux;

2° Le mode de constatation des avances faites par l'État, les mesures propres à assurer le remboursement en principal et intérêts, et les règles à suivre pour l'abandon des terrains que le premier paragraphe de l'article 5 autorise la commune à faire à l'Etat;

3° Les formalités préalables à la mise en vente des portions de terrain aliénées en vertu des articles qui précèdent;

4° Toutes les autres dispositions nécessaires à l'exécution de la présente loi. »

Le règlement d'administration publique prévu par l'article 9 de la loi a été rendu à la date du 6 février 1861 et le ministre de l'agriculture, du commerce et des travaux publics en a commenté les dispositions dans une circulaire en date du 24 mai suivant. La loi a déjà reçu un commencement d'exécution dans certains départements (1).

215. Il importe de remarquer, pour faire bien saisir la portée de la loi, qu'elle n'a pas entendu supprimer d'une manière absolue la jouissance en commun. Loin de prendre une mesure aussi radicale, elle appelle expressément, dans l'article 2, le conseil municipal à délibérer sur la partie des biens à laisser à l'état de jouissance commune, et, dans son rapport fait au nom de la commission du Corps législatif chargée d'examiner le projet de loi, M. du Miral exposait dans les termes suivants l'esprit de cette disposition :

« Il existe dans la condition des terrains communaux, non-seulement dans nos diverses provinces, mais même dans chaque commune, des différences infinies ; on ne saurait les soumettre à un mode uniforme de transformation.

« La suppression des pâturages sera loin d'être constamment possible ; il est des contrées où elle serait désastreuse, d'autres où elle est impraticable ; elle ne sera pas d'ailleurs toujours nécessaire pour réaliser des améliorations sensibles ; il est des cas nombreux dans lesquels leur conservation s'y prêtera. Ce régime est, en effet, susceptible, dans beaucoup de lieux, d'innovations avantageuses : l'institution des pâtres communs, la limitation des têtes de bétail, l'établissement des taxes de pâturage.

(1) On sait que, en outre, il a été rendu, à la même date du 28 juillet 1860, une loi qui a pour objet d'encourager ou de faire exécuter d'office le reboisement des montagnes. Cette loi a déjà permis de reboiser une certaine étendue de biens communaux placés sur le sommet ou la pente des montagnes, notamment dans les départements de la Lozère et du Puy-de-Dôme.

« On pourra souvent, à l'aide de ces taxes, mettre et entretenir à peu de frais, en bon état, ces pâturages, y assurer le libre écoulement et la bonne distribution des eaux.

« Ainsi réglée, la pâture commune, là où le sol n'est pas susceptible d'être livré à une culture profitable, n'aura que des avantages. »

216. D'autre part, il faut dire que le pouvoir de coërcition donné au Gouvernement par l'article 7, pour amener l'amodiation des terrains communaux, ne s'applique qu'au cas où il aurait été fait, en exécution de la loi, des travaux d'assainissement ou de dessèchement, et que, pour les terrains qui peuvent être cultivés sans qu'on ait besoin d'opérer préalablement des travaux de cette nature, la législation ancienne, qui réserve l'initiative de l'amodiation au conseil municipal, n'a pas été modifiée (1).

La loi ne contient donc pas une solution complète de la question de la mise en valeur des biens communaux. C'est, du reste, avec intention que le législateur a restreint de cette manière la portée des nouvelles mesures; il a pensé qu'en allant pas à pas, en ne voulant pas tout régler à la fois, on obtiendrait plus sûrement des résultats sérieux.

Mais il est un autre point sur lequel la loi est encore plus incomplète, d'après les indications données dans le rapport déjà cité de l'honorable M. du Miral, c'est en ce qui concerne les biens des sections de commune, dans les départements montagneux du centre de la France où les sections sont très-nombreuses; et ces biens forment précisément la plus grande partie des terres incultes à

(1) C'est ainsi, du reste, que la loi a été interprétée par le ministre de l'intérieur, d'accord avec le ministre de l'agriculture, du commerce et des travaux publics, ainsi que le constate une décision insérée au *Bulletin officiel du ministère de l'intérieur*, 1863, p. 67. n° 17.

mettre en valeur. Dans l'opinion de la commission, les mesures nouvelles ne peuvent être qu'exceptionnellement appliquées à cette catégorie des biens communaux ; le partage entre les habitants est la seule mesure qui permette de les arracher à la stérilité et de les mettre en valeur. Elle a émis en conséquence le vœu que la loi fût complétée dans ce sens.

Il nous reste maintenant à insister sur ce dernier point.

---

§ 6. — NOUVELLES MESURES PROPOSÉES POUR LES BIENS DES SECTIONS DE COMMUNE. — DU PARTAGE DE CES BIENS ENTRE LES HABITANTS.

217. Exposé des faits spéciaux aux biens des sections de commune dans les départements où elles sont très-nombreuses. — Analyse du rapport de M. du Miral. — 218. Nécessité de mesures particulières pour les sections, afin de concilier l'intérêt des habitants avec l'intérêt des communes. — 219. Amendements proposés par la commission du Corps législatif en 1860, et tendant à autoriser le partage des biens des sections entre les habitants.— 220. Vœux des conseils généraux des départements de la Creuse, de la Haute-Vienne, et de plusieurs départements voisins. — Opinions de plusieurs publicistes. — 221. Discussion de ces opinions. — Position de la question. — 222. Du partage à titre gratuit. Raisons qui s'y opposent. — 223. Du partage à titre onéreux. — Objections faites à ce système. — 224. Réponses à ces objections. Il s'agit d'une mesure spéciale motivée par un état de choses exceptionnel. — 225. Nécessité de procurer une compensation aux habitants qu'on priverait des pâturages communs. — 226. Embarras qui résultent de la nécessité de respecter les droits propres de sections très-nombreuses sur le produit des biens amodiés ou aliénés. — 227. Discussion des bases du partage. — Partage par feux. — Partage moitié en raison de la contribution foncière, moitié en raison du nombre des membres de la famille. — 228. Résumé et conclusion.

217. Le rapport présenté par l'honorable M. du Miral, au nom de la commission chargée d'examiner le projet de loi qui est devenu la loi du 28 juillet 1860, est le premier document législatif dans lequel l'attention ait été appelée sur la situation particulière des biens des sections de commune dans les départements montagneux du centre de la France.

Il ÿ a des départements, et c'est le plus grand nombre, nous l'avons vu dans le chapitre III, où les sections de commune ne sont qu'une exception ; celles qui existent dans ces pays se sont formées ordinairement par suite de la modification des circonscriptions communales depuis 1789. Il y en a d'autres, au contraire, où la division des biens communaux entre un très-grand nombre de villages est la règle. Cet état de choses remonte à la constitution de la propriété communale, ainsi qu'on en trouve la preuve dans les coutumes d'Auvergne et de la Marche. Nous n'avons pas besoin de revenir sur ce point (1).

Jamais jusqu'alors ces faits n'avaient été signalés avec quelques développements dans les assemblées législatives. D'ailleurs, ainsi que nous l'avons déjà indiqué, l'administration centrale n'avait pas encore dressé une statistique officielle des sections et de leurs biens. Plusieurs conseils généraux, ceux des départements du Cantal, de la Corrèze, de la Creuse, du Puy-de-Dôme, de la Haute-Loire et de la Haute-Vienne avaient, il est vrai, signalé, dès 1836 et 1843, l'existence d'un nombre considérable de sections qui étaient propriétaires de biens communaux à l'exclusion des communes dont elles faisaient partie, et quelques-uns d'entre eux avaient même demandé des mesures spéciales pour leurs départements, à raison de ces faits spéciaux (2). Mais le Gouvernement ne paraissait pas avoir tenu compte de ces vœux, et les auteurs des projets de 1848, 1849 et 1850 ne s'en étaient pas non plus préoccupés.

La commission du Corps législatif chargée d'examiner le projet de loi de 1860 comptait, parmi ses membres, plusieurs députés des départements du centre de la France entre autres l'honorable M. du Miral, député du Puy-de

(1) Voir chapitre Ier, p. 51.
(2) Nous avons cité ces vœux, p. 103, et p. 157 et 158.

Dôme et membre du conseil général de la Creuse. C'est à cette circonstance que l'état des biens communaux dans ces départements a dû d'être enfin mis en lumière.

Dans l'exposé des faits placé au début de son rapport, M. du Miral s'applique à établir que les terres vaines et vagues appartenant aux communes et sections sont très-inégalement réparties entre les divers départements de la France, et que la plupart de ceux qui en renferment une étendue considérable dépendent des grandes chaînes de montagnes, présentent en totalité ou en partie le caractère montueux, et reposent, presque invariablement dans d'inégales proportions, sur une base granitique. Nous n'avons pas besoin de revenir sur les chiffres qu'il présente à ce sujet, après les détails que nous avons donnés à la fin du chapitre sur *la statistique des sections* (1).

Puis il caractérise en ces termes la situation agricole de ces pays : « Il est une autre observation qui ne sera contestée par personne, et que révèlent d'ailleurs avec une suffisante puissance les chiffres ci-dessus rappelés : c'est que la constitution géologique du plus grand nombre des trente-deux départements que nous avons énumérés a produit, dans l'ordre agricole, comme conséquence nécessaire, le régime pastoral.

« Il faut donc tenir pour certain que les pâturages communaux, là où ils atteignent un certain degré d'importance relative, se relient intimement à ce régime pastoral dont ils sont l'expression primitive, et qu'ils sont comme lui la conséquence de l'infertilité du sol.

« Cela est si vrai que dans les départements du Puy-de-Dôme, de la Corrèze, de l'Isère (pour ne citer que ceux-là), composés de sols différents, de montagnes granitiques pour la plus grande partie, et, pour le surplus, d'alluvions fécondes ou de coteaux calcaires, il n'y a de communaux que dans le granit, et que, s'ils apparaissent parfois en dehors, ce n'est que dans une minime proportion.

« Cette nature granitique du sol n'a pas seulement engendré le régime pastoral et le pâturage promiscu, elle a eu en outre pour résultat non moins invariable, la dispersion des habitations et des exploitations rurales, la création de nombreux hameaux d'une population restreinte, une constitution physique spéciale de la commune. Celle-ci n'y est, en effet, jamais formée que par l'agrégation d'une multitude de villages ; son chef-lieu ne renferme souvent que l'église, le presbytère et quelques maisons ; on n'y rencontre point les agglomérations propres aux pays plus favorisés, où la densité de la population se lie à l'intensité de la culture. Au point de vue du sujet qui nous occupe, une conséquence importante de cette division des communes en villages ou sections, c'est que les pâturages communaux n'appartiennent pas à la commune tout entière, mais, sauf de bien rares exceptions, aux sections qui la composent ; c'est ce qu'attestent plusieurs délibérations de conseils généraux et de nombreux documents administratifs, conformes en cela aux notions personnelles de plusieurs de vos commissaires (1).

« Nous n'avons plus qu'un dernier fait à mettre en lumière ; il résume la différence profonde qui existe, sous le rapport des biens communaux, entre les contrées pastorales, où la moyenne de ces biens est par département

(1) On a vu, en effet, dans le chapitre III, que, dans les départements de l'Aveyron, du Cantal, de la Corrèze, de la Creuse, de la Loire, de la Haute-Loire, de la Lozère, du Puy-de-Dôme et de la Haute-Vienne, le nombre des sections varie entre 500 et 4,000.

de plus de 100,000 hectares, et les régions plus nombreuses où cette moyenne descend à 6,000 et à 1,400 hectares.

« Dans ces dernières, où le bétail, en général, est abondamment nourri par les prairies artificielles et par les racines, où règne la stabulation permanente, le communal n'a aucune raison d'être, sa surface limitée n'y permettrait la dépaissance utile que d'une bien minime portion du bétail des habitants ; il n'est pas là l'annexe de la propriété privée ; on l'y abandonne volontiers à la vache ou à la chèvre du journalier.

« Mais il en est tout autrement dans les pays pastoraux ; là les pâtures communales, qui existent fréquemment dans la proportion du quart des propriétés particulières, sont pour elles une dépendance utile ; elles sont prises en sérieuse considération pour la fixation du prix et de la valeur dans les acquisitions, dans les partages ; le gros bétail y vit souvent ; les troupeaux de bêtes à laine, sans le fumier desquelles la culture des céréales deviendrait en partie impossible, y prennent habituellement leur nourriture.

« Les quelques communaux qui existent encore dans les régions fertiles ne représentent presque jamais, pour une commune, une valeur un peu importante ; dans les régions pastorales, au contraire, les sections réunies d'une agglomération communale en possèdent souvent pour plus d'un demi-million et quelquefois bien au delà. »

218. Et, plus loin, expliquant les amendements que la commission avait proposés et insistant sur la pensée qu'il était utile d'autoriser et d'inviter même les conseils municipaux, non-seulement à amodier et à vendre les biens communaux, mais aussi à les partager, il expose que c'est principalement en vue des communaux appartenant aux sections de commune que la commission a cru devoir proposer d'autoriser le partage.

« Il est sans doute possible, dit-il, d'assainir, de planter en bois les biens des sections de commune, comme ceux des communes elles-mêmes, et de soumettre les uns et les autres à des modes identiques de transformation matérielle. Mais il en est tout autrement des modes indirects de mise en valeur, qui, on ne doit pas l'oublier, sont presque invariablement préférables. »

Ici, il explique que, dans sa pensée, et à raison tant de la constitution propre des sections de commune que de l'étendue des biens agglomérés entre leurs mains, on ne pourrait utilement ni vendre, ni affermer les biens qui leur appartiennent, et qu'il faut recourir, pour les utiliser, au partage, moyennant des redevances annuelles, temporaires ou perpétuelles.

Il expose, en outre, que les bases du partage peuvent donner lieu à des difficultés; que, selon la commission, le partage par feux et le partage en raison de l'étendue des propriétés ne peuvent être admis, le premier, parce qu'il blesse les droits acquis, le second, parce qu'il ne ménage pas assez les intérêts des familles nombreuses et qu'il est préférable d'adopter un système mixte, à savoir: de tenir compte, dans la formation des lots, pour moitié de la contribution foncière et pour moitié du nombre des personnes de chaque famille.

On sait que les amendements de la commission n'ont pas été accueillis par le Conseil d'État, qui a cru devoir ajourner l'examen définitif de la question du partage.

En terminant son rapport, M. du Miral indiquait le véritable point de vue auquel on devrait se placer pour résoudre cette question.

Il nous paraît utile de reproduire ici les explications qu'il donne au sujet des difficultés que présente « l'antagonisme des intérêts, plus opposés pourtant en apparence qu'en réalité, de l'être moral ou de la caisse municipale, et des habitants qui jouissent des pâturages.

« Le premier de ces intérêts, dit-il, qui n'existait pas à l'origine, contre lequel semble protester la définition des biens communaux donnée par la loi de 1793 et l'article 542 du Code Napoléon, dont on ne s'était jamais préoccupé avant la fin du siècle dernier, a, depuis le commencement de celui-ci, pris une importance que personne ne saurait nier et que votre commission se plaît à reconnaître. La civilisation nouvelle a créé des besoins nouveaux qui doivent être satisfaits; ils ne le sont, dans beaucoup de communes, qu'au moyen d'impositions extraordinaires, non moins lourdes que regrettables.

« Si cet intérêt a été trop longtemps négligé, s'il est au plus haut degré digne de sollicitude, il ne faudrait pas cependant que l'administration, dont c'est la tendance, lui accordât trop exclusivement son attention et ses préférences.

» On ne doit pas méconnaître que les besoins administratifs, qui ont un caractère universel, sont indépendants de la propriété communale et s'acquittent au besoin par les contributions des propriétés particulières.

« Quant au second de ces intérêts, celui des habitants, il est bien loin de présenter la même uniformité; insignifiant, ainsi que nous l'avons vu, dans beaucoup de cas, il atteint dans de certaines contrées une importance de premier ordre.

« La solution la meilleure, la solution vraie n'est pas dans le sacrifice ou dans le triomphe exclusif de l'un ou l'autre de ces intérêts; elle est bien plutôt dans leur conciliation, et cette conciliation est presque toujours possible.

« Pour la réaliser sagement, il faut partir de ce double principe: 1° que les besoins administratifs certains doivent habituellement être satisfaits à l'aide des biens communaux plutôt qu'à l'aide d'impôts extraordinaires; 2° que les habitants qui jouissent de ces biens ne doivent pas en être dépossédés, lorsque cette jouissance a de l'importance, sans obtenir une compensation équivalente à cette jouissance.

« Lorsque les attributions faites à la caisse communale ne dépassent pas les besoins sérieux, et qu'il s'agit de biens de communes, les habitants propriétaires n'ont, dans la réalité, aucun motif de se plaindre; car cette attribution les exonère d'autant de leur part contributive dans les impôts extraordinaires; les prolétaires, qui jouiraient seuls, par la tolérance et l'indifférence de leurs concitoyens, des biens dont la transformation opère la dévolution à l'être collectif, sont alors les seuls qui en puissent souffrir; il ne peut s'agir, en ce qui les concerne, de droit, mais seulement d'humanité; ce dernier intérêt doit être sacré pour l'administration ; de nombreux moyens permettent de le satisfaire.

« La situation n'est pas aussi simple en ce qui concerne les biens des sections, par le double motif que l'être moral n'a pas de droit sur ces biens (1), et que les propriétés communales des diverses sections ne sont pas dans un rapport exact avec celui des propriétés privées de leurs habitants; mais on remédie à cette inégalité en faisant contribuer les sections aux dépenses communales au prorata des contributions que paye le territoire, entier de chacune d'elles.

« Il est une autre remarque importante, c'est que si l'équivalent de jouissance dont nous avons posé plus haut le principe peut, sans inconvénients, se faire, sous une

(1) M. du Miral parle sans doute ici de l'être moral *commune;* mais il ne nie pas que les sections constituent des êtres moraux.

forme ou sous une autre, dans les contrées où le communal ne fait pas partie intégrante des exploitations privées, il ne saurait en être de même là où il a incontestablement ce caractère; car un rachat mobilier de la jouissance ne saurait empêcher la perturbation agricole que la cessation de cette jouissance y causerait; c'est pour cela que le partage est, suivant nous, habituellement indispensable, au point de vue agricole, dans les pays pastoraux divisés en sections, et que la consolidation de la jouissance sur le tout, en pleine propriété sur une partie, permet seule d'éviter cette perturbation.

« Ce qui domine toutes ces observations, c'est que la transformation des communaux doit, avant tout, être équitable; c'est qu'en augmentant notablement leur valeur et leur production, elle doit permettre de satisfaire plus largement les divers intérêts qui peuvent s'en disputer l'utilité; c'est qu'au moyen de cette augmentation de ressources, une administration intelligente et conciliante peut tout satisfaire sans rien sacrifier. »

219. Le projet de loi présenté par la commission du Corps législatif à titre d'amendement et qui n'a pas été accepté par le Conseil d'État était ainsi conçu:

« Art. 1er. Lorsqu'il n'y a pas de meilleur moyen de mise en valeur, le partage peut être ordonné sur la demande des intéressés.

« Il se fait administrativement entre les ayants-droit, sur la double base de la contribution foncière et du nombre des personnes de la famille, par moitié pour chaque base.

« Art. 2. Les lots sont faits par attribution; ils comprennent la double part afférente à la contribution et au nombre; ils appartiennent en propre au chef de famille.

« Chaque part peut être grevée, suivant les besoins des communes, même alors que les biens appartiennent privativement à des sections, de redevances annuelles, temporaires ou perpétuelles, au profit de la caisse communale.

« Art. 3. N'est admissible au partage que le propriétaire ayant feu dans la commune ou la section; s'il n'est pas domicilié, il ne prend part qu'en proportion de sa contribution foncière.

« Sont comptés comme membres de la famille tous ceux qui ont même ménage et domicile, à l'exception des serviteurs et autres salariés. »

220. Ce projet était conforme aux vœux exprimés depuis de longues années par le conseil général du département de la Creuse, sauf que ce conseil général subordonnait l'obligation du payement d'une redevance pour les copartageants au cas où les communes auraient des besoins extraordinaires, et n'admettait que des redevances temporaires.

Voici en effet le vœu que ce conseil exprimait dans la session de 1853: « Le conseil émet le vœu que les mesures suivantes soient adoptées au sujet des biens communaux :

« Partage moitié au prorata de la contribution foncière, moitié par feux et par familles, mais dans la proportion du nombre des personnes qui les composent;

« Lots d'attribution faits dans la forme administrative, comprenant la part afférente à la contribution et celle afférente à la famille.

« Exception facultative : 1° pour les biens actuellement affermés, dont le revenu est versé dans la caisse municipale ; 2° pour ceux qui constituent plutôt des places et des aisances que des pacages.

« Faculté, *dans le cas où les communes auraient des besoins d'une importance exceptionnelle*, 1° de vendre, pour la satisfaction de ces besoins, une portion des communaux qui, dans aucun cas, ne pourrait excéder le cinquième ; 2° de soumettre, dans le même but, à une redevance annuelle qui ne pourrait excéder vingt années, les lots attribués aux habitants, en vertu de délibérations des conseils municipaux approuvées par le conseil général.

« Possibilité de laisser sous le régime forestier les communaux qui y sont déjà soumis, ou de soumettre à ce régime les portions de ces biens qui ne paraissent pas susceptibles d'une destination aussi profitable que le reboisement. »

Dans la session de 1862, le conseil général a renouvelé ce vœu, qu'il avait plusieurs fois reproduit depuis 1853. Voici les termes de sa délibération :

« Le conseil, convaincu, par l'impuissance des efforts tentés dans le département pour l'application de la loi du 28 juillet 1860, que cette loi ne peut y produire de résultat utile et que son inefficacité tient essentiellement à ce que la presque universalité des communaux appartiennent à des sections de commune, demande qu'une loi autorise le partage de ces biens entre les intéressés sur les bases et aux conditions indiquées dans ses précédentes délibérations. »

De son côté, le conseil général du département de la Haute-Vienne, dont nous avons eu à examiner les vœux quand nous avons étudié la constitution des sections de commune, a, dans plusieurs sessions, demandé le partage *à titre gratuit* et par feux des biens communaux appartenant aux sections, et l'on se souvient que ce département est un de ceux où les sections sont le plus nombreuses.

Dans sa session de 1857, il s'exprimait ainsi :

« Le conseil exprime le vœu :

« 1° Qu'une loi nouvelle ordonne immédiatement le *partage en nature* de tous les biens composant le domaine *communal* des sections ou villages ;

2° Que cette loi reconnaisse et proclame le droit distinct et exclusif des *sections de commune* aux biens qui leur appartiennent, et repousse, en conséquence, toute forme de prélèvement au profit de la commune entière sur les communaux de la section ;

« 3° Que le partage soit fait par feux existants depuis un an au moins avant la promulgation de la loi ;

« 4° Que la licitation remplace le partage en nature chaque fois que le résultat du partage sera d'attribuer à chaque ayant-droit une part inférieure à 15 ares ;

5° Que les partages effectués déjà soient maintenus, et les servitudes acquises respectées ;

« 6° Enfin que les terrains communaux appelés *courtillages* soient laissés dans l'indivision, comme nécessaires à toutes les exploitations particulières. »

Dans sa session de 1862, il s'est encore référé à ce vœu.

Plusieurs autres conseils généraux des départements voisins, ceux des départements du Cantal, de la Corrèze, de la Haute-Loire, s'étaient prononcés, à diverses époques, en faveur du partage pour les biens des sections ; ils n'ont pas reproduit leurs vœux à cet égard dans ces dernières années.

Le conseil général du Puy-de-Dôme, dans sa session de 1843, avait été divisé d'opinions sur le point de savoir si, en écartant le partage pour les biens des communes, on devait l'admettre pour les biens des sections. Dans sa session de 1844, il a repris la question et la majorité s'est prononcée contre le partage.

L'idée du partage des biens des sections de commune entre leurs habitants a été également soutenue dans divers travaux publiés dans les départements de la Haute-Vienne et de la Creuse.

Nous pouvons citer notamment les travaux de M. Fressinaud-Saint-Romain, membre du conseil général du département de la Creuse, et de M. Louis Dessalles, avocat à la cour de Limoges, dont nous avons déjà eu occasion d'examiner certaines théories (1).

221. Tel est l'état de la question. Pour l'examiner avec l'attention spéciale qu'elle mérite, nous avons à rechercher : 1° s'il est vrai qu'on ne puisse pas, dans les départements montagneux du centre de la France, tirer un parti utile des biens des sections de commune, en satisfaisant aux intérêts légitimes des habitants, par les moyens de mise en valeur ou de transformation qu'autorise la législation actuellement en vigueur, et s'il faut arriver à autoriser le partage, soit à titre gratuit, soit à titre onéreux ; 2° en cas d'affirmative, quelles devraient être les bases du partage.

Nous n'avons pas besoin de dire qu'il n'est pas question d'appliquer ces mesures aux bois communaux soumis au régime forestier. L'article 92 du Code forestier dispose que la propriété des bois communaux ne peut jamais donner lieu à aucun partage entre les habitants et nul ne réclame contre cette interdiction, motivée par des raisons spéciales à cette nature de biens.

Le caractère distinctif du partage, qu'il importe de signaler au début de cette discussion, c'est, d'une part, que ceux qui ont droit à la jouissance des biens communaux sont seuls admis à participer à la répartition de ces propriétés, et, d'autre part, que, en échange de l'attribution d'une portion des biens communaux, ils ne sont pas assujettis à payer une somme équivalente à la valeur actuelle de leur lot.

Encore serait-il plus exact de dire que c'est cette dernière circonstance seule qui caractérise le partage; car, dans

(1) V. p. 95 et 143.

les concessions à titre onéreux faites aux habitants, et qui tiennent à la fois du partage et de la vente, comme nous l'avons indiqué, les habitants seuls sont admis à prendre une part des biens communaux; seulement ils ont à payer un capital qui représente la valeur du terrain qui leur est attribué.

Le système du partage proprement dit, tel qu'il était d'ailleurs autorisé par la loi du 10 juin 1793, irait au contraire jusqu'à la répartition à titre purement gratuit des biens communaux entre les ayants-droit à la jouissance. Néanmoins un certain nombre de ceux qui demandent le partage, et ce ne sont pas les moins autorisés, ne croient pas que le caractère de cette opération soit altéré par l'obligation imposée aux copartageants de payer une redevance ou même un capital, pourvu que la somme qu'ils auraient à payer ne dépasse pas une portion déterminée de la valeur du bien partagé.

222. Ceux qui demandent le partage à titre gratuit se fondent sur ce que les biens des sections sont des propriétés indivises entre leurs habitants et que, aux termes de l'article 815 du Code Napoléon, nul n'est tenu de rester dans l'indivision, qu'ainsi les habitants des sections ont le droit de procéder au partage.

Nous ne voulons pas revenir ici sur la discussion dans laquelle nous sommes entré à ce sujet en examinant la constitution des sections de commune, et les moyens de reconnaître leur existence (1).

Nous croyons avoir établi que les sections sont des êtres moraux au même titre que les communes; que les habitants des sections n'ont pas plus de droit sur leurs biens que les habitants des communes n'en ont sur ceux

_____

(1) V. chapitre II, notamment p. 94 et suiv. et p. 103 et suiv., l'examen de l'opinion soutenue par M. Fressinaud-Saint Romain et par le conseil général de la Haute-Vienne.

qui appartiennent à la commune entière ; que ces biens sont, dans le premier cas comme dans le second, la propriété de la collection des habitants présents et futurs, qu'ainsi les habitants actuels n'ont pas le droit d'en disposer gratuitement à leur profit, et que les générations à venir, qui ne retrouveront plus en nature le bien appartenant à la communauté, doivent retrouver son équivalent, soit en rentes, soit en immeubles affectés à un usage public.

C'est par ces motifs que, depuis un assez grand nombre d'années, le système du partage a été constamment repoussé par l'administration centrale, par la plupart des conseils généraux et par les commissions de l'Assemblée constituante et de l'Assemblée législative, chargées d'examiner les propositions qui avaient été faites d'autoriser le partage des biens communaux.

223. La commission du Corps législatif, chargée d'étudier le projet de loi qui est devenu la loi du 28 juillet 1860, avait, au contraire, dans les amendements que nous avons reproduits plus haut et où elle admettait le partage, proposé de soumettre les copartageants au payement d'une redevance. Mais elle entendait que ces redevances, temporaires ou perpétuelles, seraient toujours sensiblement inférieures à la valeur du lot attribué à chacun des ayants-droit.

C'est ce second système que nous avons maintenant à examiner. On peut se demander quelles sont les raisons spéciales qui motiveraient cet avantage exceptionnel accordé aux habitants des sections, et pourquoi, dans le cas où les terres vaines et vagues ne sont plus nécessaires au pâturage, l'on ne pourrait pas en tirer parti au moyen, soit de l'amodiation, soit de la vente aux enchères, soit de la concession à titre onéreux.

Il est évident, en effet, que l'amodiation aurait cet avantage considérable, au point de vue de la communauté, de conserver ces biens pour l'avenir et, si on devait les aliéner plus tard, de leur donner leur véritable valeur. Quant à la vente et à la concession à titre onéreux, elles aboutissent à faire payer par les acquéreurs ou les concessionnaires un prix qui serait, pour les générations à venir, l'équivalent du bien aliéné. Au contraire le partage, même à titre onéreux, tel qu'on l'entend dans les projets dont nous parlons, blesse, dans une certaine mesure, les droits de la section en tant qu'être moral, quoiqu'il soit moins contraire à ces droits que le partage à titre gratuit.

On peut dire encore qu'il est à craindre que les riches seuls profitent du partage; parce que les pauvres, à qui un lot serait attribué, n'ayant pas à leur disposition le capital nécessaire pour l'exploitation, le vendraient à vil prix à celui qui leur offrirait de l'acquérir et dissiperaient rapidement le prix de vente; que si au contraire les pauvres gardaient leur lot, la transformation s'opérerait fort lentement, parce qu'ils ne seraient pas en état de faire les avances nécessaires pour opérer les travaux de défrichement.

On peut ajouter qu'il n'est pas vraisemblable que l'idée du partage soit accueillie plus favorablement aujourd'hui qu'elle ne l'a été en 1793, à une époque où il suffisait cependant du vœu d'un tiers des habitants pour réaliser cette mesure.

Enfin il paraît être difficile de ne pas tenir compte des traditions administratives et législatives qui, depuis un certain nombre d'années, sont opposées au système du partage, même à titre onéreux.

224. A ces objections, voici ce qu'on oppose pour soutenir le système du partage :

D'abord, il faut considérer qu'il s'agit, non d'une mesure générale, mais d'une mesure spéciale à une certaine partie de la France et qui répondrait à une constitution particulière des communes et des biens communaux, à des

habitudes agricoles particulières commandées par la nature du terrain.

Tous les esprits sages ont, depuis longtemps, admis
qu'il est impossible de tirer parti des biens communaux
par des procédés uniformes, et sans tenir compte des circonstances locales qui sont si variées. On a reconnu qu'il
fallait, au contraire, ne négliger aucun des moyens praticables, pour assurer le succès de la mise en valeur de
cette immense étendue de terres incultes (1).

Il ne faut donc pas, de ce que le plus grand nombre des
conseils généraux a repoussé le système du partage,
même à titre onéreux, conclure qu'il ne faut pas appliquer
ce système dans les départements où l'étude des besoins
spéciaux du pays a inspiré au conseil général un vœu en
sens contraire.

Or, les besoins des pays montagneux où les sections
de commune sont très-nombreuses doivent amener, en
effet, à préférer le système du partage à celui de l'amodiation, de la vente aux enchères ou même de la concession à titre onéreux.

225. D'abord dans ces pays, comme l'explique M. du
Miral dans le rapport que nous citions plus haut, « la constitution géologique du sol a produit, comme conséquence
nécessaire dans l'ordre agricole, le régime pastoral. Et par
suite les pâtures communes, qui existent fréquemment
dans la proportion du quart des propriétés particulières,
sont pour elles une dépendance utile ; le gros bétail y
vit souvent ; les troupeaux de bêtes à laine, sans le fumier desquels la culture des céréales deviendrait en
partie impossible, y prennent habituellement leur nourriture. » Sans doute, les habitants n'ont pas un droit

---

(1) Cette idée a été soutenue avec beaucoup d'autorité dans la
discussion de la loi du 28 juillet 1860, par M. le marquis de Saint-
Hermine.

irrévocable à la jouissance des biens communaux, mais s'il a été de bonne administration de supprimer la jouissance en commun, et de la remplacer par l'amodiation, dans les pays où le communal n'avait qu'une faible étendue et était abandonné à la vache ou à la chèvre du journalier, il serait inique et imprudent de bouleverser les habitudes agricoles d'un pays où l'on tire un parti sérieux des pâturages communs, sans donner une compensation à ceux qu'on prive de ces avantages.

Or, cette compensation peut se trouver dans l'attribution à chacun des ayants-droit d'une part des biens communaux, parce que, bien que la jouissance de chacun soit restreinte à une étendue relativement beaucoup moindre de terrain, l'attribution en pleine propriété permet de tirer du terrain un profit beaucoup plus considérable que celui qu'on retire d'une jouissance en commun, généralement mal réglée.

On ne peut donc, en pareil cas, recourir à l'amodiation ni à la vente aux enchères publiques, qui supprimeraient la jouissance en commun sans donner aucune compensation personnelle à ceux qui profitaient de cette jouissance. Quant à la concession à titre onéreux, aux habitants exclusivement, moyennant un prix égal à la valeur actuelle des biens partagés, on la repousse pour deux raisons. On trouve qu'elle ne ménage pas assez les intérêts des habitants accoutumés à la jouissance en commun, parce qu'elle leur fait payer exactement la valeur de ce qui leur est donné. On ajoute qu'elle a le tort d'absorber une grande masse de capitaux, lorsqu'il en faut réserver pour les travaux, très-onéreux dans ces pays, de défrichement et d'amélioration des terres.

226. Une autre objection qui s'oppose à la fois aux systèmes de l'amodiation, de la vente et de la concession à titre onéreux, c'est qu'on éprouverait un grand embarras

pour l'emploi des capitaux qui en proviendraient. En effet, nous avons établi dans le chapitre V, avec la jurisprudence du Conseil d'État et du ministère de l'intérieur, que, dans le cas où les conseils municipaux suppriment la jouissance en commun pour les biens des sections, le produit de l'amodiation ou de l'aliénation des biens doit, en vertu des dispositions des articles 5 et 6 de la loi du 18 juillet 1837, tourner exclusivement au profit des habitants des sections. Nous avons indiqué qu'il peut être satisfait à cette prescription de la loi de deux manières, soit en employant le produit de l'amodiation ou de la vente à des travaux intéressant spécialement la section, soit en affectant ces ressources au payement de la part de la section dans les dépenses générales de la commune, mais à la condition, dans ce dernier cas, que les habitants de la section seront déchargés, jusqu'à due concurrence, des contributions qu'ils auraient à payer pour les dépenses communales (1).

Or, il est aisé de comprendre que, si ce système, qui entraîne une certaine complication, est praticable quand une commune ne renferme que deux ou trois sections, il est impraticable dans les pays comme les départements du Cantal, de la Corrèze, de la Creuse, du Puy-de-Dôme, de la Haute-Vienne, où nous avons vu que le nombre des sections est souvent de 10, 15, 20, 25, et va quelquefois jusqu'à 30 et 36 par commune. D'autre part, il ne serait pas équitable de supprimer les droits propres des sections sur les produits de leurs biens, sous le prétexte que le respect de ces droits entraîne des difficultés.

On arriverait, au contraire, à concilier les droits des sections avec les nécessités de la pratique, si l'on ne faisait payer aux habitants admis au partage qu'une partie

(1) Chapitre V, p. 246 et suiv.

de la valeur des biens qui leur seraient attribués, et si, par compensation, on admettait que les sommes versées par eux seraient employées au payement des dépenses générales de la commune, sans qu'on eût à tenir compte de leur origine, et de la différence de valeur des biens de chaque section.

On fait d'ailleurs remarquer que le système du partage n'a pas, bien qu'il ait été consacré par la loi du 10 juin 1793, le caractère d'une mesure purement révolutionnaire. Il avait été procédé à des partages de diverse nature, en vertu d'édits de nos anciens rois, et la loi de 1793 n'a fait que pousser à l'extrême un principe bon en lui-même. C'est précisément parce qu'elle avait poussé ce principe à l'extrême, et qu'elle avait méconnu tous les droits acquis, en décidant que le partage aurait lieu par tête, qu'elle n'a pas reçu d'exécution dans une grande partie de la France; mais il n'en serait pas de même d'une loi qui, pour fixer les bases du partage, tiendrait compte de l'état actuel de la jouissance et des besoins de l'agriculture, tout en faisant une part à l'intérêt des pauvres.

On écarte enfin les craintes exprimées par les adversaires du partage au sujet de l'intérêt des pauvres, en répondant que, dans le cas même où les pauvres ne sauraient pas garder leur lot, ce qui est peu probable, ils auraient plus d'avantages à recueillir du développement du travail et de l'augmentation des salaires, qui résulteraient d'une transformation des terres, qu'ils n'en trouvent dans l'état actuel des biens communaux.

227. Quant aux bases du partage, les partisans du système ne sont pas complétement d'accord. Nul ne songe à revenir au partage par tête, autorisé par la loi du 10 juin 1793; les vices de cette égalité absolue frappent tous les yeux. Mais la plupart de ceux qui proposent le partage pensent qu'il devrait être opéré par feux, c'est-à-

dire entre les chefs de famille domiciliés dans la section, conformément aux traditions établies par les édits de 1769 et autres que nous avons cités plus haut, et reproduites par les avis du Conseil d'État des 20 juin 1806, 20 juillet 1807 et 26 avril 1808. C'est aussi sur ces bases que l'administration a autorisé les communes à faire les concéssions à titre onéreux, qui se rapprochent sensiblement du partage. Elle n'y a dérogé que dans le département des Landes, où, comme nous l'avons vu, elle a autorisé les communes à faire la concession d'une partie de leurs biens aux propriétaires, au prorata de la contribution foncière qu'ils payaient, afin d'éviter que les lots fussent attribués à des habitants qui n'auraient pas le capital nécessaire, soit pour en payer le prix, soit pour exploiter leur lot.

Nous avons dit que la commission du Corps législatif, dont M. du Miral était l'organe, et le conseil général du département de la Creuse proposent une base différente, à savoir, de fixer le lot de chacun des ayants-droit en raison tant de la contribution foncière qu'il paye dans la section pour les propriétés qu'il y possède, que du nombre des membres de sa famille domiciliés avec lui dans la section.

Pour justifier ce système, M. du Miral, dans son rapport sur le projet de loi de 1860, auquel nous avons déjà fait plusieurs emprunts, s'exprimait ainsi :

« Le partage par feux ne tient compte ni de la différence des droits, ni de celle des besoins; il suppose les uns et les autres égaux, contrairement à la vérité la plus palpable; il accorde une même surface au feu qui ne renferme qu'un individu seul et à la famille de dix personnes; à l'exploitation qui compte deux têtes de bétail et à celle qui en nourrit cent; c'est l'uniformité la plus aveugle, la moins équitable. Elle se comprend en matière de produits forestiers, parce qu'en fait de combustible les besoins des différents feux ne sont pas sensiblement inégaux; elle ne se comprend plus quand il s'agit de pâtures, qui étaient inégalement jouies dans la proportion très-variable des têtes de bétail attachées aux exploitations.

« Ce système ne serait tolérable que pour les contrées non pastorales, dans lesquelles il a été pratiqué de 1762 à 1789; il blesserait ailleurs fréquemment les droits acquis et causerait, à un moindre degré, la perturbation agricole justement reprochée à la loi de 1793.

« Quant au partage au marc le franc de la propriété foncière (conforme aux principes du droit romain et des anciennes coutumes), il a le tort, non de méconnaître les droits, mais d'en dépasser la juste mesure en convertissant en pleine propriété pour le tout une simple jouissance de valeur fort inférieure, et de ne pas permettre l'amélioration de la condition des habitants les moins riches, conseillée par l'humanité et l'intérêt politique, précisément parce qu'il apporte à la condition de ceux qui le sont le plus une amélioration exagérée.

« Le système adopté par votre Commission aurait le mérite, tout en donnant à la jouissance actuelle une satisfaction complète par l'attribution en pleine propriété de la moitié des biens, de satisfaire par la distribution de l'autre moitié, les besoins des familles nombreuses et d'augmenter ainsi, par la création de nouveaux propriétaires, les éléments de prospérité sociale. »

228. Nous venons d'exposer les arguments invoqués de part et d'autre au sujet du partage des biens des sections. Quant à nous, nous ne dissimulerons pas que, si nous nous attachions exclusivement aux principes, nous serions porté à ne pas accepter plus l'idée du partage à titre onéreux que nous n'acceptons celle du partage à titre gratuit. Toutefois, à raison des circonstances spéciales aux pays pastoraux

où les sections de commune sont très-nombreuses, nous inclinerions à penser que le système du partage à titre onéreux pourrait être utilement mis en pratique.

D'abord, il nous paraît indispensable d'obtenir le concours des populations pour transformer la masse considérable de terres vaines et vagues agglomérée dans ces pays; et que la loi du 28 juillet 1860 ne paraît pas propre à améliorer. Or, pour obtenir ce concours, il faut faire quelques sacrifices aux habitudes, aux préjugés même des populations; il faut donner une compensation à ceux qu'on prive de la jouissance en nature. D'ailleurs, on ne doit pas oublier que les biens communaux avaient pour destination première l'intérêt de l'agriculture, et il est juste, quand on croit devoir les transformer, de faire la part de cet intérêt. Ensuite, il est nécessaire de laisser entre les mains des cultivateurs, à qui seront attribués les biens communaux, les capitaux nécessaires pour les défricher et les mettre en valeur : et, dans les pays montagneux qui nous occupent spécialement, ces travaux de défrichement et de mise en valeur entraîneront sans doute des dépenses considérables.

Enfin nous ne voyons pas comment on pourrait concilier le respect dû aux droits propres de ces sections si multipliées avec les nécessités de l'administration municipale, si l'on ne procurait pas aux habitants des sections un avantage qui les fît consentir à ce que le montant des sommes par eux versées, en échange du lot qui leur sera attribué, soit affecté au payement des dépenses générales de la commune, au lieu d'être employé exclusivement à leur profit.

Quant aux bases du partage, nous croyons que le législateur, qui autorise le partage et qui pourrait ne pas l'autoriser, ne serait pas lié par l'état actuel de la jouissance en nature, et qu'il serait libre d'adopter celles qui lui paraîtraient devoir conduire le plus promptement et le plus sûrement à la transformation des biens communaux. Par suite, il nous semble que le système proposé par le conseil général du département de la Creuse et la commission du Corps législatif en 1860, devrait obtenir la préférence sur le système du partage par feux, quoiqu'il soit moins simple à mettre en pratique. Il aurait, en effet, cet avantage de proportionner, dans une certaine mesure, l'étendue des lots à celle des exploitations actuelles dont les ressources pourraient être plus facilement développées.

Sans doute le principe du partage est contraire à certaines idées reçues, à des traditions pour lesquelles nous professons le plus grand respect. Mais, dans le système auquel nous inclinerions à nous rallier, les inconvénients qu'il présente sont sensiblement atténués. Et d'autre part, quand on connaîtra mieux la situation toute spéciale des départements pour lesquels on demande cette mesure exceptionnelle, peut-être sera-t-on disposé à l'admettre plutôt que de vouer encore, pour de longues années, à la stérilité une étendue considérable de terres qui pourraient servir à améliorer la condition d'un grand nombre de petits propriétaires voisins de l'indigence, et à augmenter en même temps la richesse publique (1).

(1) **Au moment où** notre travail s'imprime, M. le ministre de l'intérieur, sur la proposition de la commission instituée pour étudier les questions relatives aux biens des sections de commune, vient, par une circulaire, en date du 5 août 1863, d'inviter les préfets des départements de l'Aveyron, du Cantal, de la Corrèze, de la Creuse, de la Loire, de la Haute-Loire, de la Lozère, du Puy-de-Dôme et de la Haute-Vienne à consulter les conseils généraux de ces départements sur le mode de mise en valeur ou de transformation des biens des sections qui serait le plus approprié aux besoins du pays. Parmi les moyens de mise en valeur sur lesquels les conseils généraux sont appelés à donner leur avis, M. le ministre, sur les indications de la commission, a compris le partage à titre onéreux, et les questions relatives au partage ont été particulièrement développées, afin de mettre les conseils généraux à même de s'expliquer en détail et d'une manière précise sur les bases de cette opération.

CHAPITRE HUITIÈME

DES PROCÈS OU LES SECTIONS DE COMMUNE SONT
INTÉRESSÉES.

§ Ier — REPRÉSENTATION DE LA SECTION.

I. — *Historique de la législation.*

229. Les actions à intenter ou à soutenir par les sections de commune sont généralement régies par les mêmes règles que les actions des communes. Il n'existe guère de règles spéciales que pour la représentation des sections. — 230. Législation antérieure à 1837. — 231. Dispositions de la loi du 18 juillet 1837.

229. Lorsqu'une section de commune se trouve dans le cas d'intenter ou de soutenir une action pour défendre soit devant les tribunaux civils, soit devant les juridictions administratives, les droits qui lui appartiennent privativement, comment est-il procédé ?

Les règles établies pour l'exercice des actions des communes sont naturellement applicables à celles des sections. C'est presque uniquement pour la représentation de la section qu'il a été nécessaire de poser des règles spéciales.

Le législateur s'en est d'ailleurs formellement expliqué. L'article 49 de la loi du 18 juillet 1837 porte :

« Nulle commune ou *section de commune* ne peut introduire une action en justice sans être autorisée par le conseil de préfecture, » et les articles suivants disposent également pour les sections comme pour les communes. Enfin les articles 56 et 57 règlent la représentation des intérêts des sections.

Étudions d'abord les règles relatives à la représentation qui est donnée aux sections pour la défense de leurs droits. Elles se présentent les premières dans l'ordre logique. Avant de chercher comment doivent s'exercer les actions, il faut savoir qui les exercera.

230. Avant la loi de 1837, les règles à suivre dans le cas où il s'élevait une contestation entre les sections d'une même commune étaient déterminées par un arrêté des consuls, en date du 24 germinal an xi. Cet arrêté, rendu à l'occasion d'un litige entre plusieurs sections de la commune de *Sainte-Marie,* avait été inséré au *Bulletin des lois,* et avait, depuis cette époque, été appliqué dans tous les cas semblables.

Voici comment il était conçu :

« Le Gouvernement...

« Arrête :

« Art. 1er. Le sous-préfet de l'arrondissement dans lequel la commune de Sainte-Marie se trouve comprise désignera dix personnes prises parmi les plus imposées, dont cinq pour les sections de Saint-Blaise et Fertru, d'Oscherie et de la Petite-Liepvie, et cinq pour la section dite Égalité.

« Art. 2. Les dix personnes désignées conformément à l'article précédent formeront une commission qui se rassemblera chez le sous-préfet, à l'effet d'y exposer les motifs de plainte et de contestation des sections qu'elles représentent, et de délibérer s'il y a lieu à intenter ou à soutenir le procès.

« Art. 3. S'il n'y a pas conciliation, le procès-verbal de l'assemblée, tendant à obtenir l'autorisation de plaider, sera adressé au conseil de préfecture, qui prononcera.

« Art. 4. Si l'autorisation de plaider est accordée, les membres élus par le sous-préfet nommeront, chacun pour les sections qu'ils représentent, un d'entre eux, qui sera chargé de suivre l'action devant les tribunaux. Ce choix ne pourra tomber ni sur le maire ni sur l'adjoint de la commune. »

Les dispositions de cet arrêté, spéciales au cas de litige entre plusieurs sections de la même commune, s'étaient appliquées également, dans la pratique, au cas de procès entre une section et la commune dont elle dépendait.

Pour le cas de procès entre une section et un tiers, c'était le conseil municipal et le maire qui représentaient la section.

Toutefois, un décret du 25 pluviôse an XIII, non inséré au *Bulletin des lois,* mais rappelé dans un avis du comité de l'intérieur du 17 août 1832 (*section de By, commune de Bégadan*), porte que si le maire et le conseil municipal se refusent à plaider pour une section, contrairement au vœu de la majorité des habitants, dix des plus imposés de cette majorité seront réunis et nommeront un syndic pour exposer leurs motifs au conseil de préfecture (1).

231. La loi du 18 juillet 1837, dans ses articles 56 et 57, contient, au sujet des procès des sections de commune, les dispositions suivantes :

(1) L'avis du comité de l'intérieur est textuellement reproduit dans le Recueil de jurisprudence administrative, publié par MM. Vuillefroy et Monnier, sous le titre de : *Principes d'administration,* p. 24, en note.

« Art. 56. Lorsqu'une section est dans le cas d'intenter ou de soutenir une action judiciaire contre la commune elle-même, il est formé pour cette section une commission syndicale de trois ou cinq membres, que le préfet choisit parmi les électeurs municipaux, et, à leur défaut, parmi les citoyens les plus imposés.

« Les membres du corps municipal qui seraient intéressés à la jouissance des biens ou droits revendiqués par la section ne devront point participer aux délibérations du conseil municipal relatives au litige.

« Ils seront remplacés dans toutes ces délibérations par un nombre égal d'électeurs municipaux de la commune, que le préfet choisira parmi les habitants ou propriétaires étrangers à la section.

« L'action est suivie par celui de ses membres que la commission syndicale désigne à cet effet.

« Art. 57. Lorsqu'une section est dans le cas d'intenter ou de soutenir une action judiciaire contre une section de la même commune, il sera formé, pour chacune des sections intéressées, une commission syndicale conformément à l'article précité. »

Les dispositions de ces articles ne sont relatives qu'aux contestations engagées par une section, soit avec la commune dont elle fait partie, soit avec une autre section de la même commune. La loi ne statue pas expressément sur le cas où le litige s'élève entre une section et un tiers quelconque. Mais ce silence n'est pas le résultat d'un oubli, et le législateur a voulu, en n'établissant pas une dérogation expresse au principe général qui régit l'administration des communes et des sections, charger le conseil municipal et le maire de représenter la section et d'exercer ses actions. Nous avons à examiner successivement ces deux cas distincts.

II. — *Litiges engagés avec un adversaire autre que la commune dont la section dépend, ou une autre section de cette commune.*

232. C'est le maire et le conseil municipal qui, dans ce cas, représentent la section. — 233. Les dispositions de la loi de 1837 ont été l'objet d'une vive discussion entre le Gouvernement, la Chambre des députés et la Chambre des pairs. Analyse de cette discussion. — 234. Moyens auxquels les sections pourraient recourir pour la défense de leurs droits si le conseil municipal les négligeait. Droit des contribuables de la section d'intenter ou de soutenir l'action en son nom. — 235. Le décret du 25 pluviôse an XIII serait-il encore applicable? — 236. Jurisprudence qui a admis les ministres ou les préfets à agir au nom des sections, soit directement, soir par des délégués. — Jurisprudence établie en sens contraire. — Opinions des auteurs. — 237. Cas exceptionnel de représentation d'une commune ou section par le préfet. Application de la loi du 6 décembre 1850, sur la procédure relative au partage des terres vaines et vagues dans les départements composant l'ancienne province de Bretagne.

232. La jurisprudence avait déjà, avant la loi de 1837, établi que, en dehors des cas d'exception résultant de dispositions spéciales, le conseil municipal et le maire étaient chargés de l'exercice des actions d'une section de commune. Toutefois, le comité de l'intérieur du Conseil d'État, dans deux avis, en date, l'un du 21 décembre 1832, l'autre du 23 janvier 1833, avait signalé les inconvénients que ce mode de procéder entraînait, et fait remarquer que *la négligence ou l'indifférence* des conseils municipaux pouvait compromettre les droits des sections.

233. Aussi le Gouvernement, dans le projet de loi municipale qu'il présenta, en 1834, à la Chambre des députés, proposait d'étendre à tous les cas de litiges la représentation spéciale des sections. L'article 36 de ce projet était ainsi conçu : « Lorsque la section est dans le cas d'intenter une action judiciaire contre la commune elle-même ou une section de commune, ou *tout individu quelconque,* il est formé pour cette section un conseil

provisoire, etc..... » Cette disposition fut adoptée sans discussion à la Chambre des députés.

Mais elle fut repoussée à la Chambre des pairs en 1835. La commission de la Chambre proposa de ne pas donner à la section une représentation particulière dans le cas où elle ne plaiderait pas contre la commune ou une autre section de la commune. « Il résulte de la constitution de la commune, disait le rapporteur (M. le baron Mounier), que le maire et le conseil municipal ont mission de défendre ou de faire valoir les droits d'une section comme ceux de la commune entière... » Cette proposition fut adoptée dans la séance du 3 avril 1835, malgré les observations du commissaire du roi, M. Fumeron d'Ardeuil, conseiller d'État, qui faisait valoir que le projet du Gouvernement avait pour but de satisfaire à de nombreuses réclamations.

Le Gouvernement renonça à son projet. Mais la commission de la Chambre des députés, nommée en 1836, le reprit : « On ne peut être assuré, disait M. Vivien dans son rapport, que le conseil municipal défendît toujours les intérêts de la section avec un zèle suffisant ; il peut se faire que la section n'ait aucun représentant dans le sein de ce conseil ; il n'est pas sans exemple qu'une commune ressente quelque jalousie des biens possédés privativement par une de ses sections ; il n'y a pas garantie d'une sympathie entière et d'un zèle parfait. Cette garantie existe avec une commission spéciale; nous l'exigeons dans tous les cas. »

La Chambre des députés adopta l'avis de sa commission. Mais la Chambre des pairs persista dans sa première opinion.

« Nous avons estimé, disait M. le baron Mounier, au nom de la commission de la Chambre des pairs (séance du 27 mars 1837), que lorsqu'une section défend des intérêts qui ne sont point en opposition avec ceux de la commune, elle n'avait pas besoin d'autre représentant que le corps municipal. Ce corps est tenu d'agir pour la communauté dans son entier, mais aussi pour ses différentes fractions. Admettre que l'intervention du conseil municipal ne suffit pas pour protéger les droits d'une section, ce serait autoriser à supposer qu'il n'a pas non plus assez de zèle pour gérer ses intérêts habituels; il faudrait, dès lors, que la commission syndicale fût permanente, de sorte que l'administration de la commune serait scindée en deux parts. Nous persistons à penser qu'il est bon d'éviter que les sections soient constituées en corps isolés; que ce n'est que dans les cas d'absolue nécessité qu'il convient de leur donner une représentation particulière, et que, par conséquent, il est préférable de s'en tenir aux dispositions qui avaient réuni vos suffrages. » C'est en ce sens que la question a été résolue définitivement.

234. Il y a lieu d'espérer que les conseils municipaux justifieront la confiance que le législateur a eue dans leur zèle pour les intérêts des sections. Toutefois, si un conseil municipal refusait ou négligeait d'exercer une action qui n'intéresserait qu'une section de commune, quel moyen la section aurait-elle de faire valoir ses droits?

D'abord, aux termes de l'article 49 de la loi du 18 juillet 1837, tout contribuable inscrit au rôle de la commune a le droit d'exercer à ses frais et risques, avec l'autorisation du conseil de préfecture, les actions qu'il croirait appartenir à la commune ou section, et que la commune ou section, préalablement appelée à en délibérer, aurait refusé ou négligé d'exercer.

Nous verrons plus loin dans quelles conditions les contribuables peuvent user de ce droit.

335. Les sections pourraient-elles en outre recourir

au mode de procéder établi par le décret du 25 pluviôse an XIII, dont nous avons rapporté tout à l'heure les dispositions ? Nous ne le croyons pas. Il nous semble que ce décret doit être considéré comme abrogé par les dispositions spéciales de la loi du 18 juillet 1837.

Le système qu'il organise est incompatible avec l'esprit de la loi nouvelle, et il ne paraît pas qu'il ajoute rien aux garanties que la législation actuelle donne aux sections de commune pour la défense de leurs droits. M. Reverchon, dans son *Traité des autorisations de plaider*, incline vers cette opinion, tout en faisant quelques réserves (1). Du reste, jamais, depuis 1837, ce mode de procéder n'a été mis en pratique.

236. Mais il peut arriver que les contribuables qui font partie de la section n'aient pas les ressources nécessaires pour intenter ou soutenir, à leurs frais et risques, les actions de la communauté. Il peut même arriver que ces contribuables soient intéressés à ce que la communauté soit dépouillée au profit des habitants qui la composent actuellement. Dans ce cas, l'administration supérieure pourrait-elle intervenir en se prévalant des pouvoirs de tutelle qui lui sont attribués par la législation à l'égard des sections, aussi bien qu'à l'égard des communes ?

Un arrêt du Conseil d'Etat, en date du 24 mars 1819 (*habitants d'Arbois*), a reconnu au ministre de l'intérieur qualité pour intervenir, au nom et dans l'intérêt d'une section, alors que le conseil municipal refusait d'agir pour elle. Mais nous croyons qu'on chercherait vainement une décision semblable dans la jurisprudence du Conseil.

Les préfets ont quelquefois aussi cru pouvoir se

---

(1) 2ᵉ édition, pag. 311. — C'est pour nous un devoir de déclarer que nous avons consulté, fort utilement, l'excellent traité de M. Reverchon pour cette partie de notre travail.

charger de la défense des sections, soit directement, soit par l'intermédiaire d'un délégué, conformément à l'article 15 de la loi du 18 juillet 1837.

Il y a là une question plus grave, sur laquelle la jurisprudence et les auteurs sont partagés, et cette question se soulève du reste pour les communes aussi bien que pour les sections.

L'article 15 de la loi du 18 juillet 1837 porte que, dans le cas où le maire refuserait ou négligerait de faire un des actes qui lui sont prescrits par la loi, le préfet, après l'en avoir requis, pourra y procéder d'office par lui-même ou par un délégué spécial.

Or plusieurs arrêts de diverses cours, notamment des cours de Riom et de Bourges, ont décidé que, dans le cas où le conseil municipal et le maire négligent ou refusent d'intenter ou de soutenir une action dans l'intérêt soit d'une commune, soit d'une section, le préfet peut user du pouvoir que lui donne l'article 15 de la loi de 1837 et se substituer au maire soit en personne, soit par l'intermédiaire d'un délégué. Dans l'affaire jugée par un arrêt de la cour de Riom, en date du 15 février 1848 (1), il s'agissait de former opposition à un jugement rendu par défaut. La cour de Bourges a jugé de même par arrêts du 30 avril 1856 et du 27 février 1861 (2), dans deux affaires où le conseil municipal et le maire avaient refusé d'appeler d'un jugement rendu contre la commune.

Voici comment la cour de Bourges a motivé la première de ces décisions :

« Considérant, en fait, que, sans tenir compte des injonctions du sous-préfet, le maire de la commune de

(1) DALLOZ, 1848, II, 158, *commune de Comps.*
(2) DALLOZ, 1857, II, 27, *commune de Saint-Brisson.* — 1863, II, 57.

Saint-Brisson s'est refusé à interjeter appel du jugement du tribunal civil de Château-Chinon, en date du 8 juin 1855 ;

« En droit, considérant que, aux termes de l'article 10, § 2 de la loi du 18 juillet 1837, le maire est chargé, sous la surveillance de l'autorité supérieure, de la conservation et administration des propriétés de la commune et de faire en conséquence tous actes conservatoires de ses droits ; qu'aux termes de l'article 15, qui se réfère aux attributions des maires, en général, tant et telles qu'elles sont définies au chap. Ier, tit. II, de la loi précitée, dans le cas où le maire néglige ou refuse de faire un des actes qui lui sont prescrits par la loi, le préfet, après l'en avoir requis, peut y procéder d'office, par lui-même ou par un délégué spécial ;

« Qu'au cas d'un jugement obtenu au préjudice de droits communaux, l'appel est un acte purement conservatoire, rentrant dans les attributions et les devoirs du maire, acte spontané de sa sollicitude et de sa vigilance dans l'intérêt communal et affranchi par la loi (art. 55) d'une autorisation préalable ; qu'à défaut d'initiative de sa part, bien plus, si, méconnaissant les règles hiérarchiques, il refuse d'obtempérer aux injonctions à lui données *ad hoc* par qui de droit, et surtout lorsqu'il y aurait ou pourrait y avoir soupçon de complaisance collusoire, l'intervention du préfet ne peut être contestée ; qu'elle s'exerce en effet en vertu de son droit prééminent de surveillance, qui autrement demeurerait stérile et inefficace et se justifie par les termes exprès de l'article 15 précité ;

« Considérant que cette intervention d'office, toute dans l'intérêt des communes et qui n'a d'autre effet que de prévenir des déchéances dont le dommage peut être irréparable, sans toucher aux questions litigieuses, qui demeurent réservées à l'appréciation ou à la décision de l'autorité judiciaire, rentre essentiellement dans les conditions et les devoirs de la tutelle confiée à la haute administration sur les communautés réputées mineures et non maîtresses de leurs droits ; qu'enfin on ne saurait admettre que, n'ayant capacité pour se dépouiller, n'importe à quel titre, d'aucune partie de leurs biens sans le concours et l'homologation de l'autorité supérieure, les communes puissent, par l'impassibilité systématique ou la connivence d'agents municipaux, aboutir aux mêmes fins en laissant périr le droit. »

Cette doctrine semble avoir été consacrée incidemment par un arrêt de la Cour de cassation (ch. civile) en date du 7 juillet 1852. Un préfet s'était pourvu au nom d'une commune contre la décision portant règlement de l'indemnité due par cette commune à raison de l'expropriation de parcelles nécessaires au redressement d'un chemin vicinal. La Cour a rejeté le pourvoi pour défaut de qualité du préfet, mais en le rejetant, elle a indiqué que le préfet aurait eu qualité, s'il s'était trouvé dans le cas de l'art. 15 de la loi du 18 juillet 1837.

« Attendu, porte cet arrêt, que l'article 10 de la loi du 18 juillet 1837 charge le maire, sous la surveillance de l'administration supérieure, de représenter la commune en justice, soit en demandant, soit en défendant ; que l'exercice des actions de la commune n'appartient au préfet que dans le cas exceptionnel prévu par l'article 15 de ladite loi, lorsque le maire refuse ou néglige de faire un acte qui lui est prescrit par la loi et lorsque le préfet, après l'en avoir requis, y procède d'office par lui-même ou par un délégué spécial ;

« Attendu qu'aucune circonstance de ce genre n'est alléguée au procès, où le pourvoi en cassation a été formé et suivi par le préfet au nom de la commune de Louvergny, sans la participation de son maire ; attendu qu'en cet état des faits le pourvoi a été formé par une personne sans qualité pour représenter la commune (1). »

Toutefois il est difficile d'admettre que l'article 15 de la loi du 18 juillet 1837 ait une pareille portée et qu'il puisse autoriser le préfet à se substituer non-seulement au maire, mais au conseil municipal lui-même pour la défense des droits de la commune ou d'une section. En effet, les termes de l'article 15 indiquent que le législateur a prévu uniquement le cas où le maire se refuserait à faire un des actes qui lui sont prescrits par la loi et les explications données à ce sujet par M. Vivien, dans son rapport présenté le 26 avril 1836, autorisent à penser que l'on a eu exclusivement en vue le cas où le maire refuserait ou négligerait de remplir les fonctions qui lui sont attribuées comme représentant de l'autorité centrale. Cependant nous admettrions volontiers que, dans le cas où le maire refuse ou néglige de faire un acte de ses fonctions pour mettre à exécution une délibération du conseil municipal, par exemple s'il néglige ou refuse d'intenter une action quand le conseil municipal a délibéré qu'il y avait lieu de l'intenter, le préfet pourrait user des pouvoirs que lui donne l'article 15 pour remplacer le maire. C'est peut-être seulement à ce dernier cas que se rapporte la réserve contenue dans l'arrêt de la Cour de cassation, en date du 7 juillet 1852, dont nous venons de reproduire les termes.

Aucun des auteurs qui ont traité la question ne va aussi loin que la cour de Bourges dans les arrêts précités; aucun d'eux ne soutient que le préfet puisse, par lui-même ou par un délégué, agir en *demandant* au nom d'une commune. Plusieurs d'entre eux pensent seulement que

(1) DALLOZ, 1852, II, 206.

le préfet a ce droit lorsqu'une commune refuse de défendre, et ils fondent leur opinion sur les termes de l'article 52 de la loi du 18 juillet 1837, qui dispose que la délibération prise par le conseil municipal sur le mémoire préliminaire présenté au préfet, par celui qui veut intenter une action contre la commune ou une section de commune, « sera, dans tous les cas, transmise au conseil de préfecture, qui décidera si la commune doit être autorisée à ester en jugement. » Dans leur opinion, ces derniers mots impliquent que la commune peut être contrainte à défendre malgré la résistance du conseil municipal. C'est en ce sens que se prononcent notamment M. Dalloz, dans son *Répertoire* (1), et M. Dufour, dans son *Traité général de droit administratif appliqué* (2).

D'autre part, la Cour de cassation, dans deux arrêts très-formels, a dénié aux préfets le droit de se substituer aux communes pour exercer leurs actions, soit en demandant, soit en défendant. Elle l'a décidé dans deux affaires où il s'agissait d'appels interjetés par des préfets sur le refus exprimé par les maires et les conseils municipaux. (*Arr. du 28 juin 1843, Blérye, et du 27 mai 1850, Leclerc* (3)). Voici dans quels termes cette dernière décision est conçue :

« Attendu que le droit de surveillance qui est attribué aux préfets, par la loi du 18 juillet 1837, sur les actes de l'autorité municipale, ne va pas jusqu'à leur permettre de se substituer à cette autorité, dans le cas de refus de celle-ci d'intenter une action en justice ou d'y défendre; qu'il ne saurait appartenir au préfet d'engager, contre le gré des représentants directs de la commune, un procès qui pourrait être une cause de ruine pour elles

(1) V° *Commune*, t. X, n° 1650, 1652 et 1653.
(2) 2e édition, t. III, p. 508.
(3) DALLOZ, 1843, I, 360; — 1852, I, 145.

« Que, d'ailleurs, la loi a suffisamment armé l'autorité préfectorale contre les refus qui, en pareil cas, auraient leur principe dans un concert frauduleux de la part du maire ou du conseil municipal, en lui conférant le droit d'avertissement, d'injonction, et même celui de provoquer la révocation du maire et la dissolution du conseil municipal, et que, dans l'espèce, il n'a été articulé aucun fait qui pût faire suspecter la bonne foi de l'autorité municipale. »

L'arrêt que nous venons de citer rejetait le pourvoi formé contre un arrêt de la cour de Riom, en date du 27 mars 1848, qui avait statué dans le même sens, revenant ainsi sur une précédente décision que nous avons citée tout à l'heure.

Le ministre de l'intérieur professe la même doctrine dans les circulaires du 7 janvier 1840 et du 10 octobre 1842. La plupart des auteurs se rangent à la même opinion. Nous citerons notamment M. Reverchon (1), M. Jèze (2), et M. Trolley (3).

237. Il n'y a qu'un cas dans lequel le préfet puisse se substituer au maire et au conseil municipal pour faire valoir les droits de la commune, c'est le cas de l'application de la loi spéciale du 6 décembre 1850, sur la procédure relative au partage des terres vaines et vagues dans les cinq départements composant l'ancienne province de Bretagne. Cette loi a eu pour objet de faciliter le partage des terres vaines et vagues sur lesquelles les particuliers et les communes ont des droits indivis en vertu de l'article 10 de la loi du 28 août 1792.

Le législateur n'a pas voulu que la négligence des autorités municipales pût entraver des opérations à la

(1) *Traité des autorisations de plaider*, 2ᵉ édition, p. 103.
(2) *Dictionnaire général d'administration*, p. 425.
(3) *Traité de la hiérarchie administrative*, t. IV, p. 294.

prompte et définitive exécution desquelles il attachait un grand intérêt. C'est dans ce but qu'a été prise la disposition de l'article 24 de la loi qui est ainsi conçu :

« Dans la quinzaine de la demande en partage, le conseil municipal délibérera sur les droits de la commune à la propriété de tout ou partie des terres à partager. La délibération sera soumise au préfet dans la huitaine.

« A défaut par la commune de faire valoir les droits qu'elle pourrait avoir, le préfet pourra les exercer devant le tribunal de première instance, de l'avis de trois jurisconsultes désignés conformément à l'article 42 du Code civil.

« Le préfet ne pourra interjeter appel ou se pourvoir en cassation qu'après un nouvel avis obtenu dans la même forme. »

Mais l'on voit aisément que c'est une disposition tout exceptionnelle.

III. — *Litiges engagés avec la commune dont une section dépend ou avec une autre section de cette commune.*

238. Les sections sont représentées, dans ce cas, par une commission syndicale. — 239. C'est le préfet qui en choisit les membres. — Etendue des pouvoirs du préfet. — Questions qui s'élèvent à cet égard. — 240. Appartient-il au préfet d'apprécier si c'est au nom d'une section que la demande est formée? Décision du Conseil d'Etat sur cette question. Examen de cette décision. — 241. Le préfet peut-il apprécier les chances de succès du litige que la section se propose d'engager ou de soutenir? Jurisprudence du Conseil d'Etat. — 242. La solution de la question est la même, que le litige soit porté devant les tribunaux civils, ou qu'il soit soumis aux tribunaux administratifs. Décisions du Conseil d'Etat sur ce point. — 243. Désignation des membres de la commission. — 244. Désignation du syndic chargé de suivre l'action. Le maire ou l'adjoint pourraient-ils être chargés des fonctions de syndic? — 245. Composition spéciale du conseil municipal en cas de litige entre la commune et la section. — 246. Les autres règles de la matière sont généralement applicables aux communes en même temps qu'aux sections.

238. S'il s'agit, au contraire, d'une action engagée avec la commune dont la section dépend ou avec une autre section

de la même commune, il est formé, pour la section ou pour chacune des sections intéressées, une commission syndicale, en vertu des articles 56 et 57 de la loi de 1837.

239. *Étendue des pouvoirs du préfet pour la création d'une commission syndicale.* — C'est au préfet qu'il appartient de choisir les membres de cette commission.

Ici se présentent des questions délicates. Quelle est l'étendue des pouvoirs du préfet à cet égard ? Doit-il, sur la simple allégation d'un certain nombre d'individus qui prétendent constituer une section de commune et qui exposent que cette section a un procès à intenter ou à soutenir contre la commune elle-même ou contre une autre section de cette commune, doit-il, sur cette simple allégation, instituer une commission syndicale ?

Lui appartient-il, au contraire, d'apprécier si la demande rentre dans les conditions déterminées par l'article 56, à savoir, d'une part, si ceux qui forment la demande constituent une section ; d'autre part, si la section se trouve dans le cas d'intenter une action en justice, c'est-à-dire si elle a droit et intérêt à intenter cette action ?

240. Et d'abord, appartient-il au préfet d'apprécier si c'est au nom d'une section de commune que la demande est formée ?

Cette question peut, en effet, se soulever quelquefois.

On a vu que, pour qu'une section existe, il n'est pas nécessaire qu'un acte administratif ait donné ce caractère à une portion de territoire. La qualité de section appartient, par la force des choses, à toute société d'habitants unis par des intérêts spéciaux et privatifs, par des droits attachés à l'habitation sur le territoire de la section. On n'a point à demander aux habitants, qui prétendent former

une section, de justifier, soit d'une existence ancienne,
soit de limites qui circonscrivent son territoire (1).

Le plus souvent, il est vrai, l'existence de la section
sera établie. Elle engagera un litige sur une portion de
ses droits, tandis que son caractère de communauté territoriale sera constitué par d'autres droits incontestés;
mais il peut se rencontrer qu'un groupe d'habitants d'une
commune ait à soutenir une contestation au sujet du seul
droit qui lui donnerait, s'il était reconnu, le caractère de
section. Le préfet pourra-t-il examiner si ce caractère
est justement invoqué par les réclamants, et, dans le cas
où il ne le reconnaîtrait pas, pourra-t-il refuser de constituer la commission syndicale?

La question ne s'est, à vrai dire, présentée qu'une fois
devant le Conseil d'Etat. Un préfet avait rejeté la demande qui lui était adressée à l'effet de faire instituer
une commission syndicale, en se fondant sur ce que les
réclamants ne formaient pas une section. Cet arrêté fut
déféré au Conseil d'État pour excès de pouvoirs. Le ministre de l'intérieur, appelé à présenter ses observations
sur le pourvoi, s'expliquait en ces termes : « Il me semble que le système du pourvoi est admissible. En effet,
en refusant de reconnaître un intérêt de section dans les
prétentions des requérants, M. le préfet s'est, en quelque sorte, constitué juge du litige, puisqu'il les empêche-
rait ainsi de pouvoir exercer aucune action judiciaire contre la commune. » Puis, après avoir fait remarquer que
le préfet avait, de plus, commis une erreur, et avoir indiqué quels sont les caractères qui constituent la section
de commune, il concluait ainsi : « Dans l'espèce, la plupart des adversaires de la commune de Pleine-Fougères
sont des habitants de cette commune; ils se présentent

(1) Voir le chap. II, de la *Constitution des sections*, p. 95.

tous comme étant aux droits d'une partie de la communauté. Cette prétention, *bien ou mal fondée*, me paraît les constituer section de commune et leur donner le droit de demander à agir dans la forme légale, c'est-à-dire par l'organe de commissions syndicales..... Dans tous les cas, il ne peut dépendre de l'autorité préfectorale de paralyser leurs droits, sous le prétexte qu'ils ne forment pas une section distincte, *car c'est là précisément ce qui est à juger*. Ce serait seulement au conseil de préfecture, sauf recours au Conseil d'État, qu'il appartiendrait de mettre obstacle à l'action par des motifs tirés du fond même de la contestation. En conséquence, je serais d'avis que l'arrêté préfectoral du 16 janvier 1844 est dans le cas d'être annulé pour excès de pouvoirs. »

Malgré ces observations, le Conseil d'État a rejeté le pourvoi. Il a décidé « qu'il appartenait au préfet, sauf recours au ministre de l'intérieur, d'apprécier si la demande rentrait dans les conditions déterminées par l'article 56 de la loi du 18 juillet 1837, et qu'en admettant même que le préfet eût fait une fausse appréciation desdites conditions, cette erreur ne constituait pas un excès de pouvoirs. » (31 août 1847, *Malagré et consorts*.)

Cette solution ne paraît pas très-certaine à M. Reverchon, qui pense que les observations en sens contraire, présentées par le ministre de l'intérieur, ne manquaient pas d'autorité (1).

Nous croyons, en effet, que l'opinion de M. le ministre de l'intérieur était plus conforme à l'esprit de la loi, tel qu'il résulte des exposés de motifs du Gouvernement et des rapports faits au nom des commissions des deux chambres. Ainsi le ministre de l'intérieur, dans le der-

(1) *Des Autorisations de plaider*, nᵒ 110, p. 298.
Du reste, le ministre persiste dans son opinion et l'a reproduite dans le *Bulletin officiel* de son ministère, 1856, p. 241, nᵒ 53.

nier exposé des motifs, disait : « Une section peut être *amenée* à intenter ou à soutenir une action judiciaire contre la commune elle-même ou contre une section ; *il faut* évidemment alors pourvoir cette section d'une commission syndicale. » M. le baron Mounier, dans son rapport, s'exprimait ainsi qu'il suit : « Le projet de loi prévoit le cas où une section *serait obligée* d'intenter une action judiciaire à raison de droits qui lui appartiendraient privativement..... La Chambre des députés formait la commission des conseillers municipaux domiciliés dans ia section, en la complétant par voie d'élection. — Un pareil mode entraînait des difficultés dans l'exécution. Le Gouvernement a jugé qu'il était préférable de charger le préfet de choisir, parmi les habitants ou propriétaires de la section, ceux qui, par leur caractère et leur instruction, paraîtraient les plus propres à défendre ses intérêts. » C'est aussi pour éviter une complication de formes et une perte de temps, que la Chambre des députés a renoncé à son projet primitif et a consenti à charger le préfet de nommer les membres de la commission syndicale.

Or, quand on voit les raisons pour lesquelles on a substitué à l'élection des membres de la commission syndicale la nomination par le préfet, n'arrive-t-on pas à penser que le législateur n'a pu entendre conférer au préfet le pouvoir d'empêcher les prétentions de la section de se manifester en lui refusant un organe légal ?

Ajoutons que la prétendue section ne rencontrerait pas cet obstacle dans tous les cas. Car, lorsque l'adversaire contre lequel la section plaide n'est pas la commune dont elle dépend ou une section de cette commune, il n'y a pas lieu de nommer une commission syndicale, et c'est le conseil municipal et le maire qui la représentent. Il y aurait ici une étrange anomalie.

Quels inconvénients, d'ailleurs, présente le système soutenu par le ministre de l'intérieur? Quand la commission syndicale est nommée, la section n'en est pas moins tenue de demander au conseil de préfecture l'autorisation d'intenter l'action. Or, c'est au conseil de préfecture, sauf recours au Conseil d'État par la voie administrative, qu'il appartient d'apprécier si l'action a un intérêt et des chances de succès suffisants, et, avant tout, quand il s'agit de sections de commune, d'apprécier si les intérêts litigieux appartiennent à une communauté ou à des individus agissant *ut singuli*. C'est ce que le Conseil d'État a fait, par exemple, dans l'affaire des habitants de la *section de Cocherel*, où il a décidé que l'action que le maire demandait à intenter au nom de la section ne concernait qu'un certain nombre de propriétaires de la section, et que, dès lors, il n'y avait pas lieu d'autoriser le maire à plaider pour ces propriétaires (*Ordonnance du 10 janvier* 1845 (1).)

La délibération de corps habitués aux formes juridiques, comme le conseil de préfecture et le Conseil d'État, offre de véritables garanties à la section. On ne serait pas fondé à objecter que, si l'autorité administrative est chargée de la tutelle des intérêts des communautés territoriales, des sections entre autres, elle n'est pas chargée de la tutelle des individus agissant à titre privé, et que, par conséquent, le préfet ne doit pas être obligé de nommer une commission syndicale quand il a reconnu que les intérêts au nom desquels on veut plaider ne sont pas ceux d'une section de commune. Le préfet, en nommant une commission syndicale, ne fait pas acte de tutelle, il ne fait qu'instituer l'organe qui provoquera cet acte de tutelle. Il n'a donc rien à apprécier, et nous pensons qu'il

(1) Voir chap. II, p. 109.

excéderait les limites de ses pouvoirs s'il refusait d'instituer une commission syndicale, en se fondant sur ce que les réclamants ne formeraient pas une section.

241. Si cette question est ainsi résolue, à plus forte raison en sera-t-il de même de la question de savoir si, dans le cas où l'existence de la section est incontestée, le préfet peut apprécier les chances de succès du litige que cette section a l'intention d'engager.

Ici, d'ailleurs, nous n'avons pas besoin d'insister ; nous pouvons citer en ce sens de nombreux arrêts du Conseil d'État.

Et d'abord nous avons à en signaler deux qui concernaient des litiges de nature à être soumis aux tribunaux civils. Il s'agissait de questions de propriété. Ce sont les arrêts du 5 décembre 1839 (*section de Sargé*), et du 24 mai 1851 (*Laffont*). Il nous suffira de rapporter les termes de ce dernier arrêt. Le Conseil rappelle d'abord les termes de l'article 56 de la loi du 18 juillet 1837, puis il s'exprime ainsi :

« Considérant que cette commission est instituée à l'effet de délibérer préalablement sur la question de savoir si la section a effectivement droit et intérêt à intenter ou à soutenir l'action dont il s'agit, et de désigner, s'il y a lieu, l'un de ses membres chargé de suivre l'action, après en avoir demandé l'autorisation, conformément aux articles 49 et 50 de ladite loi ;

« Qu'il n'appartient qu'à ladite commission, et ensuite, s'il y a lieu, au conseil de préfecture, d'examiner la question de savoir si la section doit demander ladite autorisation et si elle doit lui être accordée ;

« Considérant, dans l'espèce, qu'il n'est pas contesté que la demande sur laquelle a statué le préfet était formée au nom d'une section de commune et que l'action à intenter tendait à faire reconnaître contre la commune de Saint-Léon, dont le conseil municipal les déniait, les droits de la section de Caussidières à la propriété des terrains dont il s'agissait ; qu'il n'appartenait pas au préfet d'apprécier l'intérêt et les chances de succès que cette action pouvait offrir pour ladite section, et que, en se refusant, par des motifs tirés de cette appréciation, à déférer à la demande qui lui était présentée à fin de nomination d'une commission syndicale, ledit préfet a excédé la limite de ses pouvoirs. »

242. Plusieurs autres arrêts ont décidé que lorsqu'il s'agit d'un litige à porter devant la juridiction administrative, la solution est la même que lorsque le litige doit être soumis aux tribunaux civils. (*Arr. Cons.*, 4 *septembre* 1856, *Barthélemy, Festier et autres habitants de la section de Parilly*; — 10 *février* 1859, *Prestat, Moreau et autres habitants de la section de Paisy et des Chainettes*; — 7 *avril* 1859, *Ballard et autres habitants de la section de Brion*; — 5 *mai* 1859, *Lacharrière et autres habitants de la section de Massonay*; — 5 *janvier* 1860, *de Lozier et autres habitants de la section de Saint-Clément-lès-Mâcon.*)

Le ministre de l'intérieur s'était prononcé en sens contraire (1). Il se fondait sur ce que les articles 56 et 57 ne parlent que des actions *judiciaires*. Aussi, dans plusieurs affaires où il s'agissait de réclamations formées par des habitants de sections de commune, qui soutenaient que le conseil municipal et le préfet avaient excédé leurs pouvoirs en changeant le mode de jouissance des biens de la section et en affectant le produit de l'amodiation de ces biens aux dépenses de la commune, il avait approuvé les arrêtés des préfets qui refusaient d'instituer des commissions syndicales pour défendre les intérêts des sections.

(1) *Bulletin officiel du ministère de l'intérieur*, 1856, p. 170, n° 40.

Selon lui, c'était à l'autorité administrative, dans l'exercice de son pouvoir de tutelle, qu'il appartenait exclusivement de statuer sur ces réclamations et, par conséquent, ce n'était pas le cas de former des commissions syndicales conformément à l'article 56 de la loi de 1837.

Mais l'argument tiré des mots : actions judiciaires, employés dans les articles 56 et 57 de la loi, était évidemment sans valeur. On ne peut attribuer à ces mots un sens restrictif. La loi de 1837, dans ses articles 10 et 18, en parlant des attributions du maire et du conseil municipal relatives aux procès de la commune, dit que le maire représente la commune *en justice,* que le conseil municipal délibère sur les *actions judiciaires.*

La juridiction administrative rend la justice comme les tribunaux civils auxquels on réserve le nom d'autorité judiciaire ; et quand une section de commune est dans le cas d'intenter une action devant la juridiction administrative, il faut qu'elle ait un organe pour faire valoir ses droits, aussi bien que lorsqu'elle est amenée à plaider devant les tribunaux civils.

D'autre part, nous venons de voir que les préfets n'ont pas le pouvoir d'apprécier si les sections qui demandent l'institution d'une commission syndicale pour plaider devant les tribunaux civils ont intérêt et sont fondées à intenter l'action qui motive leur demande. Pourquoi les préfets auraient-ils le pouvoir d'apprécier si les sections sont recevables et fondées à intenter une action devant la juridiction administrative ?

Il est vrai que, pour les actions à porter devant cette juridiction, les sections de commune n'ont pas besoin d'obtenir du conseil de préfecture l'autorisation de plaider, et qu'on peut dire que si l'on ne reconnaît pas au préfet le pouvoir d'apprécier la recevabilité et le fondement de l'action, la commission syndicale pourra compromettre les intérêts de la section en soutenant une demande qui n'aurait aucune chance de succès.

Mais on peut répondre que les sections se trouvent à cet égard dans la même position que les communes, et que l'intention du législateur n'a certainement pas été de donner au préfet un pouvoir de tutelle qu'il n'a pas jugé à propos de donner au conseil de préfecture.

Aussi le Conseil d'État n'a point partagé l'opinion du ministre de l'intérieur.

Voici les termes du premier des cinq arrêts qu'il a rendus sur cette question, l'arrêt du 4 septembre 1856 :

« Considérant qu'aux termes des articles 56 et 57 de la loi du 18 juillet 1837, lorsqu'une section de commune est dans le cas d'intenter ou de soutenir une action judiciaire contre la commune elle-même ou contre une autre section de ladite commune, il doit être formé, pour cette section, une commission syndicale que le préfet choisit parmi les électeurs municipaux ;

« Considérant que ces règles doivent être suivies, soit au cas où l'action est portée devant les tribunaux civils, soit au cas où elle est portée devant la juridiction administrative ; que les raisons qui motivent la formation d'une commission syndicale sont les mêmes dans les deux cas ; qu'en effet, devant l'une ou l'autre de ces juridictions, la section doit avoir un organe pour faire valoir les droits de la communauté, et que rien, dans les dispositions des articles 56 et 57 de la loi du 18 juillet 1837, n'exclut l'application de ce mode de procéder devant la juridiction administrative ;

« Considérant que la commission syndicale chargée d'exercer les droits de la section l'est aussi de délibérer préalablement sur la question de savoir si la section a effectivement droit et intérêt à intenter ou à soutenir l'action dont il s'agit ;

« Que si, dans le cas où la contestation est du ressort des tribunaux civils, l'autorisation de plaider doit être demandée au conseil de préfecture, l'exercice des actions des sections de commune devant la juridiction administrative n'est subordonnée à aucune autorisation du conseil de préfecture ni du préfet ;

« Considérant que le préfet du département d'Indre-et-Loire a rejeté la demande des habitants de la section de Parilly, tendant à obtenir la nomination d'une commission syndicale, par le motif que c'était à l'autorité administrative, dans l'exercice de son pouvoir de tutelle, qu'il appartenait exclusivement de statuer sur la question soulevée par lesdits habitants, et que l'action qu'ils se proposaient d'intenter était sans intérêt et mal fondée ;

« Que, par cette décision, le préfet a excédé la limite de ses pouvoirs ;.... »

243. *Désignation des membres de la commission.* — Le préfet doit choisir les membres de la commission syndicale parmi les électeurs municipaux. C'est ainsi que l'arrêt du 4 septembre 1856, comme celui du 24 mai 1851, rapporte la règle établie par l'article 56 de la loi de 1837. La loi ajoute, il est vrai, « *et à défaut* (des électeurs municipaux) *parmi les citoyens les plus imposés.* » Mais cette addition, utile à une époque où le nombre des électeurs municipaux était limité, n'a plus d'objet depuis que notre législation électorale a pour base le suffrage universel. Nous avons eu à faire la même observation au sujet de l'application de l'article 3 de la loi de 1837, relatif aux commissions syndicales instituées pour représenter les sections en cas de changement de circonscription des communes (1).

244. *Désignation du syndic chargé de suivre l'action.*

(1) Voir chap. IV, p. 169.

—La commission syndicale, ainsi nommée par le préfet, remplit naturellement, pour la section, les fonctions attribuées au conseil municipal par les articles 49 et suivants. Nous allons voir quelles sont ces attributions.

L'action est suivie par celui de ses membres que la commission syndicale désigne à cet effet.

Le maire ou l'adjoint de la commune pourrait-il, s'il habitait la section, faire partie de la commission syndicale et être désigné par elle pour suivre l'action? M. Reverchon fait remarquer que la disposition de l'article 4 de l'arrêté du 24 germinal an XI, qui interdisait de confier au maire ou à l'adjoint les fonctions de syndic, n'a pas été reproduite par la loi de 1837, et que ce mode de procéder n'offrirait aucun inconvénient, puisque le maire et l'adjoint ne pourront, d'après le § 2 de l'article 56, s'ils sont intéressés à la jouissance des droits de la section, prendre part aux aux délibérations du conseil municipal, ni par suite représenter la commune (1). M. Jèze semble partager cet avis (2). Nous pensons qu'il y aurait des avantages pour le maire et l'adjoint à s'abstenir complétement en pareil cas et à ne pas prendre d'autre rôle que celui de représentant de la commune. Mais assurément leur nomination, en qualité de syndics, ne pourrait être considérée comme irrégulière.

245. *Composition spéciale du conseil municipal en cas de litige entre la commune et la section.* — Nous devons rappeler ici une garantie que le législateur a voulu donner aux sections en modifiant la représentation de la commune elle-même dans le cas où elle est en litige avec la section.

L'article 56, dans ses §§ 2 et 3, interdit aux membres

(1) *Des Autorisations de plaider*, p. 329.
(2) *Dictionnaire général d'administration.* V° *Commune*, pag. 430.

du conseil municipal dont les intérêts seraient personnellement opposés à ceux de la section, de prendre part aux délibérations du conseil relatives à ce litige, et dispose qu'ils seront remplacés par des électeurs de la commune que doit désigner le préfet.

Ces dispositions ne paraissent avoir donné lieu à aucune difficulté.

246. Voyons maintenant comment les organes de la section de commune doivent exercer les actions. Nous rencontrons ici des règles qui, pour la plupart, sont applicables en même temps aux communes et aux sections.

---

§ 2. — EXERCICE DES ACTIONS.

I. — *Nécessité de la délibération du conseil municipal ou de la commission syndicale.*

247. C'est au maire ou au syndic à représenter la section ; mais il ne peut agir sans l'autorisation du conseil municipal ou de la commission syndicale. — 248. Cette règle est généralement mal observée, surtout devant les juridictions administratives. — 249. Etude de la jurisprudence du Conseil d'Etat à ce sujet. Pourvois et interventions qui avaient été présentés par les maires sans autorisation, déclarés non recevables. — 250. La délibération est nécessaire quand il s'agit de défendre à une action comme lorsqu'il s'agit d'en intenter une. — 251. La délibération du conseil municipal doit être régulière. — 252. Il suffit qu'elle intervienne avant qu'il soit statué sur l'action intentée ou soutenue par le maire. — 253. Conséquence de l'inobservation de ces règles : 1° à l'égard des maires : condamnation personnelle aux frais de l'instance; 2° à l'égard des communes : les délais de l'action peuvent être expirés. En cas de défense, la décision serait considérée comme rendue par défaut.

247. Le maire ou le syndic, selon le cas, est chargé de représenter la section en justice, soit en demandant, soit en défendant. Mais le conseil municipal et la commission syndicale doivent toujours être appelés à délibérer sur les actions à intenter ou à soutenir.

Cette règle, applicable aux communes de même qu'aux

sections, résulte expressément de l'article 19 de la loi du 18 juillet 1837, qui dispose que le conseil municipal délibère... « 10° sur les actions judiciaires et les transactions, » et des articles 56 et 57 qui instituent les commissions syndicales.

248. Il est impossible que, dans aucun cas, l'on omette de faire délibérer la commission syndicale sur le procès en vue duquel elle a été créée; d'autant plus que c'est à elle qu'il appartient de désigner le syndic chargé de suivre l'action.

Les règles établies pour l'exercice des actions devant les tribunaux civils et que nous allons étudier, ne permettent guère non plus que ce principe soit méconnu par les maires, lorsqu'ils plaident au nom des communes ou des sections devant ces tribunaux.

Le plus souvent, en effet, les communes ne peuvent intenter une action ou y défendre sans une autorisation de plaider qui doit être demandée au conseil de préfecture, et, dans l'exercice de sa tutelle, le conseil de préfecture fait régulariser, au besoin, les procédures.

Mais, devant les juridictions administratives, l'autorisation de plaider n'est pas nécessaire; et il est arrivé fréquemment que les maires ont introduit, au nom des communes, devant ces juridictions, des actions sur lesquelles le conseil municipal n'avait pas délibéré. Il pourrait en être de même lorsqu'ils représentent les sections de commune.

L'oubli de cette règle entraîne, nous le verrons tout à l'heure, des conséquences dommageables pour les communes ou sections et pour les maires. Il est donc utile de résumer la jurisprudence du Conseil d'État sur ce point.

249. Le principe posé par la loi du 18 juillet 1837 découle de l'essence même de la constitution des corps

municipaux. Aussi était-il posé déjà, presque dans les mêmes termes, par la loi du 14 décembre 1789 (art. 54), et surtout par la loi du 28 pluviôse an VIII (art. 15).

Dès 1810, on le trouve rappelé incidemment dans la solution d'une question de compétence relative à un litige engagé entre une commune et un entrepreneur de travaux publics, au sujet de dommages causés par l'entrepreneur à une propriété communale. (*Décret sur conflit, en date du 13 novembre 1810, commune de Moy c. Labouret*).

Le Conseil a toujours rejeté comme non recevables les pourvois contre des arrêtés des conseils de préfecture formés devant lui par des maires, au nom de leurs communes, sans autorisation des conseils municipaux. (*Arr. 20 novembre 1822, Fourton c. Delaboureys; — 5 novembre 1823, Chavassieux; — 5 août 1829, Uthurbide et Hiriart c. d'Huart et consorts*, etc. (1).

Par application de ce principe, le Conseil a également rejeté, pour défaut de qualité, des interventions présentées au nom des communes, dans des conditions semblables. (*Arr. 8 septembre 1819, Ruellan; — 23 juin 1824, Lachallerie*).

250. Et ce n'est pas seulement au cas où la commune intente l'action que le conseil municipal doit être appelé à délibérer; c'est aussi lorsqu'il s'agit pour elle de la

_____

(1) Il a dû notamment opposer cette fin de non-recevoir à un assez grand nombre de pourvois formés par des maires, dans l'intérêt collectif des habitants de leurs communes, contre des arrêtés de conseils de préfecture, qui accordaient à des contribuables une décharge ou une réduction de leurs cotes de contribution foncière ou mobilière, ce qui entraînait la réimposition du montant de la décharge ou réduction, par addition aux cotes des autres habitants. (*Arr. 12 décembre 1834, maire de Beussent c. Dezoteux; — Id., maire de Lebuguière; — 19 décembre 1834, maire de Desvres; — Id., maire de Ligny-lès-Aires; — 26 décembre 1834, maire de Conterelle; — 2 janvier 1835, maire d'Hénin-Lieutard;—Id., maires de Doullens. de Sedan, d'Enquin, de Charleville;— 2 janvier 1838, maire de Sarrians c. de Saint-Paulhet.*)

soutenir. La loi du 14 décembre 1789 (art. 54) dispensait le corps municipal de faire délibérer le conseil général de la commune sur les actions à soutenir, dans le cas où le fond du droit n'était pas contesté. La loi du 28 pluviôse an VIII (art. 15) a effacé cette distinction, et le texte de la loi du 18 juillet 1837 n'en fait non plus aucune.

La jurisprudence du Conseil d'État a constamment entendu la règle en ce sens. Nous pouvons citer notamment un arrêt du 18 janvier 1855 (*commune d'Orgnac*), et un autre arrêt du 24 janvier 1856 (*commune de Vornay.*) Dans cette dernière décision, le Conseil a considéré comme non avenu un mémoire en défense présenté par le maire, attendu qu'il ne produisait aucune délibération du conseil municipal qui l'eût autorisé à défendre au pourvoi formé par l'adversaire de la commune.

251. L'autorisation du conseil municipal est nécessaire, et il faut évidemment que cette autorisation soit émanée du conseil municipal assemblé et délibérant régulièrement, dans les formes prescrites par la loi.

Ainsi, il n'y aurait pas lieu de tenir compte d'une délibération prise par un conseil municipal qui n'aurait pas été autorisé à se réunir pour délibérer sur le pourvoi qu'il chargerait le maire d'intenter (*Arr. Cons.*, 23 *juin* 1824, *Lachallerie contre Vétant et autres*), non plus que d'une délibération qui aurait été prise par un nombre de membres inférieur à celui qui est fixé par la loi pour la validité des délibérations, ou bien qui constaterait le partage entre les membres du conseil. (*Arr. Cons.*; 9 *mars* 1832, *héritiers Lemaire c. Ducoudray, maire de Curlu.*) Dans ces cas, le pourvoi présenté par le maire serait certainement non recevable. Il en serait à plus forte raison de même, si le maire prétendait suppléer à la délibération du conseil municipal par l'adhésion qu'auraient donnée individuellement un certain nombre de membres du conseil municipal à la requête par lui soumise au Conseil d'État. (*Arr.* 19 *décembre* 1834, *commune de Desvres.*)

Il ne pourrait pas non plus suffire que le conseil municipal eût autorisé le maire à intenter l'action, si postérieurement il était revenu sur sa délibération, et s'il avait décidé qu'il n'y avait pas lieu de former un pourvoi devant le Conseil d'État au nom de la commune. (*Arr.* 5 *août* 1829, *Uthurbide.*)

252. Toutefois, il n'est pas indispensable que la délibération du conseil municipal soit préalable à la formation du pourvoi ou à la production des défenses. C'est sans doute le mode de procéder le plus régulier ; mais il pourrait, dans certains cas, nuire aux intérêts de la commune. En effet, le conseil municipal ne se réunit en session ordinaire que quatre fois par an. Il est vrai que le maire peut, avec l'autorisation du sous-préfet, le réunir en session extraordinaire ; mais il n'est pas toujours opportun d'user de ce moyen exceptionnel. D'ailleurs une convocation extraordinaire demande encore un certain temps, et le retard apporté à la défense des droits de la commune pourrait créer des fins de non-recevoir contre lesquelles il importe de se prémunir. Lorsque le temps presse, le maire peut user du pouvoir que lui donne la loi du 18 juillet 1837 (art. 10, 2° et art. 55), de faire tous actes conservatoires. Ainsi, le Conseil d'État a considéré comme régulier un pourvoi qui avait été introduit devant lui par le maire d'une commune sans délibération du conseil municipal, mais qui avait été ratifié par ce conseil pendant le cours de l'instruction. (*Arr.* 27 *janvier* 1848, *commune de Vinon contre Truc.*) Il a également admis que la production faite par un maire des défenses de la commune à une action intentée contre elle ne constituait qu'un acte conservatoire, et qu'elle était, par conséquent,

valable malgré l'absence d'une autorisation préalable du conseil municipal. (*Arr.* 9 *janvier* 1849, *ville de Paris c. Noël et consorts.*)

253. Les conséquences de l'inobservation des règles que nous venons d'établir seraient les suivantes :

A l'égard du maire, la conséquence d'un pourvoi introduit par lui, sans qualité, au nom de la commune ou de la section, serait la condamnation personnelle aux dépens de l'instance. La commune ou la section ne peut, en effet, être tenue de supporter les frais d'un procès où elle n'était pas valablement représentée. C'est ce que le Conseil a décidé dans les arrêts déjà cités, du 20 novembre 1822 (*Fourton*), du 5 novembre 1823 (*Chevassieux*), du 5 août 1829 (*Uthurbide*), du 9 mars 1832 (*héritiers Lemaire*). Les frais de défenses considérées comme non avenues pourraient encore être mis à la charge des maires.

Quant à la commune ou à la section, ses droits pourraient, dans certains cas, être compromis par une action intentée sans délibération du conseil municipal.

Supposons, par exemple, qu'un pourvoi eût été formé par un maire sans la délibération du conseil municipal et que le maire n'eût pas régularisé la situation en cours d'instance, le pourvoi serait rejeté pour défaut de qualité. Or il est probable qu'après cette décision, les délais dans lesquels tout pourvoi doit être formé, à peine de déchéance, se trouveraient expirés, et qu'ainsi la commune ou la section ne serait plus recevable à former un nouveau pourvoi.

Mais il n'en serait pas de même dans le cas où il aurait été statué sur une défense présentée par le maire sans autorisation. En effet, la décision intervenue serait considérée comme rendue par défaut à l'égard de la commune ou section, et par conséquent, elle serait susceptible d'opposition. C'est ce qui résulte d'un arrêt, en date du 18 janvier 1855 (*commune d'Orgnac c. Fenouillet et Marcoux*), par lequel le Conseil a rejeté comme non recevable en l'état le pourvoi formé par une commune contre un arrêté de conseil de préfecture, rendu entre des adjudicataires de travaux communaux et le maire, qui n'avait pas été autorisé à défendre devant le conseil de préfecture.

II. — *De l'autorisation de plaider.*

254. L'autorisation de plaider est nécessaire en principe. — 255. Par exception, elle n'est pas nécessaire dans trois cas. — 256. D'abord pour les actions possessoires, excepté en cas de pourvoi devant la Cour de cassation. — 257. Elle n'est pas nécessaire, quand une section est assignée comme défenderesse solidaire ou secondaire en matière criminelle ou correctionnelle. — 258. Elle ne l'est pas non plus pour les actions portées devant les juridictions administratives. — 259. L'autorisation doit être demandée par le maire ou le syndic. Est-il nécessaire que le conseil municipal ou la commission syndicale autorise le maire à la demander? — 260. C'est le conseil de préfecture qui statue sur la demande. — 261. Il n'est pas nécessaire que la demande soit accompagnée d'une consultation de trois jurisconsultes. — 262. Recours ouvert contre la décision du conseil de préfecture devant le Conseil d'Etat. Formes dans lesquelles le recours doit être introduit et jugé. — 263. Les tiers sont sans qualité pour attaquer les décisions des conseils de préfecture, sauf les cas d'excès de pouvoirs.

254. En principe, aux termes de l'article 49 de la loi du 18 juillet 1837, l'autorisation de plaider est nécessaire aux sections de même qu'aux communes, lorsqu'elles ont à intenter une action devant les tribunaux civils, lorsqu'elles veulent se pourvoir devant un nouveau degré de juridiction, et enfin lorsqu'elles veulent former un recours devant la Cour de cassation (1).

(1) Afin de ne pas sortir des limites de notre sujet, nous nous bornons à indiquer les règles qui n'ont rien de particulier aux sections. Nous nous référons, pour les développements, à l'excellent traité de M. Reverchon sur les *Autorisations de plaider*, au *Ré-*

Elle est également nécessaire pour soutenir une action devant le tribunal qui doit statuer en premier ressort, mais elle ne l'est plus pour défendre à l'appel ou à un pourvoi en cassation.

255. Par exception à la règle générale, l'autorisation de plaider n'est pas nécessaire dans certains cas.

256. En premier lieu, aux termes de l'article 55 de la loi de 1837, elle n'est pas nécessaire pour les actions possessoires (1).

M. Dalloz, dans son *Répertoire*, expose qu'il pourrait s'élever un doute sur le point de savoir si cet article est applicable aux sections de commune, parce qu'il porte : « Le maire peut toutefois, sans autorisation préalable, intenter toute action possessoire ou y défendre et faire tous autres actes conservatoires ou interruptifs des déchéances. » Or, cet article ne parle que du maire et non du syndic, représentant de la section. Du reste, M. Dalloz ne s'arrête pas à ces doutes. Il reconnaît que les sections doivent être complétement assimilées aux communes à cet égard (2). Cette solution est d'autant mieux fondée que la raison de douter, qui se tire du texte de l'article 55,

pertoire de M. Dalloz, v° *Commune*, et à l'article de M. Jèze, inséré dans le *Dictionnaire général d'administration*, v° *Commune*, p. 419 et suiv.

(1) On a quelquefois entendu l'article 55 de la loi de 1837 en ce sens, que le maire était dispensé de se faire autoriser par le conseil municipal pour l'exercice des actions possessoires. C'est une erreur évidente. L'article 55 ne s'applique qu'à l'autorisation de plaider à demander au conseil de préfecture. A proprement parler, d'ailleurs, c'est un mandat et non une autorisation que le conseil municipal donne au maire pour agir au nom de la commune, et l'article 19, n° 10, qui appelle le conseil municipal à délibérer sur les actions judiciaires, ne fait aucune distinction entre les différentes sortes d'actions. Seulement, il est raisonnable d'admettre que le maire, quand il est pressé par les délais, peut agir au possessoire comme au pétitoire, sans que le conseil municipal en ait délibéré, sauf à faire ratifier sa conduite dans le plus bref délai. Voir à ce sujet les explications que nous avons données, p. 523, n° 252.

(2) *Répertoire*, v° *Commune*, t. X, n° 1749.

n'existerait pas dans le cas où la section est représentée par le maire et non par un syndic, et l'on a vu
que ce cas peut être assez fréquent. Ajoutons que la jurisprudence du Conseil d'Etat a consacré cette règle dans
deux décisions. (*Ordonnances du 23 novembre* 1847,
Robert, et du 3 janvier 1848, *Audebert.*)

Mais si l'autorisation n'est pas nécessaire aux sections
pour les actions possessoires, soit devant le juge de paix,
soit en appel, elle leur est nécessaire pour former un
pourvoi devant la Cour de cassation contre les jugements
rendus sur une action possessoire.

257. Il n'y a pas lieu non plus de demander l'autorisation quand une commune est assignée par le ministère
public ou par l'administration (notamment l'administration des forêts) comme défenderesse solidaire ou secondaire en matière criminelle, par exemple, pour répondre
des condamnations pécuniaires prononcées contre les
agents d'exploitation des coupes de ses bois. Telle est
du moins l'opinion émise par M. Reverchon, et qui nous
paraît fondée (1). Ce cas pourrait se présenter pour les
sections. On a vu qu'elles peuvent être responsables des
dégradations commises, dans les bois où elles ont des
droits d'usage, par les pâtres du troupeau commun.

258. L'autorisation n'est pas non plus nécessaire aux
sections pour plaider devant les juridictions administratives. Une ordonnance du 16 janvier 1828 (*section de
Nointel*) a consacré pour les sections ce principe, qu'une
longue jurisprudence a appliqué aux communes.

Cette jurisprudence est fondée sur plusieurs raisons.
Pour les affaires contentieuses sur lesquelles le conseil de
préfecture est appelé à statuer, on a pensé qu'il était au
moins inutile de les lui soumettre deux fois, d'abord à

_____
(1) 2e édition, p. 62.

titre de tuteur, ensuite à titre de juge. Pour les affaires dont il ne doit pas être juge ou sur lesquelles il a épuisé sa juridiction, il a paru contraire, soit aux règles de la hiérarchie administrative, soit aux convenances que le conseil de préfecture fût appelé à autoriser un pourvoi contre la décision d'un ministre ou contre ses propres décisions. D'autre part, les frais des instances engagées devant les juridictions administratives sont généralement beaucoup moindres que ceux des instances soumises aux tribunaux civils ; souvent même il n'y a d'autres frais à faire pour obtenir justice que la dépense du papier timbré sur lequel doit être écrite la réclamation. Il n'y avait donc pas d'intérêt à imposer aux communes ou aux sections la nécessité d'une autorisation pour plaider devant les juridictions administratives (1).

259. L'autorisation doit être demandée par le maire ou le syndic, selon que l'un ou l'autre représente la section.

Elle ne peut être demandée que de l'assentiment du conseil municipal ou de la commission syndicale, selon les cas, lorsqu'il s'agit d'*intenter* une action ; mais il n'en est pas de même lorsque la section est défenderesse. En effet, l'article 52 de la loi du 18 juillet 1837 dispose que, dans ce dernier cas, quel que soit le sens dans lequel le conseil municipal se soit prononcé, la délibération sera transmise au conseil de préfecture, qui décidera si la commune doit être autorisée à ester en jugement. La question de savoir si la décision du conseil de préfecture peut avoir pour effet de contraindre la commune ou

(1) Les communes peuvent encore défendre sans autorisation aux oppositions formées contre les états dressés, en vertu de l'article 63 de la loi de 1837, à fin de recouvrement des recettes municipales pour lesquelles les lois et règlements n'ont pas prescrit un mode spécial de recouvrement. Mais il ne nous paraît pas que, dans la pratique, ces dispositions puissent s'appliquer directement aux sections.

la section à plaider est assez controversée, nous l'avons indiqué plus haut, en examinant si le préfet peut se substituer au maire et au conseil municipal pour défendre les intérêts de la commune ou de la section (1). Pour nous, nous pensons que, bien que le maire puisse demander l'autorisation dans ce cas, sans l'aveu du conseil municipal, il ne pourrait, après que cette autorisation aurait été accordée, soutenir l'action, si le conseil municipal persistait à refuser son consentement.

260. Il est statué sur la demande d'autorisation par le conseil de préfecture, sauf recours au Conseil d'État dans des formes spéciales, que nous allons indiquer tout à l'heure.

261. Jusqu'en 1837, les conseils de préfecture et le Conseil d'État désignaient, pour les éclairer sur les chances de succès des litiges que les communes et sections se proposaient d'intenter, des avocats dont les consultations exerçaient une grande influence sur leur décision. Cette pratique, établie en exécution de l'article 43 de l'édit d'août 1764, et consacrée par un décret rendu en Conseil d'État le 17 avril 1812, et inséré au *Bulletin des Lois*, a été abandonnée depuis la promulgation de la loi de 1837, qui ne prescrit pas de recourir à ces consultations. Parmi les monuments de la nouvelle jurisprudence, nous pouvons citer un décret, en date du 25 juin 1856, rendu sur l'avis de la section de législation et qui fait droit à un pourvoi de la *section de Saint-Louand*, dépendant de la commune de Beaumont, contre un arrêté du conseil de préfecture du département d'Indre-et-Loire. Ce décret porte : « qu'aucune loi n'autorise les conseils de préfecture à obliger les communes demande-

_____

(1) P. 50. — On peut voir les discussions que cette question a soulevées dans le *Traité* de M. Reverchon, 2e édition, p. 95 et suiv.

34

resses en autorisation de plaider à soumettre leurs titres à des jurisconsultes qui les déposeront, avec leur avis, entre les mains du sous-préfet, pour être ensuite par le sous-préfet soumis au comité consultatif; qu'il est, au contraire, du devoir des conseils de préfecture, tout en respectant la faculté qu'ont les parties de s'entourer de conseils, d'apprécier par eux-mêmes les pièces produites, les faits et les circonstances qui s'y rattachent, et de leur en appliquer, d'après leur propre conviction, les conséquences. »

262. Nous avons dit qu'un recours contre la décision du conseil de préfecture est ouvert devant l'Empereur en Conseil d'État.

Ce recours doit être introduit et jugé dans la forme administrative, et, d'après le règlement actuel du Conseil d'État, contenu dans le décret du 30 janvier 1852, c'est la section de législation qui est chargée de préparer les décrets qui prononcent à ce sujet. Il est, par suite, affranchi des droits de greffe et d'enregistrement auxquels sont assujettis les pourvois formés en matière contentieuse, et, pour le présenter, on n'a pas besoin de recourir au ministère d'un avocat au Conseil d'État. Toutefois, les communes et les sections empruntent fréquemment l'intermédiaire des avocats, dont les soins facilitent la bonne instruction des affaires.

Le recours doit, à peine de déchéance, être présenté dans le délai de trois mois à dater de la notification de l'arrêté du conseil de préfecture (art. 50). Il doit être adressé directement au président du Conseil d'Etat.

Le maire ou le syndic peut d'ailleurs, avant l'autorisation, faire tous actes conservatoires qui seraient nécessaires (art. 55 de la loi du 18 juillet 1837).

263. Le recours devant le Conseil d'État n'est ouvert, en principe, qu'à la commune ou à la section qui n'a pas

obtenu l'autorisation qu'elle demandait. Les adversaires des sections seraient sans qualité pour attaquer, par la voie administrative, soit les arrêtés qui statuent sur les demandes à fin d'autorisation de plaider formées par les sections, soit les actes relatifs à la constitution des commissions syndicales chargées de les représenter. Ces arrêtés sont en effet des actes de tutelle administrative qui ne peuvent porter aucune atteinte aux droits des tiers. (*Ordonnances du 22 juin* 1825, *Bernard*; — *du 23 mai* 1830, *Salles*.)

Toutefois il y aurait exception à cette règle, si le conseil de préfecture, au lieu de se borner à faire un simple acte de tutelle à l'égard des communes ou sections intéressées, avait rendu une décision sur le fond de l'affaire ou sur la procédure à suivre pour le jugement du litige. Dans ce cas, il y aurait un excès de pouvoirs de la part du conseil de préfecture, et les tiers seraient recevables à attaquer sa décision devant le Conseil d'État par la voie contentieuse. C'est ce qui a été reconnu par plusieurs arrêts rendus au contentieux (30 *juillet* 1839, *Gallot*; — 8 *juin* 1842, *Maupuy*).

L'adversaire d'une section aurait également qualité pour attaquer une décision du conseil de préfecture qui aurait autorisé la section à plaider si, dans les cas prévus par les articles 56 et 57 de la loi du 18 juillet 1837, les formalités prescrites par ces articles n'avaient pas été remplies. Il en serait de même, si l'autorisation d'intenter une action avait été accordée, bien que la commission syndicale ou le conseil municipal représentant la section eussent délibéré qu'il n'y avait pas lieu de l'intenter (1). En effet, dans ces divers cas, l'autorisation serait nulle et

---

(1) Nous avons dit plus haut que la doctrine est différente quand il s'agit, non pas *d'intenter* une action, mais d'y défendre. Voir p. 528.

l'on comprend que l'adversaire de la section a intérêt à ce que celle-ci ne puisse pas faire tomber plus tard toute la procédure faite devant le tribunal, en alléguant l'irrégularité de l'autorisation sans laquelle elle n'a pas capacité pour plaider. Nous pouvons citer dans ce sens une ordonnance rendue par la voie administrative le 18 novembre 1831 (*Section de Franois c. section de la Fromagerie*), qui a statué sur un cas d'inobservation des formalités prescrites par l'arrêté du 24 germinal an XI, et un décret rendu au contentieux le 6 décembre 1860 (*Talleyrand-Périgord*). On voit qu'ici les tiers peuvent choisir entre le recours par la voie administrative et le recours par la voie contentieuse.

III. — *Action exercée par un contribuable au nom de la section.*

26. Droit accordé aux contribuables par l'article 49 de la loi de 1837. Ce droit appartient exclusivement aux contribuables de la section. — 265. L'autorisation du conseil de préfecture est-elle nécessaire aux contribuables quand leur action est portée devant les juridictions administratives ? — Jurisprudence du Conseil d'Etat délibérant au contentieux. — Jurisprudence de la section de législation. — 266. Le contribuable ne peut agir si la section, représentée par son organe légal, n'a pas refusé ou négligé d'exercer l'action.

264. Aux termes du § 3 de l'article 49, tout contribuable inscrit au rôle de la commune a le droit d'exercer, à ses frais et risques, avec l'autorisation du conseil de préfecture, les actions qu'il croirait appartenir à la commune ou section, et que la commune ou section, préalablement appelée à en délibérer, aurait refusé ou négligé d'exercer.

On peut se demander, dit à ce sujet M. Reverchon (1), si le droit ouvert aux contribuables de la commune par cette disposition ne devrait pas, lorsqu'il s'agit d'une

(1) *Traité précité*, 2e édition, nᵒ 112, p. 303.

section, être limité aux contribuables de cette section même. A première vue, il semblerait naturel de le décider ainsi, et alors il faudrait étendre cette solution même au cas où la section aurait à plaider contre un tiers, c'est-à-dire, même au cas où elle n'aurait pas de représentation spéciale pour la défense de ses intérêts. Toutefois, ajoute-t-il, il serait peut-être difficile, dans le silence de la loi, d'ériger cette condition en règle absolue et d'en tirer une fin de non-recevoir proprement dite contre la demande de tout contribuable qui voudrait se substituer à une section à laquelle il serait étranger; il n'y aurait là, selon nous, qu'une considération à peser par le conseil de préfecture pour accorder ou refuser l'autorisation.

Il nous semble que l'esprit de la loi permet d'établir une doctrine plus ferme. Si l'article désigne les contribuables inscrits au rôle de la commune, c'est évidemment que le législateur, parlant à la fois des communes et des sections, n'a pas songé à préciser la règle applicable à chaque cas. D'ailleurs, il n'y a, en général, de rôle que pour la commune; la section n'a un rôle spécial que dans le cas où elle doit supporter des charges spéciales. Mais comment un contribuable qui ne ferait pas partie de la section pourrait-il avoir qualité pour exercer les actions de la section, quand il n'aurait pas qualité, s'il agissait en son nom personnel? Les contribuables de la section ont seuls intérêt à prendre en main la cause que celle-ci abandonne; ils doivent seuls avoir qualité à cet effet. Telle est l'opinion de M. Dalloz (1).

265. Les contribuables qui veulent plaider au nom d'une section ont besoin, aux termes de l'article 49, de l'autorisation du conseil de préfecture.

(1) *Répertoire*, n° 1744.

Cette autorisation est-elle nécessaire non-seulement
pour les litiges engagés devant les tribunaux civils. mais
aussi pour ceux qui sont portés devant les juridictions
administratives? La jurisprudence du Conseil d'Etat sur
cette question a varié.

La raison de douter vient de ce que, pour les actions
soumises aux juridictions administratives, il est de règle
que les communes et les sections n'ont pas besoin
d'être autorisées à plaider, et qu'au premier abord, on
est disposé à penser qu'il doit en être des contribuables agissant au nom des communes ou des sections
comme il en est des communes ou des sections elles-
mêmes.

Dans un arrêt en date du 8 avril 1842 (*Duvergier c.
Recordère*), relatif à un pourvoi formé par des contribuables d'une commune devant le Conseil d'État, et tendant
à faire annuler, pour violation de la loi, un arrêt de la
Cour des comptes statuant sur la gestion irrégulière de
l'ancien maire de la commune, le Conseil d'Etat avait
décidé que la faculté accordée aux contribuables n'était
subordonnée à l'autorisation du conseil de préfecture que
pour les actions soumises aux tribunaux civils.

Mais cette décision, contraire à une décision précédente, également rendue au contentieux le 20 novembre
1840 (*Garnier de Forville*), est isolée dans la jurisprudence du Conseil d'Etat, qui est aujourd'hui établie en
sens contraire.

Si l'on ne s'arrête pas à la première impression, on
reconnaît en effet que la situation des contribuables
agissant au nom des communes ou sections est différente
de celle des communes ou des sections elles-mêmes, et
que les raisons qui ont pu conduire à ne pas imposer
l'autorisation de plaider aux communes ou aux sections
pour agir devant les juridictions administratives, ne suf-

fisent pas pour en dispenser les contribuables qui agissent en leur lieu et place.

D'abord on sait que le texte de la loi est formel, et qu'il ne fait aucune distinction.

On ne peut pas dire que l'article 49 de la loi de 1837 et les articles suivants, parlant des actions *en justice*, n'ont entendu poser de règles que pour les actions soumises aux tribunaux civils. Jamais le Conseil d'Etat n'a admis cette interprétation étroite des mots *action en justice*; car il s'ensuivrait que la loi n'a établi aucune règle pour les actions que les communes peuvent avoir à intenter devant les juridictions administratives.

Il est vrai cependant que, bien que l'article 49 porte expressément que « nulle commune ou section de commune ne peut introduire une action en justice sans y être autorisée par le conseil de préfecture », l'autorisation n'est pas exigée des communes pour plaider devant les juridictions administratives.

Mais il ne faut pas oublier que cette jurisprudence était établie avant la loi du 18 juillet 1837, et qu'on a dû la maintenir, parce qu'elle n'avait été l'objet d'aucune critique lors de la discussion de la loi, et qu'il n'y aurait eu aucun avantage, qu'il y aurait eu plutôt des inconvéneints à la changer.

Cette jurisprudence se fonde principalement, nous l'avons vu, sur ce qu'il serait inutile d'appeler le conseil de préfecture à remplir les fonctions de tuteur, à l'occasion d'une affaire dont il devrait ensuite être juge, et sur ce que cela serait contraire aux règles de la hiérarchie ou aux convenances, s'il s'agissait de former un pourvoi contre une décision d'un ministre ou contre un arrêté du conseil de préfecture lui-même. On a pensé, en conséquence, qu'il n'y avait pas lieu d'imposer aux communes ou aux sections l'obligation d'obtenir une autorisation pour plaider devant les juridictions administratives.

Il n'en est pas ainsi lorsqu'il s'agit des contribuables qui usent du droit que l'article 49 de la loi du 18 juillet 1837 leur a accordé ; et il est bon de remarquer que cette disposition de la loi était nouvelle.

Sans doute une partie des raisons qui ont motivé la jurisprudence établie à l'égard des communes peut s'appliquer au cas où il s'agit d'actions intentées par des contribuables agissant au nom des communes. Mais il y a un grand intérêt à ce que les contribuables ne puissent pas plaider au nom des communes, devant quelque juridiction que ce soit, sans une autorisation. La commune, tout en ayant des moyens de faire valoir ses droits, peut avoir des raisons graves de ne pas engager un procès ; elle peut y être portée notamment par le désir de maintenir la paix publique. Ou bien elle peut n'être pas prête à faire valoir ses droits ; elle peut n'avoir pas retrouvé les titres sur lesquels elle aurait à s'appuyer, et des contribuables pourraient, soit par imprudence, soit par connivence avec les adversaires de la commune, compromettre ses droits en intentant l'action qu'elle aurait ajournée à dessein.

Ce sont ces inconvénients que le législateur a voulu prévenir, en subordonnant à l'autorisation du conseil de préfecture l'exercice de la faculté qu'il accordait aux contribuables.

Or ces inconvénients peuvent se présenter pour les actions portées devant les juridictions administratives aussi bien que pour celles qui sont soumises aux tribunaux civils. Dès lors il n'y a aucune raison de déroger à la règle générale posée dans l'article 49 de la loi de 1837.

Que si l'on peut trouver étrange que le conseil de préfecture soit appelé à décider s'il doit autoriser un recours contre une décision ministérielle ou contre un de ses propres arrêtés, il faut considérer que les contribuables ont le droit de se pourvoir dans la forme administrative et sans frais devant la section de législation du Conseil d'Etat contre les arrêtés qui leur refusent l'autorisation de plaider, et qu'au second degré l'on ne retrouve plus ces singularités. En somme, les avantages sont ici bien plus considérables que les inconvénients.

C'est ce qui a frappé le Conseil d'État et ce qui l'a fait revenir sur la décision contenue dans l'arrêt précité du 8 avril 1842, que M. Reverchon avait combattu dans son livre sur les *autorisations de plaider*.

Par un arrêt en date du 20 avril 1854 (*Jean et consorts*), le Conseil d'État au contentieux, soulevant la question d'office, a décidé que les contribuables étaient tenus d'obtenir du conseil de préfecture l'autorisation exigée par l'article 49 de la loi du 18 juillet 1837, lors même que leur action était portée devant la juridiction administrative ; et, par application de cette doctrine, il a rejeté comme non recevable un pourvoi formé sans autorisation par des contribuables, au nom d'une commune, contre une décision du ministre de l'intérieur relative à une vente de biens communaux.

La section de législation du Conseil d'État, statuant sur des demandes d'autorisation de plaider, a admis la même doctrine. Ainsi trois décrets rendus sur son avis, le 23 juillet 1859 (*commune de Beaumont-en-Verron c. section de Saint-Louand*), le 16 mai 1860 (*Guillemin et autres*), et le 31 mai 1862 (*Grelleau et autres*), ont autorisé des contribuables d'une commune ou d'une section à former au nom de la commune ou de la section des pourvois devant le Conseil d'État statuant au contentieux. Deux autres décrets, rendus le 30 janvier 1861 (*Lalle-*

(1) 2ᵉ édition, p. 122.

mand et autres) et le 10 avril 1861 (*Fourniols*), ont refusé à des contribuables l'autorisation qu'ils demandaient, et il est bon d'ajouter que, par suite de ces refus, les pourvois formés devant le Conseil d'Etat statuant au contentieux par ces contribuables au nom de leurs communes ont été ou retirés ou rejetés comme non recevables. (*Arr. 2 mai 1861, Lallemand et autres;— 5 avril 1862, Fourniols (1).*)

266. Le contribuable ne peut se substituer à la section qu'autant que la section, appelée à en délibérer, a refusé ou négligé d'exercer l'action.

Évidemment, il s'agit ici de la section représentée par son organe légal. Par conséquent, dans le cas où la loi veut que la section ait une représentation spéciale, il ne suffirait pas que le conseil municipal eût délibéré à ce sujet. Il faut que le contribuable justifie d'une délibération de la commission syndicale. C'est ce que le Conseil d'État a décidé dans les ordonnances du 27 décembre 1844 (*Fonteilles*) et du 28 novembre 1845 (*Damphernet*).

IV. — *Formalités imposées au demandeur adversaire d'une section.*

267. Obligation d'adresser préablement au préfet un mémoire exposant les motifs de sa réclamation. Transmission du mémoire aux représentants de la section pour qu'ils aïent à en délibérer. Si l'on se trouve dans un cas où la section doit avoir un organe spécial, le préfet crée la commission syndicale et lui transmet le mémoire. — 268. Délai pendant lequel l'exercice de l'action est suspendu.

267. Aux termes de l'article 51 de la loi du 18 juillet 1837, quiconque veut intenter une action contre une section de commune, doit adresser préalablement au préfet

---

(1) On voit dans les visa de ce dernier décret que le sieur Fourniols avait renoncé à agir au nom de la commune; mais il avait maintenu le pourvoi formé en son nom personnel, et il a été fait droit à ce pourvoi.

un mémoire exposant les motifs de sa réclamation. Il lui est donné récépissé de ce mémoire, dont la présentation interrompt la prescription et toutes déchéances.

L'article 51 ajoute que le préfet transmet ce mémoire au maire, avec l'autorisation de convoquer le conseil municipal pour en délibérer. Mais nous avons indiqué que le maire et le conseil municipal ne sont pas toujours, dans le cas de procès, les représentants de la section. Il faut donc, évidemment, pour mettre cet article en harmonie avec les articles 56 et 57, l'entendre en ce sens que le mémoire est transmis au maire pour être l'objet de la délibération du conseil municipal, si l'on se trouve dans le cas où le conseil municipal et le maire sont les organes de la section, et que, si l'on se trouve, au contraire, dans un des cas où la loi a voulu donner aux sections des représentants spéciaux, le préfet constitue ces représentants, et leur adresse, lorsqu'ils sont constitués, le mémoire du demandeur.

M. Dalloz, dans son *Répertoire* (1), pense que, dans le cas où il y a lieu de créer une commission syndicale, le demandeur doit préalablement s'adresser au préfet pour le prier d'établir la commission syndicale, et que c'est seulement après que la personne civile contre laquelle il veut diriger son action est créée qu'il doit adresser son mémoire au préfet.

Mais cette double demande n'est pas prescrite par la loi, et nous ne croyons pas que les principes ni les nécessités de la pratique en fassent une obligation.

268. L'action ne peut être intentée qu'après la décision du conseil de préfecture, à moins qu'il ait laissé expirer un délai de deux mois sans statuer. Telle est la disposition de l'article 54 de la loi de 1837. Il en est de même,

_____

(1) Vᵒ *Commune*, t. X, nᵒ 1757.

d'après cet article, s'il y a eu un pourvoi devant le Conseil d'État contre la décision du conseil de préfecture. Mais, en aucun cas, la section ne peut défendre à cette action sans y avoir été autorisée.

V. — *Frais des procès*.

269. Renvoi aux explications données dans le chapitre relatif aux charges des sections. Le maire ou le syndic délivre les mandats nécessaires au payement des dépenses. — 270. Les frais sont exclusivement supportés par les contribuables, quand c'est par eux que l'action a été exercée.

269. Quant aux frais des procès, nous en avons traité en exposant les règles relatives aux charges des sections (1). Nous devons seulement ajouter qu'il résulte d'une décision du ministre de l'intérieur, en date du 21 mars 1840, rapportée par M. Jèze (2), que, dans le cas où les habitants de la section ont été assujettis à une imposition extraordinaire pour acquitter les frais d'un procès, les sommes provenant de l'imposition doivent être versées dans la caisse municipale au compte de la section, et que le maire ou le syndic, suivant que la section est représentée par l'un ou par l'autre, délivre les mandats pour le payement des dépenses.

270. Si le procès a été intenté au nom de la section par un ou plusieurs contribuables, en vertu de l'art. 49 de la loi de 1837, les frais sont supportés exclusivement par ces contribuables.

----

(1) P. 388, n° 161.
(2) *Dictionnaire général d'administration*, p. 430.

VI. — *Actions exercées par les habitants*, ut singuli.

271. Faculté pour les habitants d'agir individuellement afin de faire respecter leurs droits à la jouissance des biens communs. — Jurisprudence du Conseil d'Etat, qui a admis des actions de cette nature. — 272. Ce mode de procéder ne peut être suivi, d'après la jurisprudence du Conseil d'Etat et celle de la Cour de cassation, quand le fond du droit est contesté.

271. Nous ne pouvons terminer ce paragraphe sans indiquer que les habitants de la section, qui sont tenus de remplir certaines formalités pour prendre en main les actions de la section, et pour plaider en son nom, peuvent, dans certains cas, agir individuellement, *ut singuli*, et sans avoir à remplir aucune de ces formalités, pour faire respecter leurs droits à la jouissance des biens communs.

Le Conseil d'État a eu, dans plusieurs affaires, à statuer sur des recours de cette nature, et il les a considérés comme recevables.

Ainsi, c'est sur le recours formé par les habitants de la section de Parilly, agissant *ut singuli*, que le Conseil d'Etat, par sa décision déjà citée, en date du 24 septembre 1856 (1), a annulé, pour excès de pouvoirs, la délibération du conseil municipal de la commune de Chinon et l'arrêté du préfet du département d'Indre-et-Loire approbatif de cette délibération, qui avaient méconnu les droits exclusifs de la section sur le produit de l'amodiation des biens dont les habitants avaient eu jusqu'alors la jouissance en nature. C'est également sur des recours formés par les habitants des sections agissant *ut singuli* qu'ont été rendues plusieurs autres décisions du Conseil qui consacrent la même doctrine et que nous avons également rapportées plus haut (*arr.*, 17 mars 1857, *habitants de la section de Saint-Jean-de-Louviers*; — 10 février 1859, *habitants de la section de Paisy et des*

(1) Voir chap. V, p. 247.

Chainettes; — 5 mai 1859, *habitants de la section de Massonay* (2).)

Ce mode de procéder est d'ailleurs le seul auquel les habitants des sections puissent recourir pour sauvegarder leurs droits quand le préfet refuse de constituer, sur leur demande, une commission syndicale chargée de représenter la section.

Aussi, dans la plupart des affaires que nous venons de rappeler, les habitants des sections avaient attaqué devant le Conseil l'arrêté du préfet qui refusait d'instituer une commission syndicale, en même temps que la délibération du conseil municipal qui, d'après eux, lésait les droits de la section.

272. Toutefois, il faut remarquer que la jurisprudence du Conseil d'Etat et celle de la Cour de cassation ont établi que les habitants d'une commune ou d'une section n'ont qualité, pour se prévaloir *ut singuli* des droits de la commune ou de la section, qu'autant que le fond du droit n'est pas contesté, et ce, lors même que le droit communal ne serait pas indivisible et comporterait la jouissance individuelle de chaque habitant. C'est ce qui a été décidé notamment par un arrêt du Conseil, en date du 27 novembre 1814, inséré au *Bulletin des lois* le 2 décembre suivant. Cet arrêt a été rendu sur un recours formé par les sieurs Arrouet et autres habitants de la commune de Bouguenais, qui, agissant en leur nom personnel, attaquaient, pour excès de pouvoirs, plusieurs arrêtés du préfet du département de la Loire-Inférieure, confirmés par une décision du ministre des finances, relatifs à la propriété de landes dont ils avaient la jouissance et qu'ils prétendaient appartenir à la commune de Bouguenais. La requête a été rejetée comme non recevable par les

(2) Voir chap. V, p. 250 et suiv.

motifs suivants : « Considérant que, lorsqu'un bien est reconnu communal, qu'il ne s'élève aucune contestation sur la propriété de la commune, chaque habitant a un droit personnel à la jouissance de ce bien et peut, par conséquent, ainsi que l'a décidé le décret du 9 brumaire an XIII (1), intenter en son nom privé les actions relatives à l'exercice de ce droit ; mais qu'il en est autrement pour les actions qui concernent la propriété des biens communaux ; qu'il est évident, en effet, que cette propriété appartient, non à chaque habitant en particulier, mais à la commune en corps, à l'être moral connu sous cette dénomination ; d'où il suit 1° que les actions qui tendent à la revendication d'un bien communal sont du nombre de celles qui, aux termes de la loi du 29 vendémiaire an V, intéressent uniquement les communes, et 2° que, d'après la même loi, ces actions ne peuvent être intentées que par les administrateurs chargés de veiller aux intérêts des communes ;

« Considérant, dans l'espèce, que la réclamation dont il s'agit a pour objet la propriété d'un bien que l'on prétend communal ; que les suppliants, agissant en leur nom personnel, sont non recevables à intenter cette action. »

Nous pouvons citer dans le même sens un arrêt du Conseil d'État, du 13 mars 1822, qui a rejeté comme non recevable un recours formé par le sieur Fourton, en qualité d'habitant de la section de Samondeix, dépendant de la commune d'Issoudun, à l'effet de faire annuler un ar-

---

(1) Le décret du 9 brumaire an XIII, relatif au mode de jouissance des biens communaux, qui est abrogé par la loi du 18 juillet 1837 et le décret du 25 mars 1852, disposait, dans son article 5, que les délibérations des conseils municipaux, qui changeaient le mode de jouissance des biens communaux, devaient être soumises au préfet en conseil de préfecture et réservait un recours devant le Conseil d'État contre la décision du préfet, soit au conseil municipal, soit aux habitants ou ayants-droit à la jouissance.

rêté du conseil de préfecture homologuant le procès-verbal de délimitation d'un communal appartenant à la section de Samondeix.

Cette doctrine a été également consacrée par plusieurs arrêts de la Cour de cassation. Il nous suffira d'indiquer l'arrêt du 16 juillet 1822, *Naude-Maracou* (1), et celui du 31 mars 1835, *Hacot* (2).

<hr/>

§ 3. — TRANSACTIONS, DÉSISTEMENTS ET ACQUIESCEMENTS.

273. Les sections sont représentées, pour les transactions comme pour les procès, tantôt par le conseil municipal, tantôt par une commission syndicale. — 274. Formes à suivre pour les transactions. — 275. C'est au préfet, statuant en conseil de préfecture, qu'il appartient de les homologuer. — 276. Les désistements et les acquiescements doivent également être autorisés par le préfet en conseil de préfecture. — Opinions diverses émises à ce sujet. — Exception établie par la pratique du Conseil d'Etat pour les désistements.

273. Les règles à suivre pour la représentation des sections, lorsqu'il s'agit de passer une transaction, sont nécessairement les mêmes que celles qui viennent d'être indiquées pour les procès.

Si, dans le litige que la transaction a pour objet de terminer, la section avait un adversaire autre que la commune dont elle fait partie, ou bien une section de cette même commune, c'est le conseil municipal qui la représente. Un arrêt du Conseil d'État, en date du 17 mai 1833 (*section du Berval c. Cagniard-Damainville*), a rappelé ce principe.

Si, au contraire, le litige auquel il s'agit de mettre fin était engagé entre la section et la commune dont elle dépend ou une autre section de la commune, c'est par une commission syndicale que la section doit être représen-

(1) DALLOZ, *Répertoire*, t. X, p. 11, note 2.
(2) Id., *Recueil périodique*, 1835, 1, 211.

tée, conformément aux articles 56 et 57 de la loi du 18 juillet 1837.

274. Les formes à suivre pour les transactions sont aujourd'hui réglées par les dispositions de l'arrêté du 21 frimaire an XII, de l'article 59 de la loi du 18 juillet 1837, et du décret du 25 mars 1852, art. 1er, tableau A, n° 43.

Le maire ou le syndic doit s'adresser au préfet pour lui demander de désigner trois avocats sur la consultation desquels le conseil municipal ou la commission syndicale délibère. On s'est demandé à diverses reprises si les prescriptions de l'arrêté du 21 frimaire an XII, relatives à la consultation des avocats, étaient toujours en vigueur. Le ministre de l'intérieur a constamment décidé que ces dispositions n'étaient pas abrogées par l'article 59 de la loi du 18 juillet 1837 ; il a rappelé les traditions de l'administration à cet égard dans sa circulaire du 5 mai 1852. Cette doctrine a été consacrée par deux arrêts récents du Conseil d'État, en date, l'un du 2 février 1860 (*Robineau et consorts*), l'autre du 12 juillet 1860 (*Guillemin et consorts*). Ces arrêts ont annulé, pour excès de pouvoirs, des arrêtés de préfets qui avaient homologué des transactions passées par des communes ou des sections, sans que la délibération du conseil municipal ou de la commission syndicale eût été précédée d'une consultation de trois jurisconsultes, conformément à l'arrêté du Gouvernement du 21 frimaire an XII.

Du reste, cette opinion est généralement adoptée par les auteurs.

275. La transaction ne peut être exécutée qu'après avoir été homologuée par un arrêté du préfet, pris en conseil de préfecture.

La loi du 18 juillet 1837 avait, par son article 59, donné le pouvoir d'homologation tantôt au préfet, en conseil de préfecture, tantôt au chef de l'État, en Conseil d'État, selon la valeur des objets sur lesquels portait la transaction. Le décret du 25 mars 1852 (art. 1er, tableau A, n° 43) a confié ce pouvoir aux préfets sans aucune distinction, et il n'indique pas si les préfets doivent statuer en conseil de préfecture. Mais il n'est pas possible d'admettre que l'auteur du décret de décentralisation, en étendant d'une manière si large les attributions des préfets, ait voulu supprimer les garanties que la loi de 1837 avait établies quand elle ne déléguait aux préfets qu'une minime portion de l'autorité exercée jusque-là par le chef de l'État. C'est ce que le ministre de l'intérieur a expliqué dans les circulaires en date du 5 mai et du 9 juin 1852. C'est également ce que le Conseil d'État a décidé dans un arrêt récent, en date du 16 août 1862 (*Recurel et consorts*). Et il ne suffit pas que le conseil de préfecture ait donné son avis dans le cours de l'instruction de l'affaire, conformément à l'article 1er de l'arrêté du Gouvernement du 21 frimaire an XII; il faut que la décision du préfet soit prise après une délibération commune du préfet et du conseil de préfecture.

276. Les désistements et acquiescements sont soumis au même contrôle que les transactions, dans la forme desquelles ils sont d'ailleurs fréquemment donnés.

Le maire ou le syndic ne peut se désister d'une action engagée ou acquiescer à un jugement rendu que s'il y est autorisé par le conseil municipal ou la commission syndicale, et l'acte n'est valable qu'après avoir été homologué par l'autorité supérieure.

On n'est pas d'accord sur le point de savoir quelle est l'autorité qui doit donner cette homologation. Quelques auteurs, notamment M. Trolley (1) et M. Dalloz (2), pensent

(1) *Traité de la hiérarchie administrative*, t. IV, p. 331.
(2) *Répertoire*, v° *Commune*, t. X, n° 1569.

que c'est au conseil de préfecture qu'il appartient d'autoriser les communes à se désister, comme il lui appartient de les autoriser à plaider. Mais M. Reverchon, dans son *Traité des autorisations de plaider* (1), fait remarquer avec raison que le texte qui attribue exceptionnêllement au conseil de préfecture seul l'exercice de la tutelle administrative, en ce qui concerne les actions à intenter ou à soutenir, ne peut être étendu au delà de ses termes.

M. Reverchon pense que c'est le préfet, en conseil de préfecture, qui doit statuer sur les désistements comme il prononce sur les transactions.

Mais dans une décision récente, insérée au *Bulletin officiel*, le ministre de l'intérieur a émis une troisième opinion. Selon le ministre, il suffirait que l'approbation fût donnée par le préfet, en exécution de l'article 20 de la loi du 18 juillet 1837 (2).

Pour nous, il nous semble que l'opinion de M. Reverchon est la mieux fondée. Les désistements peuvent être assimilés, soit aux transactions, soit aux aliénations, et, à l'un ou à l'autre de ces titres, c'est par le préfet, en conseil de préfecture, qu'ils doivent être approuvés.

Toutefois, il faut dire que, dans la pratique, le Conseil d'État accepte comme valables les désistements donnés par les maires, en exécution d'une délibération du conseil municipal, sans que cette délibération soit approuvée par le préfet, en conseil de préfecture. Mais cette pratique se fonde probablement, ainsi que l'explique M. Reverchon, sur ce que les communes n'ont pas besoin d'être autorisées à plaider devant les juridictions administra-

(1) 2e édition, no 104, p. 258.
(2) *Bulletin officiel*, 1860, p. 117, no 13.

tives, et peut-être aussi sur ce que le Conseil d'État est associé lui-même à l'exercice de la tutelle administrative établie pour protéger les communes contre les erreurs de leurs représentants. Il n'en est pas ainsi et n'en pourrait pas être ainsi devant l'autorité judiciaire.

APPENDICE

APPENDICE

——— \

I

Origine des dispositions de la loi du 18 juillet 1837 (ART. 5, 6 et 7), relatives aux effets des changements de circonscriptions territoriales sur les droits des communes et sections de commune.

(Projets de loi sur les attributions municipales présentés aux Chambres des députés et des pairs et discutés de 1831 à 1837.)

Les projets de loi sur les attributions municipales présentés à la Chambre des députés en 1831 (le 14 septembre, — *Moniteur* du 15), et en 1832 le 6 décembre, — *Moniteur* du 11), contenaient des dispositions sur les créations et réunions de communes ; mais les conséquences de ces changements de circonscriptions n'y était pas réglées. Il en avait été de même du projet présenté le 9 février 1829, et nous avons indiqué que la commission de la Chambre des députés avait alors interprété, par l'organe de son rapporteur, M. Dupin, ce silence du projet de loi dans le sens de la réserve complète des droits des sections de commune (1).

(1) P. 210.

C'est la commission de la Chambre des députés chargée d'examiner le projet de loi présenté en 1832, qui, la première, a cru devoir consacrer expressément ces droits. L'article 5 de son projet portait :

L'acte définitif de création, de séparation, de réunion, statue en même temps sur la jouissance en commun ou sur le partage des biens et droits de toute nature qui appartiennent à la commune fractionnée ou réunie, et de manière à ce que les communes ou sections de commune conservent leurs biens, droits et usages.

Cet article fut adopté sans discussion dans la séance du 4 mai 1833. (*Moniteur* du 5 mai, p. 1256).

Le projet de loi présenté par le Gouvernement à la Chambre des députés, le 13 janvier 1834 (*Moniteur* du 14 janvier, p. 98), ne reproduisait pas la disposition de l'article 5 du projet précédemment adopté par la Chambre; il se bornait à poser des règles pour la formation et la délimitation des communes.

La commission proposa d'y ajouter un paragraphe ainsi conçu :

Après la réunion ou le fractionnement, chaque commune ou section conserve les biens, droits et usages qui lui appartenaient privativement.

Il s'est élevé à cet égard une discussion assez vive et assez confuse, [dans la séance du 27 février 1834 (*Moniteur* du 28, p. 437 à 439); et, après renvoi à la commission, la Chambre a adopté, dans la séance du 10 mars (*Moniteur*, p. 548), les dispositions suivantes :

Art. 5. Après le fractionnement, chaque portion de commune conservera les biens, droits et usages qui lui appartenaient privativement.

Les habitants auront seuls droit aux fruits qu'ils percevaient en nature. Les revenus qui étaient portés au budget de l'ancienne commune passeront à celui de la nouvelle.

Les portions distraites d'une commune conserveront, proportionnellement à leur contingent dans la contribution foncière, tous leurs droits sur les biens de cette commune. Néanmoins, les biens destinés à des usages publics resteront attribués à chacune des portions sur le territoire desquelles ils seront situés (1).

---

(1) Sur cet article, M. Persil, rapporteur, expliqua que le passif suit toujours les chances de l'actif, et se partage dans la même proportion.

Art. 6. En cas de réunion intégrale de deux ou plusieurs communes, les habitants de chacune d'elles auront la jouissance exclusive des fruits qui se percevaient en nature. Les revenus des autres biens meubles et immeubles entreront au budget de la nouvelle commune.

A l'égard des édifices et autres biens servant à usage public, ils deviendront propriétés communales.

Ce projet fut porté à la Chambre des pairs, où il souleva une aussi vive discussion. La commission de la Chambre des pairs proposait, par l'organe de son rapporteur, M. Mounier (séance du 19 mars 1835, — *Moniteur* du 20, p. 567), les dispositions suivantes, qui ne réglaient pas les conséquences des distractions :

Art. 8. En cas de réunion intégrale ou par fraction, les habitants de l'ancienne commune ou de sa fraction conserveront exclusivement la jouissance des fruits qu'ils percevaient en nature.

Les revenus qui étaient portés au budget de l'ancienne commune passeront à celui de la nouvelle.

Les édifices et autres biens, servant à usage public, deviendront propriétés de la commune.

Après le renvoi à la commission (séance du 28 mars, — *Moniteur* du 29, p. 651), une nouvelle rédaction fut proposée et adoptée dans la séance du 30 mars (*Moniteur*, p. 674).

Art. 8. En cas de réunion d'une commune à une autre commune ou de répartition de son territoire entre plusieurs communes, les habitants de chaque section conserveront la jouissance exclusive des fruits qu'ils percevaient en nature. Les revenus qui étaient portés au budget de l'ancienne commune passeront à celui de la nouvelle.

Les édifices et autres biens qui appartenaient à l'ancienne commune, et qui servaient à usage public, deviendront propriétés de la commune à laquelle sera faite la réunion.

Art. 9. En cas de distraction d'une portion de commune érigée en commune ou réunie à une autre commune, les habitants de la section séparée conserveront la jouissance exclusive des fruits qu'ils percevaient en nature. Les revenus qui étaient portés au budget de l'ancienne commune passeront à celui de la nouvelle commune.

Les édifices et autres biens communaux, servant à usage public et situés dans le territoire de la section, deviendront propriétés de la nouvelle commune.

Le projet de loi apporté en 1836 (séance du 27 janvier, —

Moniteur du 28, p. 156) à la Chambre des députés contenait sur ce point deux articles ainsi conçus :

Art. 3. Lorsqu'il y aura lieu de distraire une section de commune, soit pour la réunir à une autre, soit pour l'ériger en commune séparée, elle emportera la propriété :
1° Des biens qui lui appartenaient exclusivement ;
2° Des édifices et autres immeubles servant à usage public situés sur son territoire.
Une ordonnance royale réglera les droits tant actifs que passifs des deux portions.
Art. 4. La commune ou section réunie à une autre commune conservera la jouissance exclusive des biens dont les fruits étaient perçus en nature.

La commission de la Chambre des députés, dans son projet (déposé le 26 avril 1836), avait cherché à préciser ce système en entrant davantage dans les détails, et elle avait cru devoir faire régler par des lois et non par des ordonnances les conditions des changements de circonscription.

Les articles 5 et 6 de son projet portaient :

Art. 4. La commune ou section réunie à une autre commune conservera la jouissance exclusive des biens dont les fruits étaient perçus en nature.
Art. 5. La section de commune dont la distraction aura été prononcée, soit pour la réunir à une autre commune, soit pour l'ériger en commune séparée, emportera la propriété :
1° Des biens qui lui appartenaient exclusivement ;
2° Des édifices et autres immeubles servant à usage public situés sur son territoire.
Les droits tant actifs que passifs de la section et de la commune dont elle aura été distraite, et les indemnités respectives, s'il y a lieu, seront réglées par la loi qui prononcera la distraction.
Art. 6. La commune ou section réunie à une autre commune conservera la propriété de ses biens.
Néanmoins les édifices et autres immeubles servant à usage public deviendront propriété de la nouvelle commune.
La jouissance exclusive des biens dont les fruits étaient perçus en nature sera conservée à la commune ou section réunie.
Les revenus des autres biens, meubles et immeubles, entreront au budget de la nouvelle commune.

La dernière partie de l'article 5, *les droits tant actifs que passifs...*, fut critiquée (séance du 26 janvier 1837, — *Moniteur* du 27, p. 182), et, par suite d'un remaniement de la commission, elle forma un article nouveau, qui est devenu à peu près l'article 7 actuel.

Voici la nouvelle rédaction qui était proposée (séance du 27 janvier, — *Moniteur* du 28, p. 185) :

Art. 5. La section de commune dont la distraction aura été prononcée, soit pour la réunir à une autre commune, soit pour l'ériger en commune séparée, emportera la propriété :

1° Des biens qui lui appartenaient exclusivement ;

2° Des édifices et autres immeubles servant à usage public, situés sur son territoire, sauf indemnité s'il y a lieu.

Art. 6. La commune ou section de commune réunie à une autre commune conservera la propriété de ses biens.

Néanmoins les édifices et autres immeubles servant à usage public deviendront propriété de la nouvelle commune.

La jouissance exclusive des biens dont les fruits étaient perçus en nature sera conservée à la commune ou section réunie.

Les revenus des autres biens meubles et immeubles entreront au budget de la nouvelle commune.

Art. 7. Le règlement de l'indemnité énoncée à l'article 5 et les conditions de la distraction ou réunion seront déterminées par l'acte même qui prononcera la distraction ou réunion. Cette fixation pourra être renvoyée à une ordonnance ultérieure. Dans tous les cas, les questions relatives à la propriété, au mode de partage ou de jouissance, à la liquidation de l'actif et du passif, d'après les bases posées par l'acte de distraction ou de réunion, ou par l'ordonnance postérieure, et, à défaut, d'après les principes du droit commun, seront réservées aux juridictions compétentes.

Avant la discussion, la commission modifia notablement l'article 6 (*Moniteur* du 31 janvier 1837, p. 212 et 213); elle réservait aux sections la *jouissance* comme la propriété de leurs biens.

Son article, réduit à deux paragraphes, était ainsi conçu :

La commune ou section réunie à une autre commune conservera la propriété et la *jouissance* de ses biens.

Néanmoins les édifices et les immeubles servant à un usage public deviendront la propriété de la nouvelle commune.

Après une vive discussion, l'article fut renvoyé de nouveau à la commission.

Le 31 janvier 1837 (*Moniteur* du 1er février, p. 222), une nouvelle rédaction des articles 6 et 7 fut proposée.

La commission y distinguait la situation des sections réunies à d'autres communes de celle de communes réunies ensemble ou de portions de communes qui, avant la modification de territoire dont elles étaient l'objet, n'avaient pas de droits privatifs. Les premières devaient seules conserver la jouissance exclusive et absolue des biens qui leur appartenaient.

Art. 6. A moins de conventions contraires, la section réunie à une autre commune conservera la propriété et la *jouissance* des biens qui lui appartenaient exclusivement.

Néanmoins les édifices et autre immeubles servant à usage public deviendront propriétés de la nouvelle commune, comme il est dit à l'article précédent.

Dans le cas où la réunion aurait lieu entre deux communes ou bien entre une commune et une portion de commune qui, en se séparant, obtiendrait, à titre de partage, une portion des biens appartenant à la commune entière, ces biens, quant à la propriété et à la jouissance, conserveront le même caractère qu'ils avaient avant la distraction. En conséquence, la jouissance exclusive des biens, dont les fruits étaient partagés en nature, sera conservée à la partie distraite.

Les revenus des autres biens, meubles et immeubles, entreront au budget de la nouvelle commune.

Art. 7. Le règlement des indemnités énoncées aux articles 5 et 6, les modifications qui pourraient être apportées, en raison des circonstances locales, aux règles prescrites par ces articles, et, en général, les conditions de la distraction ou réunion, seront déterterminés par l'acte même qui prononcera cette distraction ou réunion; cette fixation pourra être renvoyée à une ordonnance royale ultérieure. Dans tous les cas, les questions relatives à la propriété, au mode de partage ou de jouissance, à la liquidation de l'actif et du passif, d'après les bases posées par l'acte de distraction ou de réunion ou par l'ordonnance postérieure, et, à défaut, d'après les principes du droit commun, seront réservées aux juridictions compétentes.

L'article 6 a été l'objet d'une discussion un peu confuse (séance du 1er février, — *Moniteur* du 2, p. 224), et, malgré les efforts de la commission, il a été supprimé par la Chambre comme cherchant inutilement à résoudre des questions insolubles à cause de la variété et de la complication des faits qui se présentent en cette matière. On a pensé que la position des communes dans lesquelles s'opèrent des réunions ou distractions est si différente et que leurs intérêts sont si variés, qu'il n'est pas possible de les prévoir et de les régler à l'avance par une disposition de la loi.

Le commencement de l'article 7, qui devenait l'article 6, était, par suite, modifié ainsi :

. Les autres conditions de la distraction, et, en cas de réunion à une autre commune, les conditions et les conséquences de la réunion seront déterminées par l'acte même, etc.

Le projet présenté par le Gouvernement à la Chambre des pairs, le 18 février 1837, ne contenait plus que les deux articles adoptés par la Chambre des députés après cette laborieuse discussion.

La commission de la Chambre des pairs a proposé (le 27 mars, — *Moniteur* du 28, p. 703) une rédaction à peu près identique à celle des articles 5, 6 et 7 de la loi, et qu'il nous paraît inutile de reproduire. Ces articles ont été adoptés après quelques observations.

Le projet de loi a été soumis encore à deux reprises aux Chambres des députés et des pairs, mais il ne s'est plus élevé de discussions au sujet des conséquences des changements de circonscriptions.

EXTRAIT DU PROJET DE LOI SUR LES COMMUNES, RÉDIGÉ EN 1850 PAR LE CONSEIL D'ÉTAT.

Pour compléter cette note, nous croyons utile d'y ajouter les dispositions du projet de loi sur les communes (titre Ier du projet de loi sur l'administration intérieure), rédigé en 1850 par le Conseil d'État et adressé à l'Assemblée nationale législative, le 21 décembre 1850. (*Moniteur* du 23.)

On avait cherché à y reproduire, en les précisant et les complétant, les dispositions des articles 5, 6 et 7 de la loi du 18 juillet 1837. En voici le texte :

Art. 4. La commune réunie à une autre commune conserve la propriété des biens qui lui appartenaient.

La section réunie à une autre commune, ou érigée en commune séparée, emporte et conserve la propriété des biens qui lui appartenaient.

Les habitants de la commune ou section de commune réunie à une autre commune conservent la jouissance exclusive des biens dont les fruits étaient perçus en nature.

Les édifices et autres immeubles servant à usage public, et situés sur le territoire de la commune, ou de la section réunie à une autre commune, ou de la section érigée en commune séparée, deviennent propriété de la commune à laquelle est faite la réunion ou de la nouvelle commune.

Art. 5. Les autres conditions de la réunion ou de la distraction sont, sauf réserve de toutes les questions de propriété, fixées par la loi qui intervient. Toutefois, cette fixation peut être renvoyée à un décret rendu dans la forme des règlements d'administration publique.

La commission de l'Assemblée législative avait adopté ces dispositions (voir le rapport fait en son nom par M. de Vatimesnil, séance du 20 juin 1851, — *Moniteur* du 21). Elle ne proposait d'y faire qu'un très-léger changement. Dans le troisième paragraphe de l'article 4 elle mettait : « ... Conservent la jouissance exclusive de *tous* les biens dont les fruits étaient perçus en nature. »

Cette addition, que nous avons cherché à apprécier (p. 292), avait pour objet de réserver aux communes ou sections réunies la jouissance exclusive de la vaine pâture et du glanage, droits d'une nature spéciale auxquels on n'applique pas actuellement la réserve faite dans l'article 5 de la loi de 1837.

***

II

ÉTAT DES BIENS DES SECTIONS DE COMMUNE DANS LE DÉPARTEMENT DE LA LOZÈRE, ET MODE DE JOUISSANCE PARTICULIER DE CES BIENS.

On a vu, dans le chapitre III, que le département de la Lozère est un de ceux où les biens communaux sont divisés entre un très-grand nombre de sections de commune (environ 1,519 pour 177 communes). Mais ce fait se reproduit dans plusieurs départements voisins. Ce qui est particulier à la Lozère, par suite de la nature du sol et des habitudes agricoles du pays, c'est le mode de jouissance des biens communaux.

Voici les renseignements que nous avons puisés à cet égard dans les délibérations du conseil général, dans plusieurs lettres adressées par les préfets de ce département au ministre de l'intérieur, et dans des instructions adressées par le ministre au préfet.

Les sections de commune et beaucoup de propriétaires du département de la Lozère sont dans l'usage de louer leurs biens à des propriétaires des départements environnants, qui y font paître leurs troupeaux, depuis le 15 juin jusqu'à la fin de l'automne.

Le nombre des animaux qui composent ces troupeaux *transhumants* est évalué à environ 800,000 moutons et brebis, et 200,000 bœufs ou vaches (1).

Les engrais provenant du parcage des bestiaux constituent un produit en nature des biens communaux; ces engrais se répartissent par *nuits de fumature*. C'est une ressource fort importante, eu égard à la mauvaise qualité des terres du département de la Lozère, qui, sans ces engrais, ne produiraient que de faibles récoltes.

De plus, les sections perçoivent un prix de ferme ou une redevance en argent, qui, au total, forme une somme considérable.

« Les biens communaux, dont on tire ainsi parti, proviennent généralement de concessions obtenues des anciens seigneurs par les habitants de ces localités, agissant dans leur intérêt collectif.

« Les concessions émanées des seigneurs étaient faites ordinairement moyennant une somme d'argent une fois payée, à titre d'*entrée,* et une redevance annuelle connue sous le nom de *censive*, que chaque concessionnaire était tenu d'acquitter proportionnellement à la quotité du droit qu'il avait acquis, suivant ses facultés et ses besoins sous le rapport du pàturage et de la *fumature.* Ces droits, ainsi que la charge attachée à leur jouissance, étaient transmissibles aux héritiers du concessionnaire primitif.

« Lors de la suppression des droits féodaux, les communautés d'habitants qui avaient obtenu de pareilles concessions

(1) Délibération du conseil général prise dans la session de 1846.

de la part des seigneurs ou des corporations religieuses cessèrent de payer la *censive* et devinrent propriétaires incommutables des biens qui en étaient grevés. Ces biens furent portés sur les matrices dressées en exécution de la loi des 23 novembre-1er décembre 1790, pour servir à la répartition de l'impôt foncier, au nom de chacune des communautés d'habitants propriétaires. Plus tard ils ont été inscrits sur les matrices cadastrales au même titre, et chaque collection d'habitants a continué de payer les contributions de ceux qui lui appartiennent (1). »

L'origine de ces biens avait amené un mode de jouissance spécial.

En vertu des titres de concession, des actes passés entre les habitants, des règlements faits par les autorités locales et des usages suivis de temps immémorial, les propriétaires de terres, qui seuls avaient contribué au payement du prix de la concession, jouissaient seuls des biens communaux, et l'étendue de leurs propriétés était la mesure de leur droit; ainsi les plus forts propriétaires avaient le droit d'envoyer au pâturage une plus grande quantité de bestiaux, d'avoir un nombre plus considérable de *nuits de fumature,* et de percevoir une part plus forte sur le prix de ferme des terrains livrés au parcours des troupeaux étrangers (prix de ferme qui était réparti entre les ayants-droit).

La loi du 10 juin 1793 n'a pas amené de modifications dans ce mode de jouissance. Les assemblées d'habitants, qui avaient le pouvoir d'établir de nouvelles règles, l'ont laissé subsister.

Il ne s'est pas néanmoins maintenu partout intégralement.

« Pour les nuits de fumature, le produit n'en pouvait être employé que par les propriétaires de terres; il a continué à être réparti exclusivement entre eux proportionnellement à l'étendue de leurs terres arables, conformément aux anciens usages (2). »

(1) Extrait d'une lettre du préfet du département de la Lozère, en date du 31 janvier 1853.

(2) Lettre du préfet du département de la Lozère, en date du 27 octobre 1849.

Toutefois, il paraît que ces propriétaires ont assez fréquemment vendu tout ou partie des *nuits de fumature* auxquelles ils avaient droit, en sorte que la répartition primitive est aujourd'hui notablement modifiée (1).

« Quant au prix de ferme des biens, dans un certain nombre de sections de commune, il est encore réparti entre les propriétaires, à l'exclusion des habitants qui n'ont pas de propriétés. Dans d'autres communes, en vertu de délibérations des conseils municipaux, il est distribué par portions égales entre les habitants, sauf le prélèvement des impôts et charges publiques (2). »

La répartition entre les habitants d'une commune ou section des revenus en argent de biens communaux est un fait aujourd'hui tout exceptionnel, qui a donné lieu à d'assez nombreuses contestations. A diverses reprises, la légalité des anciens usages, en vertu desquels cette répartition a lieu, a été examinée par le ministre de l'intérieur ; elle a toujours été reconnue, et notamment en 1826, conformément à un avis du comité de l'intérieur du Conseil d'État, en date du 19 juillet de ladite année.

Voici les termes de cet avis :

« Considérant qu'il résulte, surtout des derniers renseignements transmis par le préfet, que, dans un grand nombre de communes du département de la Lozère, l'usage ancien et antérieur à la loi de 1793 est d'affermer aux bergers étrangers les pâturages faisant partie des biens communaux, et de distribuer en deniers aux habitants l'excédant du produit de cette location ;

« Qu'il paraît que chacun a son droit particulier établi sur des titres, sur l'usage ou sur des règlements, en sorte que cet excédant, les charges et impositions étant acquittées, appartient exclusivement dans chaque section aux propriétaires qui la composent ;

« Que ce mode de jouissance n'a pas été changé en 1793 ; que l'arrêté du préfet a eu seulement pour objet de régulari-

(1) Délibération du conseil général du département de la Lozère, prise dans la session de 1844.

(2) Lettre du préfet de la Lozère, en date du 27 octobre 1849.

36

ser le mode d'après [lequel on devait passer les baux et en percevoir le produit, d'assurer en même temps à chaque habitant la jouissance pleine et entière de ses droits en faisant cesser les abus ;

« Considérant que, s'il a été avec raison répondu au préfet que cette distribution en deniers ne peut être justifiée par l'article 37, section III, de la loi du 10 juin 1793, qui prescrit ce mode de jouissance des biens non partagés, puisque cet article a été rapporté par la loi du 11 frimaire an VII, et n'a pas été confirmé par le décret du 9 brumaire an XIII, confirmatif seulement des modes de jouissance antérieurs à la loi de 1793, elle peut être maintenue, aux termes de ce dernier décret, quand il a été prouvé que ce mode était antérieur à 1793, et n'a pas été changé à cette époque ;

« Considérant qu'en admettant que la distribution en deniers doit être maintenue, il est difficile de prescrire au préfet si elle doit être faite ou par feux ou d'après les têtes de bétail ; qu'elle ne peut l'être que d'après les anciens usages qui doivent nécessairement exister et être connus, puisque c'est sur leur existence qu'est appuyé l'avis du préfet, et que serait fondée la décision que l'on propose au ministre ;

« *Sont d'avis* qu'il y a lieu de décider que, dans chaque section, l'excédant du produit des biens communaux affermés, les charges et impositions étant acquittées, sera distribué entre les habitants, conformément à l'ancien mode de jouissance, lorsque ce mode, antérieur à la loi du 10 juin 1793, n'aura été changé ni en vertu de cette loi, ni en vertu d'une autorisation particulière. »

Toutefois, par suite d'instructions postérieures à cet avis, les conseils municipaux des communes, où les revenus en argent continuent à être distribués exclusivement entre les propriétaires, ont été invités à changer ce mode de jouissance, actuellement contraire à l'équité et aux usages de toutes les communes de France, pour y substituer la répartition entre tous les habitants (1).

_____

(1) Instructions du ministre de l'intérieur au préfet de la Lozère, en date des 12 février 1847, 22 novembre 1849 et 1er décembre 1855.

III

PRINCIPALES DISPOSITIONS LÉGISLATIVES APPLICABLES AUX SECTIONS DE COMMUNE.

Nous croyons utile de donner ici les dispositions de la loi du 18 juillet 1837, qui sont applicables aux sections, et qui ont été soit indiquées, soit rapportées textuellement à divers endroits de notre travail. Nous les faisons suivre des dispositions du décret du 25 mars 1852, dit de décentralisation, relatives à l'administration communale, qui ont modifié plusieurs articles de la loi de 1837.

Quant aux autres dispositions législatives que nous avons reproduites, nous nous bornons à indiquer la page où elles se trouvent.

18 juillet 1837. — Loi *sur l'administration municipale.*
(Extrait.)

TITRE PREMIER.

DES RÉUNIONS, DIVISIONS ET FORMATIONS DE COMMUNES.

Art. 1er. Aucune réunion, division ou formation de commune ne pourra avoir lieu que conformément aux règles ci-après.

Art. 2. Toutes les fois qu'il s'agira de réunir plusieurs communes en une seule, ou de distraire une section d'une commune, soit pour la réunir à une autre, soit pour l'ériger en commune séparée, le préfet prescrira préalablement, dans les communes intéressées, une enquête, tant sur le projet en lui-même que sur ses conditions.

Les conseils municipaux, assistés des plus imposés en nombre égal à celui de leurs membres, les conseils d'arrondissement et le conseil général donneront leur avis.

Art. 3. Si le projet concerne une section de commune, il sera créé, pour cette section, une commission syndicale. Un arrêté du préfet déterminera le nombre des membres de la commission.

Ils seront élus par les électeurs municipaux domiciliés dans la section; et, si le nombre des électeurs n'est pas double de celui des membres à élire, la commission sera composée des plus imposés de la section.

La commission nommera son président. Elle sera chargée de donner son avis sur le projet.

Art. 4. Les réunions et distractions de communes qui modifieront la composition d'un département, d'un arrondissement ou d'un canton, ne pourront être prononcés que par une loi.

Toutes autres réunions et distractions de communes pourront être prononcées par ordonnances du roi, en cas de consentement des conseils municipaux, délibérant avec les plus imposés, conformément à l'article 2 ci-dessus, et, à défaut de ce consentement, pour les communes qui n'ont pas trois cents habitants, sur l'avis affirmatif du conseil général du département.

Dans tous les autres cas, il ne pourra être statué que par une loi.

Art. 5. Les habitants de la commune réunie à une autre commune conserveront la jouissance exclusive des biens dont les fruits étaient perçus en nature.

Les édifices et autres immeubles servant à usage public deviendront propriété de la commune à laquelle sera faite la réunion.

Art. 6. La section de commune érigée en commune séparée ou réunie à une autre commune emportera la propriété des biens qui lui appartenaient exclusivement.

Les édifices et autres immeubles servant à usage public, et situés sur son territoire, deviendront propriété de la nouvelle commune ou de la commune à laquelle sera faite la réunion.

Art. 7. Les autres conditions de la réunion ou de la distraction seront fixées par l'acte qui la prononcera. Lorsqu'elle sera prononcée par une loi, cette fixation pourra être renvoyée à une ordonnance royale ultérieure, sauf réserve, dans tous les cas, de toutes les questions de propriété.

Art. 8. Dans tous les cas de réunion ou fractionnement de communes, les conseils munipaux seront dissous. Il sera procédé immédiatement à des élections nouvelles.

TITRE II.

DES ATTRIBUTIONS DES MAIRES ET DES CONSEILS MUNICIPAUX.

CHAPITRE Ier. — *Des attributions des maires.*

Art. 9..

Art. 10. Le maire est chargé, sous la surveillance de l'administration supérieure :

1°...;

2° De la conservation et de l'administration des propriétés de la commune, et de faire en conséquence tous actes conservatoires de ses droits ;

3° De la gestion des revenus, de la surveillance des établissements communaux et de la comptabilité communale ;

4° De la proposition du budget et de l'ordonnancement des dépenses ;

5° De la direction des travaux communaux ;

6° De souscrire les marchés, de passer les baux des biens et les adjudications des travaux communaux, dans les formes établies par les lois et règlements ;

7° De souscrire, dans les mêmes formes, les actes de vente, échange, partage, acceptation de dons ou legs, acquisition, transaction, lorsque ces actes ont été autorisés conformément à la présente loi ;

8° De représenter la commune en justice, soit en demandant, soit en défendant.

. . . .

CHAPITRE II. — *Des attributions des conseils municipaux.*

Art. 17. Les conseils municipaux règlent, par leurs délibérations, les objets suivants :

1° le mode d'administration des biens communaux ;

2° Les conditions des baux à ferme ou à loyer dont la durée n'excède pas dix-huit ans pour les biens ruraux, et neuf ans pour les autres biens ;

3° Le mode de jouissance et la répartition des pâturages et fruits communaux autres que les bois, ainsi que les conditions à imposer aux parties prenantes.

4° Les affouages, en se conformant aux lois forestières.

Art. 18. Expédition de toute délibération sur un des objets énoncés en l'article précédent est immédiatement adressée par le maire au sous-préfet, qui en délivre ou fait délivrer récépissé. La délibération est exécutoire si, dans les trente jours qui suivent la date du récépissé, le préfet ne l'a pas annulée, soit d'office pour violation d'une disposition de loi ou d'un règlement d'administration publique, soit sur la réclamation de toute partie intéressée.

Toutefois, le préfet peut suspendre l'exécution de la délibération pendant un autre délai de trente jours.

Art. 19. Le conseil municipal délibère sur les objets suivants :

1° Le budget de la commune, et, en général, toutes les recettes et dépenses, soit ordinaires, soit extraordinaires ;

2° Les tarifs et règlements de perception de tous les revenus communaux ;

3° Les acquisitions, aliénations et échanges des propriétés communales, leur affectation aux différents services publics, et, en général, tout ce qui intéresse leur conservation et leur amélioration ;

4° La délimitation ou le partage des biens indivis entre deux ou plusieurs communes ou sections de commune ;

5° Les conditions des baux à ferme ou à loyer dont la durée excède dix-huit ans pour les biens ruraux et neuf ans pour les autres biens, ainsi que celles des baux des biens pris à loyer par la commune, quelle qu'en soit la durée ;

6° Les projets de constructions, de grosses réparations et de démolitions, et, en général, tous les travaux à entreprendre ;

7° L'ouverture des rues et places publiques, et les projets d'alignement de voirie municipale ;

8° Le parcours et la vaine pâture ;

9° L'acceptation des dons et legs faits à la commune et aux établissements communaux;

10° Les actions judiciaires et transactions :

Et tous les autres objets sur lesquels les lois et règlements appellent les conseils municipaux à délibérer.

Art. 20. Les délibérations des conseils municipaux sur les objets énoncés à l'article précédent sont adressées au sous-préfet.

Elles sont exécutoires sur l'approbation du préfet, sauf les cas où l'approbation par le ministre compétent ou par ordonnance royale est prescrite par les lois ou par les règlements d'administration publique.

. . . .

TITRE III.

DES DÉPENSES ET RECETTES ET DES BUDGETS DES COMMUNES.

Art. 30. Les dépenses des communes sont obligatoires ou facultatives.

Sont obligatoires les dépenses suivantes :

1°. . . . .

16° Les grosses réparations aux édifices communaux, sauf l'exécution des lois spéciales concernant... les édifices consacrés au culte;

. . . .

20° Les contributions et prélèvements établis par les lois sur les biens et revenus communaux;

21° L'acquittement des dettes exigibles;

Et généralement toutes les autres dépenses mises à la charge des communes par une disposition des lois.

Toutes dépenses autres que les précédentes sont facultatives.

Art. 31. Les recettes des communes sont ordinaires ou extraordinaires.

Les recettes ordinaires des communes se composent :

1° Des revenus de tous les biens dont les habitants n'ont pas la jouissance en nature;

2° Des cotisations imposées annuellement sur les ayants-droit aux fruits qui se perçoivent en nature;

. . . .

Art. 32. Les recettes extraordinaires se composent :

1° Des contributions extraordinaires dûment autorisées ;

2° Du prix des biens aliénés ;

3° Des dons et legs;

4° Du remboursement des capitaux exigibles et des rentes rachetées ;

5° Du produit des coupes extraordinaires de bois ;

6° Du produit des emprunts;

Et de toutes autres recettes accidentelles.

. . . .

Art. 42. Dans les communes dont les revenus sont inférieurs à 100,000 francs, toutes les fois qu'il s'agira de contributions extraordinaires ou d'emprunts, les plus imposés aux rôles de la commune seront appelés à délibérer avec le conseil municipal, en nombre égal à celui des membres en exercice.

Ces plus imposés seront convoqués individuellement par le maire, au moins dix jours avant celui de la réunion.

Lorsque les plus imposés appelés seront absents, ils seront remplacés en nombre égal par les plus imposés portés après eux sur le rôle.

. . . .

Art. 44. Les taxes particulières dues par les habitants ou propriétaires, en vertu des lois et des usages locaux, sont réparties par délibération du conseil municipal, approuvée par le préfet.

Cet taxes sont perçues suivant les formes établies pour le recouvrement des contributions publiques.

. . . .

TITRE IV.

DES ACQUISITIONS, ALIÉNATIONS, BAUX, DONS ET LEGS (1).

Art. 46. Les délibérations des conseils municipaux ayant pour obje' des acquisitions, des ventes ou échanges d'immeubles, le partage de biens indivis, sont exécutoires sur arrêté du préfet, en conseil de préfecture, quand il s'agit d'une valeur n'excédant pas 3,000 francs, pour les communes dont le revenu est au-dessous de 100,000 francs, et 20,000 francs pour les autres communes.

S'il s'agit d'une valeur supérieure, il est statué par ordonnance du roi.

La vente des biens mobiliers et immobiliers des communes, autres que ceux qui servent à un usage public, pourra, sur la demande de tout créancier porteur de titres exécutoires, être autorisée par une ordonnance du roi, qui déterminera les formes de la vente.

Art. 47. Les délibérations des conseils municipaux ayant pour objet des baux dont la durée devra excéder dix-huit ans ne sont exécutoires qu'en vertu d'une ordonnance royale.

Quelle que soit la durée du bail, l'acte passé par le maire n'est exécutoire qu'après l'approbation du préfet.

Art. 48. Les délibérations ayant pour objet l'acceptation des dons et legs d'objets mobiliers ou de sommes d'argent, faits à la commune et aux établissements communaux, sont exécutoires en vertu d'un arrêté du préfet, lorsque leur valeur n'excède pas 3,000 francs, et en vertu d'une ordonnance du roi, lorsque leur valeur est su-

(1) Les trois articles qui composent ce titre ont été modifiés par les dispositions du décret du 25 mars 1852, qui sont rapportées ci-après.

périeure ou qu'il y a réclamation des prétendants droit à la succession.

Les délibérations qui porteraient refus de dons et legs, et toutes
celles qui concerneraient des dons et legs d'objets immobiliers, ne
sont exécutoires qu'en vertu d'une ordonnance du roi.

Le maire peut toujours, à titre conservatoire, accepter les dons
et legs, en vertu de la délibération du conseil municipal ; l'ordonnance du roi, ou l'arrêté du préfet, qui intervient ensuite, a effet
du jour de cette acceptation.

TITRE V.

DES ACTIONS JUDICIAIRES ET DES TRANSACTIONS.

Ϸ Art. 49. Nulle commune ou section de commune ne peut introduire une action en justice sans être autorisée par le conseil de
préfecture.

Après tout jugement intervenu, la commune ne peut se pourvoir
devant un autre degré de juridiction qu'en vertu d'une nouvelle
autorisation du conseil de préfecture.

Cependant tout contribuable inscrit au rôle de la commune a le
droit d'exercer, à ses frais et risques, avec l'autorisation du conseil de préfecture, les actions qu'il croirait appartenir à la commune ou section, et, que la commune ou section, préalablement
appelée à en délibérer, aurait refusé ou négligé d'exercer.

La commune ou section sera mise en cause, et la décision qui
interviendra aura effet à son égard.

Art. 50. La commune, section de commune ou le contribuable
auquel l'autorisation aura été refusée, pourra se pourvoir devant
le roi, en Conseil d'Etat. Le pourvoi sera introduit et jugé en la
forme administrative. Il devra, à peine de déchéance, avoir lieu
dans le délai de trois mois, à dater de la notification de l'arrêté du
conseil de préfecture.

Art. 51. Quiconque voudra intenter une action contre une
commune ou section de commune sera tenu d'adresser préalablement au préfet un mémoire exposant les motifs de sa réclamation.
Il lui en sera donné récépissé.

La présentation du mémoire interrompra la prescription et toutes
déchéances.

Le préfet transmettra le mémoire au maire, avec l'autorisation
de convoquer immédiatement le conseil municipal pour en délibérer.

Art. 52. La délibération du conseil municipal sera, dans tous
les cas, transmise au conseil de préfecture, qui décidera si la commune doit être autorisée à ester en jugement.

La décision du conseil de préfecture devra être rendue dans le
délai de deux mois, à partir de la date du récépissé énoncé en
l'article précédent.

Art. 53. Toute décision du conseil de préfecture portant refus
d'autorisation devra être motivée.

En cas de refus de l'autorisation, le maire pourra, en vertu d'une délibération du conseil municipal, se pourvoir devant le roi, en son Conseil d'Etat, conformément à l'article 50 ci-dessus.

Il devra être statué sur le pourvoi dans le délai de deux mois, à partir du jour de son enregistrement au secrétariat général du Conseil d'Etat.

Art. 54. L'action ne pourra être intentée qu'après la décision du conseil de préfecture, et, à défaut de décision dans le délai fixé par l'article 52, qu'après l'expiration de ce délai.

En cas de pourvoi contre la décision du conseil de préfecture, l'instance sera suspendue jusqu'à ce qu'il ait été statué sur le pourvoi, et, à défaut de décision dans le délai fixé par l'article précédent, jusqu'à l'expiration de ce délai.

En aucun cas, la commune ne pourra défendre à l'action qu'autant qu'elle y aura été expressément autorisée.

Art. 55. Le maire peut toutefois, sans autorisation préalable, intenter toute action possessoire, ou y défendre, et faire tous autres actes conservatoires ou interruptifs des déchéances.

Art. 56. Lorsqu'une section est dans le cas d'intenter ou de soutenir une action judiciaire contre la commune elle-même, il est formé, pour cette section, une commission syndicale de trois ou cinq membres, que le préfet choisit parmi les électeurs municipaux, et, à leur défaut, parmi les citoyens les plus imposés.

Les membres du corps municipal qui seraient intéressés à la jouissance des biens ou droits revendiqués par la section ne devront point participer aux délibérations du conseil municipal relatives au litige.

Ils seront remplacés, dans toutes ces délibérations, par un nombre égal d'électeurs municipaux de la commune, que le préfet choisira parmi les habitants ou propriétaires étrangers à la section.

L'action est suivie par celui de ses membres que la commission syndicale désigne à cet effet.

Art. 57. Lorsqu'une section est dans le cas d'intenter ou de soutenir une action judiciaire contre une autre section de la même commune, il sera formé, pour chacune des sections intéressées, une commission syndicale, conformément à l'article précédent.

Art. 58. La section qui aura obtenu une condamnation contre la commune, ou contre une autre section, ne sera point passible des charges ou contributions imposées pour l'acquittement des frais et dommages-intérêts qui résulteraient du fait du procès.

Il en sera de même à l'égard de toute partie qui aurait plaidé contre une commune ou une section de commune.

Art. 59. Toute transaction consentie par un conseil municipal ne peut être exécutée qu'après l'homologation par ordonnance royale, s'il s'agit d'objets immobiliers ou d'objets mobiliers d'une valeur supérieure à 3,000 francs, et par arrêté du préfet, en conseil de préfecture, dans les autres cas (1).

. . . .

(1) Article modifié par le décret du 25 mars 1852.

25 mars 1852. — Décret *sur la décentralisation administrative.*
(Extrait.)

Art. 1er. Les préfets continueront de soumettre à la décision du ministre de l'intérieur les affaires départementales et communales qui affectent directement l'intérêt général de l'Etat, telles que l'approbation des budgets départementaux, les impositions extraordinaires et les délimitations territoriales; mais ils statueront désormais sur toutes les autres affaires départementales et communales qui, jusqu'à ce jour, exigeaient la décision du chef de l'Etat ou du ministre de l'intérieur, et dont la nomenclature est fixée par le tableau A ci-annexé.

Tableau A.

1°...

40° Mode de jouissance en nature des biens communaux, quelle que soit la nature de l'acte primitif qui ait approuvé le mode actuel;

41° Aliénations, acquisitions, échanges, partages de biens de toute sorte, quelle qu'en soit la valeur;

42° Dons et legs de toute sorte de biens lorsqu'il n'y a pas réclamation des familles;

43° Transactions sur toute sorte de biens, quelle qu'en soit la valeur;

44° Baux à donner ou à prendre, quelle qu'en soit la durée;

28 septembre-6 octobre 1791. — Décret *concernant les biens et usages ruraux et la police rurale.*

Section IV, art. 18 (relatif au parcours ou à la vaine pâture), rapporté p. 288, n° 123.

28 avril-14 septembre 1792. — Décret *relatif au rétablissement des communes et des citoyens dans les propriétés et droits dont ils ont été dépouillés par l'effet de la puissance féodale.*

Art. 8 et 9, p. 77, n° 39.

10 juin 1793. — Décret *concernant le mode de partage des biens communaux.*

Section Ire, art. 1 et 2, et Section IV, art. 1er, p. 77, n° 39.

3 frimaire an VII. — LOI *sur la contribution foncière.*

Art. 46 et 109, p. 88, n° 45.

---

24 germinal an XI. — ARRÊTÉ DU GOUVERNEMENT *relatif à la manière dont les contestations, entre différentes sections d'une même commune, doivent être suivies devant les tribunaux.*

P. 494, n° 230.

---

21 mai 1827. — *Code forestier.*

Art. 1er. Sont soumis au régime forestier et seront administrés conformément aux dispositions de la présente loi;

....

4° Les bois et forêts des communes et des sections de commune.

Art. 72, p. 390, n° 162.

---

5 mai 1855. — LOI *sur l'organisation municipale.*

Art. 2, p. 9. — Art. 7, p. 8.

---

28 juillet 1860. — LOI *sur la mise en valeur des marais et terres incultes appartenant aux communes et sections de commune.*

Art. 1er et 2, p. 173, n° 73. — V. aussi p. 465.

F I N.

TABLE

ANALYTIQUE ET ALPHABÉTIQUE

DES MATIÈRES.

(Le premier chiffre, précédé de la lettre p., indique la page du volume;
le second indique le numéro du paragraphe.)

A

C

être autorisées à s'imposer pour satisfaire des besoins collectifs qui leur sont particuliers, p. 403, 168 à 171.

J

L

M

B.

N

O

P

R

S

Syndic. — Désignation du syndic chargé de suivre, devant les juridictions civiles ou administratives, les actions d'une section de commune, p. 517, 244. — Il ne peut agir sans une délibération de la commission syndicale, p. 519, 247. — V. aussi *Frais de procès*.

T

Taxes d'affouage. — Ces taxes peuvent constituer une ressource pour les sections, p. 417, 178.

Taxe des biens de mainmorte. — V. *Impôts*.

Taxes de paturage. — Les conseils municipaux ne peuvent en établir pour acquitter l'impôt foncier assis sur les biens communaux, dans le cas où tous les habitants ont un droit égal à la jouissance de ces biens, p. 380. — Ces taxes peuvent constituer une ressource pour les sections, p. 417, 178.

Terres vaines et vagues. — Attribution de ces terres aux communes par la loi du 10 juin 1793, p. 76, 39 à 42.

Territoire. — Dans quel cas les sections peuvent être considérées comme ayant un territoire distinct dans le sens de l'article 1er du titre iv de la loi du 10 juin 1793, p. 79, 40 à 42. — V. *Circonscription*.

Transactions. — Formes à suivre pour ces actes. — Contrôle auquel ils sont soumis, p. 544, 273 à 275.

U

Usurpation des biens communaux. — Usurpations commises sous forme de partage, p. 101, 47. — Autorité compétente pour statuer sur les contestations relatives à l'usurpation des biens communaux, p. 352, 145.

V

Vaine pature. — Effets des changements de circonscription des communes quant au droit de parcours et de vaine pâture, p. 287, 123.

Varech. — Effets des modifications de circonscription des communes quant au droit de recueillir le varech ou goëmon de rive,

FIN.

ERRATUM

Page 57, ligne 12, au lieu de : *ce sont donc les droits de propriété*, lisez : *des droits de propriété.*

Clichy.—Impr. de Maurice Loignon et Cie, rue du Bac-12 d'Asnières, 1.

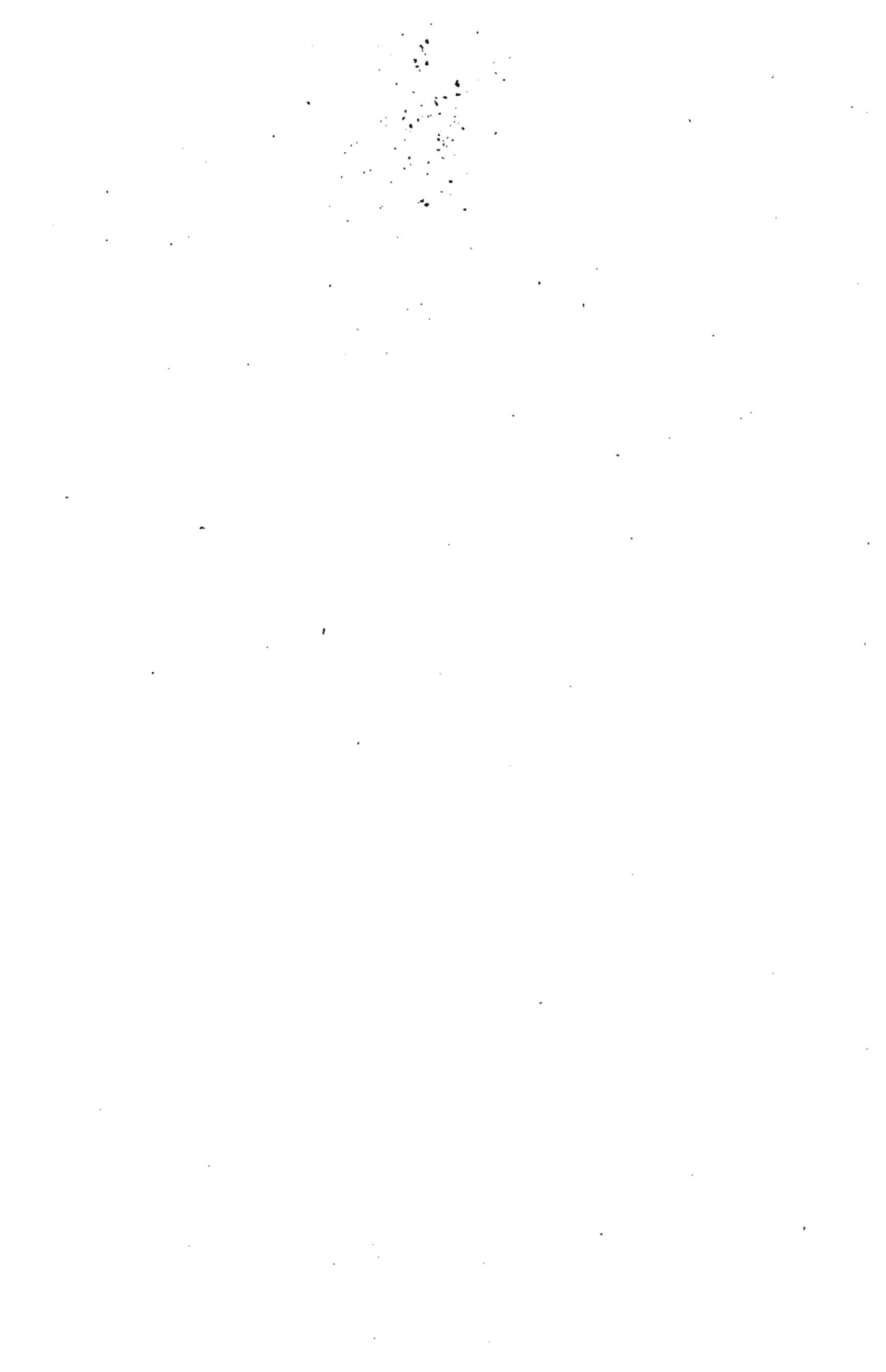

www.ingramcontent.com/pod-product-compliance
Lightning Source LLC
Chambersburg PA
CBHW060846220326
41599CB00017B/2404